U0511740

国家博士后科学基金项目（一等奖）

特别鸣谢

感谢对我从事《论区域共同繁荣》研究提供了各种各样关怀、指点和支持的各位尊敬的师长和领导同志：

◎ 中共中央候补委员、中国社会科学院常务副院长（原任中共中央党校副校长）、著名哲学家 王伟光教授（作者在中央党校从事二站博士后研究的导师）

◎ 全国政协常委、北京大学光华管理学院名誉院长、著名经济学家 厉以宁教授

◎ 中共中央候补委员、全国侨联主席（原任国家发改委秘书长） 林军同志

◎ 世界管理协会联盟（IFSAM）中国委员会主席、复旦大学首席教授、东方管理学派创始人 苏东水教授

◎ 中共中央候补委员、中国商用飞机公司总裁 金壮龙博士

◎ 北京大学光华管理学院、著名经济计量学家 秦宛顺教授

论区域共同繁荣

郑木清 著

ON ALL REGION'S COMMON
PROSPERITY

人民出版社

序　一

　　如何科学认识和正确处理我国区域收入不平衡问题,做好统筹区域发展工作,是落实党中央提出的科学发展观和构建社会主义和谐社会的必然要求。郑木清同志研究和撰写的《论区域共同繁荣》一书对我国区域收入不平衡问题进行了比较全面和深入的研究。全书比较完整和深入地研究分析了我国四大区域之间和四大区域内部各省市之间人均收入不平衡的历史和现状;构建了区域收入决定模型,对影响区域人均收入增长的这些解释变量逐一进行了分析解读;运用数量统计方法,对影响区域人均收入增长的各个因素及相关因素进行了详细透视分析;运用马克思主义唯物辩证法和科学发展观的基本观点和方法,提出了正确认识和处理区域收入不平衡问题的相关原则和观点,提出了实现各区域共同繁荣的政策措施建议。

　　郑木清同志的这一论著,具有几个鲜明的特色和特点:

　　一是运用了哲学和经济学交融的研究方法。如本书第十章关于如何正确认识和处理区域收入不平衡、实现各区域人民的共同繁荣的对策研究中,运用了马克思主义唯物辩证法的基本立场、观点和方法,运用科学发展观,对关于区域收入不平衡的若干核心问题首先指出了其哲学根据和经济理论观点,提出了正确认识和处理区域收入不平衡问题的哲学指导原则和具体经济对策方案。

　　二是运用了经济计量模型和数理统计的深度量化分析方法。作者在第二章的研究中构建了全国总体的人均收入决定方程和四个区域各自的区域人均收入决定方程,得出了各个解释变量的估计结果,对估计结果进行了科学的解读;作者在第一章关于区域收入不平衡状况的研究中以及在第三章至第九章关于影响区域收入不平衡的各个原因和若干因素的研究中,运用数理统计方法对各个原因及其相关的各个因素进行了高度精确化的指标量化分析,从而深度分析和揭示了我国区域之间和区域内部各省市之间在人均收入上的具体差别程度,深度挖掘和揭示了我国区域之间和区域内部各省市之间在影响区域人均收入差别的各个因素上的具体差别程度。

三是数据占有的充分、丰富和完整性。本书研究和涉及的经济统计指标有数十个以上,所涉及的分析主体包括四大区域及其内部的各省市自治区,所涉及的时间段长达改革开放三十年来各年度的时间序列数据(科技类的一些指标除外),因此本书所涉及的数据运算量达到了数以万计。正因为占有了如此充分、丰富和完整的经济统计和分析数据,才使本书关于我国区域人均收入不平衡问题的研究得以建立在科学的、实事求是的实证分析基础上,才使本书的研究结果能得出科学和实事求是的结论,从而使我们得以能够真正科学有效地制定解决区域收入不平衡问题的政策、措施和办法。

我期待并相信,该书研究成果的完成和出版,将有助于进一步丰富我国经济哲学、区域经济学的研究领域和研究成果,促进发展哲学与区域经济学的学科交融;同时,更为重要的是,该书研究成果的完成和出版,将可以为我国中央政府和地方政府的相关决策部门更加科学有效地进一步做好统筹区域发展工作、促进各区域经济的又好又快发展、提高各区域人民的收入水平、实现各区域人民共同繁荣,提供具有重要参考价值的决策依据和对策方略。

王伟光

2009 年 6 月 26 日

序 二

十多年前,那时我还住在北京大学中关园宿舍,邻居罗豪才教授有一天对我说:"介绍一个学经济的年轻人给你,希望你有空指导指导他。"这个年轻人就是本书的作者郑木清。从这以后,郑木清同学(当时他在外地)每逢出差来北京时,就来看我,和我讨论问题。虽然他不曾考入我的门下,但我一直把他当做自己的学生。

关于正确解决区域人均收入不平衡问题、实现各区域的共同繁荣富强,是我国区域经济学研究的核心主题。郑木清同学研究和撰写的《论区域共同繁荣》一书是有关这一主题研究的一部力作。他请我为这本书撰写序言,我欣然同意。

区域协调发展也是我近些年深感兴趣的课题。在我看来,本书以"论区域共同繁荣"为题,从经济学上深入研究分析和解剖了我国四大区域之间和区域内部人均收入不平衡的基本状况及产生这些不平衡的各个原因(即影响区域人均收入增长的各个经济变量),以科学发展观的原理为指导,提出了如何科学认识和正确处理区域收入不平衡问题,如何推进各区域经济又好又快发展和提高各区域人民的收入水平,以实现各个区域共同繁荣。这些正是我国中央政府和地方政府相关决策部门所关注和迫切需要的重大课题。毫无疑问,这一研究成果具有理论意义和实践意义。从研究方法上说,本书综合应用了哲学与经济学交融、经济计量模型和数理统计分析、区域间比较和区域内部比较等方法,此外在某些有国际相关数据的领域还使用了国际比较,例如在区域人均收入水平、受教育水平、失业率水平等方面,就中国与美国各自的四大区域相关差别情况进行了比较。这样,就使得本书所得出的结论有较大的适用性。

还应当指出,郑木清同学在数据的收集、整理和加工方面投入了许多精力。他研究的范围包含了对四大区域之间和四大区域内部各省市之间人均收入差别状况的考察;构建了全国总体和四大区域各自的区域人均收入决定方程,并对方程估计结果进行了科学解读;对影响区域人均收入差别的各个经济指标进行了比较全面和深度的分析;他提出并回答了如何正确处理区域收入不平衡问题,如何又好又快地推进各区域经济的发展和实现各区域共同繁荣等问题。这是值得鼓励的学风。结论要靠充分的数据来支撑。离开了数据的支撑,是很难有说服力的。

回顾这十多年来同郑木清同学的交往历程,我感到,他能够完成这部力作不是偶然的。这来源于他扎实的经济学功底、在交叉学科领域的复合知识结构以及创新研究的能力。这同他在北京、上海等东部发达地区和在甘肃等西部欠发达地区的工作经历和体验有关。他毕业于复旦大学经济学院,获经济学(国际金融专业)博士学位,又先后在中国社科院从事经济法方向的第一站博士后研究,在中央党校从事经济哲学方向的第二站博士后研究;他还在北京、上海的金融部门和甘肃省政府从事过金融管理工作和区域经济的推进工作。这对于本书的写作有着重要的作用,因为研究的源泉在于理论的指引和实践的检验。

在本书即将出版之际,我相信,它的出版能够丰富我国区域经济学的研究内容,有助于我国政府相关决策部门以此为参考更加有效地制定区域经济发展政策措施,在当今经济全球化日益深化的背景下,充分和灵活运用国内外资源,提升我国各区域经济的发展质量,加快实现各个区域的共同繁荣。

2009 年 6 月 28 日

目　录

导　论

一、研究的重要意义

本研究的重要意义和应用价值主要体现在以下几个方面：

1. 本书的研究对于中央政府和地方政府更加科学有效地进行统筹区域发展决策，推动区域共同繁荣，具有重要的参考意义和应用价值。统筹区域发展是科学发展观的核心内容之一；而正确处理和解决区域收入不平衡问题正是统筹区域发展的核心主题。本书深入分析和研究了我国区域之间和区域内部省市区之间人均收入差别的历史和现状以及产生这些差别的各原因及其量度，并提出了关于正确处理和解决区域收入不平衡问题实现区域共同繁荣的原则、方法和路径。因此，本书所得出的研究成果和所包含的大量分析数据，对于我们党和政府相关决策部门进一步深入认识我国区域收入不平衡问题的历史和现实，进一步深入认识我国区域收入不平衡的形成原因和各原因的量度，从而更加科学、更加有效地制定统筹区域发展的政策和措施，实现全国各区域人民的共同富裕和繁荣，具有重要的参考意义和现实应用价值。

2. 本书的研究有助于丰富和深化我国区域经济学等经济学科的研究内容和成果。关于区域收入不平衡问题的研究是区域经济学的重要内容和主题之一，因此本书的研究将进一步丰富和拓展我国区域经济学等学科的研究内容和成果，从而有助于促进我国区域经济学等经济学科的建设。

3. 本书的研究有助于丰富和深化科学发展观研究、构建社会主义和谐社会理论研究的内容和成果。如前所述，统筹区域发展作为"五个统筹"之一是科学发展观的核心内容之一，是构建社会主义和谐社会的内在要求和重要体现之一，因此本书所研究的正确处理和解决区域收入不平衡问题作为统筹区域发展的主题，将有助于进一步丰富和深化科学发展观理论研究、构建社会主义和谐社会理论研究的研究内容和成果。

二、研究方法

1. 经济学和哲学学科交叉融合的研究方法。科学发展观是中国共产党关于发展问题的世界观和方法论的集中体现。统筹区域发展、正确处理和解决区域收入不平衡问题是科学发展观的核心内容之一。本书第十章在关于如何正确处理和解决区域收入不平衡问题的研究中,根据科学发展观和构建社会主义和谐社会的总体指导思想和原则,运用马克思主义唯物辩证法和科学发展观的世界观和方法论,提出和回答了如何正确处理和解决中国区域收入不平衡问题面临的几大核心问题,提出了正确处理和解决区域收入不平衡问题和实现区域共同繁荣的相关原则、方法和路径。

2. 经济计量模型的研究方法。本书第二章依据中国改革开放近三十年来的各相关经济指标的时间序列统计数据,分别构建了全国总体和东北部、东部、中部、西部等各大区域在四个不同样本期(即 1978～2006 年整个完整期间和 1978～1990 年、1991～2000 年、2001～2006 年三个子期间)的人均收入决定模型,得出了各自变量的估计结果。进而根据这些估计结果,对影响区域人均收入增长的各个经济因素(即劳动力就业结构、所有制结构、受教育水平、对外开放度、失业率、财政转移度等解释变量)进行了具体解读。

3. 运用数理统计进行区域深度分析的研究方法。本书第一章和第三章至第九章对区域人均收入和影响区域人均收入增长的各个经济变量,根据便于深度精确研究的需要分解成数十个相关数理统计指标,得出了大量的计算数据。本书第一章对区域人均收入的差别情况进行了多角度、多侧面、全方位的解剖和深度分析;在本书第三章至第九章,对影响区域人均收入增长的各个影响因素也进行了多角度、多侧面、全方位的解剖和深度分析,从而得出了对于我国区域人均收入差别和造成这种差别的各个影响因素的情况的深度了解和把握。

三、研究的特色和贡献

1. 研究所依据和占有数据的充分性和可靠性。研究所依据和占有的数据不是局限于某一年份和时段的数据,而是几乎占有了样本期内全国和各省、市、自治区每年的年度数据(除了个别年份数据因无相关的统计机构进行统计而缺失以外,如科研方面的若干指标无 1990 年以前的相关统计数据)。为此,本研究者在有关同志的协助下为收集和处理达到如此充分的各经济指标的各年份数据(中国各区域和省市区)而付出了大量的时间、精力和各种努力。

2. 研究所覆盖内容和样本期的完整性和深度性。研究的主题内容包括中国区域收入差别的现状和历史,产生区域收入差别的各个原因(劳动力就业结构、市场化程度、受教育水平、科技创新力、对外开放度、失业率、财政转移度等影响因素),如何正确处理和解决区域收入不平衡问题和实现区域共同繁荣。研究分析的样本期不仅包括改革开放三十年来的完整时期(1978～2006 年),而且包括三个子样本期间(1978～1990 年、1991～2000 年、2001～2006 年)。研究分析的区域空间范围不仅限于四大区域之间,而且包括各区域内部的各省、市、自治区之间在人均收入差别和各影响因素的差别情况。

3. 研究所使用的计量工具的科学性和有效性。研究的方法不是简单地进行定性比较或简单的算术方法比较,而是使用数理统计、计量回归模型等数学和计量经济学分析工具进行比较。

4. 研究结果的科学性和可应用性。运用马克思主义唯物辩证法和科学发展观的基本观点,提出了关于如何科学认识和正确处理区域收入不平衡问题的原则和方法,关于如何促进区域发展和实现区域共同繁荣的路径(措施),对于我国中央政府和地方政府科学进行区域发展决策,推动区域发展和实现区域共同繁荣,具有重要的参考意义和现实应用价值。而本书提供和研究分析的我国区域之间和区域内部各省、市、自治区之间在人均收入及其各个影响因素之间的差别状况,所构建的区域人均收入决定模型的估计结果等,也可作为我国中央政府和地方政府进行区域发展决策、处理和解决区域收入不平衡问题的重要参考依据。

四、本书的章节安排和结构

第一章对我国区域收入差别情况进行了分析考察。对中国四大区域(东北、东部、中部、西部)之间和各区域内部省际(即各省、市、自治区之间)人均收入在 1978～2006 年整个完整期间和 1978～1990 年、1991～2000 年、2001～2006 年三个子期间的差别情况进行了详细的数量统计分析。具体分析的主要统计指标包括人均收入绝对值、人均收入增长率、城市人均可支配收入水平、城市人均可支配收入增长率、农村人均纯收入水平、农村人均纯收入增长率、城乡收入比值等。

第二章构建了区域人均收入决定模型,并依据模型的估计结果对影响区域人均收入增长的各解释变量进行了解读。该章依据中国改革开放近三十年来的各相关经济指标的时间序列统计数据,分别构建了中国全国总体和东北部、东部、中部、西部等各大区域在四个不同样本期(即 1978～2006 年整个完整期间和 1978～1990 年、1991～2000 年、2001～2006 年三个子期间)的人均收入决定模型,得出了各自变量的估计结果。进而根据这些估计结果,对影响区域人均收入增长的各个解释变量(即劳动力就业结构、市场化水平、受教育水平、对外开放度、失业率、财政转移度等变量)进行了具体解读(由于我国国家统计机构缺少对 1990 年以前若干科技指标的相关统计数据,因此无法把科技作为一个独立变量放入模型中;但模型中"大学毕业生占比"这一变量事实上不仅包含了受教育水平,而且也包含了科技类学科的大学毕业生在内,因此这一变量事实上在一定程度上也反映了科技因素)。

第三章至第九章,对影响区域人均收入增长的各个影响因素进行了多角度、多侧面、全方位的解剖和深度分析,以获取关于我国区域之间人均收入差别和区域内部各省市区之间人均收入差别的各个影响因素的深度认识。

第三章深入研究和分析了我国区域之间和区域内部各省市区之间在劳动力就业结构上的差别情况。主要的研究分析指标包括第一产业劳动力比重、第二产业劳动力比重、第三产业劳动力比重、第二和第三产业劳动力合计比重等。

第四章深入研究和分析了我国区域之间和区域内部各省市区之间不同所有制性质的投资结构情况,重点考察国有投资比率、私营投资比率、外资投资比率的差别情况。主要的研究分析指标包括国有投资在全社会固定资产投资中所占的比例、集体投资在全社会固定资产投资中所占的比例、私营投资在全社会固定资产投资中所占的比例、外资投资在全部资本性投资中所占的比例等。

第五章深入研究和分析了我国区域之间在和区域内部各省市区之间在受教育水平方面的差别情况。主要的研究分析指标包括在校大学生比例、大学毕业生占比等。

第六章深入研究和分析了我国区域之间和区域内部各省市区之间在科技能力方面的差别情况。主要的研究分析指标包括科研人员占总人口比例、研发

人员占总人口比例、人均科研经费、人均研发经费、人均技术市场成交额、每百
万人专利授权量、每百万人国外检索工具收录论文数等。

　　第七章深入研究和分析了我国区域之间和区域内部各省市区之间在对外
开放度方面的差别情况。主要的研究分析指标包括进出口与 GDP 的比率、人
均净出口、人均货物与服务净出口等。

　　第八章深入研究和分析了我国区域之间和区域内部各省市区之间在失业
率方面的差别情况。

　　第九章深入研究和分析了我国区域之间和区域内部各省市区之间在财政
转移度方面的差别情况。主要的研究分析指标为人均财政转移度等。

　　第十章运用马克思主义哲学观对如何进一步促进我国区域增长和实现区
域共同繁荣的指导思想、原则和路径进行了研究。首先运用马克思主义唯物辩
证法和科学发展观的基本观点为指导,提出和回答了关于如何科学认识和正确
处理区域发展和区域收入不平衡问题的几个核心问题。进而,在综合考虑了本
书第二章计量模型所显示的影响区域人均收入增长的各变量的系数差别情况
和本书其他各章关于影响区域人均收入增长的这些变量的更深层解读和解剖
的情况的基础上,根据四大区域的相关自然地理和经济资源条件的差别状况,
提出了我国中央政府和地方政府今后如何差别化地运用这些经济变量以尽可
能充分有效地促进区域经济增长和人均收入水平的提高的政策建议。

第一章　区域人均收入不平衡状况的完整考察

本章对四大区域之间和四大区域内部各省市之间在人均收入水平、人均收入增长率、城市人均可支配收入增长、农村人均纯收入增长、城乡收入比值等方面的差别情况进行了全方位的比较分析和深度考察,得出了对我国区域人均收入不平衡状况的全景式认识。

第一节　区域之间人均收入水平的比较

我们对 1978～2006 年期间的人均收入增长情况进行考察,选择 1978 年、1990 年、2000 年、2006 年四个年份各区域的人均收入绝对水平进行考察。选取这四个年份的人均收入的绝对数值进行比较的理由是,1978 年为中国改革开放的起始点,1990 年为本研究的完整期间即 1978～2006 年期间的第一个子期即 1978～1990 年的数据截止年份,而 2000 年为第二个子期即 1991～2000 年的数据截止年份,2006 年则为第三个子期即 2001～2006 年期间的数据截止年份,2006 年同时也是本研究整个完整期间即 1978～2006 年期间的数据截止年份。

一、1978 年四大区域人均收入水平差异情况

1978 年,全国总体人均收入水平为 185 元。四大区域中,东部和东北地区人均收入水平(分别为 244 元、223 元)高于全国总体平均水平,西部和中部地区(分别为 148 元、141 元)低于全国总体平均水平,此时人均收入水平最高的区域即东部地区人均收入水平分别相当于人均收入水平最低的中部地区和次低的西部地区的 1.7 倍和 1.6 倍。

分城市和乡村进行考察,同年全国城市人均可支配收入水平为 346 元。四

大区域中,东部(374元)城市人均可支配水平高于全国总体平均水平,而东北地区(313元)、西部(121元)和中部地区(113元)人均收入水平均低于全国平均水平,此时城市人均可支配收入水平最高的东部地区分别相当于最低的中部地区和次低的西部地区的3.3倍和3.1倍。

同年全国农村人均纯收入水平为131元。四大区域中,东北地区(170元)和东部地区(153元)高于全国总体平均水平,西部地区(121元)和中部地区(113元)低于全国总体平均水平;人均收入水平最高的东北地区分别相当于最低的中部地区的1.5倍和次低的西部地区的1.4倍,而东部地区人均收入水平则分别相当于同期中部地区的1.4倍和西部地区的1.3倍。

综合上述,1978年各区域人均收入水平、城市人均可支配收入水平、农村人均可支配收入水平三者的数据比较情况,可以发现两个特点:

1. 1978年,在人均收入水平、城市人均收入水平、农村人均收入水平三个指标上,东部地区和东北地区都居于领先全国总体水平,而中部和西部地区都处于落后全国平均水平。其中,东部地区在人均收入水平指标和城市人均可支配收入水平指标上居于最高水平,东北地区在农村人均纯收入水平指标上处于最高水平,而中部地区在所有三指标上均处于最低的水平,西部地区在所有三个指标上则都处于次低的水平。

2. 四大区域在农村人均纯收入水平指标的差异上最小,在城市人均可支配收入水平指标上的差异最大。而区域人均收入水平指标作为城乡人均收入水平的综合结果,四大区域在该指标的差异程度上介于前两者之间。

二、1990年四大区域人均收入水平差异情况

1990年,全国总体人均收入水平为963元。四大区域中,东部地区(1247元)和东北地区(1104元)人均收入水平高于全国总体平均水平,西部地区(793元)和中部地区(750元)低于全国总体平均水平,此时人均收入水平最高的区域即东部地区人均收入水平分别相当于人均收入水平最低的中部地区和次低的西部地区的1.7倍和1.6倍。

分城市和乡村进行考察,同年全国总体城市人均可支配收入水平为1506元。四大区域中,东部区域(1679元)城市人均可支配收入水平高于全国总体平均水平,其他三个区域即西部地区(1405元)、中部地区(1341元)、东北地区

(1339元)城市人均可支配收入水平都低于全国总体平均水平,此时区域城市人均可支配收入水平最高的东部地区相当于最低的东北地区的1.25倍,并分别相当于中部和西部的1.25倍和1.20倍。

同年全国农村人均纯收入水平为685元。四大区域中,东部地区(907元)和东北地区(800元)高于全国总体平均水平,西部地区(552元)和中部地区(600元)低于全国总体平均水平;农村人均纯收入水平最高的东部地区相当于最低的西部地区的1.6倍、中部地区的1.5倍和东北地区的1.1倍。

综合上述1990年各区域人均收入水平、城市人均可支配收入水平、农村人均可支配收入水平三者的数据比较情况,并与1978年时的情况相比较,可以发现以下特点:1990年,在人均收入水平、城市人均收入水平、农村人均收入水平三个指标上,东部地区都居于领先全国总体水平;东北地区在人均收入水平、农村人均纯收入水平两指标上继续处于第二位的水平,但在城市人均可支配收入水平上则处于四区域中的最低水平,这一点与1978年时的情况不同;中部地区和西部地区都处于落后全国总体平均水平,其中,中部地区在人均收入水平和农村人均纯收入水平两指标上处于四区域的最低水平,而西部地区在人均收入和农村人均纯收入两指标上处于次低的水平。

三、2000年四大区域人均收入水平差异情况

2000年,全国总体人均收入水平为3962元。四大区域中,东部地区(5550元)和东北地区(3975元)人均收入水平高于全国总体平均水平,中部地区(3037元)和西部地区(2978元)低于全国总体平均水平,此时人均收入水平最高的区域即东部地区人均收入水平分别相当于人均收入水平最低的西部地区的1.86倍和次低的中部地区的1.83倍,并相当于位居人均收入水平次高的东北地区的1.40倍。由此可见,与1990年时的情况相比,在此年份东部地区与其他三地区的人均收入水平指标上的差异已明显加大,并且说明在过去的20世纪90年代期间东北地区在人均收入增长方面与东部地区的差距显著扩大。

分城市和乡村进行考察,同年全国总体城市人均可支配收入水平为6409元。四大区域中,东部地区(7758元)城市人均可支配收入水平高于全国总体平均水平,其他三个区域即西部地区(5666元)、中部地区(5324元)、东北地区

(5031 元)城市人均可支配收入水平都低于全国总体平均水平,此时区域城市人均可支配收入水平最高的东部地区相当于最低的东北地区的 1.54 倍,并分别相当于中部的 1.46 倍和西部的 1.37 倍。由此可见,与 1990 年时的情况相比,在此年份东部地区与其他三地区在城市人均可支配收入水平上的差异也进一步扩大。

同年全国农村人均纯收入水平为 2294 元。四大区域中,只有东部地区(3282 元)高于全国总体平均水平,而东北地区(2236 元)、中部地区(2068 元)和西部地区(1676 元)都低于全国总体平均水平;农村人均纯收入水平最高的东部地区相当于最低的西部地区的 1.96 倍,分别相当于中部地区的 1.59 倍和东北地区的 1.47 倍。由此可见,与 1990 年时的情况相比,东部地区与其他三个地区在农村人均纯收入水平上的差异亦进一步扩大了。

综合上述 2000 年各区域人均收入水平、城市人均可支配收入水平、农村人均可支配收入水平三者的数据比较情况,并与 1990 年时的情况相比较,可以发现以下特点:2000 年,在人均收入水平、城市人均收入水平、农村人均收入水平三个指标上,东部地区都居于领先全国总体水平;东北地区在人均收入水平、农村人均纯收入水平两指标上继续处于第二位的水平,但在城市人均可支配收入水平上则处于四区域中的最低水平,这一点与 1990 年时的情况相同;中部地区和西部地区都继续处于落后全国总体平均水平,其中,西部地区在人均收入水平指标和农村人均纯收入水平两指标上处于四区域的最低水平,而中部地区在人均收入、城市人均可支配收入和农村人均纯收入等三个指标上都处于次低的水平。

四、2006 年四大区域人均收入水平差异情况

2006 年,全国总体人均收入水平为 7392 元。四大区域中,只有东部地区(10388 元)人均收入水平高于全国总体平均水平,而其他三个区域即东北地区(7132 元)、中部地区(5799 元)和西部地区(5135 元)都低于全国总体平均水平,此时人均收入水平最高的区域即东部地区人均收入水平相当于人均收入水平最低的西部地区的 2.02 倍,并分别相当于中部地区的 1.79 倍和东北地区的 1.46 倍。由此可见,与 2000 年时的情况相比,中部地区和西部地区在人均收入水平指标上与东部地区的差距进一步加大,而东北地区在人均收入水平指标

上与东部地区的差异与 2000 年时大体相当。

分城市和乡村进行考察,同年全国总体城市人均可支配收入水平为 12064元。四大区域中,东部地区(14919 元)城市人均可支配收入水平高于全国总体平均水平,其他三个区域即中部地区(9921 元)、东北地区(9823 元)和西部地区(9717 元)城市人均可支配收入水平都低于全国总体平均水平,此时区域城市人均可支配收入水平最高的东部地区相当于最低的西部地区的 1.54 倍,并分别相当于东北地区的 1.52 倍和中部地区的 1.50 倍。由此可见,与 2000 年时的情况相比,在此年份中部地区和西部地区在城市人均可支配收入水平指标上与东部地区的差距进一步有所扩大,而东北地区与东部地区的差距略有缩小。

同年全国农村人均纯收入水平为 3617 元。四大区域中,东部地区(5043元)和东北地区(3772 元)高于全国总体平均水平,中部地区(3273 元)和西部地区(2589 元)低于全国总体平均水平;农村人均纯收入水平最高的东部地区相当于最低的西部地区的 1.95 倍,分别相当于中部地区的 1.54 倍和东北地区的 1.34 倍。由此可见,与 2000 年时的情况相比,东部地区与其他三个地区在农村人均纯收入水平上的差异有所缩小,即其他三个地区在农村人均纯收入水平指标上与东部地区的差距有所缩小。

综合上述 2006 年各区域人均收入水平、城市人均可支配收入水平、农村人均可支配收入水平三者的数据比较情况,并与 2000 年时的情况相比较,可以发现以下特点:2006 年,在人均收入水平、城市人均收入水平、农村人均收入水平三个指标上,东部地区都继续全面领先于全国总体平均水平;东北地区在人均收入水平、农村人均纯收入水平两指标上继续处于第二位的水平,而在城市人均可支配收入水平上则不再是四区域中的最低水平,而处于西部地区之后的次低水平;中部和西部地区在所有三个指标上都继续处于落后于全国总体平均水平,其中,西部地区在所有三个指标上都处于四区域中的最低水平,而中部地区在人均收入、农村人均纯收入等两指标上处于第三位的水平,在城市人均可支配收入指标上处于第二位的水平。

五、1978～2006 年期间及其三个子期间的平均变化情况

1978～2006 年期间及其三个子期间(即 1978～1990 年、1991～2000 年、

2001～2006 年期间)四大区域人均收入水平、城市人均可支配收入水平、农村人均纯收入水平的期间平均值情况如表 1－1、图 1－1～图 1－3 所示。对于上述期间这三个指标的深度考察情况请见本章第二节所做的研究。

表 1－1　四大区域人均收入比较

单位:元

年份	1978～1990			1991～2000			2001～2006			1978～2006		
	均值	标准差	波动系数	均值	标准差	波动系数	均值	标准差	波动系数	均值	标准差	波动系数
东北地区												
城市人均可支配收入	711	339.0	48%	3374	1279.3	38%	7523	1585.5	21%	3038	2808.7	92%
农村人均纯收入	432	188.4	44%	1744	631.2	36%	2991	530.7	18%	1414	1101.3	78%
人均收入	571	280.1	49%	2744	1042.9	38%	5575	1012.8	18%	2356	2078.4	88%
东部地区												
城市人均可支配收入	830	436.6	53%	5031	2064.7	41%	11317	2463.5	22%	4448	4341.2	98%
农村人均纯收入	465	245.8	53%	2264	925.4	41%	4117	613.9	15%	1841	1556.1	85%
人均收入	631	339.7	54%	3585	1510.0	42%	7975	1646.8	21%	3169	3044.4	96%
中部地区												
城市人均可支配收入	677	346.1	51%	3611	1384.6	38%	7674	1534.9	20%	3137	2896.3	92%
农村人均纯收入	334	146.9	44%	1406	601.3	43%	2612	432.8	17%	1175	974.2	83%
人均收入	397	189.1	48%	1953	844.1	43%	4379	948.1	22%	1757	1658.6	94%
西部地区												
城市人均可支配收入	706	358.1	51%	3864	1463.9	38%	7785	1319.5	17%	3260	2932.7	90%
农村人均纯收入	300	130.3	43%	1182	451.2	38%	2117	329.7	16%	980	773.8	79%
人均收入	401	207.7	52%	2169	861.2	40%	3947	782.2	20%	1744	1519.4	87%
全国												
城市人均可支配收入	762	387.2	51%	4236	1669.7	39%	9291	1907.4	21%	3724	3523.9	95%
农村人均纯收入	365	170.7	47%	1609	651.6	40%	2898	478.1	16%	1318	1084.6	82%
人均收入	493	253.1	51%	2639	1091.1	41%	5621	1182.2	21%	2294	2140.2	93%

资料来源:作者根据《新中国五十五年统计资料汇编》、《中国统计年鉴》相关各期等资料中的原始数据分析整理、测算和自制而成。

单位：元

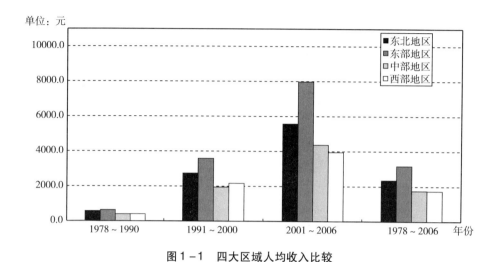

图 1-1　四大区域人均收入比较

资料来源:作者根据《新中国五十五年统计资料汇编》、《中国统计年鉴》相关各期等资料中的原始数据
　　　　分析整理、测算和自制而成。

单位：元

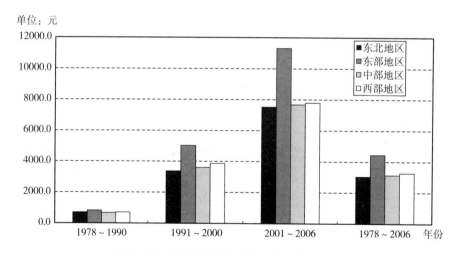

图 1-2　四大区域城市人均可支配收入比较

资料来源:作者根据《新中国五十五年统计资料汇编》、《中国统计年鉴》相关各期等资料中的原始数据
　　　　分析整理、测算和自制而成。

单位：元

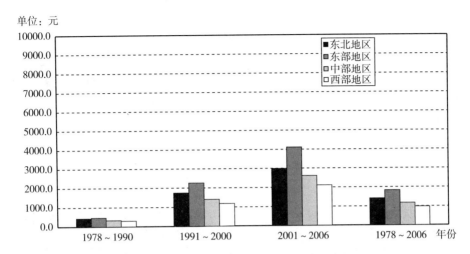

图1-3　四大区域农村人均纯收入比较

资料来源：作者根据《新中国五十五年统计资料汇编》、《中国统计年鉴》相关各期等资料中的原始数据
　　　　分析整理、测算和自制而成。

第二节　区域之间人均收入增长率的比较

一、区域之间人均收入增长率的差别

1978～2006年期间及其三个子期间的四大区域的人均收入年环比增长率
情况如表1-2和图1-4所示。

表1-2　四大区域人均收入年增长率比较

单位：%

年份	1978～1990			1991～2000			2001～2006			1978～2006		
	均值	标准差	波动系数	均值	标准差	波动系数	均值	标准差	波动系数	均值	标准差	波动系数
东北地区												
城市人均可支配收入增长	12.9	3.8	29	14.5	8.9	62	11.8	1.5	13	13.2	5.8	44
农村人均纯收入增长	14.4	12.9	89	11.4	12.2	107	9.2	4.3	47	12.2	11.2	92
人均收入	14.4	5.7	40	14.0	9.7	69	10.3	5.1	49	13.4	7.2	54

续表

年份	1978~1990			1991~2000			2001~2006			1978~2006		
	均值	标准差	波动系数	均值	标准差	波动系数	均值	标准差	波动系数	均值	标准差	波动系数
东部地区												
城市人均可支配收入增长	13.5	5.6	42	17.0	11.1	65	11.5	2.4	21	14.3	7.7	54
农村人均纯收入增长	16.1	5.3	33	14.3	11.9	83	7.4	2.6	35	13.6	8.4	62
人均收入	14.6	4.2	29	16.5	10.9	66	11.0	2.1	19	14.5	7.2	49
中部地区												
城市人均可支配收入增长	13.2	5.2	39	15.2	11.2	74	10.9	1.3	12	13.5	7.5	56
农村人均纯收入增长	15.2	8.7	57	13.8	13.1	95	8.0	4.2	53	13.2	10.0	76
人均收入	15.1	5.4	36	15.5	11.7	75	11.4	2.5	22	14.5	7.8	54
西部地区												
城市人均可支配收入增长	13.3	4.3	32	15.4	10.4	68	9.4	1.8	19	13.2	7.0	53
农村人均纯收入增长	13.6	5.3	39	12.8	9.8	81	7.6	2.8	37	11.8	7.1	61
人均收入	15.1	4.1	27	14.7	11.9	81	9.6	5.9	61	13.8	8.1	59
全国												
城市人均可支配收入增长	13.1	4.8	37	16.0	10.5	66	11.1	1.3	11	13.7	7.1	52
农村人均纯收入增长	14.9	5.6	37	13.4	11.8	88	7.9	3.8	47	12.9	8.3	64
人均收入	14.8	3.1	21	15.6	10.8	69	11.0	2.6	24	14.3	6.9	48

资料来源:作者根据《新中国五十五年统计资料汇编》、《中国统计年鉴》相关各期等资料中的原始数据分析整理、测算和自制而成。

1978~2006 年期间,我国全国各区域人均收入年增长率均值为 14.3%,标准差为 6.9%,波动系数为 48%。四大区域中,东部地区(14.5%)保持了最高的人均收入年增长率,其次为中部地区(约等于 14.5%),再次为西部地区(13.8%),而东北地区(13.4%)的人均收入年增长率最低。从这四个地区人均收入年增长率的平稳性来看,东部地区人均收入年增长率的平稳性最强(其波动系数为 49%),东北区域和中部地区人均收入年增长率的波动性较大(两者波动系数均为 54%),而西部地区人均收入年增长率的波动性最大(其波动系数为 59%)。

单位：%

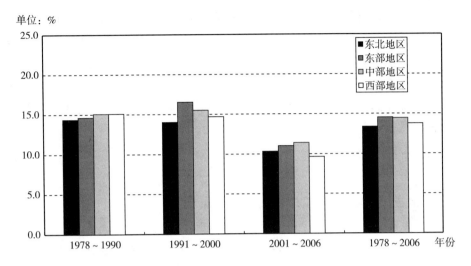

图1-4 四大区域人均收入年增长率比较

资料来源：作者根据《新中国五十五年统计资料汇编》、《中国统计年鉴》相关各期等资料中的原始数据
　　　　分析整理、测算和自制而成。

分不同时期进行考察：

1978～1990年期间，我国全国各区域人均收入年增长率均值为14.8%,标准差为3.1%,波动系数为21%。四个区域人均收入年均增长率中,中部地区和西部地区（两者都为15.1%）略高于东部地区（14.6%）和东北地区（14.4%）。对这期间四个区域人均收入年增长的平稳性进行考察,西部地区（波动系数值为27%）和东部地区（波动系数值为29%）的平稳性明显高于中部地区（波动系数值为36%）和东北地区（波动系数值为40%）。把我国四大区域本期间人均收入的情况与美国四大区域1970～1990年期间的人均收入情况作一比较,可以发现我国四大区域本期间人均收入水平不仅非常落后,而且区域之间不平衡性也大得多,并且各区域人均收入增长的波动性也大得多。

1991～2000年期间,我国全国各区域人均收入年增长率均值为15.6%,标准差为10.8%,波动系数为69%。四个区域人均收入年均增长率按由高到低排序分别为东部地区（16.5%）、中部地区（15.5%）、西部地区（14.7%）和东北地区（14.0%）。就这期间四个区域人均收入年增长的平稳性进行比较而言,东部地区的平稳性最高（波动系数值为66%）,东北地区（69%）次之,中部地区（75%）和西部地区（81%）波动性最大。

2001～2006 年期间,我国全国各区域人均收入年增长率均值为 11.0%,标准差为 2.6%,波动系数为 24%。四个区域人均收入年均增长率按由高到低排序分别为中部地区(11.5%)、东部地区(11.0%)、东北地区(10.3%)和西部地区(9.6%),年均增长率最高的中部地区比最低的西部地区高出了约两个百分点。就这期间四个区域人均收入年增长的平稳性进行比较而言,东部地区和中部地区的平稳性最高(波动系数值分别为 19% 和 22%),而东北地区和西部地区的波动性较大(波动系数分别为 49% 和 61%)。

二、区域之间城市人均可支配收入增长率的差别(如表 1-2 和图 1-5 所示)

1978～2006 年期间,我国全国各区域城市人均可支配收入年增长率均值为 13.7%,标准差为 7.1%,波动系数为 52%。四大区域中,东部地区的城市人均可支配收入年均增长率最高(14.3%),其次依次为中部地区(13.5%)、东北地区(13.4%)和西部地区(13.2%)。可见,在此期间除东部地区城市人均收入水平约高于其他三个区域一个百分点之外,其他三个区域的城市人均可支配收入水平年均增长率大体相当。从这四个地区城市人均可支配收入年增长率的波动性来看,除东北地区城市人均可支配收入增长的波动性略小(其波动系数为 44%)外,西部、东部和中部三个地区城市人均可支配收入年增长的波动

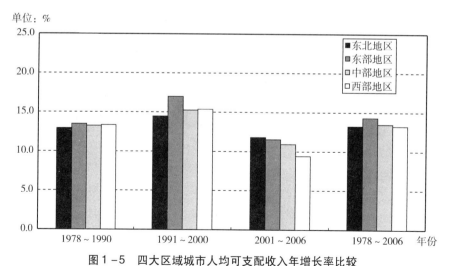

图 1-5　四大区域城市人均可支配收入年增长率比较

资料来源:作者根据《新中国五十五年统计资料汇编》、《中国统计年鉴》相关各期等资料中的原始数据分析整理、测算和自制而成。

性均较大,其波动系数均高于50%(分别为53%、54%、56%),即东部、中部和西部等三个地区的波动性大于东北地区的波动性约10个百分点。

分不同时期进行考察:

1978～1990年期间,我国全国各区域城市人均可支配收入年增长率均值为13.1%,标准差为4.8%,波动系数为37%。四大区域之间城市人均可支配收入年均增长率水平差异不大,其中东部、西部和中部的城市人均可支配收入年均增长率(分别为13.5%、13.3%、13.2%)略高于全国区域总体平均城市人均收入年均增长率,而东北地区(12.9%)低于全国区域总体平均水平,四大区域中城市人均可支配收入年均增长最高的东部地区比最低的东北地区高0.6个百分点。对这期间四个区域城市人均可支配收入年增长的平稳性进行考察,东部和中部两地区的波动系数(分别为42%、39%)高于全国区域平均水平,而东北地区(29%)和西部地区(32%)则低于全国区域平均水平,波动性最大的东部地区波动系数值比最小的东北地区高13个百分点。把我国四大区域本期间城市人均收入的情况与美国四大区域1970～1990年期间的城市人均收入情况作一比较,可以发现我国四大区域本期间城市人均收入水平不仅非常落后,而且区域之间不平衡性也大得多,并且各区域人均收入增长的波动性也大得多。

1991～2000年期间,我国全国四大区域城市人均可支配收入年增长率均值为16.0%,标准差为10.5%,波动系数为66%。四个区域城市人均可支配收入年均增长率中,只有东部地区的城市人均可支配收入年均增长率水平(17.0%)高于全国区域总体平均水平(16.0%),而西部(15.4%)、中部(15.2%)和东北(14.5%)等三个地区都低于全国区域总体平均水平,四大区域中城市人均可支配收入年均增长率最高的东部地区比最低的东北地区高2.5个百分点。对这期间四个区域城市人均可支配收入年增长的平稳性进行考察,中部和西部两地区的波动系数(分别为74%、68%)高于全国区域平均水平(66%),而东北地区和东部地区(分别为62%、65%)则都低于全国区域平均水平,波动性最大的中部地区波动系数值比最小的东部地区高9个百分点。

2001～2006年期间,我国全国四大区域城市人均可支配收入年增长率均值为11.1%,标准差为1.3%,波动系数为11%。四个区域城市人均可支配收入年均增长率中,东北和东部地区的城市人均可支配收入年均增长率水平(分别为11.8%、11.5%)高于全国区域总体平均水平(11.1%),而中部地区

（10.9%）和西部地区（9.4%）低于全国区域总体平均水平,四大区域中城市人均可支配收入年均增长率最高的东部地区比最低的东北地区高2.4个百分点。对这期间四个区域城市人均可支配收入年增长的平稳性进行考察,四大区域人均可支配收入波动系数按由高到低依次排列分别为东部地区（21%）、西部地区（19%）、东北部地区（13%）和中部地区（12%）,波动性最大的东部地区比波动性最小的中部地区高9个百分点。

三、区域之间农村人均纯收入增长率的差别（如表1-2和图1-6所示）

1978～2006年期间,我国全国各区域农村人均纯收入年增长率均值为12.9%,标准差为8.3%,波动系数为64%。四大区域中,东部地区（13.6%）和中部地区（13.2%）的农村人均纯收入年均增长率水平高于全国总体平均值（12.9%）,而东北地区（12.2%）和西部地区（11.8%）低于全国总体平均值水平,这四大区域中农村人均纯收入年均增长率水平最高的东部地区比最低的西部地区高1.8个百分点。对四个区域农村人均纯收入年增长率的平稳性进行考察,可以发现,东北（92%）和中部（76%）两地区的波动性显著大于全国总体平均水平（64%）,而东部（62%）和西部（61%）两地区则略小于全国总体平均水平,这四大区域中波动性最大的东北地区比最低的西部地区的波动值高31%。

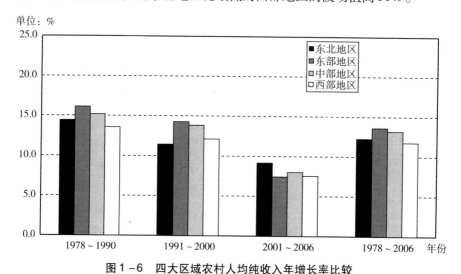

图1-6　四大区域农村人均纯收入年增长率比较

资料来源:作者根据《新中国五十五年统计资料汇编》、《中国统计年鉴》相关各期等资料中的原始数据分析整理、测算和自制而成。

分不同时期进行考察:

1978～1990年期间,我国全国各区域农村人均纯收入年增长率均值为14.9%,标准差为5.6%,波动系数为37%。四大区域农村人均纯收入年均增长率水平中,东部地区和中部地区的农村人均纯收入年均增长率水平(分别为16.1%、15.2%)略高于全国总体平均水平(14.9%),而东北地区和西部地区农村人均纯收入年均增长水平(分别为14.4%、13.6%)则低于全国总体平均水平,农村人均纯收入年均增长率水平最高的东部地区比最低的西部地区高0.8个百分点。对这期间四个区域农村人均纯收入年增长率的平稳性进行考察发现,东北地区的波动性十分大(其波动值高达89%),其次中部地区的波动性也比较大(波动值为57%),而东部和西部地区的波动性(分别为33%、39%)则略低于全国总体平均水平(37%),这四个区域中波动性最大的东北地区比最低的西部地区的波动值高51%。把我国四大区域本期间人均纯收入的情况与美国四大区域1970～1990年期间的人均收入情况作一比较,可以发现我国四大区域本期间农村人均收入水平不仅非常落后,而且区域之间不平衡性也大得多,并且各区域农村人均纯收入增长的波动性也大得多。

1991～2000年期间,我国全国四大区域农村人均纯收入年增长均值为13.4%,标准差为11.8%,波动系数为88%。四个区域农村人均纯收入年均增长率中,东部地区(14.3%)和中部地区(13.8%)保持了高于全国平均水平(13.4%)的增长,而东北部地区(11.4%)和西部地区(12.1%)则低于全国平均水平,四大区域中最高的东部地区比最低的西部地区高2.3个百分点。对这期间四个区域农村人均纯收入年增长的平稳性进行考察,四个区域农村人均纯收入年增长的波动性都十分大,其中东北部地区和中部地区的波动性(分别为107%、95%)高于全国总体平均水平(88%),而东部地区和西部地区的波动性(分别为83%、81%)则略低于全国总体平均水平。

2001～2006年期间,我国全国四大区域农村人均纯收入年增长率均值为7.9%,标准差为3.8%,波动系数为47%。四个区域农村人均纯收入年均增长率中,东北和中部两地区(分别为9.2%、8.0%)保持了高于全国总体平均水平(7.9%),而西部和东部两地区的年均增长水平(分别为7.6%、7.4%)则低于全国总体平均水平。对这期间四个区域农村人均纯收入年增长的平稳性进行考察,可以看出,中部地区的波动性高于全国总体平均水平(53%),东北地区

的波动性(47%)与全国总体平均水平(47%)相当,而东部地区和西部地区的
波动性(分别为35%、37%)则略低于全国总体平均水平。

第三节　区域内部省际人均收入不平衡状况的考察

一、东北区域内部人均收入不平衡状况的具体考察

1978~2006年期间(如表1-3和图1-7所示),东北区域年均人均收入水平为
2372.3元。本区域3省份中有2个省年均人均收入水平高于本区域整体平均水平,
分别为吉林(2496.8元)、辽宁(2467.5元);有1个省即黑龙江省年均人均收入水平
(2181.3元)低于本区域整体平均水平;其中年均人均收入水平最高的吉林省年均
人均收入水平相当于年均人均收入水平最低的省即黑龙江省的1.14倍。

表1-3　区域内部省际人均收入差别情况

单位:元

年份	1978~1990			1991~2000			2001~2006			1978~2006		
	均值	标准差	变异系数	均值	标准差	变异系数	均值	标准差	变异系数	均值	标准差	变异系数
辽　宁	665.0	65.0	10.7%	2777.6	54.3	2.0%	5856.0	310.6	5.6%	2467.5	197.1	8.3%
吉　林	591.1	31.7	5.2%	3013.7	311.1	11.3%	5764.3	437.9	7.9%	2496.8	327.7	13.8%
黑龙江	556.3	69.7	11.5%	2522.0	236.6	8.6%	5134.6	356.4	6.4%	2181.3	264.8	11.2%
东北地区	607.7	0.0	0.0%	2744.5	0.0	0.0%	5575.3	0.0	0.0%	2372.3	0.0	0.0%
北　京	852.5	200.3	29.4%	5214.0	1863.3	52.0%	13507.1	4404.4	55.2%	4974.6	2913.7	91.3%
天　津	767.4	101.6	14.9%	4001.0	485.8	13.5%	9032.0	918.9	11.5%	3592.4	636.5	19.9%
河　北	433.0	281.2	41.3%	2120.1	1548.4	43.2%	4776.9	2516.4	31.6%	1913.5	1808.7	56.7%
上　海	1044.3	418.1	61.4%	6944.9	3743.8	104.4%	15722.0	6037.6	75.7%	6115.8	4333.2	135.8%
江　苏	627.3	73.8	10.8%	3071.9	525.4	14.7%	7363.9	496.7	6.2%	2864.0	443.0	13.9%
浙　江	744.2	97.9	14.4%	4297.8	772.2	21.5%	10284.7	1837.0	23.0%	3943.5	1214.6	38.1%
福　建	787.1	137.7	20.2%	4251.3	714.0	19.9%	8199.9	789.1	9.9%	3515.3	654.7	20.5%
山　东	749.1	94.6	13.9%	3561.7	112.5	3.2%	6904.8	1085.9	13.6%	2992.6	667.7	20.9%

续表

年份	1978～1990			1991～2000			2001～2006			1978～2006		
	均值	标准差	变异系数	均值	标准差	变异系数	均值	标准差	变异系数	均值	标准差	变异系数
广　东	708.2	125.2	18.4%	3924.6	379.3	10.6%	8684.6	765.8	9.6%	3467.6	527.3	16.5%
海　南	563.2	196.5	28.9%	2108.9	1649.0	46.0%	4331.3	2852.5	35.8%	1875.8	2009.8	63.0%
东部地区	680.7	0.0	0.0%	3585.2	0.0	0.0%	7975.1	0.0	0.0%	3191.4	0.0	0.0%
山　西	439.0	24.3	5.5%	1872.9	114.0	5.8%	4540.1	172.7	3.9%	1782.0	127.1	7.1%
安　徽	437.1	21.0	4.8%	1834.8	121.5	6.2%	4067.5	245.7	5.6%	1670.2	167.5	9.4%
江　西	433.5	38.2	8.7%	1977.2	53.5	2.7%	4377.0	30.1	0.7%	1781.7	45.8	2.6%
河　南	372.4	81.7	18.5%	1677.2	291.4	14.9%	3952.8	331.2	7.6%	1563.1	274.4	15.4%
湖　北	497.2	71.0	16.1%	2271.3	341.4	17.5%	4925.9	429.2	9.8%	2025.3	337.4	19.0%
湖　南	494.3	69.8	15.8%	2194.4	254.7	13.0%	4718.9	267.3	6.1%	1954.6	229.9	12.9%
中部地区	440.9	0.0	0.0%	1953.3	0.0	0.0%	4379.0	0.0	0.0%	1777.2	0.0	0.0%
重　庆	429.3	64.1	14.1%	1960.9	267.5	12.3%	5150.0	1006.8	25.5%	1934.2	635.6	35.9%
四　川	416.1	53.2	11.7%	1717.0	484.9	22.4%	3761.6	198.5	5.0%	1556.9	321.0	18.2%
贵　州	448.7	16.6	3.7%	2603.6	618.4	28.5%	3075.9	690.8	17.5%	1735.3	564.4	31.9%
云　南	493.7	70.7	15.6%	2438.4	378.7	17.5%	3639.4	262.1	6.6%	1815.1	284.5	16.1%
西　藏	489.3	109.2	24.1%	1803.3	535.9	24.7%	4069.1	492.3	12.5%	1683.1	449.3	25.4%
陕　西	431.4	40.9	9.0%	1682.4	540.4	24.9%	3704.4	215.7	5.5%	1539.9	355.3	20.1%
甘　肃	417.7	62.4	13.7%	1464.5	762.6	35.2%	3293.2	524.3	13.3%	1373.6	564.9	31.9%
青　海	358.6	134.8	29.7%	1842.6	386.0	17.8%	3938.6	109.7	2.8%	1611.0	261.5	14.8%
宁　夏	453.7	19.0	4.2%	1764.1	454.0	20.9%	4133.7	204.2	5.2%	1666.9	303.3	17.2%
新　疆	547.5	112.3	24.7%	2444.0	302.0	13.9%	4065.0	164.1	4.2%	1929.7	223.2	12.6%
内蒙古	490.3	69.3	15.3%	2069.9	208.8	9.6%	4921.5	828.7	21.0%	1951.8	522.3	29.5%
广　西	511.3	92.8	20.4%	3353.8	1298.3	59.9%	4530.6	756.3	19.2%	2323.1	916.7	51.8%
西部地区	454.0	0.0	0.0%	2168.9	0.0	0.0%	3947.1	0.0	0.0%	1768.0	0.0	0.0%
全　国	493.0	253.1	51.3%	2639.3	1091.1	41.3%	5214.1	637.3	12.2%	2209.9	1962.4	88.8%

资料来源:作者根据《新中国五十五年统计资料汇编》、《中国统计年鉴》相关各期等资料中的原始数据
　　　　分析整理、测算和自制而成。

单位：%

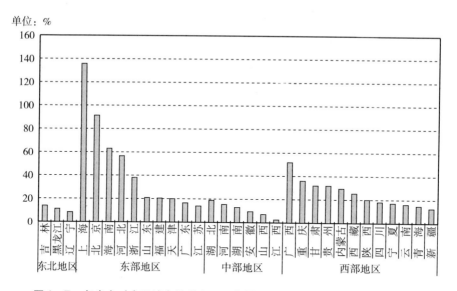

图1-7　各省市对本区域人均收入不平衡性的影响力比较（1978～2006年）

资料来源：作者根据《新中国五十五年统计资料汇编》、《中国统计年鉴》相关各期等资料中的原始数据
　　　　分析整理、测算和自制而成。

　　为了科学度量各省份对本区域内部人均收入不平衡状况影响的程度大小，本研究设定一个度量指标即变异系数，定义变异系数的计算方法如下：设 SDP 代表各省份在本考察期间各年人均收入水平对本期间本省份年均人均收入水平的标准差，并设 MR 代表本期间本区域各年人均收入均值，而 CV 代表变异系数，则 CV = SDP/MR。通过对一省份变异系数即 CV 值的大小的考察，可以观察出其对于本区域人均收入不平衡状况影响程度的大小。对于那些人均收入水平高于本区域整体平均水平的那些省市，其 CV 值越大，表明其对本区域人均收入不平衡状况的正影响越大；而对于那些人均水平低于本区域整体平均水平的那些省市，其变异系数值越大，则表明其对本区域人均收入不平衡状况的负影响越大。

　　根据对在此期间本区域内各省份 CV 值的计算结果，可以看出各省份对本区域整体人均收入不平衡状况的影响程度如下：吉林（13.8%）、黑龙江（11.25%）、辽宁（8.3%，负影响）。由此可见，在此期间，东北区域3省份中，吉林对东北地区人均收入不平衡状况有最大的正影响，辽宁对东北区域人均收入不平衡状况有最大的负影响，而黑龙江对东北区域人均收入水平的影响有中等程度的正影响。

1978～1990 年期间(如表 1 – 3 和图 1 – 8 所示),东北区域年均人均收入水平为 607.7 元。本区域 3 省份中有 1 个省即辽宁省年均人均收入水平(665.0 元)高于本区域整体平均水平;有 2 个省年均人均收入水平低于本区域整体平均水平,分别为吉林省(591.1 元)、黑龙江省(556.3 元);其中年均人均收入水平最高的辽宁省年均人均收入水平相当于年均人均收入水平最低的黑龙江省的 1.09 倍。根据对在此期间本区域内各省份 CV 值的计算结果,可以看出各省对本区域整体人均收入不平衡状况的影响程度按由高到低排序如下:黑龙江(11.5%,负影响)、辽宁(10.7%)、吉林(5.2%)。由此可见,在此期间,东北区域 3 省份中,辽宁省人均收入状况对本区域人均收入不平衡状况有最大的正影响,黑龙江省对本区域人均收入不平衡状况有最大的负影响,而吉林省对本区域人均收入不平衡状况有中等程度的正影响。

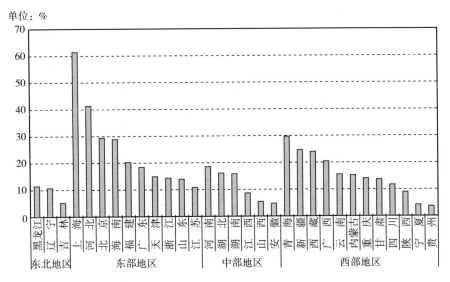

单位:%

图 1 – 8　各省市对本区域人均收入不平衡性的影响力比较(1978～1990 年)

资料来源:作者根据《新中国五十五年统计资料汇编》、《中国统计年鉴》相关各期等资料中的原始数据分析整理、测算和自制而成。

1991～2000 年期间(如表 1 – 3 和图 1 – 9 所示),东北区域整体年均人均收入水平为 2744.5 元。本区域 3 省份中有 2 个省年均人均收入水平高于本区域整体平均水平,分别为吉林(3013.7 元)、辽宁(2777.6 元);有 1 个省即黑龙江省年均人均收入水平(2522.0 元)低于本区域整体平均水平;其中年均人均收入水平最高的省份即吉林省年均人均收入水平相当于年均人均收入水平最低的省即黑龙江省的1.19 倍。根据对在此期间本区域内各省份 CV 值的计算结果,可以看出各省对本区域整体人均收入不平衡状况的影响程度按由高到低排序如下:吉林(11.3%)、黑龙江(8.6%,负影响)、辽宁(2.0%)。由此可见,在此期间,东北区域 3 省份中,吉林省人均收入状况对本区域人均收入不平衡状况有最大的正影响,黑龙江省对本区域人均收入不平衡状况有最大的负影响,而辽宁省对本区域人均收入不平衡状况有中等程度的正影响。

单位: %

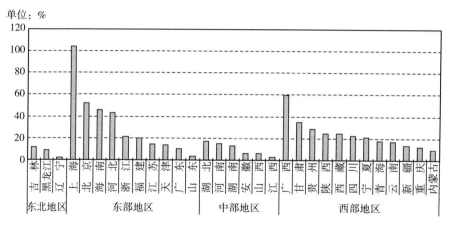

图 1-9　各省市对本区域人均收入不平衡性的影响力比较(1991~2000 年)

资料来源:作者根据《新中国五十五年统计资料汇编》、《中国统计年鉴》相关各期等资料中的原始数据分析整理、测算和自制而成。

2001~2006 年期间(如表 1-3 和图 1-10 所示),东北区域整体年均人均收入水平为5575.3 元。本区域 3 省份中有 2 个省年均人均收入水平高于本区域整体平均水平,分别为辽宁(5856.0 元)、吉林(5764.3 元);有 1 个省即黑龙江省年均人均收入水平(5134.6 元)低于本区域整体平均水平;其中年均人均收入水平最高的省份即辽宁省年均人均收入水平相当于年均人均收入水平最低的省即黑龙江省的1.14 倍。根据对在此期间本区域内各省份 CV 值的计算结果,可以看出各省对本区域整体人均收入不平衡状况的影响程度按由高到低排序如下:吉林(7.9%)、黑龙江(6.4%,负影响)、辽宁(5.6%)。由此可见,在此期间,东北区域 3 省份中,吉林省人均收入状况对本区域人均收入不平衡状况有最大的正影响,黑龙江省对本区域人均收入不平衡状况有最大的负影响,而辽宁省对本区域人均收入不平衡状况有中等程度的正影响。

单位:%

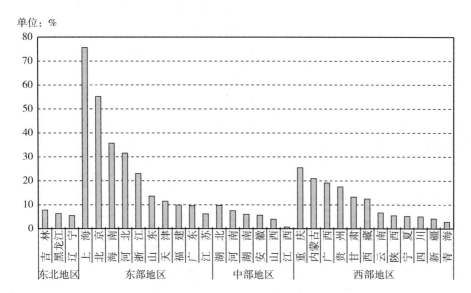

图 1 - 10　各省市对本区域人均收入不平衡性的影响力比较(2001～2006 年)

资料来源:作者根据《新中国五十五年统计资料汇编》、《中国统计年鉴》相关各期等资料中的原始数据分析整理、测算和自制而成。

二、东部地区内部人均收入不平衡状况的具体考察

1978～2006 年期间(如表 1 - 3 和图 1 - 7 所示),东部区域年均人均收入水平为 3191 元,本区域 10 个省市中有 6 个省市年均人均收入水平高于本区域平均水平,分别为上海、北京、浙江、天津、福建、广东;有 4 个省市低于本区域平均水平,分别为山东、江苏、河北、海南;其中年均人均收入水平最高的省份即上海市年均人均收入水平达 6116 元,而同期年均人均收入水平最低的省份即海南省人均收入水平仅 1876 元,前者相当于后者的 3.26 倍。

对本区域各省市 CV 按由高到低依次排列为:上海(135.8%)、北京(91.3%)、海南(63.0%,负影响)、河北(56.7%,负影响)、浙江(38.1%)、山东(20.9%,负影响)、福建(20.5%)、天津(19.9%)、广东(16.5%)、江苏(13.9%,负影响)。由此可见,在此完整考察期间,东部区域中,上海、北京、浙江对东部区域人均收入不平衡状况分别有第一、第二和第三大的正影响,而海南、河北、山东对东部区域人均收入不平衡状况分别有第一、第二和第三大的负影响。

1978～1990年期间(如表1-3和图1-8所示),东部区域年均人均收入水平为681元。本区域10个省市中有7个省市年均人均收入水平高于本区域平均水平,分别为上海(1044元)、北京(853元)、福建(787元)、天津(767元)、山东(749元)、浙江(744元)、广东(708元);有3个省市低于本区域平均水平,分别为江苏(627元)、海南(563元)、河北(433元);其中年均人均收入水平最高的省份即上海市年均人均收入水平相当于同期年均人均收入水平最低的省份即河北省人均收入水平的2.41倍。根据对此期间本区域内部各省市对本区域整体年均人均收入的偏离度的CV值的计算,各省市对本区域人均收入不平衡状况影响程度按由高到低排序为:上海(61.4%)、河北(41.3%,负影响)、北京(29.4%)、海南(28.9%,负影响)、福建(20.2%)、广东(18.4%)、天津(14.9%)、浙江(14.4%)、山东(13.9%)、江苏(10.8%,负影响)。由此可见,在此期间,东部区域中,上海、北京、福建对东部区域人均收入不平衡状况分别有第一、第二和第三大的正影响,而河北、海南、江苏对东部区域人均收入不平衡状况分别有第一、第二和第三大的负影响。

1991～2000年期间(如表1-3和图1-9所示),东部区域整体年均人均收入水平为3585元。本区域10个省市中有6个省市年均人均收入水平高于本区域平均水平,分别为上海(6945元)、北京(5214元)、浙江(4298元)、福建(4251元)、天津(4001元)、广东(3925元);有4个省市低于本区域整体平均水平,分别为山东(3562元)、江苏(3072元)、河北(2120元)、海南(2109元);其中年均人均收入水平最高的省份即上海市年均人均收入水平相当于同期年均人均收入水平最低的省份即海南省人均收入水平的3.29倍。根据对此期间本区域内部各省市对本区域整体年均人均收入的偏离度的CV值的计算,各省市对本区域人均收入不平衡状况影响程度按由高到低依次排列为:上海(104.4%)、北京(52.0%)、海南(46.0%,负影响)、河北(43.2%,负影响)、浙江(21.5%)、福建(19.9%)、江苏(14.7%,负影响)、天津(13.5%)、广东(9.6%)、山东(3.2%,负影响)。由此可见,在此期间,东部区域中,上海、北京、浙江对东部区域人均收入不平衡状况分别有第一、第二和第三大的正影响,与前一子期间即1978～1990年期间时的情况相比较,可以看出,在东部区域中对整个区域人均收入不平衡状况产生最大正影响的前两个省市仍然分别是上海和北京,但具有第三大正影响地位的省份已经由前期的福建省变换为浙江省;而海南、河北、江苏对东部区域人均收入不平衡状况分别有第一、第二和第三大的负影响,此种情况与前一子期间即1991～2000年期间的情况相比较,可以看出,此时对整个区域人均收入不平衡状况产生最大负影响的3个省市仍然是海南、河北和江苏,但此时海南和河北的相对位次发生了交替。

2001～2006年期间(如表1-3和图1-10所示),东部区域整体年均人均收入水平为7975元,本区域10个省市中有6个省市高于本区域平均水平,分别为上海(15722元)、北京(13507元)、浙江(10285元)、天津(9032元)、广东(8685元)、福建(8200元);有4个省市低于本区域水平,分别为江苏(7364元)、山东(6905元)、河北(4777元)、海南(4331元);其中年均人均收入水平最高的省份即上海市年均人均收入相当于年均人均收入水平最低的省份即海南省的3.63倍。根据对各省市CV值的计算结果,可以看出各省市对本区域人均收入不平衡程度的影响情况按由高到低排序如下:上海(75.7%)、北京(55.2%)、海南(35.8%,负影响)、河北(31.6%,负影响)、浙江(23.0%)、山东(13.6%,负影响)、天津(11.5%)、福建(20.5%)、广东(16.5%)、江苏(13.9%)。由此可见,在此期间,东部区域中,上海、北京、浙江对东部区域人均收入不平衡状况分别有第一、第二和第三大的正影响,这一情况与前一个子期间即1991～2000年期间时的情况相同;而海南、河北、山东对东部区域人均收入不平衡状况分别有第一、第二和第三大的负影响,与前一子期间即1991～2000年期间时的情况相比,海南、河北仍然是对东部区域人均收入不平衡状况产生最大负影响的前两大省份,但在这一期间对东部区域人均收入不平衡状况产生第三大负影响的省份已由前期的江苏省变换为山东省。

三、中部区域内部人均收入不平衡状况的具体考察

1978～2006年期间(如表1-3和图1-7所示),中部区域年均人均收入水平为1777元。本区域6省份中有4个省年均人均收入水平高于本区域整体平均水平,分别为湖北(2025元)、湖南(1955元)、山西(1782元)、江西(1782元);有2个省年均人均收入水平低于本区域整体平均水平,分别为安徽(1670

元)、河南(1563 元);其中年均人均收入水平最高的湖北省年均人均收入水平相当于年均人均收入水平最低的省即河南省的 1.30 倍。根据对本区域内在此期间各省份 CV 值的计算结果,可以看出各省份对本区域整体人均收入不平衡状况的影响程度按由高到低排序如下:湖北(19.0%)、河南(15.4% ,负影响)、湖南(12.9%)、安徽(9.45% ,负影响)、山西(7.1%)、江西(2.6%)。由此可见,在此期间,中部区域 6 省份中,湖北、湖南、山西对中部区域人均收入不平衡状况分别有第一、第二和第三大的正影响,而河南、安徽对中部区域人均收入不平衡状况分别有第一和第二大的负影响,而江西对本区域人均收入不平衡有轻度的正影响。

　　1978 ~ 1990 年期间(如表 1 - 3 和图 1 - 8 所示),中部区域年均人均收入水平为 441 元。本区域 6 省份中有只有 2 个省年均人均收入水平高于本区域整体平均水平,分别为湖北(497 元)、湖南(494 元);而有 4 个省年均人均收入水平低于本区域整体平均水平,分别为山西(439 元)、安徽(437 元)、江西(434元)、河南(372 元);其中年均人均收入水平最高的湖北省年均人均收入水平相当于年均人均收入水平最低的省即河南省的 1.34 倍。根据对本区域内在此期间各省份 CV 值的计算结果,可以看出各省份对本区域整体人均收入不平衡状况的影响程度按由高到低排序如下:河南(18.5% ,负影响)、湖北(16.1%)、湖南(15.8%)、江西(8.7% ,负影响)、山西(5.5% ,负影响)、安徽(4.8% ,负影响)。由此可见,在此期间,中部区域 6 省份中,在天平的一边是湖北和湖南对中部区域人均收入不平衡状况有很大的正影响,而在天平的另一边中河南存在着最大的负影响、其他 3 个省份分别有不同程度的负影响。

　　1991 ~ 2000 年期间(如表 1 - 3 和图 1 - 9 所示),中部区域年均人均收入水平为 1953 元。本区域 6 省份中有半数的省份即 3 个省年均人均收入水平高于本区域整体平均水平,分别为湖北(2271 元)、湖南(2194 元)、江西(1977元);另有半数的省份年均人均收入水平低于本区域整体平均水平,分别为山西(1873 元)、安徽(1835 元)、河南(1677 元);其中年均人均收入水平最高的湖北省年均人均收入水平相当于年均人均收入水平最低的省即河南省的 1.35倍。根据对本区域内在此期间各省份 CV 值的计算结果,可以看出各省份对本区域整体人均收入不平衡状况的影响程度按由高到低排序如下:湖北(17.5%)、河南(14.9% ,负影响)、湖南(13.0%)、安徽(6.2% ,负影响)、山西

(5.8%,负影响)、江西(2.7%)。由此可见,在此期间,中部区域6省份中,湖北、湖南对中部区域人均收入不平衡状况分别有第一和第二大的正影响,河南、安徽对中部区域人均收入不平衡状况分别有最大和次大的负影响,而江西省对本区域人均收入不平衡有轻度的正影响。

2001~2006年期间(如表1-3和图1-10所示),中部区域年均人均收入水平为4379元。本区域6省份中有半数的省份即3个省年均人均收入水平高于本区域整体平均水平,分别为湖北(4926元)、湖南(4719元)、山西(4540元);另有半数的省份年均人均收入水平低于本区域整体平均水平,分别为江西(4377元)、安徽(4068元)、河南(3953元);其中年均人均收入水平最高的湖北省年均人均收入水平相当于年均人均收入水平最低的省即河南省的1.25倍。根据对本区域内在此期间各省份CV值的计算结果,可以看出各省份对本区域整体人均收入不平衡状况的影响程度按由高到低排序如下:湖北(9.8%)、河南(7.6%,负影响)、湖南(6.1%)、安徽(5.6%,负影响)、山西(3.9%)、江西(0.7%,负影响)。由此可见,在此期间,中部区域6省份中,湖北、湖南对中部区域人均收入不平衡状况分别有第一和第二大的正影响,河南、安徽对中部区域人均收入不平衡状况分别有最大和次大的负影响,而江西省对本区域人均收入不平衡有微弱的负影响。

四、西部区域内部人均收入不平衡状况的具体考察

1978~2006年期间(如表1-3和图1-7所示),西部区域年均人均收入水平为1768元。本区域12省份中有5个省年均人均收入水平高于本区域整体平均水平,分别为广西(2323元)、内蒙古(1952元)、重庆(1934元)、新疆(1930元)、云南(1815元);有7个省年均人均收入水平低于本区域整体平均水平,分别为贵州(1735元)、西藏(1683元)、宁夏(1667元)、青海(1611元)、四川(1557元)、陕西(1540元)、甘肃(1374元);其中年均人均收入水平最高的广西年均人均收入水平相当于年均人均收入水平最低的省即甘肃省的1.69倍。根据对本区域内在此期间各省份CV值的计算结果,可以看出各省份对本区域整体人均收入不平衡状况的影响程度按由高到低排序如下:广西(51.8%)、重庆(35.9%)、甘肃(31.9%,负影响)、贵州(31.9%,负影响)、内蒙古(29.5%)、西藏(25.4%,负影响)、陕西(20.1%,负影响)、四川(18.2%,

负影响)、宁夏(17.2%,负影响)、云南(16.1%)、青海(14.8%,负影响)、新疆(12.6%)。由此可见,在此期间,中部区域12省份中,广西、重庆、内蒙古对中部区域人均收入不平衡状况分别有第一、第二和第三大的正影响,甘肃、贵州、西藏对中部区域人均收入不平衡状况分别有第一、第二和第三大的负影响。

1978～1990年期间(如表1－3和图1－8所示),西部区域年均人均收入水平为493元。本区域12省份中有5个省年均人均收入水平高于本区域整体平均水平,分别为新疆(548元)、广西(511元)、云南(494元)、内蒙古(490元);有7个省年均人均收入水平低于本区域整体平均水平,分别为西藏(489元)、宁夏(454元)、贵州(449元)、陕西(431元)、重庆(429元)、甘肃(418元)、四川(416元)、青海(359元);其中年均人均收入水平最高的新疆年均人均收入水平相当于年均人均收入水平最低的省即青海省的1.53倍。根据对本区域内在此期间各省份CV值的计算结果,可以看出各省份对本区域整体人均收入不平衡状况的影响程度按由高到低排序如下:青海(29.7%,负影响)、新疆(24.7%)、西藏(24.1%,负影响)、广西(20.4%)、云南(15.6%)、内蒙古(15.3%)、重庆(14.1%,负影响)、甘肃(13.7%,负影响)、四川(11.7%,负影响)、陕西(9.0%)、宁夏(4.2%,负影响)、贵州(3.7%,负影响)。由此可见,在此期间,中部区域12省份中,新疆、广西、云南对中部区域人均收入不平衡状况分别有第一、第二和第三大的正影响,而青海、西藏、重庆对中部区域人均收入不平衡状况分别有第一、第二和第三大的负影响。

1991～2000年期间(如表1－3和图1－9所示),西部区域整体年均人均收入水平为2169元。本区域12省份中有4个省年均人均收入水平高于本区域整体平均水平,分别为广西(3354元)、贵州(2604元)、新疆(2445元)、云南(2438元);有8个省年均人均收入水平低于本区域整体平均水平,分别为内蒙古(2070元)、重庆(1961元)、青海(1843元)、西藏(1803元)、宁夏(1764元)、四川(1717元)、陕西(1682元)、甘肃(1465元);其中年均人均收入水平最高的广西年均人均收入水平相当于年均人均收入水平最低的省即甘肃省的2.29倍。根据对本区域内在此期间各省份CV值的计算结果,可以看出各省份对本区域整体人均收入不平衡状况的影响程度按由高到低排序如下:广西(59.9%)、甘肃(35.2%,负影响)、贵州(28.5%)、陕西(24.9%,负影响)、西藏(24.7%,负影响)、四川(22.4%,负影响)、宁夏(20.9%,负影响)、青海

(17.8%,负影响)、云南(17.5%)、新疆(13.9%)、重庆(12.3%,负影响)、内蒙古(9.6%,负影响)。由此可见,在此期间,中部区域 12 省份中,广西、贵州、云南对中部区域人均收入不平衡状况分别有第一、第二和第三大的正影响,而甘肃、陕西、西藏对中部区域人均收入不平衡状况分别有第一、第二和第三大的负影响。

2001～2006 年期间(如表 1－3 和图 1－10 所示),西部区域整体年均人均收入水平为 3947 元。本区域 12 省份中有半数的省份即 6 个省区年均人均收入水平高于本区域整体平均水平,分别为重庆(5150 元)、内蒙古(4922 元)、广西(4531 元)、宁夏(4134 元)、西藏(4069 元)、新疆(4066 元);另有半数省份年均人均收入水平低于本区域整体平均水平,分别为青海(3939 元)、四川(3762 元)、陕西(3704 元)、云南(3639 元)、甘肃(3293 元)、贵州(3076 元);其中年均人均收入水平最高的重庆市年均人均收入水平相当于年均人均收入水平最低的省即贵州省的 1.67 倍。根据对本区域内在此期间各省份 CV 值的计算结果,可以看出各省份对本区域整体人均收入不平衡状况的影响程度按由高到低排序如下:重庆(28.5%)、内蒙古(21.0%)、广西(19.2%)、贵州(17.5%,负影响)、甘肃(13.3%,负影响)、西藏(12.5%)、云南(6.6%,负影响)、陕西(5.5%,负影响)、宁夏(5.2%)、四川(5.0%,负影响)、新疆(4.2%)、青海(2.8%,负影响)。由此可见,在此期间,中部区域 12 省份中,重庆、内蒙古、广西对中部区域人均收入不平衡状况分别有第一、第二和第三大的正影响,而贵州、甘肃、云南对中部区域人均收入不平衡状况分别有第一、第二和第三大的负影响。

第四节　区域内部省际城市人均可支配收入不平衡状况的考察

一、东北区域内部城市人均可支配收入不平衡状况的具体考察

1978～2006 年期间(如表 1－4 和图 1－11 所示),东北区域城市年均人均可支配收入水平为 3038 元。本区域 3 省份中只有 1 个省份即辽宁省城市年均人均可支配收入水平(3228 元)高于本区域整体平均水平;有 2 个省年均人均

收入水平都低于本区域整体平均水平,分别为吉林(2936 元)、黑龙江(2924
元);其中年均人均收入水平最高的辽宁省年均人均收入水平相当于年均人均
收入水平最低的省即黑龙江省的 1.10 倍。根据对本区域内在此期间各省份
CV 值的计算结果,可以看出各省份对本区域整体人均收入不平衡状况的影响
程度如下:辽宁(7.8%)、黑龙江(6.5%,负影响)、吉林(4.1%,负影响)。由此
可见,在此期间,东北区域 3 省份中,辽宁对东北区域人均收入不平衡状况有最
大的正影响,并且是唯一有正影响的省份;而黑龙江和吉林对东北区域人均收
入不平衡状况分别有最大和次大的负影响。

表 1-4　区域内部省际城市人均可支配收入差别情况

单位:元

年份	1978～1990			1991～2000			2001～2006			1978～2006		
	均值	标准差	变异系数	均值	标准差	变异系数	均值	标准差	变异系数	均值	标准差	变异系数
辽　宁	789.0	98.1	13.8%	3632.2	261.6	7.8%	7841.1	262.3	3.5%	3228.5	235.5	7.8%
吉　林	616.2	96.3	13.5%	3221.4	160.1	4.7%	7485.3	64.8	0.9%	2935.7	124.6	4.1%
黑龙江	698.9	54.8	7.7%	3258.7	121.4	3.6%	7188.5	292.1	3.9%	2924.2	196.3	6.5%
东北地区	711.0	0.0	0.0%	3373.6	0.0	0.0%	7523.0	0.0	0.0%	3038.5	0.0	0.0%
北　京	893.8	81.2	9.8%	6225.9	1434.7	28.5%	15198.8	3053.1	27.0%	5692.1	2053.7	46.2%
天　津	874.5	65.3	7.9%	5124.1	309.9	6.2%	11166.3	338.0	3.0%	4469.2	282.7	6.4%
河　北	675.3	168.2	20.3%	3813.7	1324.1	26.3%	7877.8	2734.2	24.2%	3247.7	1852.5	41.6%
上　海	1079.2	291.9	35.2%	7091.0	2323.3	46.2%	16166.1	3784.3	33.4%	6273.7	2710.0	60.9%
江　苏	759.4	86.9	10.5%	4525.6	549.1	10.9%	10283.3	804.0	7.1%	4028.6	595.6	13.4%
浙　江	927.5	151.9	18.3%	5953.4	1007.5	20.0%	14077.5	2164.9	19.1%	5381.2	1457.0	32.8%
福　建	814.0	43.1	5.2%	4761.1	350.9	7.0%	10792.6	520.7	4.6%	4239.6	383.3	8.6%
山　东	770.4	90.8	10.9%	4164.6	943.3	18.7%	9248.4	1645.0	14.5%	3694.9	1155.8	26.0%
广　东	1028.9	274.9	33.1%	6911.4	1942.8	38.6%	13057.7	1376.7	12.2%	5546.0	1461.6	32.9%
海　南	843.8	81.9	9.9%	4120.5	1237.2	24.6%	7529.3	3078.9	27.2%	3356.9	2020.2	45.4%
东部地区	830.0	0.0	0.0%	5031.3	0.0	0.0%	11317.1	0.0	0.0%	4448.5	0.0	0.0%

年份	1978~1990			1991~2000			2001~2006			1978~2006		
	均值	标准差	变异系数	均值	标准差	变异系数	均值	标准差	变异系数	均值	标准差	变异系数
山 西	642.6	45.5	6.7%	3172.0	478.1	13.2%	7579.2	155.2	2.0%	2950.0	307.6	9.8%
安 徽	690.0	22.5	3.3%	3661.3	101.3	2.8%	7372.1	253.1	3.3%	3097.1	166.6	5.3%
江 西	606.6	80.9	11.9%	3282.3	342.2	9.5%	7412.3	212.7	2.8%	2937.3	251.5	8.0%
河 南	585.7	111.2	16.4%	3210.6	419.6	11.6%	7437.0	209.4	2.7%	2908.3	295.6	9.4%
湖 北	725.2	54.4	8.0%	3790.2	186.0	5.1%	7763.0	132.0	1.7%	3238.2	143.8	4.6%
湖 南	804.2	146.2	21.6%	4288.8	711.7	19.7%	8343.2	533.8	7.0%	3565.6	550.8	17.6%
中部地区	677.5	0.0	0.0%	3611.1	0.0	0.0%	7674.3	0.0	0.0%	3136.7	0.0	0.0%
重 庆	828.6	149.5	21.2%	4286.1	439.1	11.4%	8847.8	905.9	11.6%	3680.0	621.4	19.1%
四 川	730.0	43.6	6.2%	3915.8	95.5	2.5%	7576.5	216.8	2.8%	3245.1	147.3	4.5%
贵 州	693.4	32.4	4.6%	3624.6	303.6	7.8%	7092.6	539.4	6.9%	3028.0	377.2	11.6%
云 南	752.3	54.9	7.8%	4303.3	554.1	14.3%	8314.8	424.4	5.5%	3541.4	426.4	13.1%
西 藏	985.8	282.7	40.0%	4369.5	793.0	20.5%	8698.7	952.5	12.2%	3748.4	779.4	23.9%
陕 西	693.2	20.8	2.9%	3312.1	600.1	15.5%	7275.5	408.0	5.2%	2958.1	442.1	13.6%
甘 肃	677.8	80.7	11.4%	3123.7	810.6	21.0%	7096.0	541.4	7.0%	2849.1	595.8	18.3%
青 海	334.4	376.6	53.3%	3335.1	574.4	14.9%	7191.2	472.6	6.1%	2787.8	522.7	16.0%
宁 夏	741.0	42.2	6.0%	3287.2	668.2	17.3%	7105.1	532.2	6.8%	2935.7	520.7	16.0%
新 疆	720.5	48.1	6.8%	3864.4	95.6	2.5%	7472.2	415.7	5.3%	3201.5	261.7	8.0%
内 蒙 古	641.2	103.6	14.7%	3167.8	742.5	19.2%	7702.9	385.2	4.9%	2973.5	514.1	15.8%
广 西	721.4	36.2	5.1%	4239.6	435.0	11.3%	8273.6	396.7	5.1%	3497.1	359.2	11.0%
西部地区	706.3	0.0	0.0%	3864.2	0.0	0.0%	7785.0	0.0	0.0%	3259.8	0.0	0.0%
全 国	796.5	387.2	48.6%	4235.7	1669.7	39.4%	9290.9	1907.4	20.5%	3724.4	3523.9	94.6%

资料来源:作者根据《新中国五十五年统计资料汇编》、《中国统计年鉴》相关各期等资料中的原始数据
分析整理、测算和自制而成。

1978~1990 年期间(如表 1-4 和图 1-12 所示),东北区域城市年均人均
可支配收入水平为 711 元。本区域 3 省份中只有 1 个省份即辽宁省城市年均人

单位：%

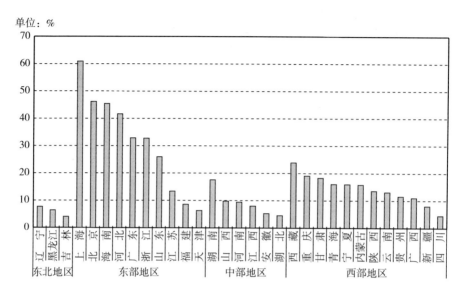

图 1 - 11　各省市对本区域城市人均可支配收入不平衡性的影响力比较(1978~2006年)
资料来源:作者根据《新中国五十五年统计资料汇编》、《中国统计年鉴》相关各期等资料中的原始数据
　　　　分析整理、测算和自制而成。

单位：%

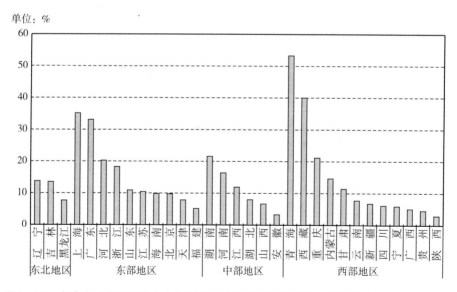

图 1 - 12　各省市对本区域城市人均可支配收入不平衡性的影响力比较(1978~1990年)
资料来源:作者根据《新中国五十五年统计资料汇编》、《中国统计年鉴》相关各期等资料中的原始数据
　　　　分析整理、测算和自制而成。

均可支配收入水平(789元)高于本区域整体平均水平;有2个省年均人均收入水平都低于本区域整体平均水平,分别为黑龙江(699元)、吉林(616元);其中年均人均收入水平最高的辽宁省年均人均收入水平相当于年均人均收入水平最低的省即吉林省的1.28倍。根据对本区域内在此期间各省份CV值的计算结果,可以看出各省份对本区域整体人均收入不平衡状况的影响程度如下:辽宁(13.8%)、吉林(13.5%,负影响)、黑龙江(7.7%,负影响)。由此可见,在此期间,东北区域3省份中,辽宁对东北区域人均收入不平衡状况有最大的正影响,并且是唯一有正影响的省份;而吉林和黑龙江对东北区域人均收入不平衡状况分别有最大和次大的负影响。

1991~2000年期间(如表1-4和图1-13所示),东北区域城市年均人均可支配收入水平为3374元。本区域3省份中只有1个省份即辽宁省城市年均人均可支配收入水平(3632元)高于本区域整体平均水平;有2个省年均人均收入水平都低于本区域整体平均水平,分别为黑龙江(3259元)、吉林(3221元);其中年均人均收入水平最高的辽宁省年均人均收入水平相当于年均人均收入水平最低的省即吉林省的1.13倍。根据对本区域内在此期间各省份CV

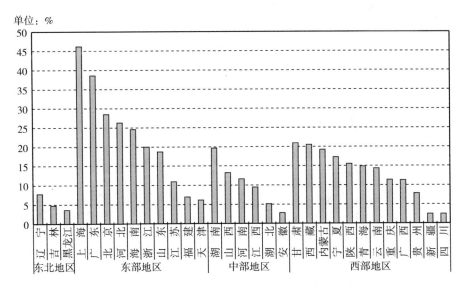

图1-13　各省市对本区域城市人均可支配收入不平衡性的影响力比较(1991~2000年)

资料来源:作者根据《新中国五十五年统计资料汇编》、《中国统计年鉴》相关各期等资料中的原始数据分析整理、测算和自制而成。

值的计算结果,可以看出各省份对本区域整体人均收入不平衡状况的影响程度如下:辽宁(7.8%)、吉林(4.7%,负影响)、黑龙江(3.6%,负影响)。由此可见,与前一子期间相比,在此期间,东北区域3省份中,辽宁仍然是对东北区域人均收入不平衡状况有最大正影响并且是唯一有正影响的省份;而吉林和黑龙江仍然对东北区域人均收入不平衡状况分别有最大和次大的负影响。

　　2001~2006年期间(如表1-4和图1-14所示),东北区域城市年均人均可支配收入水平为7523元。本区域3省份中只有1个省份即辽宁省城市年均人均可支配收入水平(7841元)高于本区域整体平均水平;有2个省城市年均人均收入水平都低于本区域整体平均水平,分别为吉林(7485元)、黑龙江(7189元);其中城市年均人均可支配收入水平最高的辽宁省城市年均人均可支配收入水平相当于城市年均人均可支配收入水平最低的省即黑龙江省的1.09倍。根据对本区域内在此期间各省份CV值的计算结果,可以看出各省份对本区域整体城市人均可支配收入不平衡状况的影响程度如下:黑龙江(3.9%,负影响)、辽宁(3.5%)、吉林(0.9%,负影响)。由此可见,在此期间,东北区域3省份中,辽宁仍然是对东北区域城市人均收入不平衡状况有最大正

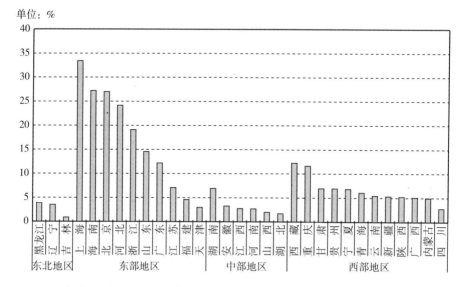

图1-14　各省市对本区域城市人均可支配收入不平衡性的影响力比较(2001~2006年)

资料来源:作者根据《新中国五十五年统计资料汇编》、《中国统计年鉴》相关各期等资料中的原始数据分析整理、测算和自制而成。

影响并且是唯一有正影响的省份;而黑龙江和吉林对东北区域城市人均收入不平衡状况分别有最大和次大的负影响。

二、东部区域内部城市人均可支配收入不平衡状况的具体考察

1978～2006 年期间(如表 1-4 和图 1-11 所示),东部区域整体城市年均人均收入水平为 4448 元。本区域 10 个省市中有半数的省份即 5 个省市高于本区域整体平均水平,分别为上海(6274 元)、北京(5692 元)、广东(5546 元)、浙江(5381 元)、天津(4469 元);另有半数的省份城市年均人均收入水平低于本区域整体平均水平,分别为福建(4240)、江苏(4029 元)、山东(3695 元)、海南(3357 元)、河北(3248 元);其中城市年均人均可支配收入水平最高的省份即上海市城市年均人均可支配收入相当于城市年均人均可支配收入水平最低的省份即河北省城市年均人均可支配收入水平的 1.93 倍。根据对各省市 CV 值的计算结果,可以看出各省市对本区域城市人均收入不平衡程度的影响情况按由高到低排序如下:上海(60.9%)、北京(46.2%)、海南(45.4%,负影响)、河北(41.6%,负影响)、广东(32.9%)、浙江(32.8%)、山东(26.0%,负影响)、江苏(13.4%,负影响)、福建(8.6%,负影响)、天津(6.4%)。由此可见,在此期间,东部区域中,上海、北京、广东对东部区域城市人均收入不平衡状况分别有第一、第二和第三大的正影响;而海南、河北、山东对东部区域城市人均收入不平衡状况分别有第一、第二和第三大的负影响。

1978～1990 年期间(如表 1-4 和图 1-12 所示),东部区域整体城市年均人均收入水平为 830 元。本区域 10 个省市中有 6 个省市高于本区域整体平均水平,分别为上海(1079 元)、广东(1029 元)、浙江(928 元)、北京(894 元)、天津(875 元)、海南(844 元);另有 4 个省份城市年均人均收入水平低于本区域整体平均水平,分别为福建(814 元)、山东(770 元)、江苏(759 元)、河北(675 元);其中城市年均人均可支配收入水平最高的省份即上海市城市年均人均可支配收入相当于城市人均可支配收入水平最低的省份即河北省城市年均人均可支配收入水平的 1.60 倍。根据对各省市 CV 值的计算结果,可以看出各省市对本区域城市人均收入不平衡程度的影响情况按由高到低排序如下:上海(35.2%)、广东(33.1%)、河北(20.3%,负影响)、浙江(18.3%)、山东(10.9%,负影响)、江苏(10.5%,负影响)、海南(9.9%)、北京(9.8%)、天津

（7.9％）、福建（5.2％，负影响）。由此可见，在此期间，东部区域中，上海、广东、浙江对东部区域城市人均收入不平衡状况分别有第一、第二和第三大的正影响；而河北、山东、江苏对东部区域城市人均收入不平衡状况分别有第一、第二和第三大的负影响。

　　1991～2000年期间（如表1-4和图1-13所示），东部区域整体城市年均人均收入水平为5031元。本区域10个省市中有半数的省份即5个省市高于本区域整体平均水平，分别为上海（7091元）、广东（6911元）、北京（6226元）、浙江（5953元）、天津（5124元）；另有半数的省份城市年均人均收入水平低于本区域整体平均水平，分别为福建（4761元）、江苏（4526元）、山东（4165元）、海南（4121元）、河北（3814元）；其中城市年均人均可支配收入水平最高的省份即上海市城市年均人均可支配收入相当于城市人均可支配收入水平最低的省份即河北省城市年均人均可支配收入水平的1.86倍。根据对各省市CV值的计算结果，可以看出各省市对本区域城市人均收入不平衡程度的影响情况按由高到低排序如下：上海（46.2％）、广东（38.6％）、北京（28.5％）、河北（26.3％，负影响）、海南（24.6％，负影响）、浙江（20.0％）、山东（18.7％，负影响）、江苏（10.9％，负影响）、福建（7.0％，负影响）、天津（6.2％）。由此可见，在此期间，东部区域中，上海、广东、北京对东部区域城市人均收入不平衡状况分别有第一、第二和第三大的正影响；而河北、海南、山东对东部区域城市人均收入不平衡状况分别有第一、第二和第三大的负影响。对比前一子期间时的情况，可以发现，本期间上海、广东仍是对东部区域有最大正影响的前两大省份，而具有第三大正影响作用的省份由前一子期间的浙江变换为本期间的北京市；河北仍是具有最大负影响的省份，而具有次大和第三大负影响作用的省份由前一子期间的山东、江苏变换为海南、山东。

　　2001～2006年期间（如表1-4和图1-14所示），东部区域整体城市年均人均收入水平为11317元。本区域中有4个省份高于本区域整体平均水平，分别为上海（16166元）、北京（15199元）、浙江（14078元）、广东（13058元）；有6个省份城市年均人均收入水平低于本区域整体平均水平，分别为天津（11166元）、福建（10792元）、江苏（10283元）、山东（9248元）、河北（7879元）、海南（7529元）；其中城市年均人均可支配收入水平最高的省份即上海市城市年均人均可支配收入相当于城市年均人均可支配收入水平最低的省份即河北省城市年均人均可支配收入水平的2.15倍。根据对各省市CV值的计算结果,可以看出各省市对本区域城市人均收入不平衡程度的影响情况按由高到低排序如下:上海(33.4%)、海南(27.2%,负影响)、北京(27.0%)、河北(24.2%,负影响)、浙江(19.1%)、山东(14.5%,负影响)、广东(12.2%)、江苏(7.1%,负影响)、福建(4.6%,负影响)、天津(3.0%,负影响)。由此可见,在此期间,东部区域中,上海、北京、浙江对东部区域城市人均收入不平衡状况分别有第一、第二和第三大的正影响;而海南、河北、山东对东部区域城市人均收入不平衡状况分别有第一、第二和第三大的负影响。对比前一子期间(1991~2000年)时的情况,可以发现,本期间上海仍是对东部区域城市产生正影响的第一大省份,而北京成为具有第二大正影响作用的省份,浙江取代广东成为具有第三大正影响作用的省份;海南、河北、山东仍然是具有最大负影响作用的前三大省份,只不过此时占据第一大负影响作用的省份已由前期的河北变换为本期的海南。

三、中部区域内部城市人均可支配收入不平衡状况的具体考察

1978~2006年期间(如表1-4和图1-11所示),中部区域整体城市年均人均收入水平为3137元。本区域6个省市中有1/3的省份即2个省市高于本区域整体平均水平,分别为湖南(3566元)、湖北(3238元);另有2/3的省份即4个省的城市年均人均收入水平低于本区域整体平均水平,分别为安徽(3097元)、山西(2950元)、江西(2937元)、河南(2908元);其中城市年均人均可支配收入水平最高的省份即湖南省城市年均人均可支配收入相当于城市人均可支配收入水平最低的省份即河南省城市年均人均可支配收入水平的1.23倍。根据对各省市CV值的计算结果,可以看出各省市对本区域城市人均收入不平衡程度的影响情况按由高到低排序如下:湖南(17.6%)、山西(9.8%,负影响)、河南(9.4%,负影响)、江西(8.0%,负影响)、安徽(5.3%,负影响)、湖北(4.6%)。由此可见,在此期间,中部区域中,湖南、湖北对中部区域城市人均收入不平衡状况分别有第一和第二大的正影响,并且是唯一有正影响的两个省份;而山西、河南、江西对中部区域城市人均收入不平衡状况分别有第一、第二和第三大的负影响。

1978~2000年期间(如表1-4和图1-12所示),中部区域整体城市年均

人均收入水平为 677 元。本区域 6 个省市中有半数的省份即 3 个省市高于本区域整体平均水平,分别为湖南(804 元)、湖北(725 元)、安徽(690 元);另有半数的省份城市年均人均收入水平低于本区域整体平均水平,分别为山西(643 元)、江西(607 元)、河南(586 元);其中城市年均人均可支配收入水平最高的省份即湖南省城市年均人均可支配收入相当于城市年均人均可支配收入水平最低的省份即河南省城市年均人均可支配收入水平的 1.37 倍。根据对各省市 CV 值的计算结果,可以看出各省市对本区域城市人均收入不平衡程度的影响情况按由高到低排序如下:湖南(21.6%)、河南(16.4%,负影响)、江西(11.9%,负影响)、湖北(8.0%)、山西(6.7%,负影响)、安徽(3.3%)。由此可见,在此期间,中部区域中,湖南、湖北、安徽对中部区域城市人均收入不平衡状况分别有第一、第二和第三大的正影响;河南、江西、山西对中部区域城市人均收入不平衡状况分别有第一、第二和第三大的负影响。

　　1991~2000 年期间(如表 1-4 和图 1-13 所示),中部区域整体城市年均人均收入水平为 3611 元。本区域 6 个省市中有半数的省份即 3 个省市高于本区域整体平均水平,分别为湖南(4289 元)、湖北(3790 元)、安徽(3661 元);另有半数的省份城市年均人均收入水平低于本区域整体平均水平,分别为江西(3282 元)、河南(3211 元)、山西(3172 元);其中城市年均人均可支配收入水平最高的省份即湖南省城市年均人均可支配收入相当于城市年均人均可支配收入水平最低的省份即山西省城市年均人均可支配收入水平的 1.35 倍。根据对各省市 CV 值的计算结果,可以看出各省市对本区域城市人均收入不平衡程度的影响情况按由高到低排序如下:湖南(19.7%)、山西(13.2%,负影响)、河南(11.6%,负影响)、江西(9.5%,负影响)、湖北(5.1%)、安徽(2.8%)。由此可见,在此期间,中部区域中,湖南、湖北、安徽对中部区域城市人均收入不平衡状况分别有第一、第二和第三大的正影响,其中湖南的正影响度最大,湖北、安徽的正影响度都较轻微;山西、河南、江西对中部区域城市人均收入不平衡状况分别有第一、第二和第三大的负影响。

　　2001~2006 年期间(如表 1-4 和图 1-14 所示),中部区域整体城市年均人均收入水平为 7674 元。本区域 6 个省市中有 1/3 的省份即 2 个省高于本区域整体平均水平,分别为湖南(8343 元)、湖北(7763 元);另有 2/3 的省份城市年均人均收入水平低于本区域整体平均水平,分别为山西(7579 元)、河南

(7437元)、江西(7412元)、安徽(7372元);其中城市年均人均可支配收入水平最高的省份即湖南省城市年均人均可支配收入相当于城市年均人均可支配收入水平最低的省份即安徽省城市年均人均可支配收入水平的1.13倍。根据对各省市CV值的计算结果,可以看出各省市对本区域城市人均收入不平衡程度的影响情况按由高到低排序如下:湖南(7.0%)、安徽(3.3%,负影响)、江西(2.8%,负影响)、河南(2.7%,负影响)、山西(2.0%,负影响)、湖北(1.7%)。由此可见,在此期间,中部区域中,湖南、湖北对中部区域城市人均收入不平衡状况分别有最大的正影响和轻微的正影响;安徽、江西、河南、山西对中部区域城市人均收入不平衡状况分别有第一、第二、第三和第四大的负影响,但各自的影响度都较轻微。

四、西部区域内部城市人均可支配收入不平衡状况的具体考察

1978~2006年期间(如表1-4和图1-11所示),西部区域整体城市年均人均收入水平为3260元。本区域12个省市中有1/3的省份即4个省份高于本区域整体平均水平,分别为西藏(3748元)、重庆(3680元)、云南(3541元)、广西(3497元);另有2/3的省份即8个省区的城市年均人均收入水平低于本区域整体平均水平,分别为四川(3245元)、新疆(3202元)、贵州(3028元)、内蒙古(2974元)、陕西(2958元)、宁夏(2936元)、甘肃(2849元)、青海(2788元);其中城市年均人均可支配收入水平最高的省份即湖南省城市年均人均可支配收入水平相当于城市年均人均可支配收入水平最低的省份即河南省城市年均人均可支配收入水平的1.34倍。根据对各省市CV值的计算结果,可以看出各省区对本区域城市人均收入不平衡程度的影响情况按由高到低排序如下:西藏(23.9%)、重庆(19.1%)、甘肃(18.3%,负影响)、青海(16.0%,负影响)、宁夏(16.0%,负影响)、内蒙古(15.8%,负影响)、陕西(13.6%,负影响)、云南(13.1%)、贵州(11.6%,负影响)、广西(11.0%)、新疆(8.0%,负影响)、四川(4.5%,负影响)。由此可见,在此期间,西部区域中,西藏、重庆、云南对本区域城市人均收入不平衡状况分别有第一、第二和第三大的正影响;而甘肃、青海、宁夏对本区域城市人均收入不平衡状况分别有第一、第二和第三大的负影响。

1978~1990年期间(如表1-4和图1-12所示),西部区域整体城市年均

人均收入水平为 706 元。本区域中有 7 个省区城市年均人均收入水平高于本区域整体平均水平,分别为西藏(986 元)、重庆(829 元)、云南(752 元)、宁夏(741 元)、四川(730 元)、广西(721 元)、新疆(721 元);另有 5 个省区的城市年均人均收入水平低于本区域整体平均水平,分别为贵州(693.4 元)、陕西(693.2 元)、甘肃(678 元)、内蒙古(641 元)、青海(334 元);其中城市年均人均可支配收入水平最高的省份即西藏的城市年均人均可支配收入相当于城市年均人均可支配收入水平最低的省份即青海省的城市年均人均可支配收入水平的 2.95 倍。根据对各省市 CV 值的计算结果,可以看出各省区对本区域城市人均收入不平衡程度的影响情况按由高到低排序如下:青海(53.3%,负影响)、西藏(40.0%)、重庆(21.2%)、内蒙古(14.7%,负影响)、甘肃(11.4%,负影响)、云南(7.8%)、新疆(6.8%)、四川(6.2%)、宁夏(6.0%)、广西(5.1%)、贵州(4.6%,负影响)、陕西(2.9%,负影响)。由此可见,在此期间,西部区域中,西藏、重庆、云南对本区域城市人均收入不平衡状况分别有第一、第二和第三大的正影响;而青海、内蒙古、甘肃对本区域城市人均收入不平衡状况分别有第一、第二和第三大的负影响。

1991～2000 年期间(如表 1 - 4 和图 1 - 13 所示),西部区域整体城市年均人均收入水平为 3864 元。本区域中有半数的省区即 6 个省区城市年均人均收入水平高于本区域整体平均水平,分别为西藏(4370 元)、云南(4303 元)、重庆(4286 元)、广西(4240 元)、四川(3916 元)、新疆(3864 元);另有半数的省区城市年均人均收入水平低于本区域整体平均水平,分别为贵州(3624 元)、青海(3335 元)、陕西(3312 元)、宁夏(3287 元)、内蒙古(3168 元)、甘肃(3124 元);其中城市年均人均可支配收入水平最高的省份即西藏的城市年均人均可支配收入水平相当于城市年均人均可支配收入水平最低的省份即青海省的城市年均人均可支配收入水平的 1.40 倍。根据对各省市 CV 值的计算结果,可以看出各省区对本区域城市人均收入不平衡程度的影响情况按由高到低排序如下:甘肃(21.0%,负影响)、西藏(20.5%)、内蒙古(19.2%,负影响)、宁夏(17.3%,负影响)、陕西(15.5%,负影响)、青海(14.9%,负影响)、云南(14.3%)、重庆(11.4%)、广西(11.3%)、贵州(7.8%,负影响)、新疆(2.5%)、四川(2.5%)。由此可见,在此期间,西部区域中,西藏、云南、重庆对本区域城市人均收入不平衡状况分别有第一、第二和第三大的正影响;而甘肃、内蒙古、宁夏对本区域城市人均收入不平衡状况分别有第一、第二和第三大的负影响。对比前一子期间即1978～1990年时的情况，可以发现，在本期间西藏、云南、重庆仍然是对本区域城市人均收入不平衡状况具有最大正影响作用的三大省区，并且西藏仍是其中具有最大正影响作用的省份，但是位居第二和第三大正影响作用的省份已经由前期的重庆、云南变更为云南、重庆（这说明在这10年中云南的城市人均收入增长程度高于重庆城市人均收入增长程度）；在本期间，甘肃、内蒙古、宁夏仍然是对本区域城市人均收入不平衡状况具有最大负影响作用的3个省区，并且其中内蒙古仍然是其中具有第二大负影响作用的省区，但是位居最大负影响作用的省区已由前期的青海变更为本期的甘肃（这说明，在这10年中，甘肃的城市人均收入增长程度落后于宁夏、内蒙古两自治区的增长程度）。

2001～2006年期间（如表1－4和图1－14所示），西部区域整体城市年均人均收入水平为7785元。本区域中有1/3的省区即4个省区城市年均人均收入水平高于本区域整体平均水平，分别为重庆（8848元）、西藏（8699元）、云南（8315元）、广西（8274元）；另有2/3的省区城市年均人均收入水平低于本区域整体平均水平，分别为内蒙古（7703元）、四川（7577元）、新疆（7472元）、陕西（7276元）、青海（7191元）、宁夏（7105元）、甘肃（7096元）、贵州（7093元）；其中城市年均人均可支配收入水平最高的省份即西藏的城市年均人均可支配收入相当于城市年均人均可支配收入水平最低的省份即青海省的城市年均人均可支配收入水平的1.25倍。根据对各省市CV值的计算结果，可以看出各省区对本区域城市人均收入不平衡程度的影响情况按由高到低排序如下：西藏（12.2%）、重庆（11.6%）、甘肃（7.0%，负影响）、贵州（6.9%，负影响）、宁夏（6.8%，负影响）、青海（6.1%，负影响）、云南（5.5%）、新疆（5.3%，负影响）、陕西（5.2%，负影响）、广西（5.1%）、内蒙（4.9%，负影响）、四川（2.8%，负影响）。由此可见，在此期间，西部区域中，西藏、重庆、云南对本区域城市人均收入不平衡状况分别有第一、第二和第三大的正影响；而甘肃、贵州、宁夏对本区域城市人均收入不平衡状况分别有第一、第二和第三大的负影响。

第五节　区域内部省际农村人均纯收入
不平衡状况的考察

一、东北区域内部农村人均纯收入不平衡状况的具体考察

1978~2006 年期间(如表 1-5 和图 1-15 所示),东北区域农村年均人均纯收入水平为 1414 元。本区域 3 省份中只有 1 个省份即辽宁省农村年均人均纯收入水平(1503 元)高于本区域整体平均水平;有 2 个省年均人均纯收入水平都低于本区域整体平均水平,分别为黑龙江(1344 元)、吉林(1341 元);其中年均人均纯收入水平最高的辽宁省年均人均纯收入水平相当于年均人均纯收入水平最低的吉林省的 1.12 倍。根据对本区域内在此期间各省份 CV 值的计算结果,可以看出各省份对本区域整体年均人均纯收入不平衡状况的影响程度如下:辽宁(9.2%)、吉林(8.2%,负影响)、黑龙江(7.1%,负影响)。由此可见,在此期间,东北区域 3 省份中,辽宁对东北人均纯收入不平衡状况有最大的正影响,并且是唯一有正影响的省份;而吉林和黑龙江对东北区域人均纯收入不平衡状况有最大和次大的负影响。

表 1-5　区域内部省际农村人均纯收入差别情况

单位:元

年份	1978~1990			1991~2000			2001~2006			1978~2006		
	均值	标准差	变异系数	均值	标准差	变异系数	均值	标准差	变异系数	均值	标准差	变异系数
辽　宁	470.8	46.8	10.8%	1812.1	91.2	5.2%	3221.9	185.1	6.2%	1502.5	129.7	9.2%
吉　林	435.6	19.5	4.5%	1630.7	127.5	7.3%	2819.7	140.1	4.7%	1341.0	116.1	8.2%
黑龙江	389.6	49.5	11.4%	1693.0	86.1	4.9%	2828.9	128.6	4.3%	1343.7	100.2	7.1%
东北地区	432.4	0.0	0.0%	1744.3	0.0	0.0%	2991.2	0.0	0.0%	1414.2	0.0	0.0%
北　京	679.6	248.2	53.4%	3050.8	826.0	36.5%	6302.9	1755.6	42.6%	2660.7	1193.3	64.8%
天　津	546.5	103.0	22.2%	2486.5	233.9	10.3%	4936.6	657.4	16.0%	2123.8	430.6	23.4%
河　北	345.0	140.6	30.3%	1658.6	624.4	27.6%	3099.4	794.6	19.3%	1367.8	622.7	33.8%
上　海	828.1	431.3	92.8%	4117.4	1911.0	84.4%	7200.0	2432.1	59.1%	3280.7	1906.0	103.5%

续表

年份	1978~1990			1991~2000			2001~2006			1978~2006		
	均值	标准差	变异系数	均值	标准差	变异系数	均值	标准差	变异系数	均值	标准差	变异系数
江　苏	481.1	28.7	6.2%	2430.3	217.3	9.6%	4641.2	424.8	10.3%	2013.9	291.1	15.8%
浙　江	531.2	97.4	20.9%	2867.0	640.0	28.3%	5808.4	1346.3	32.7%	2428.5	909.7	49.4%
福　建	382.2	91.2	19.6%	2121.7	156.4	6.9%	4004.7	95.2	2.3%	1731.5	128.2	7.0%
山　东	386.8	104.5	22.5%	1759.5	533.6	23.6%	3451.5	515.7	12.5%	1494.2	457.4	24.8%
广　东	515.5	63.8	13.7%	2646.8	393.8	17.4%	4312.1	171.0	4.2%	2035.9	265.0	14.4%
海　南	453.7	109.8	23.6%	1534.0	818.0	36.1%	2719.2	1096.3	26.6%	1294.9	835.9	45.4%
东部地区	464.9	0.0	0.0%	2263.5	0.0	0.0%	4117.1	0.0	0.0%	1840.8	0.0	0.0%
山　西	313.2	27.2	8.1%	1283.8	140.5	10.0%	2511.0	88.1	3.4%	1102.6	102.7	8.7%
安　徽	333.5	20.4	6.1%	1313.5	97.9	7.0%	2395.7	174.9	6.7%	1098.1	122.8	10.5%
江　西	348.5	24.6	7.4%	1538.6	139.7	9.9%	2728.5	100.3	3.8%	1251.3	106.0	9.0%
河　南	294.4	44.1	13.2%	1307.7	104.9	7.5%	2539.0	63.3	2.4%	1108.2	80.6	6.9%
湖　北	361.4	38.8	11.6%	1539.6	151.8	10.8%	2795.3	143.6	5.5%	1271.2	130.0	11.1%
湖　南	366.5	36.4	10.9%	1507.9	103.4	7.4%	2762.6	118.4	4.5%	1255.8	99.0	8.4%
中部地区	333.5	0.0	0.0%	1406.2	0.0	0.0%	2611.8	0.0	0.0%	1174.8	0.0	0.0%
重　庆	316.8	21.8	7.3%	1281.4	111.2	9.4%	2412.8	234.1	11.1%	1083.1	158.4	16.2%
四　川	308.1	11.6	3.9%	1269.8	117.4	9.9%	2441.4	256.6	12.1%	1081.1	171.9	17.5%
贵　州	270.3	40.4	13.5%	1007.2	199.1	16.8%	1674.9	350.6	16.6%	815.0	247.0	25.2%
云　南	298.0	15.3	5.1%	1058.8	149.7	12.7%	1832.7	224.4	10.6%	877.8	164.5	16.8%
西　藏	340.1	69.7	23.3%	1102.2	251.0	21.2%	1821.9	235.2	11.1%	909.5	215.0	21.9%
陕　西	277.8	25.9	8.6%	1025.7	175.2	14.8%	1823.7	229.2	10.8%	855.5	176.5	18.0%
甘　肃	237.5	68.8	23.0%	955.5	237.1	20.1%	1789.7	261.5	12.4%	806.3	220.1	22.5%
青　海	317.9	30.8	10.3%	1060.7	146.9	12.4%	1914.6	158.6	7.5%	904.4	133.3	13.6%
宁　夏	316.7	25.9	8.7%	1179.3	64.3	5.4%	2228.8	90.6	4.3%	1009.7	70.0	7.1%
新　疆	362.7	71.3	23.8%	1179.0	93.3	7.9%	2190.7	75.5	3.6%	1022.4	88.2	9.0%
内蒙古	327.9	36.8	12.3%	1355.2	223.3	18.9%	2544.0	362.5	17.1%	1140.6	260.4	26.6%

续表

年份	1978~1990			1991~2000			2001~2006			1978~2006		
	均值	标准差	变异系数	均值	标准差	变异系数	均值	标准差	变异系数	均值	标准差	变异系数
广　西	302.1	25.9	8.6%	1429.8	267.9	22.7%	2270.3	121.6	5.7%	1098.2	179.9	18.4%
西部地区	299.6	0.0	0.0%	1181.9	0.0	0.0%	2117.4	0.0	0.0%	980.0	0.0	0.0%
全　国	384.7	170.7	44.4%	1609.3	651.6	40.5%	2897.8	478.1	16.5%	1318.2	1084.6	82.3%

资料来源:作者根据《新中国五十五年统计资料汇编》、《中国统计年鉴》相关各期等资料中的原始数据
　　　　分析整理、测算和自制而成。

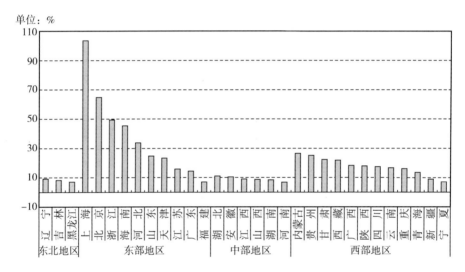

图 1-15　各省市对本区域农村人均纯收入不平衡性的影响力比较(1978~2006 年)

资料来源:作者根据《新中国五十五年统计资料汇编》、《中国统计年鉴》相关各期等资料中的原始数据
　　　　分析整理、测算和自制而成。

　　1978~1990 年期间(如表 1-5 和图 1-16 所示),东北区域农村年均人均
纯收入水平为 432 元。本区域 3 省份中只有 2 个省份农村年均人均纯收入水
平高于本区域整体平均水平,分别为辽宁(471 元)、吉林(436 元);有 1 个省即
黑龙江省(390 元)农村年均人均纯收入水平低于本区域整体平均水平;其中农
村年均人均纯收入水平最高的辽宁省年均人均纯收入水平相当于农村人均纯
收入水平最低的省即黑龙江省的 1.21 倍。根据对本区域内在此期间各省份
CV 值的计算结果,可以看出各省份对本区域农村整体人均收入不平衡状况的

影响程度如下:黑龙江(11.4%,负影响)、辽宁(10.8%)、吉林(4.5%)。由此可见,在此期间,东北区域3省份中,辽宁和吉林对东北区域农村人均收入不平衡状况分别有最大和次大的正影响;而黑龙江对东北区域农村人均收入不平衡状况有最大的负影响,并且是有唯一负影响的省份。

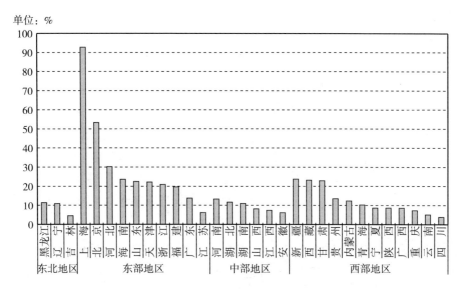

图 1-16 各省市对本区域农村人均纯收入不平衡性的影响力比较(1978~1990 年)

资料来源:作者根据《新中国五十五年统计资料汇编》、《中国统计年鉴》相关各期等资料中的原始数据
分析整理、测算和自制而成。

1991~2000 年期间(如表 1-5 和图 1-17 所示),东北区域农村年均人均纯收入水平为 1744 元。本区域 3 省份中只有 1 个省份即辽宁省农村年均人均纯收入水平(1812 元)高于本区域整体平均水平;有 2 个省农村年均人均纯收入水平都低于本区域整体平均水平,分别为黑龙江(1693 元)、吉林(1631 元);其中农村年均人均收入水平最高的辽宁省的农村年均人均纯收入水平相当于农村人均纯收入水平最低的省即吉林省的 1.11 倍。根据对本区域内在此期间各省份 CV 值的计算结果,可以看出各省份对本区域整体农村人均纯收入不平衡状况的影响程度如下:吉林(7.3%,负影响)、辽宁(5.2%)、黑龙江(4.9%,负影响)。由此可见,与前一子期间相比,在此期间,东北区域 3 省份中,辽宁仍然是对东北区域农村人均收入不平衡状况有最大正影响并且是唯一有正影

响的省份;而吉林和黑龙江仍然对东北区域农村人均纯收入不平衡状况有最大和次大的负影响。

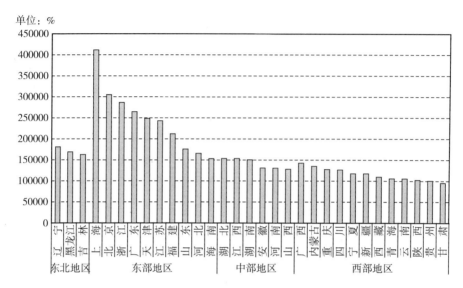

图1-17　各省市对本区域农村人均纯收入不平衡性的影响力比较(1991~2000年)

资料来源:作者根据《新中国五十五年统计资料汇编》、《中国统计年鉴》相关各期等资料中的原始数据分析整理、测算和自制而成。

　　2001~2006年期间(如表1-5和图1-18所示),东北区域农村年均人均纯收入水平为2991元。本区域3省份中只有1个省份即辽宁省农村年均人均纯收入水平(3222元)高于本区域整体平均水平;有2个省农村年均人均纯收入水平都低于本区域整体平均水平,分别为黑龙江(2829元)、吉林(2820元);其中农村年均人均纯收入水平最高的辽宁省农村年均人均纯收入水平相当于农村年均人均纯收入水平最低的省即黑龙江省的1.14倍。根据对本区域内在此期间各省份CV值的计算结果,可以看出各省份对本区域整体农村人均纯收入不平衡状况的影响程度如下:辽宁(6.2%)、吉林(4.7%,负影响)、黑龙江(4.3%,负影响)。由此可见,在此期间,东北区域3省份中,辽宁仍然是对东北区域农村人均纯收入不平衡状况有最大正影响并且是唯一有正影响的省份;而吉林和黑龙江仍然对东北区域农村人均纯收入不平衡状况分别有最大和次大的负影响。

单位：%

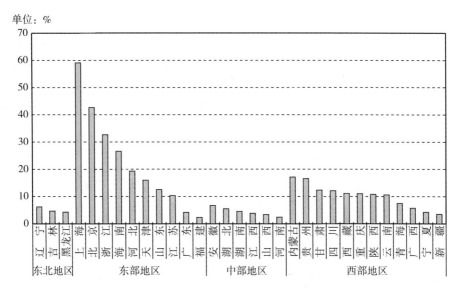

图 1 - 18　各省市对本区域农村人均纯收入不平衡性的影响力比较（2001 ~ 2006 年）
资料来源：作者根据《新中国五十五年统计资料汇编》、《中国统计年鉴》相关各期等资料中的原始数据
　　　　　分析整理、测算和自制而成。

二、东部区域内部农村人均纯收入不平衡状况的具体考察

　　1978 ~ 2006 年期间（如表 1 - 5 和图 1 - 15 所示），东部区域整体农村年均人均纯收入水平为 1841 元。本区域 10 个省市中有 6 个省市高于本区域整体平均水平，分别为上海（3281 元）、北京（2661 元）、浙江（2429 元）、天津（2124 元）、广东（2036 元）、江苏（2014 元）；另有 4 个省份农村年均人均纯收入水平低于本区域整体平均水平，分别为福建（1732 元）、山东（1494 元）、河北（1368 元）、海南（1295 元）；其中农村年均人均纯收入水平最高的省份即上海市农村年均人均纯收入水平相当于农村年均人均纯收入水平最低的省份即海南省农村年均人均纯收入水平的 2.53 倍。根据对各省市 CV 值的计算结果，可以看出各省市对本区域农村人均纯收入不平衡程度的影响情况按由高到低排序如下：上海（103.5%）、北京（64.8%）、浙江（49.4%）、海南（45.4%，负影响）、河北（33.8%，负影响）、山东（24.8%，负影响）、天津（23.4%）、江苏（15.8%）、广东（14.4%）、福建（7.0%，负影响）。由此可见，在此期间，东部区域中，上海、北京、浙江对东部区域农村人均纯收入不平衡状况分别有第一、第二和第三大的正影响；而海南、河北、山东对东部区域农村人均纯收入不平衡状况分别有第一、第二和第三大的负影响。

1978～1990年期间(如表1-5和图1-16所示),东部区域整体农村年均人均纯收入水平为465元。本区域10个省市中有6个省市高于本区域整体平均水平,分别为上海(828元)、北京(680元)、天津(547元)、浙江(531元)、广东(516元)、江苏(481元);另有4个省份农村年均人均纯收入水平低于本区域整体平均水平,分别为海南(454元)、山东(387元)、福建(382元)、河北(345元);其中农村年均人均纯收入水平最高的省份即上海市农村年均人均纯收入水平相当于农村人均纯收入水平最低的省份即河北省农村年均人均纯收入水平的2.40倍。根据对各省市CV值的计算结果,可以看出各省市对本区域农村人均纯收入不平衡程度的影响情况按由高到低排序如下:上海(92.8%)、北京(53.4%)、河北(30.3%,负影响)、海南(23.6%,负影响)、山东(22.5%,负影响)、天津(22.2%)、浙江(20.9%)、福建(19.6%,负影响)、广东(13.7%)、江苏(6.2%)。由此可见,在此期间,东部区域中,上海、北京、天津对东部区域农村人均纯收入不平衡状况分别有第一、第二和第三大的正影响;而河北、海南、山东对东部区域农村人均纯收入不平衡状况分别有第一、第二和第三大的负影响。

1991～2000年期间(如表1-5和图1-17所示),东部区域整体农村年均人均纯收入水平为2264元。本区域10个省市中有6个省市高于本区域整体平均水平,分别为上海(4117元)、北京(3051元)、浙江(2867元)、广东(2647元)、天津(2487元)、江苏(2430);另有4个省份农村年均人均纯收入水平低于本区域整体平均水平,分别为福建(2122元)、山东(1760元)、河北(1659元)、海南(1534元);其中农村年均人均纯收入水平最高的省份即上海市农村年均人均纯收入水平相当于农村年均人均纯收入水平最低的省份即海南省农村年均人均纯收入水平的2.68倍。根据对各省市CV值的计算结果,可以看出各省市对本区域农村人均纯收入不平衡程度的影响情均况按由高到低排序如下:上海(46.2%)、北京(38.6%)、海南(28.5%,负影响)、浙江(26.3%)、河北(24.6%,负影响)、山东(20.0%,负影响)、广东(18.7%)、天津(10.9%)、江苏(7.0%)、福建(6.2%,负影响)。由此可见,在此期间,东部区域中,上海、北京、浙江对东部区域农村人均纯收入不平衡状况分别有第一、第二和第三大的正影响;而海南、河北、山东对东部区域农村人均纯收入不平衡状况分别有第一、第二和第三大的负影响。对比前一子期间时的情况,可以发现,本期间上海、北京仍是对东部区域有最大正影响的前两大省份,而具有第三大正影响作用的省份由前一子期间的天津变换为本期间的浙江;海南、河北、山东仍是具有最大负影响的前三大省份,只不过前两大省份的顺序由前期的河北、海南变更为本期的海南、河北。

2001～2006年期间(如表1-5和图1-18所示),东部区域整体农村年均人均纯收入水平为4117元。本区域中有6个省市高于本区域整体平均水平,分别为上海(7200元)、北京(6303元)、浙江(5808元)、天津(4937元)、江苏(4641元)、广东(4312元);有4个省份农村年均人均纯收入水平低于本区域整体平均水平,分别为福建(4005元)、山东(3452元)、河北(3099元)、海南(2719元);其中农村年均人均纯收入水平最高的省份即上海市农村年均人均纯收入水平相当于农村年均人均纯收入水平最低的省份即海南省农村年均人均纯收入水平的2.65倍。根据对各省市CV值的计算结果,可以看出各省市对本区域农村人均纯收入不平衡程度的影响情况按由高到低排序如下:上海(59.1%)、北京(42.6%)、浙江(32.7%)、海南(26.6%,负影响)、河北(19.3%,负影响)、天津(16.0%)、山东(12.5%,负影响)、江苏(10.3%)、广东(4.2%)、福建(2.3%,负影响)。由此可见,在此期间,东部区域中,上海、北京、浙江对东部区域农村人均纯收入不平衡状况分别有第一、第二和第三大的正影响;而海南、河北、山东对东部区域农村人均纯收入不平衡状况分别有第一、第二和第三大的负影响。对比前一子期间(1991～2000年)时的情况,可以发现,本期间对东部区域农村产生正影响的前三大省份仍然是上海、北京、浙江,对东部区域农村人均纯收入不平衡状况产生负影响的前三大省份仍然是海南、河北、山东。

三、中部区域内部农村人均纯收入不平衡状况的具体考察

1978～2006年期间(如表1-5和图1-15所示),中部区域整体农村年均人均纯收入水平为1175元。本区域6个省市中有半数的省份即3个省高于本区域整体平均水平,分别为湖北(1271元)、湖南(1256元)、江西(1251元);另有半数的省份农村年均人均纯收入水平低于本区域整体平均水平,分别为河南(1108元)、山西(1103元)、安徽(1098元);其中农村年均人均纯收入水平最高的省份即湖北省农村年均人均纯收入水平相当于农村年均人均纯收入水平最低的省份即安徽省农村年均人均纯收入水平的1.16倍。根据对各省市CV值的计算结果,可以看出各省市对本区域农村人均纯收入不平衡程度的影响情况按由高到低排序如下:湖北(11.1%)、安徽(10.5%,负影响)、江西(9.0%)、

山西(8.7%,负影响)、湖南(8.4%)、河南(6.9%,负影响)。由此可见,在此期间,中部区域中,湖北、江西、湖南对中部区域农村人均收入不平衡状况分别有第一、第二和第三大的正影响;而安徽、山西、河南对中部区域农村人均纯收入不平衡状况分别有第一、第二和第三大的负影响。

1978~2000年期间(如表1-5和图1-16所示),中部区域整体农村年均人均纯收入水平为334元。本区域6个省市中有2/3的省份即4个省市高于本区域整体平均水平,分别为湖南(367元)、湖北(361元)、江西(349元)、安徽(334元);另有1/3的省份即2个省的农村年均人均纯收入水平低于本区域整体平均水平,分别为山西(313元)、河南(294元);其中农村年均人均纯收入水平最高的省份即湖南省农村年均人均纯收入水平相当于农村年均人均纯收入水平最低的省份即河南省农村年均人均纯收入水平的1.25倍。根据对各省市CV值的计算结果,可以看出各省市对本区域农村人均纯收入不平衡程度的影响情况按由高到低排序如下:河南(13.2%,负影响)、湖北(11.6%)、湖南(10.9%)、山西(8.1%,负影响)、江西(7.4%)、安徽(6.1%)。由此可见,在此期间,中部区域中,湖北、湖南、江西对中部区域农村人均纯收入不平衡状况分别有第一、第二和第三大的正影响;河南、山西对中部区域农村人均纯收入不平衡状况分别有第一、第二大的负影响。

1991~2000年期间(如表1-5和图1-17所示),中部区域整体农村年均人均纯收入水平为1406元。本区域6个省市中有半数的省份即3个省市高于本区域整体平均水平,分别为湖北(1540元)、江西(1539元)、湖南(1508元);另有半数的省份农村年均人均纯收入水平低于本区域整体平均水平,分别为安徽(1314元)、河南(1308元)、山西(1284元);其中农村年均人均纯收入水平最高的省份即湖北省农村年均人均纯收入水平相当于农村年均人均纯收入水平最低的省份即山西省农村年均人均纯收入水平的1.20倍。根据对各省市CV值的计算结果,可以看出各省市对本区域农村人均纯收入不平衡程度的影响情况按由高到低排序如下:湖北(10.8%)、山西(10.0%,负影响)、江西(9.9%)、河南(7.5%,负影响)、湖南(7.4%)、安徽(7.0%,负影响)。由此可见,在此期间,中部区域中,湖北、江西、湖南对中部区域农村人均纯收入不平衡状况分别有第一、第二和第三大的正影响,但各自的影响度均不甚大;山西、河南、安徽对中部区域农村人均纯收入不平衡状况分别有第一、第二和第三大的负影响,但各自的影响度亦不甚大。对比前一子期间(1978~1990年)时的情况,可以发现,本期间对中部区域农村人均纯收入不平衡状况产生正影响的前三大省份仍然是湖北、江西、湖南,其中湖北仍然是具有最大正影响作用的省份,而占据第二大和第三大正影响地位的省份由前期的湖南、江西变更为本期的江西、湖南;对中部区域农村人均纯收入不平衡状况产生负影响的前两大省份仍然是山西、河南,但这两省份的相对位次在相互之间发生了变换。

2001~2006年期间(如表1-5和图1-18所示),中部区域整体农村年均人均纯收入水平为2612元。本区域6个省市中有半数的省份即3个省高于本区域整体平均水平,分别为湖北(2795元)、湖南(2763元)、江西(2729元);另有半数的省份农村年均人均纯收入水平低于本区域整体平均水平,分别为河南(2539元)、山西(2511元)、安徽(2396元);其中农村年均人均纯收入水平最高的省份即湖北省农村年均人均纯收入水平相当于农村年均人均纯收入水平最低的省份即安徽省农村年均人均纯收入水平的1.17倍。根据对各省市CV值的计算结果,可以看出各省市对本区域农村人均纯收入不平衡程度的影响情况按由高到低排序如下:安徽(6.7%,负影响)、湖北(5.5%)、湖南(4.5%)、江西(3.8%)、山西(3.4%,负影响)、河南(2.4%,负影响)。由此可见,在此期间,中部区域中,湖北、湖南、江西对中部区域农村人均纯收入不平衡状况分别有第一、第二和第三大的正影响,但各自的影响度均较轻微;安徽、山西、河南对中部区域农村人均纯收入不平衡状况分别有第一、第二和第三大的负影响,但各自的影响度亦较轻微。对比前一子期间(1991~2000年)时的情况,可以发现,本期间对中部区域农村人均纯收入不平衡状况产生正影响的前三大省份仍然是湖北、湖南、江西,其中湖北仍然是具有最大正影响作用的省份,而占据第二大和第三大正影响地位的省份由前期的江西、湖南变更为本期的湖南、江西;对中部区域农村人均纯收入不平衡状况产生负影响的前三大省份仍然是安徽、山西、河南,这3省份的相对位次已发生变更。

四、西部区域内部农村人均纯收入不平衡状况的具体考察

1978~2006年期间(如表1-5和图1-15所示),西部区域整体农村年均人均纯收入水平为980元。本区域12个省市中有半数的省份即6个省区农村人均纯收入水平高于本区域整体平均水平,分别为内蒙古(1141元)、广西(1098元)、重庆(1083元)、四川(1081元)、新疆(1022元)、宁夏(1010元);另有半数的省份农村年均人均纯收入水平低于本区域整体平均水平,分别为西藏(910元)、青海(904元)、云南(878元)、陕西(856元)、贵州(815元)、甘肃(806元);其中农村年均人均纯收入水平最高的省份即内蒙古农村年均人均纯收入水平相当于农村年均人均纯收入水平最低的省份即甘肃省农村年均人均纯收入水平的1.42倍。根据对各省市CV值的计算结果,可以看出各区对本区域农村人均纯收入不平衡程度的影响情况按由高到低排序如下:内蒙古(26.6%)、贵州(25.2%)、甘肃(22.5%,负影响)、西藏(21.9%,负影响)、广西(18.4%)、陕西(18.0%,负影响)、四川(17.5%)、云南(16.8%,负影响)、重庆(16.2%)、青海(13.6%,负影响)、新疆(9.0%)、宁夏(7.1%)。由此可见,在此期间,西部区域中,内蒙古、贵州、广西对本区域农村人均纯收入不平衡状况分别有第一、第二和第三大的正影响;而甘肃、西藏、陕西对本区域农村人均纯收入不平衡状况分别有第一、第二和第三大的负影响。

1978~1990年期间(如表1-5和图1-16所示),西部区域整体农村年均人均收入水平为300元。本区域中有三分之二的省区即8个省区农村年均人均收入水平高于本区域整体平均水平,分别为新疆(363元)、西藏(340元)、内蒙古(328元)、青海(318元)、重庆(317元)、宁夏(317元)、四川(308元)、广西(302元);另有三分之一的省区即4个省区的农村年均人均收入水平低于本区域整体平均水平,分别为云南(298元)、陕西(278元)、贵州(270元)、甘肃(238元);其中农村年均人均纯收入水平最高的省份即新疆的农村年均人均纯收入水平相当于农村年均人均纯收入水平最低的省份即甘肃省的农村年均人均纯收入水平的1.53倍。根据对各省市CV值的计算结果,可以看出各省区对本区域农村人均收入不平衡程度的影响情况按由高到低排序如下:新疆(23.8%,正影响)、西藏(23.3%,正影响)、甘肃(23.0%,负影响)、贵州(13.5%,负影响)、内蒙古(12.3%,正影响)、青海(10.3%,正影响)、宁夏(8.7%,正影响)、广西(8.6%,正影响)、陕西(8.6%,负影响)、重庆(7.3%,正影响)、云南(5.1%,负影响)、四川(3.9%,正影响)。由此可见,在此期间,西部区域中,新疆、西藏、内蒙古对本区域农村人均收入不平衡状况分别有第一、第二和第三大的正影响;而甘肃、贵州、陕西对本区域农村人均收入不平衡状况分别有第一、第二和第三大的负影响。

1991~2000年期间(如表1-5和图1-17所示),西部区域整体农村年均人均纯收入水平为1182元。本区域中有1/3的省区即4个省区农村年均人均纯收入水平高于本区域整体平均水平,分别为广西(1430 元)、内蒙古(1355元)、重庆(1281 元)、四川(1270 元);另有 2/3 的省区农村年均人均纯收入水平低于本区域整体平均水平,分别为宁夏(1179 元)、新疆(1179 元)、西藏(1102 元)、青海(1061 元)、云南(1059 元)、陕西(1026 元)、贵州(1007 元)、甘肃(956 元);其中农村年均人均纯收入水平最高的省份即广西的农村年均人均纯收入水平相当于农村年均人均纯收入水平最低的省份即甘肃省的农村年均人均纯收入水平的 1.50 倍。根据对各省市 CV 值的计算结果,可以看出各省区对本区域农村人均纯收入不平衡程度的影响情况按由高到低排序如下:广西(22.7%)、西藏(21.2%,负影响)、甘肃(20.1%,负影响)、内蒙古(18.9%)、贵州(16.8%,负影响)、陕西(14.8%,负影响)、云南(12.7%,负影响)、青海(12.4%,负影响)、四川(9.9%)、重庆(9.4%)、新疆(7.9%,负影响)、宁夏(5.4%,负影响)。由此可见,在此期间,西部区域中,广西、内蒙、四川对本区域农村人均纯收入不平衡状况分别有第一、第二和第三大的正影响;而西藏、甘肃、贵州对本区域农村人均纯收入不平衡状况分别有第一、第二和第三大的负影响。

2001~2006 年期间(如表 1-5 和图 1-18 所示),西部区域整体农村年均人均纯收入水平为 2117 元。本区域中有半数的省区即 6 个省区农村年均人均纯收入水平高于本区域整体平均水平,分别为内蒙古(2544 元)、四川(2441元)、重庆(2413 元)、广西(2270 元)、宁夏(2229 元)、新疆(2191 元);另有半数的省区农村年均人均纯收入水平低于本区域整体平均水平,分别为青海(1915 元)、云南(1833 元)、陕西(1824 元)、西藏(1822 元)、甘肃(1790 元)、贵州(1675 元);其中农村年均人均纯收入水平最高的省份即内蒙古的农村年均人均纯收入水平相当于农村年均人均纯收入水平最低的省份即贵州省的农村年均人均纯收入水平的 1.52 倍。根据对各省市 CV 值的计算结果,可以看出各省区对本区域农村人均纯收入不平衡程度的影响情况按由高到低排序如下:内蒙古(17.1%)、贵州(16.6%,负影响)、甘肃(12.4%,负影响)、四川(12.1%)、重庆(11.1%)、西藏(11.1%,负影响)、陕西(10.8%,负影响)、云南(10.6%,负影响)、青海(7.5%,负影响)、广西(5.7%)、宁夏(4.3%)、新疆(3.6%)。由此可见,在此期间,西部区域中,内蒙古、四川、重庆对本区域农村人均纯收入不平衡状况分别有第一、第二和第三大的正影响;而贵州、甘肃、西藏对本区域农村人均纯收入不平衡状况分别有第一、第二和第三大的负影响。

第六节　区域之间和区域内部城乡收入比值的比较

一、区域之间城乡收入差别情况的考察（如表1-6和图1-19所示）

1978~2006年期间，我国全国各区域城乡人均收入比值年均水平为2.5，标准差为0.5，波动系数为19.0%。4个区域按城乡收入比值由高到低排序分别为：西部地区2.9，中部地区2.4，东部地区2.2，东北地区1.9。由此可见，4个区域中西部地区城乡收入比值高于全国平均水平，而其他3个地区则低于全国平均水平，尤其是东北地区城乡收入比值为四区域中最低水平。说明这期间，西部地区城乡收入差别最大，东北地区城乡收入差别较小，中部和东部地区城乡收入差别则居于中等水平。

表1-6　区域内部省际城乡收入差别情况

单位:%

年份	1978~1990			1991~2000			2001~2006			1978~2006		
	均值	标准差	变异系数	均值	标准差	变异系数	均值	标准差	变异系数	均值	标准差	变异系数
辽　宁	1.7	0.1	7.5	2.0	0.1	5.6	2.4	0.1	2.8	1.9	0.1	6.0
吉　林	1.4	0.3	20.6	2.0	0.1	6.1	2.6	0.1	4.9	1.8	0.3	13.4
黑龙江	1.8	0.2	13.8	1.9	0.1	4.2	2.5	0.0	1.7	2.0	0.2	8.7
东北地区	1.6	0.0	0.0	1.9	0.0	0.0	2.5	0.0	0.0	1.9	0.0	0.0
北　京	1.4	0.5	26.3	2.0	0.3	15.5	2.4	0.3	10.0	1.8	0.4	19.9
天　津	1.7	0.2	11.2	2.0	0.3	12.5	2.3	0.4	14.0	1.9	0.3	14.9
河　北	2.0	0.2	13.5	2.4	0.3	12.7	2.5	0.2	6.0	2.2	0.3	12.2
上　海	1.3	0.5	29.7	1.7	0.6	26.8	2.2	0.4	14.4	1.6	0.6	26.7
江　苏	1.6	0.2	13.2	1.9	0.3	15.3	2.2	0.4	15.2	1.8	0.3	17.1
浙　江	1.8	0.1	7.8	2.1	0.2	8.1	2.4	0.3	9.5	2.0	0.2	10.0
福　建	2.2	0.4	21.6	2.3	0.1	5.3	2.7	0.1	2.2	2.3	0.3	13.3
山　东	2.1	0.5	24.9	2.4	0.2	8.7	2.7	0.1	3.1	2.3	0.3	15.9

续表

年份	1978~1990			1991~2000			2001~2006			1978~2006		
	均值	标准差	变异系数	均值	标准差	变异系数	均值	标准差	变异系数	均值	标准差	变异系数
广 东	1.9	0.3	14.5	2.6	0.4	18.5	3.0	0.2	8.4	2.4	0.3	15.8
海 南	1.8	0.4	21.3	2.7	0.6	24.8	2.8	0.1	4.4	2.3	0.4	20.3
东部地区	1.8	0.0	0.0	2.2	0.0	0.0	2.7	0.0	0.0	2.2	0.0	0.0
山 西	2.1	0.2	8.9	2.5	0.1	4.2	3.0	0.1	2.1	2.4	0.1	6.1
安 徽	2.0	0.1	6.2	2.9	0.3	12.8	3.1	0.1	4.2	2.5	0.2	9.7
江 西	1.7	0.3	15.3	2.1	0.5	20.7	2.7	0.2	5.9	2.1	0.4	16.9
河 南	2.0	0.1	5.6	2.5	0.1	4.7	2.9	0.1	2.1	2.4	0.1	4.8
湖 北	2.1	0.2	8.0	2.6	0.1	5.1	2.8	0.1	4.3	2.4	0.2	6.6
湖 南	2.2	0.2	9.4	2.9	0.3	10.9	3.0	0.1	3.3	2.6	0.2	9.4
中部地区	2.0	0.0	0.0	2.6	0.0	0.0	2.9	0.0	0.0	2.4	0.0	0.0
重 庆	2.5	0.3	11.5	3.4	0.2	4.7	3.6	0.1	3.2	3.0	0.2	7.5
四 川	2.3	0.1	6.4	3.1	0.2	5.8	3.1	0.4	12.0	2.8	0.3	10.6
贵 州	2.4	0.3	12.0	3.6	0.4	13.1	4.2	0.4	12.0	3.2	0.4	14.3
云 南	2.5	0.3	10.9	4.0	0.8	23.7	4.5	0.7	18.4	3.4	0.6	22.2
西 藏	2.9	0.7	29.4	3.8	1.2	35.8	4.9	1.1	30.0	3.6	1.1	37.1
陕 西	2.5	0.2	9.8	3.2	0.2	4.7	4.0	0.2	6.8	3.0	0.2	8.1
甘 肃	2.9	0.7	30.9	3.3	0.2	6.0	3.9	0.2	6.6	3.3	0.5	18.2
青 海	0.9	1.5	65.9	3.1	0.2	7.3	3.8	0.1	1.9	2.2	1.1	36.6
宁 夏	2.4	0.2	9.0	2.9	0.5	14.1	3.2	0.3	10.5	2.7	0.4	13.4
新 疆	2.0	0.4	18.5	3.2	0.3	10.5	3.4	0.3	7.2	2.7	0.4	13.6
内蒙古	2.0	0.4	17.1	2.4	0.9	28.8	3.0	0.5	14.0	2.3	0.7	24.2
广 西	2.4	0.2	6.9	3.0	0.3	9.3	3.6	0.1	2.3	2.8	0.2	7.6
西部地区	2.3	0.0	0.0	3.3	0.0	0.0	3.7	0.0	0.0	2.9	0.0	0.0
全 国	2.0	0.3	12.7	2.6	0.2	6.5	3.2	0.2	5.0	2.5	0.5	19.0

资料来源:作者根据《新中国五十五年统计资料汇编》、《中国统计年鉴》相关各期等资料中的原始数据分析整理、测算和自制而成。

单位：%

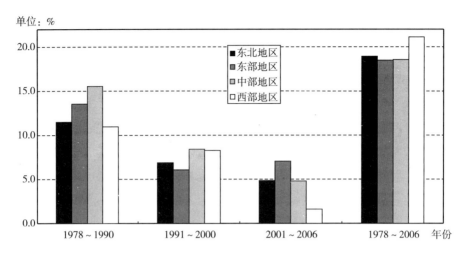

图 1 - 19　四大区域城乡收入比值比较

资料来源：作者根据《新中国五十五年统计资料汇编》、《中国统计年鉴》相关各期等资料中的原始数据
　　　　分析整理、测算和自制而成。

　　分不同时期进行考察：

　　1978～1990 年期间，我国全国各区域城乡收入比均值为 2.0，标准差为
0.3，变异系数为 12.7%。四区域城乡收入比值按由高到低排序分别为西部地
区 2.3、中部地区 2.0、东部地区 1.8、东北地区 1.6。其中西部和中部地区高于
或等于全国总体平均水平，而东部和东北地区低于全国总体平均水平。城乡收
入比值最高的地区即西部地区的城乡收入比值比四区域中城乡收入比值最低
的东北地区高 0.7。由此可见，在此期间，四区域中西部地区城乡收入差别最
大，东部地区城乡收入差别最小。把我国四大区域本期间城乡人均收入比值的
情况与美国四大区域 1970～1990 年期间的城乡人均收入比值情况作一比较，
可以发现我国四大区域本期间城乡人均收入差别程度很大，并且区域之间在城
乡人均收入比值上的差别上也大得多；而美国四大区域的城乡人均收入水平已
基本趋于接近或相同。

　　1991～2000 年期间，全国各区域城乡收入比年均值为 2.6，标准差为 0.2，
变异系数为 6.5%。各区域城乡收入比值按由高到低排序分别为西部地区
3.3、中部地区 2.6、东部地区 2.2、东北地区 1.9。其中西部和中部地区高于或
等于全国总体平均水平，而东部和东北地区低于全国总体平均水平。四区域中

城乡收入比值最高的地区即西部地区的城乡收入比值比四区域中城乡收入比值最低的东北地区高 1.4。由此可见,与前一子期间即 1978~1990 年期间相比,本期间的区域城乡收入差别具有以下特点:

第一,本期间西部地区城乡收入差别最大,东北地区城乡收入差别最小。这一特点与前一子期间(即 1978~1990 年期间)的特点相同。

第二,本期间各个区域的城乡收入比值都比前一子期间的城乡收入比值扩大了。

第三,本期间四区域之间城乡收入比值之间的差别度也比前一子期间进一步扩大了。这说明本期间四区域之间在城乡收入不平衡状况的差别上也进一步扩大了。

2001~2006 年期间,全国各区域城乡收入比年均值为 3.2,标准差为 0.2,变异系数为 5.0%。各区域城乡收入比值按由高到低排序分别为西部地区 3.7、中部地区 2.9、东部地区 2.7、东北地区 2.5。其中西部地区高于全国总体平均水平,而其他 3 个地区则都低于全国总体平均水平。四区域中城乡收入比值最高的地区即西部地区的城乡收入比值比四区域中城乡收入比值最低的东北地区高 1.2。由此可见,与前一子期间即 1991~2000 年期间相比,本期间的区域城乡收入差别具有以下特点:

第一,本期间西部地区城乡收入差别最大,东北地区城乡收入差别最小。这一特点与前两个子期间(即 1978~1990 年期间、1991~2000 年期间)的特点相同。

第二,本期间各个区域的城乡收入比值继续比前一子期间的城乡收入比值进一步扩大了。

第三,本期间四区域之间城乡收入比值之间的差别度上比前一子期间有所缩小。这说明本期间四区域之间在城乡收入不平衡状况的差别上比前一子期间有所缩小。

二、区域内部城乡收入差别情况的考察

1. 东北地区

1978~2006 年期间(如表 1-6 和图 1-20 所示),东北区域年均城乡收入比值为 1.9。本区域 3 省份中有 2 个省份年均城乡收入比值高于或等于本区域整体平均值,分别为黑龙江(2.0)、辽宁(1.9);有1个省份即吉林省(1.8)年均城乡收入比值低于本区域整体平均值;其中年均城乡收入比值最高的省份即黑龙江省的年均城乡收入比值比年均城乡收入比值最低的省份即吉林省高0.2。根据对本区域内在此期间各省份 CV 值的计算结果,可以看出各省份对本区域整体城乡收入不平衡状况的影响程度如下:吉林(13.4%,负影响)、黑龙江(8.7%,正影响)、辽宁(6.0%,正影响)。由此可见,在此期间,东北区域3省份中,黑龙江、辽宁对东北城乡收入不平衡状况分别有第一和第二大的正影响(即扩大本区域省际城乡收入差别的主要因素);而吉林对东北区域人均收入不平衡状况有唯一的负影响(即缩小本区域省际城乡收入差别的主要因素)。

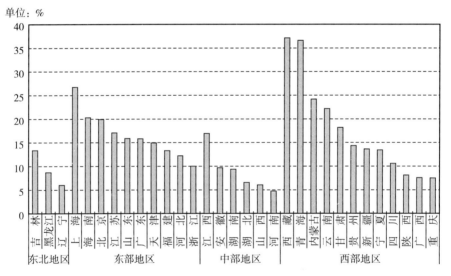

图1-20　各省市对本区域城乡收入比值不平衡性的影响力比较(1978~2006年)

资料来源:作者根据《新中国五十五年统计资料汇编》、《中国统计年鉴》相关各期等资料中的原始数据分析整理、测算和自制而成。

分不同时期进行考察:

1978~1990年期间(如表1-6和图1-21所示),东北区域年均城乡收入比值为1.6。本区域3省份中有2个省份年均城乡收入比值高于本区域整体平均值,分别为黑龙江(1.8)、辽宁(1.7);有1个省份即吉林省(1.4)年均城乡收入比值低于本区域整体平均值;其中年均城乡收入比值最高的省份即黑龙江省

的年均城乡收入比值比年均城乡收入比值最低的省份即吉林省高0.4。根据
对本区域内在此期间各省份CV值的计算结果,可以看出各省份对本区域整体
城乡收入不平衡状况的影响程度如下:吉林(20.6%,负影响)、黑龙江
(13.8%)、辽宁(7.5%)。由此可见,在此期间,东北区域3省份中,黑龙江、辽
宁对东北城乡收入不平衡状况分别有第一和第二大的正影响(即扩大本区域
省际城乡收入差别的主要因素);而吉林对东北区域人均收入不平衡状况有最
大的负影响(即缩小本区域省际城乡收入差别的主要因素)。

单位:%

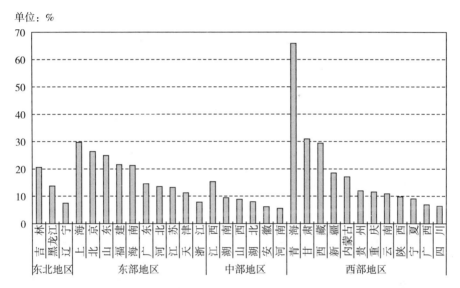

图1-21 各省市对本区域城乡收入比值不平衡性的影响力比较(1978~1990年)
资料来源:作者根据《新中国五十五年统计资料汇编》、《中国统计年鉴》相关各期等资料中的原始数据
　　　　分析整理、测算和自制而成。

1991~2000年期间(如表1-6和图1-22所示),东北区域年均城乡收入
比值为1.9。本区域3省份中有2个省份年均城乡收入比值高于本区域整体平
均值,分别为辽宁(2.0)、吉林(1.9);有1个省份即黑龙江(1.8)年均城乡收入
比值接近于本区域整体平均值;其中年均城乡收入比值最高的省份即辽宁省的
年均城乡收入比值比年均城乡收入比值最低的省份即黑龙江省高0.2。根据
对本区域内在此期间各省份CV值的计算结果,可以看出各省份对本区域整体
城乡收入不平衡状况的影响程度,按由高到低排序如下:吉林(6.1%,正影

响)、辽宁(5.6%,正影响)、黑龙江(4.2%,负影响)。由此可见,在此期间,东北区域3省份中,吉林、辽宁对东北城乡收入不平衡状况分别有第一和第二大的正影响(即扩大本区域省际城乡收入差别的主要因素);而黑龙江对东北区域人均收入不平衡状况有最大的负影响(即缩小本区域省际城乡收入差别的主要因素)。由此可见,与前一子期间相比,对扩大本区域城乡收入不平衡状况具有最大影响作用的省份已由前期的黑龙江变更为本期间的吉林,对缩小本区域城乡收入不平衡状况有最大贡献作用的省份已由前期的吉林变更为本期的黑龙江。

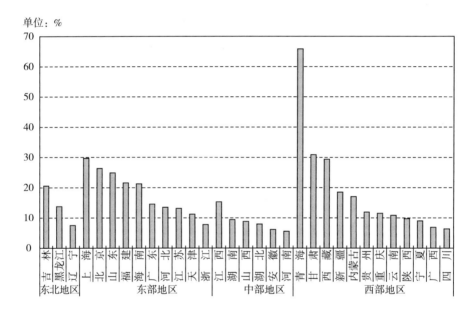

图1-22 各省市对本区域城乡收入比值不平衡性的影响力比较(1991~2000年)

资料来源:作者根据《新中国五十五年统计资料汇编》、《中国统计年鉴》相关各期等资料中的原始数据分析整理、测算和自制而成。

2001~2006年期间(如表1-6和图1-23所示),东北区域年均城乡收入比值为2.5。本区域3省份中有2个省份年均城乡收入比值高于或等于本区域整体平均值,分别为吉林(2.6)、黑龙江(2.5);有1个省份即辽宁省(2.4)年均城乡收入比值低于本区域整体平均值;其中年均城乡收入比值最高的省份即吉林省的年均城乡收入比值比年均城乡收入比值最低的省份即辽宁省高0.2,而处于中间水平的黑龙江省与前两省份之间的该指标差值均为0.1。这说明在此期间这3省份在年均城乡收入比值指标上差别较小。根据对本区域内在此期间各省份 CV 值的计算结果,可以看出各省份对本区域整体城乡收入不平衡状况的影响程度如下:吉林(4.9%)、辽宁(2.8%,负影响)、黑龙江(1.7%)。由此可见,在此期间,东北区域3省份中,吉林、黑龙江对东北城乡收入不平衡状况分别有较大和轻微的正影响(即扩大本区域省际城乡收入差别的主要因素);而辽宁对东北区域城乡人均收入不平衡状况有最大和唯一的负影响(即缩小本区域省际城乡收入差别的主要因素)。由此可见,与前一子期间相比,吉林仍然是扩大本区域城乡收入不平衡状况的最大因素,而对缩小本区域城乡收入不平衡状况具有最大贡献地位的省份已由前期的黑龙江变更为本期的辽宁。

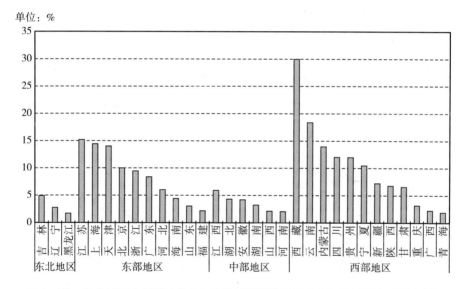

图 1-23　各省市对本区域城乡收入比值不平衡性的影响力比较(2001~2006 年)
资料来源:作者根据《新中国五十五年统计资料汇编》、《中国统计年鉴》相关各期等资料中的原始数据分析整理、测算和自制而成。

2. 东部地区

1978~2006 年期间(如表 1-6 和图 1-20 所示),东部区域年均城乡收入比值为2.2。本区域 10 个省市中有半数的省份即 5 个省市高于或等同于本区域平均水平,分别为广东(2.4)、山东(2.3)、福建(2.3)、海南(2.3)、河北(2.2);另有半数的省份城市年均人均收入水平低于本区域整体平均水平,分别为浙江(2.0)、天津(1.9)、江苏(1.8)、北京(1.8)、上海(1.6);其中年均城乡收入比值最高的省份即广东省年均城乡收入比值比年均城乡收入比值最低的省份即上海高0.8。根据对各省市 CV 值的计算结果,可以看出各省市对本区域城乡收入不平衡程度的影响情况按由高到低排序如下:上海(26.7%,负影响)、海南(20.3%)、北京(19.9%,负影响)、江苏(17.1%,负影响)、山东(15.9%)、广东(15.8%)、天津(14.9%,负影响)、福建(13.3%)、河北(12.2%)、浙江(10.0%,负影响)。由此可见,在此期间,东部区域中,海南、山东、广东对东部区域城乡收入不平衡状况分别有第一、第二和第三大的正影响,换言之,这3省分别是扩大东部区域城乡收入不平衡状况的前三大力量;而上海、北京、江苏对东部区域城市人均收入不平衡状况分别有第一、第二和第三大的负影响,换言之,这3省市分别是缩小东部区域城乡收入不平衡状况的前三大力量。

分不同时期进行考察:

1978～1990年期间(如表1-6和图1-21所示),东部区域年均城乡收入比值为1.8。本区域中有4个省城乡收入比值高于本区域整体平均水平,分别为福建(2.2)、山东(2.1)、河北(2.0)、广东(1.9);有2个省城乡收入比值等同于本区域整体平均水平,分别为海南(1.8)、浙江(1.8);另有4个省市的城乡收入比值低于本区域整体平均水平,分别为天津(1.7)、江苏(1.6)、北京(1.4)、上海(1.3);其中年均城乡收入比值最高的省份即福建省年均城乡收入比值比年均城乡收入比值最低的省份即上海高0.9。根据对各省市 CV 值的计算结果,可以看出各省市对本区域城乡收入不平衡程度的影响情况按由高到低排序如下:上海(29.7%,负影响)、北京(26.3%,负影响)、山东(24.9%)、福建(21.6%)、海南(21.3%,中性影响)、广东(14.5%)、河北(13.5%)、江苏(13.2%,负影响)、天津(11.2%,负影响)、浙江(7.8%,中性影响)。由此可见,在此期间,东部区域中,山东、福建、广东对东部区域城乡收入不平衡状况分别有第一、第二和第三大的正影响,即此3省是扩大本区域城乡收入不平衡的前三大主要因素;而上海、北京、江苏对东部区域城市人均收入不平衡状况分别有第一、第二和第三大的负影响,即此3省市是缩小本区域城乡收入不平衡状况的前三大主要力量;而海南、浙江对东部区域城乡收入不平衡状况的影响呈现中性,即此两省的城乡收入比值居于本区域平均水平。

1991~2000年期间(如表1-6和图1-22所示),东部区域年均城乡收入比值为2.2。本区域中有6个省份城乡收入比值高于本区域平均水平,分别为海南(2.7)、广东(2.6)、山东(2.4)、河北(2.4)、福建(2.3)、浙江(2.3);另有4个省份城乡收入比值低于本区域平均水平,分别为天津(2.0)、北京(2.0)、江苏(1.9)、上海(1.7);其中年均城乡收入比值最高的省份即海南省年均城乡收入比值比年均城乡收入比值最低的省份即上海高1.0。根据对各省市CV值的计算结果,可以看出各省市对本区域城乡收入不平衡程度的影响情况按由高到低排序如下:上海(26.8%,负影响)、海南(24.8%)、广东(18.5%)、北京(15.5%,负影响)、江苏(15.3%,负影响)、河北(12.7%)、天津(12.5%,负影响)、山东(8.7%)、浙江(8.1%,负影响)、福建(5.3%)。由此可见,在此期间,东部区域中,海南、广东、河北对东部区域城乡收入不平衡状况分别有第一、第二和第三大的正影响,即此3省是扩大本区域城乡收入不平衡的前三大主要因素;而上海、北京、江苏对东部区域城乡人均收入不平衡状况分别有第一、第二和第三大的负影响,即此3省市是缩小本区域城乡收入不平衡状况的前三大主要力量。把本期间的以上情况与前一子期间即1978~1990年期间时的情况相比较,可以发现,海南、河北对扩大本区域城乡收入不平衡的影响作用比前期加大,上升成为前三大主要影响因素之一;广东仍然是扩大本区域城乡收入不平衡状况的三大省份之一;而上海、北京、江苏仍然是缩小本区域城乡收入不平衡状况的三大主要力量。

2001~2006年期间(如表1-6和图1-23所示),东部区域年均城乡收入比值为2.7。本区域中有2个省份城乡收入比值高于本区域平均水平,分别为广东(3.0)、海南(2.8);另有2个省份城乡收入比值等同于本区域平均水平,分别为福建(2.7)、山东(2.7);有6个省市城乡收入比值低于本区域平均水平,分别为河北(2.5)、浙江(2.4)、北京(2.4)、天津(2.3)、上海(2.2)、江苏(2.2);其中年均城乡收入比值最高的省份即广东省年均城乡收入比值比年均城乡收入比值最低的省市即江苏和上海高0.8。根据对各省市CV值的计算结果,可以看出各省市对本区域城乡收入不平衡程度的影响情况按由高到低排序如下:江苏(26.8%,负影响)、上海(24.8%,负影响)、天津(18.5%,负影响)、北京(15.5%,负影响)、浙江(15.3%,负影响)、广东(12.7%)、河北(12.5%,

负影响)、海南(8.7%)、山东(8.1%,中性影响)、福建(5.3%,中性影响)。由此可见,在此期间,东部区域中,海南、广东对东部区域城乡收入不平衡状况分别有第一、第二大的正影响,即此两省是扩大本区域城乡收入不平衡的前两大主要因素;而江苏、上海、天津对东部区域城乡人均收入不平衡状况分别有第一、第二和第三大的负影响,即此3省市是缩小本区域城乡收入不平衡状况的前三大主要力量;山东、福建对本区域城乡收入不平衡状况的影响呈现中性,即此两省份城乡收入比值居于本区域平均水平。把本期间的以上情况与前一子期间即1978~1990年期间时的情况相比较,可以发现,海南、广东仍然是扩大本区域城乡收入不平衡的前两大省份,而河北在此期间已不再是扩大本区域城乡收入不平衡的前三大省份之一;江苏、上海仍然是缩小本区域城乡收入不平衡状况的三大主要力量之一,但天津已取代北京成为缩小本区域城市收入不平衡状况的三大主要力量之一。

　　3. 中部地区

　　1978~2006年期间(如表1-6和图1-20所示),中部区域年均城乡收入比值为2.4。本区域6个省份中有2个省份城乡收入比值高于本区域平均水平,分别为湖南(2.6)、安徽(2.5);有3个省份的城乡收入比值等同于本区域平均水平,分别为山西(2.4)、湖北(2.4)、河南(2.4);另有1个省份即江西省(2.1)城乡收入比值低于本区域整体平均水平;其中年均城乡收入比值最高的省份即湖南省年均城乡收入比值比年均城乡收入比值最低的省份即江西高0.5。根据对各省市 CV 值的计算结果,可以看出各省市对本区域城乡收入不平衡程度的影响情况按由高到低排序如下:江西(16.9%,负影响)、安徽(9.7%)、湖南(9.4%)、湖北(6.6%,中性影响)、山西(6.1%,中性影响)、河南(4.8%,中性影响)。由此可见,在此期间,中部区域中,安徽、湖南对本区域城乡收入不平衡状况分别有第一、第二大的正影响,即这两省是本区域城乡收入不平衡状况的两大省份;而江西对缩小本区域城乡收入不平衡状况的贡献度最大;而其他3个省份即湖北、山西、河南对本区域城乡收入不平衡状况的影响则呈中性,即其城乡收入比值居于本区域平均水平。

　　分不同时期进行考察:

　　1978~1990年期间(如表1-6和图1-21所示),中部区域年均城乡收入比值为2.0。本区域中有半数的省份即3个省城乡收入比值高于本区域平均水平,分别为湖南(2.2)、山西(2.1)、湖北(2.1);有2个省城乡收入比值等同于本区域平均水平,分别为安徽(2.0)、河南(2.0);另有1个省即江西省(1.7)城乡收入比值低于本区域整体平均水平;其中年均城乡收入比值最高的省份即湖南省年均城乡收入比值比年均城乡收入比值最低的省份即江西高0.5。根据对各省市CV值的计算结果,可以看出各省市对本区域城乡收入不平衡程度的影响情况按由高到低排序如下:江西(15.3%,负影响)、湖南(9.4%)、山西(8.9%)、湖北(8.0%)、安徽(6.2%,中性影响)、河南(5.6%,中性影响)。由此可见,在此期间,中部区域中,湖南、山西、湖北对中部区域城乡收入不平衡状况分别有第一、第二和第三大的正影响,即此3省是扩大本区域城乡收入不平衡的前三大主要因素;而江西是缩小本区域城乡收入不平衡状况的第一力量;安徽、湖南对中部区域城乡收入不平衡状况的影响呈现中性,即此2省的城乡收入比值居于本区域平均水平。

　　1991~2000年期间(如表1-6和图1-22所示),中部区域年均城乡收入比值为2.6。本区域中有2个省份城乡收入比值高于本区域平均水平,分别为安徽(2.9)、湖南(2.9);有1个省份即湖北城乡收入比值(2.6)等同于本区域平均水平;有3个省份的年均城乡收入比值低于本区域平均水平,分别为山西(2.5)、河南(2.5)、江西(2.1);其中年均城乡收入比值最高的省份即安徽省和湖南省城乡收入比值比年均城乡收入比值最低的省份即江西省的城乡收入比值高0.8。根据对各省市CV值的计算结果,可以看出各省市对本区域城乡收入不平衡程度的影响情况按由高到低排序如下:江西(26.8%,负影响)、安徽(24.8%)、湖南(18.5%)、湖北(15.5%,中性影响)、河南(15.3%,负影响)、山西(12.7%,负影响)。由此可见,在此期间,中部区域中,安徽、湖南对中部区域城乡收入不平衡状况分别有第一和第二大的正影响,即此2省是扩大本区域城乡收入不平衡的前两大主要因素;而江西、河南、山西对中部区域城乡人均收入不平衡状况分别有第一、第二和第三大的负影响,即此3省是缩小本区域城乡收入不平衡状况的前三大主要力量;湖北对中部区域城乡收入不平衡状况的影响呈现中性,即此省的城乡收入比值居于本区域平均水平。把本期间的以上情况与前一子期间即1978~1990年期间时的情况相比较,可以发现,安徽对扩大本区域城乡收入不平衡的影响作用比前期更大,上升成为最大影响因素,湖南仍然是扩大本区域城乡收入不平衡的主要因素之一;江西仍然是缩小本区域城乡收入不平衡状况的最大力量,而河南、山西则上升成为缩小本区域城乡收入不平衡的主要力量。

2001~2006年期间(如表1-6和图1-23所示),中部区域年均城乡收入比值为2.9。本区域中有半数的省份即3个省的城乡收入比值高于本区域平均水平,分别为安徽(3.1)、湖南(3.0)、山西(3.0);有1个省份即河南省城乡收入比值(2.9)等同于本区域平均水平;另有2个省份的城乡收入比值低于本区域平均水平,分别为湖北(2.8)、江西(2.7);其中年均城乡收入比值最高的省份即安徽省年均城乡收入比值比年均城乡收入比值最低的省份即江西省城乡收入比值高0.4。根据对各省市CV值的计算结果,可以看出各省市对本区域城乡收入不平衡程度的影响情况按由高到低排序如下:江西(26.8%,负影响)、湖北(24.8%,负影响)、安徽(18.5%)、湖南(15.5%)、山西(15.3%)、河南(12.7%,中性影响)。由此可见,在此期间,中部区域中,安徽、湖南、山西对中部区域城乡收入不平衡状况分别有第一、第二和第三大的正影响,即此3省是扩大本区域城乡收入不平衡的前三大主要因素;而江西、湖北对中部区域城乡人均收入不平衡状况分别有第一、第二大的负影响,即此2省是缩小本区域城乡收入不平衡状况的前两大主要力量;河南对本区域城乡收入不平衡状况的影响呈现中性,即此省份城乡收入比值居于本区域平均水平。把本期间的以上情况与前一子期间即1991~2000年期间时的情况相比较,可以发现,湖南、安徽仍然是扩大本区域城乡收入不平衡的前两大省份;江西仍然是缩小本区域城乡收入不平衡状况的主要力量,但湖北取代山西成为缩小本区域城市收入不平衡状况的主要力量之一。

4. 西部地区

1978~2006年期间(如表1-6和图1-20所示),西部区域年均城乡收入比值为2.9。本区域12个省市中有半数的省份即6个省市城乡收入比值高于本区域整体平均水平,分别为西藏(3.6)、云南(3.4)、甘肃(3.3)、贵州(3.2)、重庆(3.0)、陕西(3.0);另有半数的省份城乡收入比值低于本区域整体平均水平,分别为广西(2.8)、四川(2.8)、宁夏(2.7)、新疆(2.7)、内蒙古(2.3)、青海(2.2);其中年均城乡收入比值最高的省份即西藏自治区年均城乡收入比值比年均城乡收入比值最低的省份即青海高1.4。根据对各省市CV值的计算结果,可以看出各省市对本区域城乡收入不平衡程度的影响情况按由高到低排序如下:西藏(37.1%)、青海(36.6%,负影响)、内蒙古(24.2%,负影响)、云南(22.2%)、甘肃(18.2%)、贵州(14.3%)、新疆(13.6%,负影响)、宁夏(13.4%,负影响)、四川(10.6%,负影响)、陕西(8.1%)、广西(7.6%,负影响)、重庆(7.5%)。由此可见,在此期间,西部区域中,西藏、云南、甘肃对西部区域城乡收入不平衡状况分别有第一、第二和第三大的正影响,换言之,这3省区分别是扩大西部区域城乡收入不平衡状况的前三大力量;而青海、内蒙古、新疆对西部区域城市人均收入不平衡状况分别有第一、第二和第三大的负影响,换言之,这3省区分别是缩小西部区域城乡收入不平衡状况的前三大力量。

分不同时期进行考察:

1978~1990年期间(如表1-6和图1-21所示),西部区域年均城乡收入比值为2.3。本区域中有2/3的省份即8个省城乡收入比值高于本区域整体平均水平,分别为甘肃(2.9)、西藏(2.9)、重庆(2.5)、云南(2.5)、陕西(2.5)、贵州(2.4)、宁夏(2.4)、广西(2.4);有1个省即四川省城乡收入比值(2.3)等同于本区域整体平均水平;另有3个省区的城乡收入比值低于本区域整体平均水平,分别为内蒙古(2.0)、新疆(2.0)、青海(0.9);其中年均城乡收入比值最高的省份即甘肃省年均城乡收入比值比年均城乡收入比值最低的省份即青海高2.0。根据对各省市CV值的计算结果,可以看出各省市对本区域城乡收入不平衡程度的影响情况按由高到低排序如下:青海(65.9%,负影响)、甘肃(30.9%)、西藏(29.4%)、新疆(18.5%,负影响)、内蒙古(17.1%,负影响)、贵州(12.0%)、重庆(11.5%)、云南(10.9%)、陕西(9.8%)、宁夏(9.0%)、广西(6.9%)、四川(6.4%,中性影响)。由此可见,在此期间,西部区域中,甘肃、西藏、贵州对西部区域城乡收入不平衡状况分别有第一、第二和第三大的正影响,即此3省区是扩大本区域城乡收入不平衡的前三大主要因素;而青海、新疆、内蒙古对西部区域城市人均收入不平衡状况分别有第一、第二和第三大的负影响,即此3省区是缩小本区域城乡收入不平衡状况的前三大主要力量;而四川对西部区域城乡收入不平衡状况的影响呈现中性,即该省的城乡收入比值居于本区域平均水平。

1991~2000年期间(如表1-6和图1-22所示),西部区域年均城乡收入比值为3.3。本区域中有1/3的省份即4个省城乡收入比值高于本区域平均水平,分别为云南(4.0)、西藏(3.8)、贵州(3.6)、重庆(3.4);有1个省即甘肃省城乡收入比值(3.3)等同于本区域平均水平;另有 7 个省市的城乡收入比值低于本区域整体平均水平,分别为陕西(3.2)、新疆(3.2)、四川(3.1)、青海(3.1)、广西(3.0)、宁夏(2.9)、内蒙古(2.4);其中年均城乡收入比值最高的省份即云南省年均城乡收入比值比年均城乡收入比值最低的省份即内蒙古高1.6。根据对各省市 CV 值的计算结果,可以看出各省市对本区域城乡收入不平衡程度的影响情况按由高到低排序如下:西藏(35.8%)、内蒙古(28.8%,负影响)、云南(23.7%)、宁夏(14.1%,负影响)、贵州(13.1%)、新疆(10.5%,负影响)、广西(9.3%,负影响)、青海(7.3%,负影响)、甘肃(6.0%,中性影响)、四川(5.8%,负影响)、重庆(4.7%)、陕西(4.7%,负影响)。由此可见,在此期间,西部区域中,西藏、云南、贵州对西部区域城乡收入不平衡状况分别有第一、第二和第三大的正影响,即此 3 省区是扩大本区域城乡收入不平衡的前三大主要因素;而内蒙古、宁夏、新疆对西部区域城市人均收入不平衡状况分别有第一、第二和第三大的负影响,即此 3 省区是缩小本区域城乡收入不平衡状况的前三大主要力量;而甘肃对西部区域城乡收入不平衡状况的影响呈现中性,即该省的城乡收入比值居于本区域平均水平。把本期间的以上情况与前一子期间即 1978~1990 年期间时的情况相比较,可以发现,西藏、贵州仍然是扩大本区域城乡收入不平衡的影响作用前三大省份之一,云南取代甘肃成为前三大主要影响因素之一;而内蒙古、新疆仍然是缩小本区域城乡收入不平衡状况的三大主要力量之一,宁夏取代青海成为缩小本区域城乡收入不平衡的前三大主要省份之一。

2001~2006 年期间(如表 1-6 和图 1-23 所示),西部区域年均城乡收入比值为 3.7。本区域中有半数的省份即 6 个省区城乡收入比值高于本区域平均水平,分别为西藏(4.9)、云南(4.5)、贵州(4.2)、陕西(4.0)、甘肃(3.9)、青海(3.8);另有半数的省份城乡收入比值低于本区域平均水平,分别为重庆(3.6)、广西(3.6)、新疆(3.4)、宁夏(3.2)、四川(3.1)、内蒙古(3.0);其中年均城乡收入比值最高的省份即西藏年均城乡收入比值比年均城乡收入比值最低的省份即内蒙古高 1.9。根据对各省区 CV 值的计算结果,可以看出各省区对本区域城乡收入不平衡程度的影响情况按由高到低排序如下:西藏(30.0%)、云南(18.4%)、内蒙古(14.0%,负影响)、四川(12.0%,负影响)、贵州(12.0%)、宁夏(10.5%,负影响)、新疆(7.2%,负影响)、陕西(6.8%)、甘肃(6.6%)、重庆(3.2%,负影响)、广西(2.3%,负影响)、青海(1.9%)。由此可见,在此期间,西部区域中,西藏、云南、贵州对西部区域城乡收入不平衡状况分别有第一、第二和第三大的正影响,即此3省区是扩大本区域城乡收入不平衡的前三大主要力量;而内蒙古、四川、宁夏对西部区域城乡人均收入不平衡状况分别有第一、第二和第三大的负影响,即此3省区是缩小本区域城乡收入不平衡状况的前三大主要力量。把本期间的以上情况与前一子期间即1991~2000年期间时的情况相比较,可以发现,西藏、云南、贵州仍然是扩大本区域城乡收入不平衡的前三大省份;内蒙古、宁夏仍然是缩小本区域城乡收入不平衡状况的前三大主要力量之一,但四川已取代新疆成为缩小本区域城市收入不平衡状况的三大主要力量之一。

第七节　本章小结

本章研究分析了四大区域之间和四大区域内部各省份之间在人均收入、城市人均可支配收入、农村人均纯收入、城乡收入比值等指标上的差别情况。

第一节对我国1978~2006年期间中几个子期间起止年份的人均收入增长情况进行了研究分析,即选择1978年、1990年、2000年、2006年四个年份各区域的人均收入绝对水平分别进行考察分析。1978年,全国总体人均收入水平为185元,其中全国城市人均可支配收入水平为346元,全国农村人均纯收入水平为131元。四大区域中,东部地区在人均收入水平指标和城市人均可支配收入水平指标上居于最高水平,东北地区在农村人均纯收入水平指标上处于最高水平,而中部地区在所有3指标上均处于最低的水平,西部地区在所有3指标上则都处于次低的水平。四大区域在农村人均纯收入水平指标的差异上最小,在城市人均可支配收入水平指标上的差异最大;而区域人均收入水平指标作为城乡人均收入水平的综合结果,四大区域在该指标的差异程度上介于前两者之间。

2006年,全国总体人均收入水平为7392元,全国总体城市人均可支配收入水平为12064元,全国农村人均纯收入水平为3617元。在该年,在人均收入水平、城市人均收入水平、农村人均纯收入水平三个指标上,东部地区都继续全面领先于全国总体平均水平;东北地区在人均收入水平、农村人均纯收入水平两指标上继续处于第二位的水平,而在城市人均可支配收入水平上则不再是四大区域中的最低水平,而处于西部地区之后的次低水平;中部和西部地区在所有三指标上都继续处于落后于全国总体平均水平,其中,西部地区在所有三指标上都处于四大区域中的最低水平,而中部地区在人均收入、农村人均纯收入等两指标上处于第三位的水平,在城市人均可支配收入指标上处于第二位的水平。

第二节研究分析了 1978~2006 年整个完整期间及其三个子期间四大区域之间人均收入增长的差别情况。

关于区域之间人均收入增长率的差别情况。1978~2006 年期间,我国全国各区域人均收入增长率为年均 14.3%,标准差为 6.9%,波动系数为 48%;四大区域中,东部地区保持了最高的人均收入年增长率,其次为中部地区,再次为西部地区,而东北地区的人均收入增长率最低;东部地区人均收入增长的平稳性最强,而东北区域和中部地区人均收入年增长的波动性较大,而西部地区人均收入增长的波动性最大。

关于区域之间城市人均可支配收入增长的差别情况。1978~2006 年期间,我国全国各区域城市人均可支配收入增长率为年均 13.7%,标准差为 7.1%,波动系数为 52%。四大区域中,东部区域的城市人均可支配收入年增长率最高,其次依次为中部地区、东北和西部地区;四个区域中除东北地区城市人均可支配收入增长的波动性略小(其波动系数为 44%)外,西部、东部和中部 3 个地区城市人均可支配收入年增长的波动性均较大,其波动系数(分别为 53%、54%、56%)均高于 50%。

关于区域之间农村人均纯收入增长的差别情况。1978~2006 年期间,我国全国各区域农村人均纯收入增长率为年均 12.9%,标准差为 8.3%,波动系数为 64%;四大区域中,东部(13.6%)和中部区域(13.2%)的农村人均纯收入年增长率水平高于全国总体平均值(12.9%),而东北(12.2%)和西部(11.8%)低于全国总体平均值水平,这四大区域中农村人均纯收入增长率水平最高的东部地区比最低的西部地区高 1.8 个百分点;东北(92%)和中部(76%)两区域的波动性显著大于全国总体平均水平(64%),而东部(62%)和西部(61%)则略小于全国总体平均水平,四大区域中波动性最大的东北地区比最低的西部地区的波动值高达 31%。

第三节研究分析了区域内部省际人均收入增长的不平衡状况。

东北区域内部:1978～2006年期间,吉林对东北区域人均收入不平衡状况有最大的正影响,辽宁对东北区域人均收入不平衡状况有最大的负影响,而黑龙江对东北区域人均收入水平的影响有中等程度的正影响。

东部区域内部:1978～2006年期间,上海、北京、浙江对东部区域人均收入不平衡状况分别有第一、第二和第三大的正影响,而海南、河北、山东对东部区域人均收入不平衡状况分别有第一、第二和第三大的负影响。

中部区域内部:1978～2006年期间,湖北、湖南、山西对中部区域人均收入不平衡状况分别有第一、第二和第三大的正影响,而河南、安徽对中部区域人均收入不平衡状况有分别有第一和第二大的负影响,而江西的年均人均收入水平基本接近于中部区域整体人均收入水平。

西部区域内部:1978～2006年期间,广西、重庆、内蒙古对中部区域人均收入不平衡状况分别有第一、第二和第三大的正影响,而甘肃、贵州对中部区域人均收入不平衡状况有近于同等程度的最大负影响,西藏有第二大的负影响。

第四节研究分析了区域内部省际城市人均可支配收入不平衡状况。

东北区域内部:1978～2006年期间,辽宁对东北区域人均收入不平衡状况有最大的正影响,并且是唯一有正影响的省份;而黑龙江和吉林对东北区域人均收入不平衡状况有最大和次大的负影响。

东部区域内部:1978～2006年期间,上海、北京、广东对东部区域城市人均收入不平衡状况分别有第一、第二和第三大的正影响;而海南、河北、山东对东部区域城市人均收入不平衡状况分别有第一、第二和第三大的负影响。

中部区域内部:1978～2006年期间,湖南、湖北对中部区域城市人均收入不平衡状况分别有第一和第二大的正影响,并且是唯一有正影响的两个省份;而山西、河南、江西对中部区域城市人均收入不平衡状况分别有第一、第二和第三大的负影响。

西部区域内部:1978～2006年期间,西藏、重庆、云南对西部区域城市人均收入不平衡状况分别有第一、第二和第三大的正影响,而甘肃、青海、宁夏对西部区域城市人均收入不平衡状况分别有第一、第二和第三大的负影响。

第五节研究分析了区域内部省际农村人均纯收入不平衡状况。

东北区域内部:1978～2006 年期间,辽宁对东北区域人均纯收入不平衡状况有最大的正影响,并且是唯一有正影响的省份,而吉林和黑龙江对东北区域人均纯收入不平衡状况分别有最大和次大的负影响。

东部区域内部:1978～2006 年期间,上海、北京、浙江对东部区域农村人均纯收入不平衡状况分别有第一、第二和第三大的正影响,而海南、河北、山东对东部区域农村人均纯收入不平衡状况分别有第一、第二和第三大的负影响。

中部区域内部:1978～2006 年期间,湖北、江西、湖南对中部区域农村人均纯收入不平衡状况分别有第一、第二和第三大的正影响,而安徽、山西、河南对中部区域农村人均纯收入不平衡状况分别有第一、第二和第三大的负影响。

西部区域内部:1978～2006 年期间,即内蒙古、贵州、广西对西部区域农村人均纯收入不平衡状况分别有第一、第二和第三大的正影响,而甘肃、西藏、陕西对西部区域农村人均纯收入不平衡状况分别有第一、第二和第三大的负影响。

第六节研究分析了区域之间和区域内部省际城乡收入比值的差别情况。

首先研究分析了四大区域之间城乡收入比值的差别情况。1978～2006 年期间,四大区域按城乡收入比值按由高到低排序分别为:西部地区 2.9,中部地区 2.4,东部地区 2.2,东北地区 1.9。

接着,研究分析了各区域内部省际城乡收入比值的差别情况。

东北地区内部:1978～2006 年期间,黑龙江、辽宁对东北区域城乡收入不平衡状况分别有第一和第二大的正影响(即扩大本区域省际城乡收入差别的主要因素);而吉林对东北区域人均收入不平衡状况有最大的负影响(即缩小本区域省际城乡收入差别的主要因素)。

东部地区内部:1978～2006 年期间,海南、山东、广东对东部区域城乡收入不平衡状况分别有第一、第二和第三大的正影响,换言之,这 3 省分别是扩大东部区域城乡收入不平衡状况的前三大力量;而上海、北京、江苏对东部区域城市人均收入不平衡状况分别有第一、第二和第三大的负影响,换言之,这 3 省市分别是缩小东部区域城乡收入不平衡状况的前三大力量。

中部地区内部:1978～2006 年期间,安徽、湖南对中部区域城乡收入不平衡状况分别有第一、第二大的正影响,而江西对缩小中部区域城乡收入不平衡状况的贡献度最大;其他三个省份即湖北、山西、河南对中部区域城乡收入不平衡状况的影响则呈中性,即其城乡收入比值居于本区域平均水平。

西部地区内部:1978~2006 年期间,西藏、云南、甘肃对西部区域城乡收入不平衡状况分别有第一、第二和第三大的正影响,换言之,这 3 省分别是扩大西部区域城乡收入不平衡状况的前三大力量;而青海、内蒙古、新疆对西部区域城市人均收入不平衡状况分别有第一、第二和第三大的负影响,换言之,这 3 省市分别是缩小西部区域城乡收入不平衡状况的前三大力量。

本章附件:

附表 1 – 1　美国四大区域人均收入差别情况(1970 年和 1990 年)

指标	大都市区域				中心城市				乡村			
	东北部	中西部	南部	西部	东北部	中西部	南部	西部	东北部	中西部	南部	西部
人均收入	1970 年											
均值(美元)	8092	7990	6092	8097	7559	8055	7246	8417	8346	7821	6597	7788
SD	943	780	1131	1147	1403	701	1144	1024	1269	1111	1317	1449
CV	0.1	0.1	0.2	0.1	0.2	0.1	0.2	0.1	0.2	0.1	0.2	0.2
城市/乡村	0.9	1.0	1.1	1.1								
	1990 年											
均值(美元)	11222	10293	9755	10958	9222	9472	9565	10860	11887	10733	9761	11046
SD	1800	1065	1840	2113	1408	1428	1666	1832	2350	1428	2233	2609
CV	0.2	0.1	0.2	0.2	0.2	0.2	0.2	0.2	0.2	0.1	0.2	0.2
城市/乡村	0.8	0.9	1.0	1.0								
百分比变化 (1970~1990)	38.7	28.8	60.1	35.3								

注:SD 表示标准差;CV 表示波动系数。

资料来源:Janet Rothenberg Pack(2002), *Growth and Convergence in Metropolitan America*, Brookings Institute Press,Washington,D. C. 。

单位：百分比

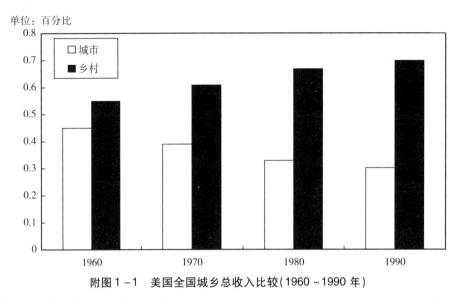

附图 1 - 1　美国全国城乡总收入比较(1960～1990 年)

资料来源：Janet Rothenberg Pack(2002)，*Growth and Convergence in Metropolitan America*，Brookings Insti-
tute Press，Washington，D. C. 。

单位：百分比

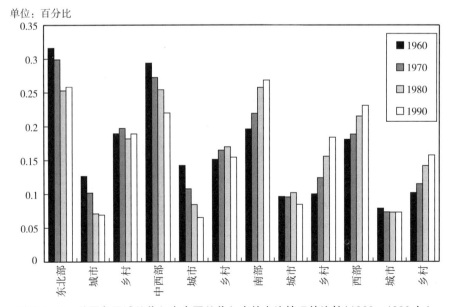

附图 1 - 2　美国各区域总收入在全国总收入中的占比情况的比较(1960～1990 年)

资料来源：Janet Rothenberg Pack(2002)，*Growth and Convergence in Metropolitan America*，Brookings Insti-
tute Press，Washington，D. C. 。

第二章 区域人均收入决定模型：实证检验与解读

本章研究构建全国总体和四大区域人均收入决定模型,并对估计结果进行具体解读。

根据相关文献研究和我国区域经济发展的实际情况,本研究者利用1978~2006 年 31 个省、自治区和直辖市的面板数据建立线性回归模型(如下所示)。模型致力于解释人均收入的决定因素。

$$\ln(pcincome_{it}) = \beta_1 \ln(labor_{it}) + \beta_2 \, unempl_{it} + \beta_3 \, empl2nd_{it} + \beta_4 \, empl3rd_{it}$$
$$+ \beta_5 \, investat_{it} + \beta_6 \, invepriv_{it} + \beta_7 \, invefore_{it} + \beta_8 \, graduates_{it}$$
$$+ \beta_9 \, pcnetex_{it} + \beta_{10} trans_{it} + \alpha + v_i + \varepsilon_{it}$$

其中: i 表示 31 个省、自治区和直辖市; t 表示 1978~2006 年;被解释变量 $\ln(pcincome_{it})$ 表示人均收入的对数(人均收入单位:元)。解释变量大致分为五类:劳动力及就业情况、投资结构、教育水平、对外开放和政府财政转移。其中, $\ln(labor_{it})$ 表示劳动力水平,即就业人口的对数(就业人口单位:万人); $empl2nd$ 表示第二产业就业人口占就业总人口的比重(单位:%); $empl3rd$ 表示第三产业就业人口占就业总人口的比重(单位:%); $unempl$ 表示城镇登记失业率(单位:%); $investat$ 表示国有投资占总投资的比重(单位:%); $invepriv$ 表示私营投资占总投资的比重(单位:%); $invefore$ 表示外资投资占总投资的比重(单位:%); $graduates$ 表示大学毕业生占比(单位:%)(注:大学毕业生含大专、本科、硕士、博士等学历的毕业生); $pcnetex$ 表示开放程度,选取变量为人均货物与服务净出口额(单位:万美元/人); $trans$ 表示财政转移度,即财政支收差额占财政支出的比重(单位:%)。

模型中 α 表示截距项, v_i 为不可观测且不随时间变化的变量, ε_{it} 表示正态球状扰动项。

本研究者分别采用了混合最小二乘估计、固定效应 LSDV 估计和随机效应 GLS 估计,通过群组效应 F 检验发现,模型存在明显的个体效应,因而拒绝混合最小二乘估计;再通过 Hausman 检验发现,不可观测的时常变量 v_i 与解释变量存在相关性,因而最终决定采用固定效应模型。使用 STATA 10.0 分别对全国总体人均收入决定因素、各大区域人均收入决定因素进行估计,分别得到了如表 2 - 1 ~ 表 2 - 5 所列的估计结果。

第一节 全国总体人均收入决定方程

表 2 - 1 列示了全国所有区域各时期人均收入决定因素的回归方程。从 1978 ~ 2006 年这一全时段模型来看,模型整体十分显著(F = 763.10),拟合优度接近 90%。从各变量的显著性程度来看,就业人口、第二产业就业比重、第三产业就业比重、国有投资比重、外资投资比重以及财政转移度对人均收入都具有显著影响;而失业率、私营投资比重、大学毕业生占比和人均货物与服务净出口对解释人均收入未见有显著作用。

具体来说,就业人口对人均收入的弹性为 1.54,即就业人口每提高 1%,人均收入便提高 1.54%,这说明改革开放以来,整体而言就业人口规模的扩大能够带来人均收入的上升,劳动力仍是中国的比较优势;但值得注意的是,从分时段的模型来看,劳动力对人均收入的弹性在不断缩小,从 20 世纪 80 年代的 2.95 缩小至 90 年代的 2.16,并在最近一个时段(2001 ~ 2006 年)缩小至 - 0.04,且不再显著,这说明,随着中国经济体制转型和产业升级,劳动力数量推动人均收入提高的能力不断下降。

与之同时,第二产业和第三产业就业人口比重的提高也对人均收入有正面影响,特别是第三产业,被估参数接近 0.1,远大于第二产业的 0.006,这说明产业结构变迁对人均收入增长具有显著作用,特别是第三产业的兴起对人均收入增长的贡献不可忽视。值得注意的是,从分时段的模型来看,这两个变量在 20 世纪 80 年代这一时段的模型中并不显著,但在 90 年代以及新世纪以来,作用才逐渐得以体现。本研究者认为,产业结构从调整到发挥作用存在一定的时滞效应。这是因为我国的产业结构调整是在改革开放前高度扭曲的格局之下开始进行的,调整初期主要是劳动力等资源在各产业间重新配置的过程,不能带来人均收入的提高,但在"阵痛"之后,劳动力等资源逐渐实现了优化的配置,开始推动人均收入水平的上升。

表 2 - 1 人均收入决定方程(全国)

人均收入决定方程(全国)估计结果

Period	ln(income)							
	1978 ~ 2006 年		1978 ~ 1990 年		1991 ~ 2000 年		2001 ~ 2006 年	
	Coef.	P	Coef.	P	Coef.	P	Coef.	P
ln*labor*	1.538339	0.000	2.953956	0.000	2.19131	0.000	− 0.0375851	0.397
unempl	0.0007132	0.939	− 0.0279189	0.012	0.0464356	0.040	0.0337033	0.020
empl2nd	0.0058701	0.062	− 0.0024964	0.743	0.0109898	0.021	0.0125264	0.002
empl3rd	0.0967601	0.000	0.0147761	0.221	0.0799495	0.000	0.0120383	0.001
investat	− 0.0072089	0.000	0.000336	0.931	− 0.0047625	0.185	− 0.0086974	0.000
invepriv	0.0008394	0.576	0.0080259	0.118	0.0016587	0.649	− 0.0050644	0.000
invefore	0.0072046	0.001	0.0045888	0.732	0.0040182	0.147	− 0.000538	0.623
graduates	0.0021793	0.342	0.0165384	0.284	− 0.0024142	0.158	0.0559755	0.000
pcnetex	− 0.000021	0.305	4.34E-06	0.982	− 0.0000196	0.434	− 0.0000391	0.000
trans	0.0005567	0.030	0.00102	0.010	0.0051552	0.000	− 0.004947	0.029
constant	− 5.692947	0.000	− 14.87167	0.000	− 10.47536	0.000	8.569933	0.000
F	763.10	0.000	99.58	0.000	217.88	0.000	56.73	0.000
R-square	0.8989		0.7334		0.8901		0.7964	

从表面上看,在 1978 ~ 2006 年这一全时段的模型中,失业率对解释人均收入的变化并没有作用,但其实在分时段模型中,失业率对人均收入的变化都具有一定的解释力。在 20 世纪 90 年代分时段模型中,失业率与人均收入呈负相关关系,这与一般的经济学原理相符;但在之后的两个时段的模型中,失业率和人均收入却呈正相关关系。这主要是因为,随着经济体制转轨和国有企业改革深化,"减人增效"成为企业内部改革的主要思路,从 20 世纪 90 年代开始,国有企业所有制改革导致大量国企员工下岗待业,但与之同时,国有企业的效率则在一定程度上有所提高,因而推动了人均收入的提高。由于各时段失业率的不

同作用,因而从全时段模型来看,失业率不具有显著性是可以理解的。

在这一模型中,国有投资占总投资的比重与人均收入呈负相关关系。一般理论认为,国有投资比重的下降与国有企业民营化改革紧密相关,意味着市场化改革的逐步深化,有利于市场经济发展和人均收入水平的提高,因而这一负相关关系是容易理解的。从分时段模型来看,国有投资比重这一变量在20世纪80年代并不显著,在这一时段中,国有企业改革尚处于“放权让利”和承包制改革的摸索阶段,国有投资比重并未明显下降;真正的国有企业所有制改革始于20世纪90年代中期,因而在1991~2000年这一时段的模型中,国有投资比重开始变得显著(P值为0.185),且在最近一个时段(2001~2006年)变得十分显著(P值接近0.000),这说明,国有投资比重的下降导致人均收入水平上升主要是从20世纪90年代后期开始发挥作用的。

与国有投资比重相反,外资投资占总投资的比重却与人均收入水平呈正相关关系。改革开放以来,外资投资比重的逐年上升,意味着中国逐渐融入世界分工体系和全球化的历史过程,这有利于发挥中国低成本劳动力的比较优势。外资投资的迅猛发展,对吸收剩余劳动力解决就业、推动出口贸易和生产技术进步、提高企业管理水平具有重要贡献,从而推动了人均收入的上升。但值得注意的是,在20世纪80年代的模型中,这一变量并不显著,这主要是改革开放初期,我国经济发展刚刚起步,公共基础设施建设滞后以及市场经济环境的不成熟都阻碍了外资的进入;而从20世纪90年代开始,外资投资开始涌入,各地区地方政府也为吸引外资投资,推动当地经济增长而展开了基础设施建设的竞争,为外资建立了良好的投资环境,因而在此期间该变量较为显著,即外资投资开始推动人均收入的上升;但从新世纪开始,外资投资对人均收入的推动有不显著的负影响,这是因为随着开放程度的不断扩大,特别是近年来人民币面临升值压力,外资质量鱼龙混杂,开始出现很多以投机为目的外来资本,这些对经济发展并没有正面作用。这警示我们单纯依赖外资发展的模式是不可持续的,需要在开放的同时,振兴国有以及民营企业,并加强对外资质量的甄别和监督。

但是在1978~2006年这一全时段模型中,私营投资占总投资的比重对推动人均收入的提高并不具有解释力。这说明我国私营投资转化为实际财富的机制还不完善,这主要与我国民营企业的发展滞后有关。这是因为改革开放以来,虽然经济体制改革取得进展,但是投融资体制仍相对落后,这使得我国民间投资发展受到一定的阻碍,尤其是随着近年来私营投资的不断增加,私营企业发展过程中的融资瓶颈问题进一步凸显,因此私营投资对收入的推动作用难以发挥,这也在一定程度上解释了从 20 世纪 80 年代至最近时期私营投资对收入的推动作用越来越不明显,直至近期模型得出与收入呈现显著负相关关系;同时税法对私营企业的支持力度也不够。我们通过企业所得税法的演变来加以分析,1980 年 9 月,第五届人大会第三次会议通过《中华人民共和国中外合资经营企业所得税法》,规定企业所得税税率为 30% ,另按应纳税所得额附征10% 地方所得税;1981 年 12 月,第五届人民大会第四次会议通过《中华人民共和国外国企业所得税法》,实行 20% ~40% 的 5 级超额累进税率,另按应纳税所得额附征 10% 地方所得税;1988 年 6 月,国务院发布《中华人民共和国私营企业所得税暂行条例》,税率为 35% ;从税法上看 20 世纪 80 年代的税收政策总体上还是有利于私营企业的发展的,因此,私营投资对推动经济增长的作用还是显著的,但到了 20 世纪 90 年代,从 1991 年 4 月第七届人大制定的《中华人民共和国外商投资企业和外国企业所得税法》到 1993 年 12 月《中华人民共和国企业所得税暂行条例》制定可以看出,与外资企业相比我国的所得税法是不利于我国私营企业的竞争发展的,因此 20 世纪 90 年代以来私营投资对收入的推动作用逐步减弱,且不明显;此外,2001 年 11 月,中国正式成为世界贸易组织成员,对外国企业实行国民待遇,WTO 的加入,使得民营经济不可避免地受到一定程度的冲击,而且需要一定的缓冲调整期,加上新税法尚未颁布实施,[①]因此 2001 ~2006 年期间出现私营投资对收入产生负相关是可以理解的。

　　从政府的行为来看,财政转移度对人均收入也存在正向作用。中央政府通过财政转移这一渠道,在一定程度上平衡各地区财力和财政支出规模,为经济发展建立相对公平的环境,这对于各地区差异巨大的中国具有举足轻重的作用。一个区域财政转移度的上升表明中央政府对其财力支持力度的上升,该地区便可以通过更大规模的财政支出来推动经济发展,从而带动人均收入的提高。改革开放以来我国财政转移度呈现增加趋势,尤其是 1994 年以来财政转移度比以往有显著增加,1978 ~1990 年期间以及 1991 ~2000 年期间的数据印

---

　　① 新企业所得税法规定基本税率是 25% ,纳税义务人是居民企业和中国境内设有机构场所且所得与机构、场所有关联的非居民企业,它一方面减轻了私营企业的税负,另一方面为不同性质的企业创造一个公平竞争的环境。

证了财政转移度对推动经济增长进而提高居民收入的积极作用,但是2001～2006年期间财政转移度的增加却与收入增长负相关,这主要是由地方政府之间的竞争所致。地方政府为显示经济增长的政绩而展开了竞争,争相把财政资金主要投入到基础设施等在短期内推动经济增长的领域,而对科教文卫等基本公共产品的投入则较低,这使得对本期人均收入的提高具有负面影响。

1978～2006年期间的全时段模型显示大学毕业生占比对推动人均收入有不显著的正相关关系,这种正影响符合经济学理论,因为教育能推动技术进步,而技术进步又是促进经济长期增长,提高人均收入的主要源泉。从各个子时间段来看,1978～1990期间,大学毕业生占比的增加对推动收入提高有不显著的正影响,1977年8月我国恢复高考,通过对优秀人才选拔与培养使大批人才进入国民经济重要领域,促进了经济的极大发展,由于大学教育一般为3～4年,当恢复高考后的大学生进入到社会,大大提高了劳动力的整体素质,并迅速对国民经济作出贡献,进而推动收入提高,这种影响之所以不显著主要是由于该时段以计划经济为主,毕业生就业由国家计划安排,统一分配,不利于人才的合理使用;在20世纪90年代,大学毕业生就业体制由双向选择到自主择业过渡,但整体看来,20世纪90年代大学生的就业体制仍然具有计划分配的性质,其受教育水平及所学专业与所从事工作的要求不符,直至1997年,大部分学校开始实行并轨招生,大学生分配进入了学生自主择业的市场化进程,因此该时期对人均收入并没有显著的推动作用。近年来一方面因为我国的高等教育发展迅速,高等教育规模得到迅速扩张,专业日益细分为各个行业培养相应的人才;另一方面近年来大学生就业体制改革已基本实现大学生自主择业,大学生自主择业意识增强,毕业生纷纷按照自己的兴趣寻找工作岗位,因此与20世纪80年代、1990～2000年期间相比,2001～2006年期间大学毕业生占比对推动收入增长的作用变大,并且变得显著。

根据模型估计的结果我们发现1978～2006年期间,人均货物与服务净出口对人均收入的提高有负影响,表面看来似乎与经济学原理"净出口的增加可以拉动经济增长"相违背,但是当我们结合现实进行分析时就会发现这与我国居民收入占国民收入比重不断下降等一系列现实因素有关,从而导致净出口的增加难以转换为人均收入的提高。分具体时间段进行分析,在20世纪80年代随着开放程度的不断提高,人均货物与服务净出口的增加促进了经济的发展进而促进了收入的增长,由于处于开放初期,开放程度整体很低,因此对人均收入的促进作用并不显著。20 世纪 90 年代以来,随着开放的不断深入,净出口逐渐成为拉动经济增长的主要动力,但由于以下原因净出口的增加没能转化为人均收入的增长:其一,我国的出口由于主要以加工制造业为主,附加值较低,虽然出口额较大,但利润率较低,难以持久促进收入的增长;其二,也是最重要的方面,近年来我国居民收入在国民收入中的比重不断降低,即国民收入的初次分配格局不利于居民收入的提高,有关方面测算,从 2002 年到 2006 年,居民收入在国民收入中的比重呈持续下降的趋势,2002 年为 62.1%,2006 年为 57.1%,下降了 5 个百分点,由于国民收入分配结构的不合理导致人均货物与服务净出口增加对人均收入增加呈现出负向变动的关系,同时居民收入占国民收入比重的下降又导致内需不足从而借助出口来增加需求,加剧了二者的负向变动关系,因此 1990~2000 年、2001~2006 年期间人均货物与服务净出口对人均收入增长呈现负向变动是可以理解的。[①]

第二节　东北区域人均收入决定方程

表 2 - 2 列示了东北地区各时期人均收入决定因素的回归方程。从 1978~2006 年这一全时段模型来看,模型整体十分显著($F = 154.23$),拟合优度超过 95%。从各变量的显著性程度来看,就业人口、第二产业就业比重、第三产业就业比重、国有投资比重、私营投资比重对人均收入都具有显著影响;而失业率、外资投资比重、大学毕业生占比、人均货物与服务净出口以及财政转移度对解释人均收入未见有显著作用。

具体来说,就业人口对人均收入的弹性为 2.99,即就业人口每提高 1%,人均收入提高 2.99%,大于其余三个地区的弹性水平。这主要是由于东北作为我国传统重工业基地,重工业比重较高,重工业具有资本、技术密集型的特点,通过国企改革、产业结构调整、就业人口的增加使劳动力与资本等要素的结合得到了更好的优化,与其他地区相比,带来了劳动生产率更大的提高,就业人口

---

① 参见《逐步提高居民收入在国民收入分配中的比重,提高劳动报酬在初次分配中的比重》,《人民日报》2008 年 1 月 11 日第 2 版。

的增加对人均收入的弹性与其他地区相比较大。从分时段的模型来看,20 世纪 80 年代劳动力对东北地区人均收入的弹性为 1.97,至 90 年代变为 1.39,本研究者认为这主要是由于东北是重工业基地,产业结构调整,以及国有企业改革在 90 年代迈入建立现代企业制度阶段,势必造成大量的劳动力资源闲置,以及结构性失业问题的存在,就业人口的增加所带来的收入的增加并不能补偿大量失业人口增加所带来的收入的减少,21 世纪以来劳动力对收入的弹性较 20 世纪 90 年代有较大的提高,一方面是由于产业结构调整趋于稳定,另一方面是由于我国加大下岗职工就业再培训和大学扩招,使得原有劳动力以及新增劳动力的整体素质有所提高,因此劳动力对收入的弹性较上一时期有所提高且较为显著。

表 2 - 2　人均收入决定方程(东北)

人均收入决定方程(东北)估计结果

Period	ln (income)							
	1978 ~ 2006 年		1978 ~ 1990 年		1991 ~ 2000 年		2001 ~ 2006 年	
	Coef.	P	Coef.	P	Coef.	P	Coef.	P
lnlabor	2.989181	0.000	1.973278	0.000	1.393911	0.003	1.806706	0.000
unempl	0.0110931	0.656	− 0.0293547	0.268	− 0.0586784	0.029	− 0.043585	0.105
empl2nd	− 0.0502566	0.000	− 0.0265909	0.140	− 0.0417257	0.001	− 0.0566959	0.010
empl3rd	0.0671239	0.000	0.0831392	0.001	0.0484753	0.012	0.0436043	0.127
investat	− 0.005843	0.089	− 0.0031752	0.380	− 0.0037398	0.275	− 0.0031617	0.339
invepriv	− 0.0147051	0.004	− 0.0164827	0.002	− 0.0155467	0.003	− 0.0149559	0.002
invefore	0.0099007	0.326	0.01392	0.182	0.0246578	0.015	0.0191666	0.051
graduates	− 0.0042166	0.931	0.0632956	0.260	0.097245	0.047	0.0570694	0.286
pcnetex	0.0002267	0.148	0.0001168	0.482	0.0000136	0.929	0.0001083	0.461
trans	0.000594	0.584	0.0011406	0.347	0.0032973	0.013	0.0032911	0.043
constant	− 14.04776	0.000	− 8.137958	0.013	− 2.496029	0.454	− 4.842094	0.151
F	154.23	0.000	127.73	0.000	139.78	0.000	1.806706	0.000
R-square	0.9542		0.9566		0.9621		0.964	

由计量数据显示,第二产业就业人口比重与人均收入有负相关关系,而与此相反,第三产业就业人口比重的提高对人均收入有正面影响,无论从全时段还是分时段模型来看,上述影响显著。这从另一角度反映出,改革开放以来,东北地区经济体制与产业结构受到极大挑战,与沿海地区相比,过于沉重的重工业包袱已经阻碍了东北经济的发展。在计划经济条件下,重工业的产业优势及特点能够依靠国家计划得以保持与发挥,但在市场经济中,重工业远不如轻工业能尽快地适应市场竞争。因此加快产业结构调整,特别是轻工业和第三产业的发展,将促进地区经济发展,从而有效推动人均收入的增长。

在全时段模型中,失业率的变化对收入并没有显著的推动作用。在分时段模型中,失业率的提高不利于人均收入的提高,这与经济学原理相符,奥肯定律告诉我们失业率与 GDP 增长存在负向变动关系。国有企业比重较大的东北地区,在经济体制转轨和国有企业改革中影响较大,大量国企员工下岗待业,与之同时,产业结构调整也产生了大量的闲置劳动力,由于改革存在时滞,因此短期来看,失业率的提高也当然会不利于人均收入的提高,但从长期来看国企改革、产业结构调整会带来要素的优化组合,因此全时段模型中出现失业率对收入有不显著的正影响,说明这种长期效应开始慢慢表现出来了。

在这一模型中,国有投资占总投资的比重与人均收入呈负相关关系。一般理论认为,国有投资比重的下降与国有企业民营化改革紧密相关,意味着市场化改革的逐步深化,有利于市场经济发展和人均收入水平的提高,因而这一负相关关系是容易理解的。从分时段模型来看,国有投资比重这一变量在 20 世纪 80 年代并不显著,在这一时段中,国有企业改革尚处于"放权让利"和承包制改革的摸索阶段,国有投资比重并未明显下降;从 1987 年到 1993 年底,这是国有企业转换企业经营机制的阶段,不少国有企业被推入了市场,从 1994 年开始,中国的企业改革进入了建立现代企业制度的新阶段,国有企业进一步融入市场竞争,有利于多种所有制性质的企业共同发展,国有投资比重下降对人均收入促进作用开始变大(待估参数由 −0.00317 变为 −0.00373),变得显著(P 值由 0.380 变为 0.275),但在最近一个时段(2001~2006 年)这种推动作用开始变小,变得不显著(P 值为 0.339),这说明,随着国有企业改革的逐步调整到位,国有投资比重的下降对人均收入水平上升的推动作用开始下降。

在 1978~2006 年全时段模型中,私营投资占总投资的比重与人均收入呈现负相关关系。这反映出,私营投资比重越大,人均收入越少。这与东北的产业特点有一定关系,国有企业在重工业部门据主导地位,加上改革开放以来外资企业的涌入,私营经济在"内外打压下"很难长足发展,但本研究者认为更重要的是我国金融体制的发展滞后于经济的发展从造成私营企业发展过程中存在融资瓶颈的制约。从分时段模型来看,私营投资对推动人均收入增长有显著的负影响,主要是由以下原因造成的:随着私营企业的进一步发展,融资瓶颈逐渐凸显;加上 20 世纪 90 年代初期至新所得税法颁布前的所得税制不利于私营经济的发展;①2001 年我国加入 WTO 对民营企业造成冲击。

在 1978~2006 年这一全时段的模型中,外资投资比重对解释人均收入有着正影响,将经济增长理论与我国现实相结合,可以发现我国存在的问题是大量的储蓄难以转化为投资,之所以引入外资关键不是我们没有资金而是没有技术、没有好的项目,外资所带的技术进步是我国经济增长的源泉之一,也是提高人均收入的重要途径。在三个分时段模型中,外资投资比重与人均收入均呈现正相关关系,除去 1978~1990 年时段显著性不是很高(P 值为 0.182),其余两个时段变量都较为显著,改革开放以来东北通过扩大开放领域、税收优惠、改善投资配套服务,吸引了大量外商投资,为东北经济注入了活力,促进了人均收入的增长,这正印证了上述理论。

全时段模型估计结果显示财政转移度对东北地区人均收入的提高有不显著的正影响。从政府的行为来看,财政转移度对人均收入也存在正向作用。中央政府通过财政转移这一渠道,为地方政府提供财力,从而带动人均收入的提高。从分时段模型来看,20 世纪 80 年代的模型估计结果显示,东北地区财政转移度推动人均收入增长的作用并不显著,但是 90 年代以来的模型显示财政转移度对推动人均收入增长有显著的正影响。本研究者认为,与东部、中部地区相比,由于东北地区在改革开放之初,国有重工业比重大,市场化程度较其他地区要慢,市场的资源配置功能严重不足,需大量财政资金支持,财政转移度的提高对收入的推动作用并不明显;而 20 世纪 90 年代以来随着东北地区国有企业改革的深化,对外开放程度的不断提高,东北地区的市场经济得到了发展,财政的调节经济的杠杆

---

① 新企业所得税法规定基本税率是 25%,纳税义务人是居民企业和中国境内设有机构场所且所得与机构、场所有关联的非居民企业,它一方面减轻了私营企业的税负,另一方面为不同性质的企业创造一个公平竞争的环境。

作用可以得以发挥,财政转移度对收入的推动作用较20世纪80年代变得明显。

1978～2006年期间的全时段模型显示大学毕业生占比对推动人均收入并没有显著的作用。分不同时段进行考察发现,80年代大学毕业生占比对推动人均收入有不显著的正相关关系,1977年8月我国恢复高考,通过对优秀人才选拔与培养,提高了大学毕业生的整体素质,进而推动收入提高,因此80年代大学毕业生占比的提高对人均收入有正的影响,但由于毕业大学生就业按照国家计划统一分配,影响了人才的合理使用,因此对人均收入的推动作用并不显著;随着大学毕业生就业体制改革的推进,以及大学生毕业生数量和质量的提高,大学毕业生占比的提高对人均收入的推动作用会变大变得显著,90年代的数据验证了这一点。但2001～2006年期间这种推动作用变小且不显著,本研究者认为,这与东北地区改革开放的深度不如东部地区,市场机制不够健全,产业结构不够现代化,影响了高学历人才的使用和创造生产力能力的发挥,因此在该时期大学毕业生占比的提高对人均收入的推动作用变小,且不显著。

根据模型估计的结果我们发现,无论全时段模型还是分时段模型人均货物与服务净出口对人均收入的提高的影响均不显著,正如前文所述,这似乎与通常所说的"净出口是拉动经济增长的三驾马车之一"的经济学原理不符,但其实不然,这与我国居民收入占国民收入比重不断下降等一系列现实因素有关,从而导致净出口的增加难以转换为人均收入的提高。具体是由于以下原因净出口的增加没能转化为人均收入的增长:其一,东北地区是我国的重工业基地,出口主要以加工制造业为主,附加值较低,虽然出口额较大,但利润微薄,难以持久促进收入的增长;其二,也是最重要的方面,近年来我国居民收入在国民收入中的比重下降,即国民收入的初次分配格局不利于居民收入的提高。

第三节　东部区域人均收入决定方程

表2-3列示了东部地区各时期人均收入决定因素的回归方程。从1978～2006年这一全时段模型来看,模型整体十分显著($F = 401.34$),拟合优度超过90%。从各变量的显著性程度来看,就业人口、第二产业就业比重、第三产业就业比重、失业率、国有投资比重、私营投资比重、外资投资比重、财政转移度对人均收入都具有显著影响;而大学毕业生占比、人均货物与服务净出口对解释人

均收入未见有显著作用。

　　具体来说,就业人口对人均收入的弹性为0.58,即就业人口每提高1%,人均收入便提高0.58%,说明东部地区就业人口数量的增长能够带动人均收入的上升,但其弹性水平远低于同期全国的平均水平1.54,从侧面反映出东部地区对劳动力依赖程度相对较低,资本密集型产业发展较为迅速。从分时段的模型来看,劳动力对人均收入的弹性基本不变,维持在0.643~0.663之间,这说明东部地区劳动力推动人均收入提高的能力基本保持不变,主要是因为东部地区吸纳和储备人才能力不断加强,使劳动力质量的提高能够满足经济体制转型和产业升级的要求。

表2-3　人均收入决定方程(东部)

人均收入决定方程(东部)估计结果

Period	\(\ln(income)\)							
	1978~2006年		1978~1990年		1991~2000年		2001~2006年	
	Coef.	P	Coef.	P	Coef.	P	Coef.	P
ln*labor*	0.5788433	0.004	0.6608997	0.002	0.6624424	0.001	0.6425795	0.002
unempl	0.0482481	0.009	0.048118	0.011	0.0483249	0.009	0.0501045	0.007
empl2nd	0.0347115	0.000	0.0341198	0.000	0.0343401	0.000	0.0347503	0.000
empl3rd	0.0977217	0.000	0.0960487	0.000	0.0967587	0.000	0.0959114	0.000
investat	-0.0054639	0.006	-0.0042359	0.058	-0.0042502	0.054	-0.0049156	0.017
invepriv	0.0046532	0.012	0.0052867	0.007	0.0053677	0.006	0.0049276	0.009
invefore	0.0077314	0.000	0.0089923	0.000	0.0087901	0.000	0.0092279	0.000
graduates	0.0018086	0.361	0.0019612	0.332	0.0018403	0.354	0.0019749	0.323
pcnetex	-0.0000289	0.264	-0.0000284	0.283	-0.00003	0.248	-0.0000287	0.271
trans	0.0006538	0.009	0.0006696	0.010	0.0006424	0.012	0.0006424	0.013
constant	-0.1748659	0.897	-0.9040286	0.530	-0.9646707	0.497	-0.7868114	0.573
F	401.34	0.004	362.6	0.002	376.38	0.001	371.22	0.000
R-square	0.937		0.9345		0.9375		0.9376	

　　与之同时,第二产业和第三产业就业人口比重的提高也对人均收入有正影

响,且作用显著。第二产业就业人口增长对人均收入增长仍有较大的正向作用。与之相比,第三产业发展对东部人均收入增长作用更为显著,其被估参数接近0.1,大于第二产业的0.035,但与其他地区相比,东部地区第二、第三产业发展较为均衡,且结构较为合理,对人均收入增长均有显著的推动作用。从分时段的模型来看,各个时段第二产业就业人口比重与第三产业就业人口比重对人均收入影响程度较为稳定;说明东部地区随着产业结构调整,劳动力等要素在产业间得到合理的优化配置,有效推动人均收入的快速增长。但随着东部地区产业结构调整逐步到位,其对人均收入增长的推动作用趋于稳定,进一步加快产业升级将会带来新的推动力。

计量数据显示,无论在1978～2006年全时段的模型中,还是在各分时段模型中,失业率与人均收入呈显著的正相关关系,产生这一结果与经济体制转轨和产业结构调整不无关系。东部地区作为我国改革开放的前沿,一方面对国有企业进行了较大力度的改革重组,并大力推动私营经济的发展;另一方面加快产业结构调整,由第一、第二产业逐步向第三产业倾斜,形成大量结构性失业。但这是我国经济体制转轨的必经过程,对劳动力的重新配置一定程度上提高了经济效率,推动了人均收入的提高。

在全时段模型与分时段模型中,东部地区国有投资占总投资的比重与人均收入均呈负相关关系,且被估参数较显著。一般理论认为,国有投资比重的下降与国有企业民营化改革紧密相关,意味着市场化改革的逐步深化,有利于市场经济发展和人均收入水平的提高,因而这一负相关关系是容易理解的。从分时段模型来看,走在市场化改革前沿的东部地区,国有企业改革初期就发挥了较为明显的作用,国有投资比重的下降,有利于市场经济发展和人均收入水平的提高;自1978年以来,从80年代扩大企业自主权、实行两权分离,到90年代建立现代企业制度,再到2003年以来的国有资产管理体制改革,国有企业逐渐融入市场竞争,因此随着国有投资比重的下降,一方面加强了自身的结构调整,提高了效率;另一方面促进了不同性质企业间的竞争,使资源在不同性质企业间的配置逐渐优化,因此在分时段,国有投资比重的下降对人均收入增长的推动作用变大且影响变得显著。

与国有投资比重相反,无论是从全时段模型还是分时段模型来看,外资投资占总投资的比重都与人均收入水平呈正相关关系,且均十分显著(P值趋于

0）。将经济增长理论与我国现实相结合,可以发现我国存在的问题是由于企业融资体制发展落后,大量的储蓄难以转化为投资,之所以引入外资关键不是我们没有资金而是没有技术、没有好的项目,外资所带来的技术进步是我国经济增长的源泉之一,也是提高人均收入的重要途径。改革开放以来,尤其是东部沿海地区,由于丰富而低廉的劳动力优势、各经济开发区的大力建设以及税收服务等的优惠政策,吸引了大批外商的投资,带动了地区经济增长,促进了产业技术进步,从而推动了人均收入的上升,因此整体看来外资投资占总投资的比重的上升对人均收入水平的提高有显著的正影响。

无论是从全时段模型还是分时段模型来看,私营投资比重对推动东部地区人均收入的提高也有着正向作用,且影响显著。东部地区,尤其以江浙地区为代表,在改革开放30年中大力推进了私营经济的发展,成为推动我国经济增长的上升力量,创造了大量的就业机会和物质财富,对人均收入的增长起到了促进作用。为什么四大区域中只有东部地区私营投资比重对推动东部地区人均收入的提高有着正向作用,且影响显著呢? 本研究者认为这主要与东部地区金融体制较其他地区完善,民营企业融资较容易,值得一提的是东部地区民间融资组织发展较快,如浙江温州等地民间金融的发展极大地促进了民营企业的发展。

从政府的行为来看,财政转移度对人均收入也存在正向作用。中央政府通过财政转移这一渠道,为地方政府提供财力,地方政府再通过财政政策支持地方经济的发展,从而带动人均收入的提高。无论从全时段模型还是从分时段模型来看,东部地区财政转移度推动人均收入增长的作用十分显著。公共支出的作用主要是弥补市场缺陷,来实现优化资源配置、调节收入分配和经济稳定的职能。如通过介入私人投资不愿介入的领域来实现资源的优化配置。本研究者认为与其他地区相比,由于东部地区市场经济更加完善,因此在弥补市场缺陷时财政的杠杆作用更加显著,能迅速调整市场,推动经济又好又快发展,因此东部地区,财政转移度对人均收入有显著的推动作用。

1978～2006年期间的全时段模型显示大学毕业生占比对推动人均收入有不显著的正相关关系,这种正影响符合经济学理论,因为教育能推动技术进步,而技术进步又是促进经济长期增长、提高人均收入的主要源泉。分不同时段进行考察发现,1978～1990年、1991～2000年、2001～2006年三个子时段大学毕业生占比对推动人均收入有正相关关系,但均不显著。对于1978～1990年这一时段而言,1977 年 8 月我国恢复高考,通过对优秀人才选拔与培养,使大学毕业生整体素质得到了提高,进而推动收入提高,因此 80 年代大学毕业生占比对推动人均收入有正的影响,但由于 80 年代大学毕业生由国家统一分配就业,具有非市场适应性,不利于人才的合理配置,因此推动作用不明显;但 90 年代以来大学毕业生对人均收入的推动作用并无多大变化且不显著,本研究者认为,90 年代大学毕业生仍未实现自主择业,因此 90 年代的模型表明大学毕业生占比的提高对人均收入并没有显著的推动作用。新世纪以来,东部地区大学毕业生占比对人均收入的推动作用并不显著,近年来东部地区科教发展迅速储备了大量的人才,同时随着开放程度的不断提高,东部沿海地区经济迅速发展,吸纳了大量外来人才,但是由于大学毕业生非就业率上升,因此该时段大学毕业生占比对人均收入的推动作用并不显著。

根据模型估计的结果我们发现,无论全时段模型还是分时段模型中,人均货物与服务净出口对人均收入的提高均有不显著的负影响,正如前文所述,这似乎与通常所说的"净出口是拉动经济增长的三驾马车之一"的经济学原理不符,但其实不然,事实上随着开放的不断发展,净出口的增加极大地推动了东部经济的发展,之所以出现上述结论,与我国居民收入占国民收入比重不断下降等一系列现实因素有关,从而导致净出口的增加难以转换为人均收入的提高。具体是由于以下原因使净出口的增加没能转化为人均收入的增长:其一,东部地区出口产业以加工制造业为主,附加值较低,虽然出口额较大,但利润率较低,难以持久促进收入的增长;其二,也是最重要的方面,近年来居民收入在国民收入中的比重呈持续下降的趋势,即国民收入的初次分配格局不利于居民收入的提高,同时居民收入占国民收入比重的下降又导致内需不足从而借助出口来增加需求,加剧了二者的负向变动关系。因此整体看来,东部地区人均货物与服务净出口对人均收入增长呈现负向变动是可以理解的。

第四节　中部区域人均收入决定方程

表 2-4 列示了中部区域各时期人均收入决定因素的回归方程。各个时段的拟合度都超过 90%,模型整体十分显著,F 值为 193.5。从 1978~2006 年的全时段模型来看,就业人口、第三产业就业比重、国有投资比重、私营投资比重、

外资投资比重、大学毕业生占比对人均收入的影响作用显著,而城镇登记失业率、第二产业就业比重、人均货物与服务净出口、财政转移度对人均收入未见有显著的影响作用。

　　具体来说,就业人口对人均收入的弹性为1.73,即就业人口每提高1%,人均收入便提高1.73%,这也高出了全国的水平。这说明改革开放以来,整体而言就业人口规模的扩大能够带来人均收入的上升,劳动力仍是中部地区的比较优势;但值得注意的是,从分时段的模型来看,劳动力对人均收入的弹性基本稳定,在最近期略微下降,从1978~1990年时段的1.84下降为2001~2006年时段的1.72,这说明,随着中部地区经济体制转型和产业升级,劳动力推动人均收入提高的能力有所下降。与就业人口对人均收入弹性作用显著相比,无论是全时段模型还是分时段模型,中部地区失业率对人均收入的推动作用都不明显。

表 2 - 4　　人均收入决定方程(中部)

人均收入决定方程(中部)估计结果

Period	ln (income)							
	1978～2006 年		1978～1990 年		1991～2000 年		2001～2006 年	
	Coef.	P	Coef.	P	Coef.	P	Coef.	P
ln*labor*	1.733215	0.000	1.837504	0.000	1.830364	0.000	1.724667	0.000
unempl	0.0194444	0.553	0.0000797	0.998	0.0187216	0.612	0.0226661	0.548
empl2nd	0.0071228	0.548	−0.0043148	0.737	0.0025678	0.836	0.0043747	0.729
empl3rd	0.0471845	0.000	0.0536305	0.000	0.0500962	0.000	0.0516079	0.000
investat	−0.0178305	0.000	−0.0193332	0.000	−0.0190931	0.000	−0.0186624	0.000
invepriv	−0.0109173	0.003	−0.0123616	0.002	−0.0137034	0.001	−0.0124002	0.001
invefore	0.0452539	0.004	0.039108	0.022	0.0383506	0.018	0.0396847	0.020
graduates	0.1255592	0.000	0.1285925	0.000	0.1365652	0.000	0.1277882	0.000
pcnetex	−0.0003465	0.351	−0.0002742	0.478	−0.000267	0.476	−0.0002378	0.533
trans	0.0034274	0.109	0.0021937	0.330	0.0024227	0.291	0.0023683	0.319
constant	−6.703684	0.001	−7.189039	0.001	−7.216405	0.000	−6.527733	0.001
F	193.5	0.000	160.68	0.000	172.02	0.000	161.07	0.000
R-square	0.9245		0.9188		0.9252		0.9227	

无论全时段模型还是分时段模型,第二产业就业人口比重对人均收入均不具有解释能力,这主要由中部地区工业化程度低等一系列的原因造成的。但是相较于第二产业的就业人口比重,第三产业人口比重对人均收入的影响更明显。近年来,第三产业中的现代服务业将以信息化带动工业化,实现工业跨越式发展。信息技术的蓬勃发展不仅使电子信息产品制造业迅速崛起,而且深刻改造了钢铁、机械、纺织、化工、冶金等传统制造业的生产方式和经营理念,第二产业就业人口比重的参数估计值的变大印证了这一点,只是参数估计值并不显著。第三产业中的现代物流业可以促进产业集群发展。物流业的匹配度,直接决定了产业链条的关联度。全时段的模型中,第三产业就业人口比重的参数值0.047远远超过了第二产业就业的参数值0.007。这说明中部地区经济产业结构发生了很大的变化。第三产业的发展不但不断地创造就业岗位,而且也间接通过促进第二产业的发展创造经济价值。

无论是分时段模型还是全时段模型,国有投资比重的下降显著地推动了人均收入的提高(P值为0)。一般理论认为,国有投资比重的下降与国有企业民营化改革紧密相关,意味着市场化改革的逐步深化,有利于市场经济发展和人均收入水平的提高,因而这一负相关关系是容易理解的。从分时段模型来看,随着国有企业改革的不断推进,国有企业参与市场竞争,国有投资比重的下降说明通过资源的合理流动,使得劳动力、资本等要素在不同性质企业间的配置逐渐优化,因此在1978~1990年、1991~2000年、2001~2006年期间,国有投资比重的下降继续推动人均收入增长。随着调整的逐步到位国有投资比重的下降继续推动人均收入增长的影响力下降,模型中表现为参数估计值的绝对值在不断减小。

无论是从全时段模型还是分时段模型来看,外资投资占总投资的比重都与人均收入水平呈正相关关系,且均十分显著,在一定程度上决定着人均收入的多少。尤其是外资投资占总投资的参数约为0.045,大于国有投资占总投资参数估计值的绝对值的两倍以上。将经济增长理论与我国现实相结合,可以发现我国存在的问题是由于企业融资体制发展落后,大量的储蓄难以转化为投资,之所以引入外资关键不是我们没有资金而是没有技术、没有好的项目,外资所带来技术进步是我国经济增长的源泉之一,也是提高人均收入的重要途径。改革开放以来,中部地区,由于丰富而低廉的劳动力优势,以及优惠的税收政策,吸引了大批外商的投资,带动了地区经济增长,促进了产业技术进步,从而推动了人均收入的上升,因此整体来看外资投资占总投资的比重的上升对人均收入水平的提高有显著的正影响。

在1978～2006年全时段模型中,私营投资占总投资的比重与人均收入呈现显著的负相关关系。这反映出,私营投资比重越大,人均收入越少。我国金融体制的发展滞后于经济的发展,从而造成私营企业发展过程中存在融资瓶颈的制约,因此也出现了我国储蓄大于投资这样的现象。从分时段模型来看,1978～1990年、1991～2000年、2001～2006年时期,私营投资对人均收入的负影响显著,主要是由以下原因造成的:其一,由于我国金融体制的发展滞后以及中部地区民间融资发展缓慢,因此随着私营企业的进一步发展,中部地区私营企业融资瓶颈进一步凸显。其二,从1988年6月国务院发布《中华人民共和国私营企业所得税暂行条例》规定税率为35%,到新所得税税法颁布前的这一段时间内我国的所得税制是不利于私营企业的发展的。^① 其三,2001年我国加入WTO对民营企业造成冲击。因此整体来看中部地区的私营企业是在夹缝中成长,中部地区私人投资难以转换为人均收入的增长。

无论是全时段模型还是分时段模型,中部地区财政转移度对人均收入均存在正向作用。从政府的行为来看,中央政府通过财政转移这一渠道,为地方政府提供财力,地方政府再通过财政政策支持地方经济的发展,从而带动人均收入的提高。改革开放以来,地方的自主权逐渐扩大,1994年又开始实行分税制预算体系,尤其是近年来中央加大对中部地区交通、水利等重大基础设施建设和教育、科技、卫生等公共服务的投入,豁免中部地区公益性国债项目和贫困地区国债项目的转贷资金,实施对中部地区工业化援助政策,建立国家对农业、农村、农民的补贴机制,对中、西部地区的企业实行定期减免所得税和低税率的所得税政策。中部的比较优势在于自然资源和能源资源,这样的财政政策使比较优势得到很好发挥,从而能够解释财政转移度对推动人均工资的增长。

1978～2006年期间的全时段模型显示大学毕业生占比对推动中部地区人均收入有显著的正相关关系,这种正影响符合经济学理论,因为教育能推动技

---

① 新企业所得税法规定基本税率是25%,纳税义务人是居民企业和中国境内设有机构场所且所得与机构、场所有关联的非居民企业,它一方面减轻了私营企业的税负,另一方面为不同性质的企业创造一个公平竞争的环境。

术进步,而技术进步又是促进经济长期增长、提高人均收入的主要源泉。分不同时段进行考察发现,1978～1990 年、1991～2000 年、2001～2006 年三个子时段大学毕业生占比对推动人均收入有有显著的正相关关系。1977 年 8 月我国恢复高考,通过对优秀人才选拔与培养,提高了毕业大学生的整体素质,促进了经济的发展,进而推动人均收入的提高,因此 20 世纪 80 年代大学毕业生占比对推动人均收入有正的影响;对于后两个时段显著的正影响本研究者试图从人才储备与吸纳进行分析,90 年代以来中部地区科教实力不断增强,随着市场化程度的提高,经济发展较快,因此基本上具备吸纳和使用大学以上毕业生的能力,人才的吸纳与使用提高了大学毕业生的整体素质,促进了该区域的经济增长,因此中部地区大学毕业生占比人均收入有显著的正相关关系,同时也在一定程度上解释了全时段模型中大学毕业生占比对推动人均收入有显著的正相关关系。

根据模型估计的结果我们发现,无论全时段模型还是分时段模型均表明人均货物与服务净出口对人均收入的提高有不显著的负影响,即人均货物与服务净出口对人均收入的提高不具有解释力,正如前文所述,这表面上看似乎与通常所说的"净出口是拉动经济增长的三驾马车之一"的经济学原理不符,但其实不然,事实上随着开放的不断发展,净出口的增加极大地推动了中部经济的发展,之所以出现上述结论,与我国居民收入占国民收入比重不断下降等一系列现实因素有关,从而导致净出口的增加难以转化为人均收入的提高。

第五节　西部区域人均收入决定方程

表 2－5 列示了西部区域各时期人均收入决定因素的回归方程。各个时段的拟合度都接近 90%,模型整体十分显著,F 值为 267.18。由表 2－5 可以看出,全时段模型显示就业人口、第三产业就业比重、国有投资比重、外资投资比重、人均货物与服务净出口对人均收入的影响作用最为显著;而城镇登记失业率、第二产业就业比重、私营投资比重、大学毕业生占比和财政转移度对人均收入未见有显著的影响作用。

表 2 - 5　人均收入决定方程(西部)

人均收入决定方程(西部)估计结果

Period	ln(income)							
	1978 ~ 2006 年		1978 ~ 1990 年		1991 ~ 2000 年		2001 ~ 2006 年	
	Coef.	P	Coef.	P	Coef.	P	Coef.	P
ln*labor*	1.596133	0.000	1.648131	0.000	1.656541	0.000	1.574099	0.000
unempl	−0.0039184	0.767	−0.000537	0.968	−0.0012304	0.926	−0.0020165	0.881
empl2nd	0.0007767	0.939	−0.0027514	0.790	−0.0004304	0.966	−0.0001746	0.987
empl3rd	0.1006706	0.000	0.1052264	0.000	0.1063328	0.000	0.1075943	0.000
investat	−0.0077174	0.015	−0.0071031	0.029	−0.0058902	0.075	−0.0061314	0.065
invepriv	−0.0032501	0.324	−0.0027454	0.427	−0.0039975	0.246	−0.0039722	0.245
invefore	0.0314473	0.001	0.0251446	0.031	0.0240326	0.025	0.0270504	0.020
graduates	0.0067909	0.655	−0.0010948	0.946	0.004584	0.775	0.0033641	0.837
pcnetex	−0.0000582	0.083	−0.0000519	0.127	−0.0000586	0.081	−0.0000589	0.084
trans	−0.0005473	0.718	−0.0005248	0.736	−0.0002591	0.865	−0.0003867	0.804
constant	−5.155922	0.000	−5.522058	0.000	−5.707348	0.000	−5.150389	0.000
F	267.18	0.000	239.37	0.000	245.6	0.000	236.08	0.000
R-square	0.8913		0.8853		0.8889		0.8863	

　　具体来说,1978 ~ 2006 年就业人口对人均收入的弹性为 1.60,且显著,即就业人口每提高 1% ,人均收入便提高 1.60% ,这说明改革开放以来,整体而言就业人口规模的扩大能够带来人均收入的上升,劳动力仍是西部的比较优势;从分时段的模型来看,劳动力对人均收入的弹性基本保持不变,且很显著(P 值为 0),但在最近一个时段(2001 ~ 2006 年)较前一时期有所减小,这说明,随着中国经济体制转型和产业升级,劳动力在推动人均收入整体提高上有着显著的推动作用,尽管这种作用在近期有所下降。这足以说明西部大开发的过程中,劳动力仍然是关键。劳动力向来是中国的比较优势,但是由于西部的艰苦条件、环境以及与中、东部经济水平差距大等原因决定了西部劳动力不足。在不同的分时段模型中印证了劳动力水平的显著作用,这也证明了近 10 年来以优惠条件吸引更多人员和人才前往西部工作的政策必要性。

　　无论是在1978~2006年这一全时段的模型中,还是在1978~1990年、1991~2000年、2001~2006年分时段模型中,失业率对解释人均收入的变化并没有作用。本研究者认为这与西部地区属于老、少、边、穷地区,产业结构调整、升级极其缓慢,大部分人口分布在农村从事农业生产等因素有关,我们可以从1978~2006年期间第一产业就业人员比重均值为66.1%这一指标间接得到,城镇就业人员很少。因此失业率的变化对人均收入的变化并没有多少解释能力,在模型中就表现为P值很大,无法通过显著性检验。

　　无论是从全时段模型还是分时段模型看,第二产业就业人员比重的变化对于提高人均收入水平并没有显著的作用,本研究者认为主要是由西部地区的产业结构决定的,1978~2006年西部地区第二产业就业人员比重仅为13.6%,四大区域内比重最低。与第二产业相反,西部地区的第三产业就业人数对人均收入显著性很高。这表明了第三产业的发展对西部经济的推动。由中国经济统计数据库中的资料显示,西部第三产业增加值占GDP的比重从1978年的20%增长到约36%。第三产业就业人数对人均收入的提高的推动作用甚至高出了中部地区。这些则说明了西部发展起步晚、起点低,并且没有扎实的第一、第二产业作支撑,所以产生第三产业的"虚高"。

　　在这一模型中,国有投资占总投资的比重与人均收入呈负相关关系。一般理论认为,国有投资比重的下降与国有企业民营化改革紧密相关,意味着市场化改革的逐步深化,有利于市场经济发展和人均收入水平的提高,因而这一负相关关系是容易理解的。从分时段模型来看,国有投资比重下降对人均收入的推动作用显著,由于西部地区属于老、少、边、穷地区,市场化程度极其缓慢,其他所有制性质企业发展滞后,国有企业改革对生产要素的重新配置,既提高了国有企业的效率,又促进了各种所有制性质的企业的发展。因此,国有投资比重的下降对人均收入水平上升的推动作用显著。

　　在1978~2006年全时段模型中,私营投资占总投资的比重与人均收入呈现不显著的负相关关系。我国金融体制的发展滞后于经济的发展,从而造成私营企业发展过程中存在融资瓶颈的制约,而在经济发展落后的西部地区私营企业发展过程中,融资瓶颈的制约更加突出。从分时段模型来看,1978~1990年、1991~2000年、2001~2006年时期,西部地区私营投资对人均收入有不显著的负影响,主要是由以下原因造成的:其一,由于我国金融体制的发展滞后以及西部地区民间融资发展缓慢,因此随着私营企业的进一步发展,西部地区私营企业融资瓶颈进一步凸显。其二,从 1988 年 6 月国务院发布《中华人民共和国私营企业所得税暂行条例》规定税率为 35% ,到新所得税税法颁布前的这一段时间内我国的所得税制是不利于私营企业的发展的。[①] 其三,2001 年我国加入 WTO 对西部地区民营企业造成冲击。因此整体看来西部地区的私营企业是在夹缝中成长,西部地区私人投资难以转化为人均收入的增长。

无论是从全时段模型还是分时段模型来看,外资投资占总投资的比重都与人均收入水平呈正相关关系,且均十分显著。经济增长理论与我国现实相结合,可以发现我国存在的问题是由于企业融资体制发展落后,大量的储蓄难以转化为投资,之所以引入外资关键不是我们没有资金而是没有技术、没有好的项目,外资所带来的技术进步是我国经济增长的源泉之一,也是提高人均收入的重要途径。改革开放以来,西部地区,诸如税收优惠等方面的优惠政策,吸引了大批外商的投资,带动了西部地区的经济增长,促进了产业技术进步,从而推动了人均收入的上升,因此整体看来外资投资占总投资的比重的上升对人均收入水平的提高有显著的正影响。

从政府的行为来看,财政转移度对人均收入存在正向作用。中央政府通过财政转移这一渠道,为地方政府提供财力,地方政府通过财政政策支持地方经济的发展,从而带动人均收入的提高。但是无论从全时段模型还是从分时段模型来看,西部地区财政转移度推动人均收入增长并没有显著的作用,这是否与基本原理不符呢? 本研究者认为,与东部、中部地区相比,由于西部地区存在如下不足导致了财政转移度对人均收入的推动作用不明显:国有企业比重大、三大产业落后且第一产业比重大,因此市场化程度较其他地区要慢、要低得多,市场的资源配置功能不足,需大量财政资金支持;社会保障等公共事业极其落后,需大量财政资金支持;地形以及地理位置特殊,决定了西部地区经济基础极差且经济发展极其困难,需大量财政资金支持。由于上述诸方面的原因所致,财政转移度对推动收入效果不显著。

无论是全时段模型还是分时段模型均显示大学毕业生占比的提高对于西

---

① 新企业所得税法规定基本税率是 25% ,纳税义务人是居民企业和中国境内设有机构场所且所得与机构、场所有关联的非居民企业,它一方面减轻了私营企业的税负,另一方面为不同性质的企业创造一个公平竞争的环境。

部地区的人均收入并无显著的推动作用。本研究者认为主要是由以下原因造成的：首先，传统的计划经济体制下，国家统一分配大学毕业生，具有盲目性，不利于人才的合理利用；其次，西部地区经济技术水平落后，不具备将高素质人才的智慧转化为生产力的条件；最后，改革开放以来，西部地区同经济迅速发展的东部地区的差距不断加大，大量的高素质人才不断流出，尽管大学毕业生占比不断提高，但整体素质却相对较低。因此整体来看，大学毕业生占比的提高对西部地区人均收入的提高不具备解释力。

　　根据模型估计的结果我们发现，无论全时段模型还是分时段模型，人均货物与服务净出口对人均收入的提高有较为显著的负影响，正如前文所述，这似乎与我们通常所说的"净出口是拉动经济增长的三驾马车之一"的经济学原理不相符合，但其实不然，事实上随着开放的不断发展，净出口的增加极大地推动了西部经济的发展，之所以出现上述结论，与我国居民收入占国民收入比重不断下降等一系列现实因素有关，从而导致净出口的增加难以转化为人均收入的提高。具体是由于以下原因使净出口的增加没能转化为人均收入的增长：其一，西部地区出口产业以加工制造业为主，主要面向东盟地区，附加值较低，虽然出口额较大，但利润微薄，难以持久促进收入的增长；其二，也是最重要的方面，近年来我国居民收入在国民收入中的比重不断降低，即国民收入的初次分配格局不利于居民收入的提高，同时居民收入占国民收入比重的下降又导致内需不足，从而借助出口来增加需求，加剧了二者的负向变动关系。因此整体看来，西部地区人均货物与服务净出口对人均收入增长呈现负向变动是可以理解的。

第六节　本章小结

　　本章前述五节构建了全国总体和东北部、东部、中部、西部四大区域人均收入决定模型，并对估计结果进行具体解读。模型的表达式为：

$$\ln(pcincome_{it}) = \beta_1 \ln(labor_{it}) + \beta_2\, unempl_{it} + \beta_3\, empl2nd_{it} + \beta_4\, empl3rd_{it}$$
$$+ \beta_5\, investat_{it} + \beta_6\, invepriv_{it} + \beta_7\, invefore_{it} + \beta_8\, graduates_{it}$$
$$+ \beta_9\, pcnetex_{it} + \beta_{10} trans_{it} + \alpha + v_i + \varepsilon_{it}$$

第一节研究和解读了全国总体在全时段和三个分时段模型中的估计结果。

就 1978～2006 年这一全时段模型而言,模型整体十分显著(F = 763.10),拟合优度接近 90%。从各变量的显著性程度来看,就业人口、第二产业就业比重、第三产业就业比重、国有投资比重、外资投资比重、财政转移度对人均收入都具有显著影响,而失业率、私营投资比重、大学毕业生占比、人均货物与服务净出口对解释人均收入未见有显著作用。

第二节研究和解读了东北地区在全时段和三个分时段模型中的估计结果。从 1978～2006 年这一全时段模型而言,模型整体十分显著(F = 154.23),拟合优度超过 95%。从各变量的显著性程度来看,就业人口、第二产业就业比重、第三产业就业比重、国有投资比重、私营投资比重对人均收入都具有显著影响,而失业率、外资投资比重、大学毕业生占比、人均货物与服务净出口以及财政转移度对解释人均收入似乎都没有显著作用。

第三节研究和解读了东部地区在全时段和三个分时段模型中的估计结果。从 1978～2006 年这一全时段模型来看,模型整体十分显著(F = 401.34),拟合优度超过 90%。从各变量的显著性程度来看,就业人口、第二产业就业比重、第三产业就业比重、失业率、国有投资比重、私营投资比重、外资投资比重以及财政转移度对人均收入都具有显著影响,而大学毕业生占比、人均货物与服务净出口对解释人均收入似乎都没有显著作用。

第四节研究和解读了中部地区在全时段和三个分时段模型中的估计结果。各个时段的拟合度都超过 90%,模型整体十分显著,F 值为 193.5。从 1978～2006 年的全时段模型来看,就业人口、第三产业就业比重、国有投资比重、私营投资比重、外资投资比重、大学毕业生占比对人均收入的推动作用显著,而城镇登记失业率、第二产业就业比重、开放程度、财政转移度对人均收入未见有显著的影响作用。

第五节研究和解读了西部地区在全时段和三个分时段模型中的估计结果。各个时段的拟合度都接近 90%,模型整体十分显著,F 值为 267.18。全时段模型显示就业人口、第三产业就业比重、国有投资比重、外资投资占总投资的比重、人均货物与服务净出口对人均收入作用最为显著,城镇登记失业率、第二产业就业比重、私营投资比重、大学毕业生占比和财政转移度对人均收入没有显著的解释作用。

第三章 区域三大产业就业结构差别的深度考察

本章对四大区域之间和区域内部省际三大产业就业结构的差别情况进行具体深入的研究分析。

第一节 区域之间三大产业就业比率的比较

一、区域之间第一产业就业比率的比较(如表3－1和图3－1所示)

1978～2006年期间,四大区域中,西部地区保持了最高的第一产业就业比率(66.1%),其次为中部地区(61.3%),再次为东部地区(50.9%),而东北地区的第一产业就业比率最低(40.0%)。从这四大区域第一产业就业比率变化的平稳性来看,东北地区的平稳性(波动系数11.9%)最高,其次为西部地区(波动系数14.0%),再次为中部地区(波动系数20.4%),东部地区平稳性最小(波动系数22.6%)。

表3－1 四大区域第一产业就业比率比较

单位:%

年份	1978～1990			1991～2000			2001～2006			1978～2006		
区域	均值	标准差	波动系数	均值	标准差	波动系数	均值	标准差	波动系数	均值	标准差	波动系数
东北地区	42.2	3.4	8.1	38.9	2.7	6.8	37.0	7.7	20.9	40.0	4.7	11.9
东部地区	60.8	7.5	12.4	46.8	3.8	8.1	36.1	5.1	14.2	50.9	11.5	22.6
中部地区	71.4	5.5	7.7	58.3	4.0	6.9	44.5	12.5	28.0	61.3	12.5	20.4
西部地区	75.7	3.7	4.9	65.4	3.5	5.4	46.5	18.2	39.3	66.1	14.0	21.1

资料来源:作者根据《新中国五十五年统计资料汇编》、《中国统计年鉴》等资料中的原始数据分析整理、测算和自制而成。

单位：%

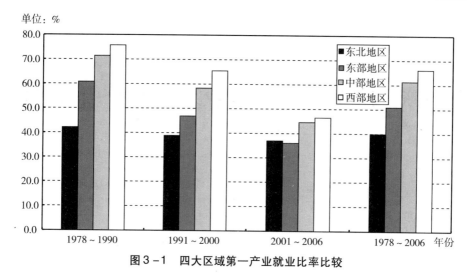

图3-1　四大区域第一产业就业比率比较

资料来源：作者根据《新中国五十五年统计资料汇编》、《中国统计年鉴》等资料中的原始数据分析整理、测算和自制而成。

分不同时期进行考察：

1978～1990年期间，四个区域第一产业就业比率中，中部地区(71.4%)和西部地区(75.7%)大大高于东北地区(42.2%)和东部地区(60.8%)。对这期间四个区域第一产业就业比率的平稳性进行考察，四个地区的平稳性均较高，其中西部地区平稳性最高(波动系数为4.9%)，东部地区平稳性最低(波动系数为12.4%)。

1991～2000年期间，四个区域第一产业就业比率按由高到低排序分别为西部地区(65.4%)、中部地区(58.3%)、东部地区(46.8%)和东北地区(38.9%)。就这期间四个区域第一产业就业比率变化的平稳性进行比较而言，西部地区的平稳性最高(波动系数值为5.4%)，东北(6.8%)和中部地区(6.9%)次之，东部地区(8.1%)波动性最大。

2001～2006年期间，四个区域第一产业就业比率按由高到低排序分别为西部地区(46.5%)、中部地区(44.5%)、东北部地区(37.0%)和东部地区(36.1%)。就这期间四个区域第一产业就业比率的平稳性进行比较而言，东部地区的平稳性最高(波动系数为14.2%)，而西部地区的波动性相对较大(波动系数为39.3%)。

二、区域之间第二产业就业比率的比较(如表3-2和图3-2所示)

1978～2006年期间，四大区域中，东北地区(31.3%)保持了相对最高的第二产业就业比率,其次为东部地区(26.8%),再次为中部地区(20.9%),而西部地区(13.6%)的第二产业就业比率最低。从这四个地区第二产业就业比率变化的平稳性来看,西部地区平稳性相对最高(波动系数为16.6%),其次为东部地区(波动系数为19.8%),再次为中部地区(20.2%),东北地区平稳性最低(波动系数为21.9%)。

表3-2　四大区域第二产业就业比率比较

单位:%

年份	1978~1990			1991~2000			2001~2006			1978~2006		
区域	均值	标准差	波动系数	均值	标准差	波动系数	均值	标准差	波动系数	均值	标准差	波动系数
东北地区	35.6	1.4	4.0	32.1	4.3	13.2	20.6	6.3	30.6	31.3	6.9	21.9
东部地区	24.2	4.5	18.4	29.6	1.1	3.7	27.8	8.6	31.1	26.8	5.3	19.8
中部地区	16.0	2.9	18.3	20.9	1.2	5.7	20.9	5.0	27.1	18.2	3.7	20.2
西部地区	12.7	1.7	13.0	15.2	0.7	4.9	13.2	3.7	28.3	13.6	2.3	16.6

资料来源:作者根据《新中国五十五年统计资料汇编》、《中国统计年鉴》等资料中的原始数据分析整理、测算和自制而成。

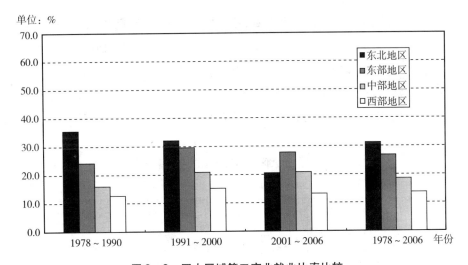

图3-2　四大区域第二产业就业比率比较

资料来源:作者根据《新中国五十五年统计资料汇编》、《中国统计年鉴》等资料中的原始数据分析整理、测算和自制而成。

分不同时期进行考察:

1978～1990年期间,四个区域第二产业就业比率按由高到低排序分别为东北地区(35.6%)、东部地区(24.2%)、中部地区(16.0%)、西部地区(12.7%)。对这期间四个区域第二产业就业比率的平稳性进行考察,东北地区的平稳性最高,波动系数仅为4.0%,而其余三个地区的平稳性相对较差(波动系数均在10%以上)。

1991～2000年期间,四个区域第二产业就业比率按由高到低排序分别为东北地区(32.1%)、东部地区(29.6%)、中部地区(20.9%)和西部地区(15.2%)。就这期间四个区域第二产业就业比率的平稳性进行比较而言,除了东北地区的平稳性相对较弱(波动系数为13.2%)外,其余三个地区的平稳性均较好(波动系数为3.7%、5.7%和4.9%)。

2001～2006年期间,四大区域中,东部地区(27.8%)取代东北地区,成为第二产业就业比率最高的地区;东北、中部、西部地区第二产业就业比例依次分别为20.6%、20.9%和13.2%。就这期间四大区域第二产业就业比率的平稳性进行比较而言,四个地区的平稳性均不强,其中波动系数最高者即东部地区的波动系数为31.1%,波动系数最低者即中部地区波动系数为27.1%。

三、区域之间第三产业就业比率的比较(如表3-3和图3-3所示)

1978～2006年期间,四大区域第三产业就业比率按由高到低排序分别为东北地区(26.2%)、东部地区(20.7%)、中部地区(17.8%)和西部地区(16.9%)。从这四个地区第三产业就业比率变化的平稳性来看,东北地区的平稳性相对较强(波动系数为21.6%),高于其他三个地区(波动系数均在35%以上)。

表3-3　四大区域第三产业就业比率比较

单位:%

年份	1978～1990			1991～2000			2001～2006			1978～2006		
区域	均值	标准差	波动系数	均值	标准差	波动系数	均值	标准差	波动系数	均值	标准差	波动系数
东北地区	22.3	2.1	9.6	29.0	2.6	8.8	30.0	9.1	30.2	26.2	5.6	21.6
东部地区	15.0	3.1	20.7	23.6	3.6	15.2	28.3	9.2	32.6	20.7	7.3	35.5

续表

年份	1978~1990			1991~2000			2001~2006			1978~2006		
区域	均值	标准差	波动系数	均值	标准差	波动系数	均值	标准差	波动系数	均值	标准差	波动系数
中部地区	12.6	2.6	20.5	20.8	3.2	15.4	24.2	6.8	28.2	17.8	6.2	35.0
西部地区	11.6	2.2	18.6	19.4	3.0	15.7	24.4	7.3	29.9	16.9	6.5	38.3

资料来源:作者根据《新中国五十五年统计资料汇编》、《中国统计年鉴》等资料中的原始数据分析整理、测算和自制而成。

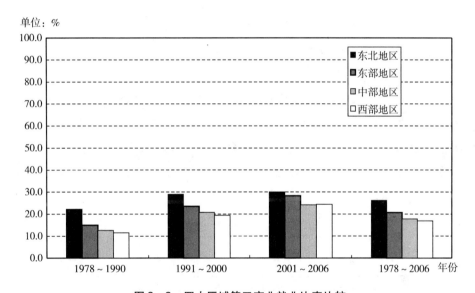

图3-3　四大区域第三产业就业比率比较

资料来源:作者根据《新中国五十五年统计资料汇编》、《中国统计年鉴》等资料中的原始数据分析整理、测算和自制而成。

分不同时期进行考察:

1978~1990 年期间,四大区域第三产业就业比率按由高到低排序分别为东北地区(22.3%)、东部地区(15.0%)、中部地区(12.6%)、西部地区(11.6%)。对这期间四大区域第三产业就业比率的平稳性进行考察,东北地区的平稳性相对较好(波动系数为 9.6%),其余三个地区的平稳性差异不大(波动系数在 18%~20%)。

1991～2000 年期间,四大区域第三产业就业比率按由高到低排序分别为东北地区(29.0%)、东部地区(23.6%)、中部地区(20.8%)和西部地区(19.4%)。就这期间四个区域第三产业就业比率的平稳性进行比较而言,东北地区的平稳性最高(波动系数为 8.8%),其余三个地区的平稳性差异不大(波动系数均在 15%左右)。

2001～2006 年期间,四大区域第三产业就业比率按由高到低排序分别为东北地区(30.0%)、东部地区(28.3%)、西部地区(24.4%)和中部地区(24.2%)。就这期间四大区域第三产业就业比率的平稳性进行比较而言,四个地区的平稳性均不是很好(波动系数大多为 30%左右)。

四、第二、三产业就业比率(指第二产业和第三产业就业比率的合计数)的区域比较(如表 3－4 和图 3－4 所示)

1978～2006 年期间,四大区域中,东北地区保持了最高的第二、三产业就业比率(57.5%),其次为东部地区(47.5%),再次为中部地区(36.0%),而西部地区最低(30.6%)。从这四个地区第二、三产业就业比率变化的平稳性来看,东北地区的平稳性(13.9%)最高,其他三个地区平稳性基本接近(东部、中部、西部波动系数分别为 25.3%、26.3%和 26.6%)。

表 3－4 四大区域第二、三产业就业比率比较

单位:%

年份 区域	1978～1990			1991～2000			2001～2006			1978～2006		
	均值	标准差	波动系数	均值	标准差	波动系数	均值	标准差	波动系数	均值	标准差	波动系数
东北地区	57.8	3.5	6.0	61.1	2.7	4.3	50.6	15.3	30.2	57.5	8.0	13.9
东部地区	39.2	7.5	19.2	53.2	3.8	7.1	56.1	17.8	31.8	47.5	12.0	25.3
中部地区	28.6	5.5	19.1	41.7	4.0	9.6	42.8	11.8	27.6	36.0	9.5	26.3
西部地区	24.2	3.7	15.4	34.6	3.5	10.1	37.6	11.0	29.2	30.6	8.1	26.6

资料来源:作者根据《新中国五十五年统计资料汇编》《中国统计年鉴》等资料中的原始数据分析整理、测算和自制而成。

单位：%

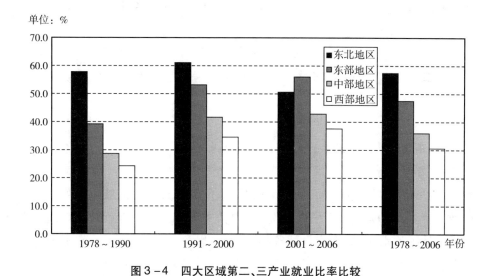

图3-4　四大区域第二、三产业就业比率比较

资料来源:作者根据《新中国五十五年统计资料汇编》、《中国统计年鉴》等资料中的原始数据分析整理、
　　　　测算和自制而成。

分不同时期进行考察:

1978～1990年期间,四大区域第二、三产业就业比率均值按由高到低排序
分别为东北地区(57.8%)、东部地区(39.2%)、中部地区(28.6%)、西部地区
(24.2%)。对这期间四个区域第二、三产业就业比率的平稳性进行考察,东部
地区的平稳性相对较高(波动系数为6.0%),其他地区平稳性次之,且差异不
大(波动系数分别为19.2%、19.1%和15.4%)。

1991～2000年期间,四大区域第二、三产业就业比率按由高到低排序分别为
东北地区(61.1%)、东部地区(53.2%)、中部地区(41.7%)和西部地区
(34.6%)。就这期间四个区域第二、三产业就业比率的平稳性进行比较而言,东
北地区的平稳性最高(波动系数为4.3%),东部(7.1%)和中部地区(9.6%)次
之,西部地区(10.1%)波动性最大。

2001～2006年期间,四大区域第二、三产业就业比率按由高到低排序分别
为东部地区(56.1%)、东北地区(50.6%)、中部地区(42.8%)、西部地区
(37.6%);可见,在此期间东部地区取代东北地区,成为第二、三产业就业比率
最高的地区。就这期间四大区域第二、三产业就业比率的平稳性进行比较而

言,四大区域的平稳性差异不大,其中中部地区的平稳性最高(波动系数为27.6%)。

第二节　区域内部省际三大产业就业比率的比较分析

一、东北区域内部三大产业就业比率差异考察

1. 第一产业

1978～2006年期间(如表3-5和图3-5所示),东北区域年均第一产业就业比率为40.0%。本区域3省份中有2个省年均第一产业就业比率高于本区域整体平均水平,分别为吉林省(46.0%)、黑龙江省(42.2%),有1个省即辽宁省(35.3%)低于本区域整体平均水平;其中第一产业就业比率最高的吉林省该指标相当于年均第一产业就业比率最低的辽宁省的1.30倍。

为了科学度量各省份对本区域内部产业就业比率不平衡状况影响的程度大小,本研究设定一个度量指标即变异系数,定义变异系数的计算方法如下:设SDP代表各省份在本考察期间各年产业就业比率对本期间本省份年均产业就业比率的标准差,并设ME代表本期间本区域产业就业比率年均值,而CV代表变异系数,则CV = SDP/ME。通过对一省份变异系数即CV值的大小的考察,可以观察出其对于本区域产业就业比率不平衡状况影响程度的大小。对于那些产业就业比率高于本区域整体平均水平的那些省市,其CV值越大,表明其对本区域产业就业比率不平衡状况的正影响越大;而对于那些产业就业比率低于本区域整体平均水平的那些省市,其变异系数值越大,则表明其对本区域产业就业比率不平衡状况的负影响越大。根据对在此期间本区域内各省份CV值的计算结果,可以看出各省对本区域整体第一产业就业比率不平衡状况的影响程度按由高到低排序如下:吉林(18.0%,正影响)、辽宁(14.5%,负影响)、黑龙江(11.4%,正影响)。由此可见,在此期间,东北区域3省份中,吉林和黑龙江对本区域第一产业就业比率不平衡状况分别有最大和次大的正影响,辽宁对本区域第一产业就业比率不平衡状况有唯一的负影响。

表3-5 区域内部省际第一产业就业比率差别情况

单位:%

年份	1978~1990			1991~2000			2001~2006			1978~2006		
	均值	标准差	变异系数	均值	标准差	变异系数	均值	标准差	变异系数	均值	标准差	变异系数
辽 宁	38.6	3.7	8.9	32.6	6.6	17.0	32.9	5.4	14.6	35.3	5.8	14.5
吉 林	46.9	5.5	13.0	46.9	8.1	20.9	42.7	5.9	16.0	46.0	7.2	18.0
黑龙江	43.4	1.6	3.7	40.6	3.7	9.6	42.4	6.2	16.9	42.2	4.6	11.4
东北地区	42.2	0.0	0.0	38.9	0.0	0.0	37.0	0.0	0.0	40.0	0.0	0.0
北 京	19.7	41.2	67.8	11.6	35.3	75.4	15.5	18.7	51.8	16.0	37.5	73.8
天 津	24.6	36.3	59.7	16.9	30.0	64.1	25.2	15.3	42.6	22.1	32.5	63.8
河 北	68.0	7.4	12.1	53.7	7.1	15.1	42.1	6.5	17.9	57.7	7.7	15.2
上 海	20.6	40.2	66.1	10.8	36.3	77.5	17.2	18.2	50.5	16.5	37.3	73.3
江 苏	59.2	3.0	4.9	47.9	1.4	3.0	37.4	1.8	5.0	50.8	2.5	4.9
浙 江	62.1	3.8	6.2	44.7	2.9	6.1	30.4	6.3	17.5	49.5	5.0	9.8
福 建	65.9	5.3	8.7	51.0	4.2	9.0	38.2	3.6	9.3	55.1	5.0	9.8
山 东	71.6	10.9	17.9	56.7	9.9	21.1	42.9	6.5	18.1	60.5	10.4	20.5
广 东	63.0	2.6	4.2	43.0	4.0	8.5	35.1	2.1	5.7	50.3	3.3	6.4
海 南	75.6	15.2	25.0	62.2	15.4	32.9	47.6	15.4	42.7	65.1	17.0	33.3
东部地区	60.8	0.0	0.0	46.8	0.0	0.0	36.1	0.0	0.0	50.9	0.0	0.0
山 西	54.6	17.0	23.8	46.1	12.7	21.7	39.9	6.0	13.4	48.6	14.5	23.7
安 徽	75.5	4.1	5.8	61.8	3.7	6.3	48.6	5.1	11.4	65.2	4.8	7.8
江 西	71.5	0.7	1.0	53.0	6.2	10.7	41.4	5.1	12.5	58.9	5.1	8.3
河 南	75.5	4.1	5.8	63.8	5.6	9.6	50.2	7.6	17.1	66.2	6.4	10.5
湖 北	67.2	4.4	6.2	53.3	5.3	9.1	44.7	5.0	11.2	57.7	5.4	8.8
湖 南	73.3	2.4	3.3	60.5	2.4	4.1	47.0	3.8	8.5	63.4	3.2	5.2
中部地区	71.4	0.0	0.0	58.3	0.0	0.0	44.5	0.0	0.0	61.3	0.0	0.0
重 庆	75.9	2.3	3.1	61.5	4.1	6.2	47.1	6.6	14.3	65.0	5.0	7.6
四 川	77.5	1.8	2.4	64.2	2.0	3.0	47.5	6.1	13.1	66.7	4.1	6.2

续表

年份	1978～1990			1991～2000			2001～2006			1978～2006		
	均值	标准差	变异系数	均值	标准差	变异系数	均值	标准差	变异系数	均值	标准差	变异系数
贵 州	80.0	4.6	6.0	73.3	8.0	12.3	61.1	16.4	35.4	73.8	11.6	17.5
云 南	82.0	6.4	8.5	76.6	11.3	17.3	55.9	13.0	27.9	74.8	11.4	17.2
西 藏	81.7	6.4	8.5	76.5	11.2	17.1	54.3	9.1	19.6	74.2	9.8	14.9
陕 西	67.9	8.0	10.5	60.3	5.2	8.0	45.1	5.3	11.4	60.5	7.1	10.8
甘 肃	76.2	3.4	4.5	63.9	1.9	2.8	50.3	6.7	14.5	66.6	4.9	7.3
青 海	64.2	11.6	15.4	56.8	8.9	13.5	47.4	4.7	10.1	58.2	10.1	15.3
宁 夏	66.7	9.1	12.0	59.8	6.0	9.1	44.4	6.6	14.2	59.7	8.3	12.6
新 疆	65.6	10.2	13.5	58.0	7.7	11.8	43.8	7.6	16.4	58.5	9.7	14.7
内蒙古	61.4	14.5	19.1	52.8	12.8	19.6	42.2	8.1	17.3	54.5	13.6	20.6
广 西	80.3	4.9	6.4	67.6	2.4	3.7	51.4	7.8	16.8	69.9	6.0	9.1
西部地区	75.7	0.0	0.0	65.4	0.0	0.0	46.5	0.0	0.0	66.1	0.0	0.0

资料来源:作者根据《新中国五十五年统计资料汇编》、《中国统计年鉴》等资料中的原始数据分析整理、
　　　测算和自制而成。

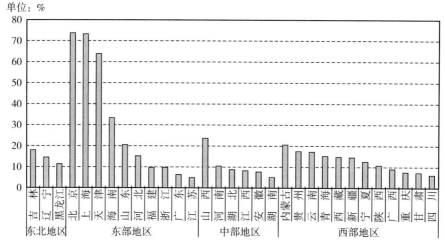

图3-5　各省市对本区域第一产业就业比率不平衡性的影响力比较(1978～2006年)

资料来源:作者根据《新中国五十五年统计资料汇编》、《中国统计年鉴》等资料中的原始数据分析整理、
　　　测算和自制而成。

1978～1990 年期间(如表 3-5 和图 3-6 所示),东北区域年均第一产业
就业比率为 42.2%。本区域 3 省份中有 2 个省年均第一产业就业比率高于本
区域整体平均水平,分别为吉林(46.9%)、黑龙江(43.4%);有 1 个省即辽宁
省年均第一产业就业比率(38.6%)低于本区域整体平均水平。其中第一产业
就业比率最高的吉林省该指标相当于年均第一产业就业比率最低的辽宁省的
1.22 倍。根据对本区域内在此期间各省份 CV 值的计算结果,可以看出各省份
对本区域整体第一产业就业比率不平衡状况的影响程度如下:吉林(13.0%,正影
响)、辽宁(8.9%,负影响)、黑龙江(3.7%,正影响)。由此可见,在此期间,东北
区域 3 省份中,吉林和黑龙江对东北第一产业就业比率不平衡状况分别有最大和
次大的正影响,辽宁对东北区域第一产业就业比率不平衡状况有唯一的负影响。

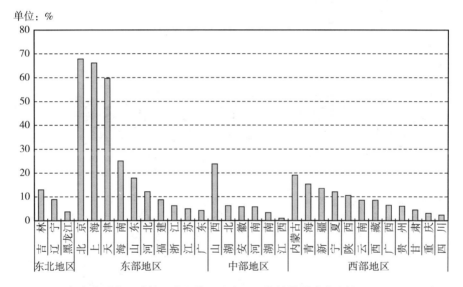

图 3-6　各省市对本区域第一产业就业比率不平衡性的影响力比较(1978～1990 年)
资料来源:作者根据《新中国五十五年统计资料汇编》、《中国统计年鉴》等资料中的原始数据分析整理、
　　　　测算和自制而成。

1991～2000 年期间(如表 3-5 和图 3-7 所示),东北区域整体年均第一
产业就业比率为 38.9%。本区域 3 省份中有 2 个省年均第一产业就业比率高
于本区域整体平均水平,分别为吉林(46.9%)、黑龙江(40.6%);有 1 个省即
辽宁省年均第一产业就业比率(32.6%)低于本区域整体平均水平;其中年均
第一产业就业比率最高的省份即吉林省,该指标为年均第一产业就业比率最低

的省即辽宁省的 1.44 倍。根据对在此期间本区域内各省份 CV 值的计算结
果,可以看出各省对本区域整体第一产业就业比率不平衡状况的影响程度按由
高到低排序如下:吉林(20.9%,正影响)、辽宁(17.0%,负影响)、黑龙江
(9.6%,正影响)。由此可见,在此期间,东北区域 3 省份中,吉林和黑龙江对
本区域第一产业就业比率不平衡状况分别有最大和次大的正影响,辽宁对本区
域第一产业就业比率不平衡状况有较大和唯一的负影响。

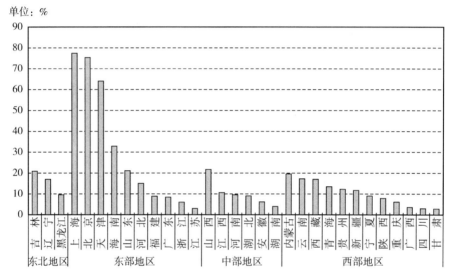

图 3 - 7　各省市对本区域第一产业就业比率不平衡性的影响力比较(1991～2000 年)
资料来源:作者根据《新中国五十五年统计资料汇编》《中国统计年鉴》等资料中的原始数据分析整理、
　　　　　测算和自制而成。

2001～2006 年期间(如表 3 - 5 和图 3 - 8 所示),东北区域整体年均第一
产业就业比率为 37.0%。本区域 3 省份中有 2 个省年均第一产业就业比率高
于本区域整体平均水平,分别为吉林(42.7%)、黑龙江(42.4%);有 1 个省即
辽宁省年均第一产业就业比率(32.9%)低于本区域整体平均水平;其中年均
第一产业就业比率最高的省份即吉林省该指标相当于年均第一产业就业比率
最低的省即辽宁省的 1.30 倍。根据对在此期间本区域内各省份 CV 值的计算
结果,可以看出各省对本区域整体第一产业就业比率不平衡状况的影响程度按
由高到低排序如下:黑龙江(16.9%,正影响)、吉林(16.0%,正影响)、辽宁
(14.6%,负影响)。由此可见,在此期间,东北区域 3 省份中,黑龙江和吉林对

本区域第一产业就业比率不平衡状况分别有第一大和次大的正影响,而辽宁对本区域第一产业就业比率不平衡状况有较大和唯一的负影响。

单位:%

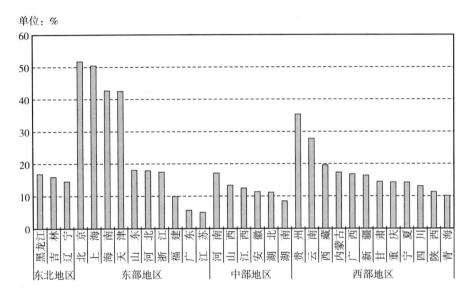

图3-8　各省市对本区域第一产业就业比率不平衡性的影响力比较(2001~2006年)
资料来源:作者根据《新中国五十五年统计资料汇编》、《中国统计年鉴》等资料中的原始数据分析整理、
　　　　测算和自制而成。

2. 第二产业

1978~2006年期间(如表3-6和图3-9所示),东北区域年均第二产业就业比率为31.3%。本区域3省份中有1个省即辽宁省(36.3%)年均第二产业就业比率高于本区域整体平均水平,有2个省低于本区域整体平均水平,分别为吉林省(26.1%)、黑龙江省(30.3%);其中第二产业就业比率最高的辽宁省该指标相当于年均第二产业就业比率最低的吉林省的1.39倍。根据对在此期间本区域内各省份CV值的计算结果,可以看出各省对本区域整体第二产业就业比率不平衡状况的影响程度按由高到低排序如下:吉林(20.7%,负影响)、辽宁(19.6%,正影响)、黑龙江(10.6%,负影响)。由此可见,在此期间,东北区域3省份中,辽宁对本区域第二产业就业比率不平衡状况有较大的和唯一的正影响,吉林和黑龙江对本区域第二产业就业比率不平衡状况分别有第一大和次大的负影响。

表 3 - 6　区域内部省际第二产业就业比率差别情况

单位:%

年份	1978~1990			1991~2000			2001~2006			1978~2006		
	均值	标准差	变异系数	均值	标准差	变异系数	均值	标准差	变异系数	均值	标准差	变异系数
辽　宁	39.5	4.0	11.4	37.3	5.3	16.6	27.7	7.2	34.9	36.3	6.1	19.6
吉　林	30.5	5.5	15.5	25.1	7.1	22.0	18.3	4.9	23.8	26.1	6.5	20.7
黑龙江	34.1	1.7	4.8	31.0	2.2	6.9	20.8	4.6	22.2	30.3	3.3	10.6
东北地区	35.6	0.0	0.0	32.1	0.0	0.0	20.6	0.0	0.0	31.3	0.0	0.0
北　京	43.5	19.5	80.6	39.7	10.7	36.3	29.6	7.0	25.3	39.3	15.6	58.3
天　津	50.1	26.3	108.8	47.3	17.8	60.2	42.0	12.8	45.9	47.5	22.6	84.4
河　北	18.7	5.6	23.1	26.1	3.9	13.0	28.2	6.0	21.5	23.2	5.8	21.7
上　海	53.8	29.6	122.5	52.4	23.4	79.0	39.3	10.7	38.3	50.3	25.8	96.4
江　苏	27.6	4.2	17.5	30.7	1.2	3.9	33.3	7.0	25.4	29.8	5.2	19.6
浙　江	27.0	3.5	14.6	32.7	3.5	11.8	40.3	12.0	43.3	31.7	8.0	29.9
福　建	17.6	6.8	28.1	23.5	6.2	20.9	28.4	6.3	22.7	21.9	7.2	26.7
山　东	17.1	7.2	29.8	24.1	5.5	18.9	27.3	6.1	22.0	21.5	7.1	26.4
广　东	20.1	4.3	17.8	31.6	2.3	7.8	31.8	8.5	30.6	26.5	6.1	22.9
海　南	8.2	16.3	67.5	10.8	18.8	63.6	9.9	15.1	54.3	9.4	18.6	69.2
东部地区	24.2	0.0	0.0	29.6	0.0	0.0	27.8	0.0	0.0	26.8	0.0	0.0
山西	26.5	10.7	66.8	28.8	8.3	39.5	25.3	6.3	33.7	27.0	9.7	53.4
安　徽	13.0	3.0	18.9	16.8	4.1	19.8	19.8	4.0	21.3	15.7	4.1	22.3
江　西	16.4	1.2	7.8	24.4	3.7	17.5	23.9	6.3	33.6	20.7	4.5	24.7
河　南	13.1	3.0	18.5	18.8	2.2	10.4	20.2	3.9	21.1	16.5	3.4	18.8
湖　北	18.2	2.4	14.8	21.0	0.9	4.2	20.2	3.9	21.0	19.8	2.9	16.1
湖　南	15.8	1.0	6.1	21.5	1.5	7.4	19.9	4.5	23.9	18.6	2.9	16.2
中部地区	16.0	0.0	0.0	20.9	0.0	0.0	20.9	0.0	0.0	18.2	0.0	0.0
重　庆	14.7	2.4	18.6	17.8	2.8	18.5	18.6	4.9	37.4	16.6	3.8	28.0
四　川	11.6	1.3	10.0	16.2	1.5	9.9	18.9	5.3	40.2	14.7	3.5	25.4

续表

年份	1978～1990			1991～2000			2001～2006			1978～2006		
	均值	标准差	变异系数	均值	标准差	变异系数	均值	标准差	变异系数	均值	标准差	变异系数
贵　州	10.7	2.2	17.3	12.5	3.2	21.0	7.3	5.2	39.5	10.6	4.0	29.4
云　南	9.1	3.7	28.8	10.0	5.2	34.6	9.3	4.0	30.0	9.4	4.7	34.7
西　藏	4.7	8.2	64.4	4.9	10.3	68.1	8.3	4.9	37.1	5.5	9.0	65.8
陕　西	18.3	5.7	45.1	18.5	3.6	23.8	17.7	4.3	32.6	18.3	5.2	38.4
甘　肃	12.4	1.3	10.0	18.2	3.3	22.0	17.0	4.8	36.3	15.4	3.7	26.8
青　海	18.6	6.0	47.0	16.1	2.3	15.4	15.7	3.6	27.3	17.1	4.9	35.8
宁　夏	17.9	5.4	42.3	18.7	3.6	23.6	21.0	6.7	50.9	18.8	5.9	43.5
新　疆	15.7	3.1	24.5	16.7	2.4	15.7	13.4	2.6	19.8	15.6	3.0	22.3
内蒙古	19.8	7.2	56.6	20.6	5.7	37.8	16.4	4.1	30.8	19.4	6.6	48.1
广　西	9.1	3.9	30.5	11.1	4.1	26.7	10.8	3.2	24.1	10.1	4.1	30.2
西部地区	12.7	0.0	0.0	15.2	0.0	0.0	13.2	0.0	0.0	13.6	0.0	0.0

资源来源:作者根据《新中国五十五年统计资料汇编》、《中国统计年鉴》等资料中的原始数据分析整理、
测算和自制而成。

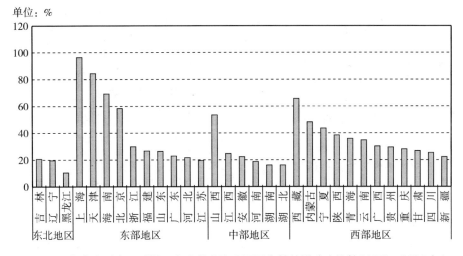

图3-9　各省市对本区域第二产业就业比率不平衡性的影响力比较(1978~2006年)

资料来源:作者根据《新中国五十五年统计资料汇编》、《中国统计年鉴》等资料中的原始数据分析整理、
测算和自制而成。

　　1978～1990 年期间(如表 3-6 和图 3-10 所示),东北区域年均第二产业就业比率为 35.6%。本区域 3 省份中有 1 个省即辽宁省(39.5%)年均第二产业就业比率高于本区域整体平均水平,有 2 个省低于本区域整体平均水平,分别为吉林省(30.5%)、黑龙江省(34.1%);其中第二产业就业比率最高的辽宁省该指标相当于年均第二产业就业比率最低的吉林省的 1.30 倍。根据对本区域内在此期间各省份 CV 值的计算结果,可以看出各省份对本区域整体第二产业就业比率不平衡状况的影响程度如下:吉林(15.5%,负影响)、辽宁(11.4%,正影响)、黑龙江(4.8%,负影响)。由此可见,在此期间,东北区域 3 省份中,辽宁对东北第二产业就业比率不平衡状况有较大和唯一的正影响,吉林和黑龙江对本区域第二产业就业比率不平衡状况分别有第一大和次大的负影响。

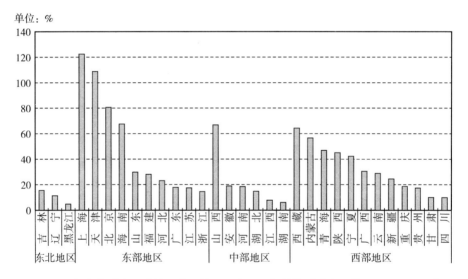

图 3-10　各省市对本区域第二产业就业比率不平衡性的影响力比较(1978～1990 年)

资料来源:作者根据《新中国五十五年统计资料汇编》、《中国统计年鉴》等资料中的原始数据分析整理、测算和自制而成。

　　1991～2000 年期间(如表 3-6 和图 3-11 所示),东北区域整体年均第二产业就业比率为 32.1%。本区域 3 省份中有 1 个省即辽宁省(37.3%)年均第二产业就业比率高于本区域整体平均水平,有 2 个省低于本区域整体平均水平,分别为吉林省(25.1%)、黑龙江省(31.0%);其中第二产业就业比率最高

的辽宁省该指标相当于年均第二产业就业比率最低的吉林省的1.49倍。根据
对在此期间本区域内各省份CV值的计算结果,可以看出各省对本区域整体第
二产业就业比率不平衡状况的影响程度按由高到低排序如下:吉林(22.0%,
负影响)、辽宁(16.6%,正影响)、黑龙江(6.9%,负影响)。由此可见,在此期
间,东北区域3省份中,辽宁对本区域第二产业就业比率不平衡状况有较大和
唯一的正影响,吉林、黑龙江对本区域第二产业就业比率不平衡状况分别有最
大和次大的负影响。

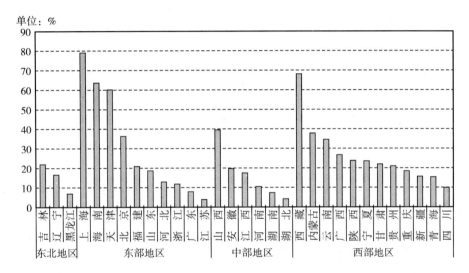

图3－11　各省市对本区域第二产业就业比率不平衡性的影响力比较(1991～2000年)
资料来源:作者根据《新中国五十五年统计资料汇编》、《中国统计年鉴》等资料中的原始数据分析整理、
　　　　测算和自制而成。

2001～2006年期间(如表3－6和图3－12所示),东北区域整体年均第二
产业就业比率为20.6%。本区域3省份中有2个省年均第二产业就业比率高
于本区域整体平均水平,分别为辽宁(27.7%)、黑龙江(20.8%);有1个省即
吉林省年均第二产业就业比率(18.3%)低于本区域整体平均水平;其中年均
第二产业就业比率最高的省份即辽宁省该指标相当于年均第二产业就业比率
最低的省即吉林省的1.51倍。根据对在此期间本区域内各省份CV值的计算
结果,可以看出各省对本区域整体第二产业就业比率不平衡状况的影响程度按
由高到低排序如下:辽宁(34.9%,正影响)、吉林(23.8%,负影响)、黑龙江

（22.2%）。由此可见,在此期间,东北区域3省份中,辽宁和黑龙江对本区域第二产业就业比率不平衡状况分别有最大和次大的正影响,吉林对本区域第二产业就业比率不平衡状况有较大和唯一的负影响。

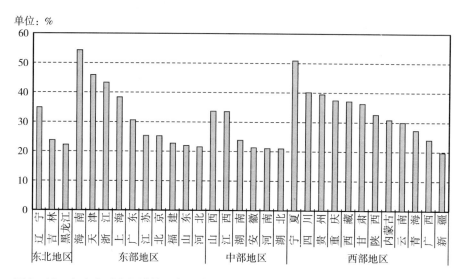

图3-12　各省市对本区域第二产业就业比率不平衡性的影响力比较（2001～2006年）
资料来源:作者根据《新中国五十五年统计资料汇编》、《中国统计年鉴》等资料中的原始数据分析整理、测算和自制而成。

3. 第三产业

1978～2006年期间（如表3-7和图3-13所示）,东北区域年均第三产业就业比率为26.2%。本区域3省份中有2个省年均第三产业就业比率高于本区域整体平均水平,分别为辽宁（27.9%）、吉林（26.7%）;有1个省即黑龙江省年均第三产业就业比率（26.0%）低于本区域整体平均水平;其中年均第三产业就业比率最高的省份即辽宁省该指标相当于年均第三产业就业比率最低的省即黑龙江省的1.07倍。根据对在此期间本区域内各省份CV值的计算结果,可以看出各省对本区域整体第三产业就业比率不平衡状况的影响程度按由高到低排序如下:辽宁（20.4%,正影响）、吉林（17.9%,正影响）、黑龙江（16.2%,负影响）。由此可见,在此期间,东北区域3省份中,辽宁和吉林对本区域第三产业就业比率不平衡状况分别有最大和次大的正影响,而黑龙江省对本区域第三产业就业比率不平衡状况有唯一的负影响。

表 3-7 区域内部省际第三产业就业比率差别情况

单位:%

年份	1978~1990			1991~2000			2001~2006			1978~2006		
	均值	标准差	变异系数	均值	标准差	变异系数	均值	标准差	变异系数	均值	标准差	变异系数
辽 宁	21.9	0.5	2.3	30.1	1.6	5.5	37.4	8.6	28.8	27.9	5.4	20.4
吉 林	22.6	1.0	4.3	28.0	1.3	4.4	33.3	7.5	25.0	26.7	4.7	17.9
黑龙江	22.5	0.5	2.2	28.4	1.8	6.2	29.6	6.7	22.3	26.0	4.2	16.2
东北地区	22.3	0.0	0.0	29.0	0.0	0.0	30.0	0.0	0.0	26.2	0.0	0.0
北 京	36.8	21.8	145.7	48.6	25.1	106.6	61.9	27.2	96.2	46.1	27.2	131.2
天 津	25.3	10.6	70.5	35.8	12.3	52.0	40.8	11.9	42.0	32.1	12.7	61.4
河 北	13.2	1.9	12.4	20.2	3.4	14.3	24.8	7.4	26.1	18.0	5.1	24.7
上 海	25.6	10.6	70.6	36.8	13.3	56.5	51.7	19.5	69.0	34.8	16.1	78.0
江 苏	13.3	1.9	12.6	21.4	2.2	9.5	31.2	6.6	23.4	19.8	4.4	21.5
浙 江	10.9	4.5	30.1	22.6	1.4	6.0	31.6	6.4	22.7	19.2	5.1	24.5
福 建	16.5	1.7	11.4	25.5	2.2	9.3	30.2	6.6	23.4	22.4	4.4	21.3
山 东	11.3	4.0	26.5	19.2	4.4	18.9	27.0	6.7	23.8	17.3	5.6	27.2
广 东	16.9	2.2	14.7	25.4	2.2	9.4	32.5	6.0	21.3	23.1	4.2	20.2
海 南	16.3	1.6	10.4	27.1	3.7	15.8	32.0	7.3	25.7	23.2	5.1	24.6
东部地区	15.0	0.0	0.0	23.6	0.0	0.0	28.3	0.0	0.0	20.7	0.0	0.0
山 西	18.9	6.4	50.8	25.1	4.5	21.8	29.8	6.7	27.7	23.3	6.6	37.2
安 徽	11.5	1.2	9.3	21.4	1.1	5.5	27.0	5.8	23.9	18.1	3.7	20.6
江 西	12.1	0.9	7.4	22.6	3.1	14.7	31.7	7.6	31.4	19.8	5.0	28.2
河 南	11.5	1.2	9.9	17.4	3.6	17.4	20.9	5.5	22.8	15.5	4.1	23.0
湖 北	14.6	2.1	16.2	25.1	4.7	22.7	33.8	8.5	35.2	22.2	6.1	34.2
湖 南	11.0	1.8	13.9	18.0	3.1	14.8	26.1	5.7	23.4	16.5	4.1	23.0
中部地区	12.6	0.0	0.0	20.8	0.0	0.0	24.2	0.0	0.0	17.8	0.0	0.0
重 庆	9.4	2.6	22.1	20.6	2.0	10.4	31.3	7.4	30.1	17.8	5.0	29.3
四 川	10.9	1.1	9.5	19.6	0.6	3.3	28.4	5.7	23.5	17.5	3.6	21.3

续表

年份	1978～1990			1991～2000			2001～2006			1978～2006		
	均值	标准差	变异系数	均值	标准差	变异系数	均值	标准差	变异系数	均值	标准差	变异系数
贵　州	9.2	2.6	22.2	14.3	5.7	29.3	20.8	6.6	27.0	13.4	5.6	33.1
云　南	8.9	2.8	24.1	13.4	6.1	31.5	19.1	6.6	26.9	12.6	5.8	34.2
西　藏	13.6	2.1	18.4	18.7	1.8	9.4	26.8	5.5	22.7	18.1	3.8	22.7
陕　西	13.8	2.3	19.9	21.2	2.0	10.3	30.2	7.5	30.6	19.8	5.0	29.4
甘　肃	11.4	2.4	20.7	17.9	1.8	9.5	24.6	4.3	17.5	16.4	3.3	19.4
青　海	17.3	6.0	51.9	27.1	7.8	40.3	31.1	7.4	30.4	23.5	7.8	45.9
宁　夏	15.5	4.0	35.0	21.5	2.6	13.2	27.6	5.8	23.9	20.0	4.8	28.3
新　疆	18.3	6.8	58.7	25.3	6.0	30.7	31.9	7.8	31.8	23.5	7.6	44.9
内蒙古	18.8	7.4	64.0	26.6	7.2	37.3	31.5	7.5	30.6	24.1	8.1	48.1
广　西	10.7	1.1	9.1	21.3	2.2	11.5	30.5	6.9	28.4	18.4	4.5	26.5
西部地区	11.6	0.0	0.0	19.4	0.0	0.0	24.4	0.0	0.0	16.9	0.0	0.0

资料来源:作者根据《新中国五十五年统计资料汇编》、《中国统计年鉴》等资料中的原始数据分析整理、测算和自制而成。

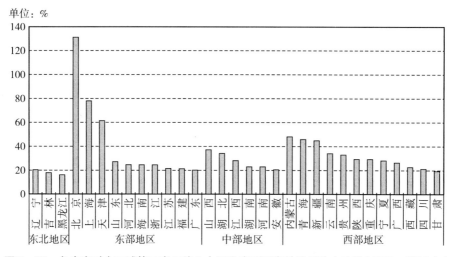

图3-13　各省市对本区域第三产业就业人员比率不平衡性的影响力比较(1978～2006年)

资料来源:作者根据《新中国五十五年统计资料汇编》、《中国统计年鉴》等资料中的原始数据分析整理、测算和自制而成。

　　1978～1990 年期间(如表 3－7 和图 3－14 所示),东北区域年均第三产业就业比率为 22.3%。本区域 3 省份中有 2 个省年均第三产业就业比率高于本区域整体平均水平,分别为吉林(22.6%)、黑龙江(22.5%);有 1 个省即辽宁省年均第三产业就业比率(21.9%)低于本区域整体平均水平;其中年均第三产业就业比率最高的省份即吉林省该指标相当于年均第三产业就业比率最低的省即辽宁省的 1.03 倍。根据对本区域内在此期间各省份 CV 值的计算结果,可以看出各省份对本区域整体第三产业就业比率不平衡状况的影响程度如下:吉林(4.3%,正影响)、辽宁(2.3%,负影响)、黑龙江(2.2%,正影响)。由此可见,在此期间,吉林、黑龙江对东北第三产业就业比率不平衡状况分别有第一大和次大的正影响,辽宁省对本区域第三产业不平衡状况有唯一的负影响。

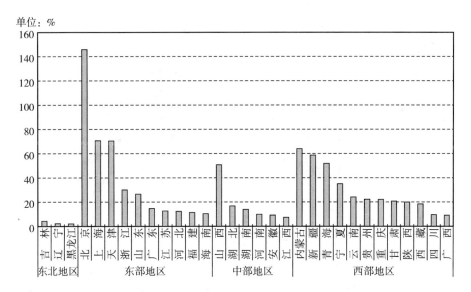

图 3－14　各省市对本区域第三产业就业比率不平衡性的影响力比较(1978～1990 年)
资料来源:作者根据《新中国五十五年统计资料汇编》、《中国统计年鉴》等资料中的原始数据分析整理、
　　　　测算和自制而成。

　　1991～2000 年期间(如表 3－7 和图 3－15 所示),东北区域整体年均第三产业就业比率为 29.0%。本区域 3 省份中有 1 个省即辽宁省(30.1%)年均第三产业就业比率高于本区域整体平均水平,有 2 个省低于本区域整体平均水平,分别为吉林省(28.0%)、黑龙江省(28.4%);其中第三产业就业比率最高的辽宁省该指标相当于年均第三产业就业比率最低的即吉林省的 1.08 倍。根

据对在此期间本区域内各省份 CV 值的计算结果,可以看出各省对本区域整体第三产业就业比率不平衡状况的影响程度按由高到低排序如下:黑龙江(6.2%,负影响)、辽宁(5.5%,正影响)、吉林(4.4%,负影响)。由此可见,在此期间,辽宁对东北区域第三产业就业比率不平衡状况有唯一的正影响,黑龙江和吉林对东北区域第三产业就业比率不平衡状况有最大和次大的负影响。

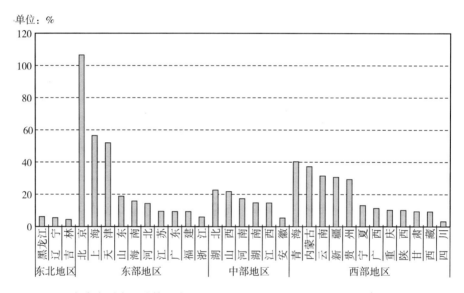

图 3 - 15　各省市对本区域第三产业就业比率不平衡性的影响力比较(1991～2000 年)

资料来源:作者根据《新中国五十五年统计资料汇编》、《中国统计年鉴》等资料中的原始数据分析整理、测算和自制而成。

2001～2006 年期间(如表 3 - 7 和图 3 - 16 所示),东北区域整体年均第三产业就业比率为 30.0%。本区域 3 省份中有 2 个省年均第三产业就业比率高于本区域整体平均水平,分别为辽宁(37.4%)、吉林(33.3%);有 1 个省即黑龙江省年均第三产业就业比率(29.6%)低于本区域整体平均水平;其中年均第三产业就业比率最高的省份即辽宁省该指标相当于年均第三产业就业比率最低的省即黑龙江省的 1.26 倍。根据对在此期间本区域内各省份 CV 值的计算结果,可以看出各省对本区域整体第三产业就业比率不平衡状况的影响程度按由高到低排序如下:辽宁(28.8%,正影响)、吉林(25.0%,正影响)、黑龙江(22.3%,负影响)。由此可见,在此期间,东北区域 3 省份中,辽宁和吉林第三产业就业状况对本区域第三产业就业比率不平衡状况分别有最大和次大的正影响,而黑龙江对本区域第三产业就业比率不平衡状况有唯一的负影响。

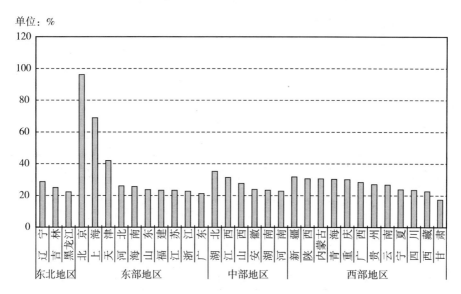

图3－16　各省市对本区域第三产业就业比率不平衡性的影响力比较(2001～2006年)

资料来源:作者根据《新中国五十五年统计资料汇编》、《中国统计年鉴》等资料中的原始数据分析整理、测算和自制而成。

4. 第二、三产业

1978～2006年期间(如表3－8和图3－17所示),东北区域年均第二和第三产业就业比率为57.5%。本区域3省份中有1个省即辽宁省(64.2%)年均第二和第三产业就业比率高于本区域整体平均水平,有2个省低于本区域整体平均水平,分别为吉林省(52.8%)、黑龙江省(56.3%);其中第二和第三产业就业比率最高的辽宁省该指标相当于年均第二和第三产业就业比率最低的吉林省的1.22倍。根据对在此期间本区域内各省份CV值的计算结果,可以看出各省对本区域整体第二和第三产业就业比率不平衡状况的影响程度按由高到低排序如下:辽宁(18.6%,正影响)、吉林(16.4%,负影响)、黑龙江(12.7%,负影响)。由此可见,在此期间,东北区域3省份中,辽宁对本区域第二和第三产业就业比率不平衡状况有较大和唯一的正影响,而吉林和黑龙江对本区域第二和第三产业就业比率不平衡状况有最大和次大的负影响。

表 3 - 8　区域内部省际第二、三产业就业比率差别情况

单位:%

年份	1978~1990			1991~2000			2001~2006			1978~2006		
	均值	标准差	变异系数	均值	标准差	变异系数	均值	标准差	变异系数	均值	标准差	变异系数
辽　宁	61.4	3.7	6.5	67.4	6.6	10.8	65.1	15.7	31.1	64.2	10.7	18.6
吉　林	53.1	5.5	9.4	53.1	8.1	13.3	51.6	11.6	23.0	52.8	9.4	16.4
黑龙江	56.6	1.5	2.7	59.4	3.7	6.1	50.4	11.2	22.2	56.3	7.3	12.7
东北地区	57.8	0.0	0.0	61.1	0.0	0.0	50.6	0.0	0.0	57.5	0.0	0.0
北　京	80.3	41.2	105.2	88.4	35.3	66.5	91.5	30.3	54.0	85.4	40.3	84.7
天　津	75.4	36.3	92.5	83.1	30.0	56.5	82.8	24.6	43.8	79.6	34.5	72.6
河　北	32.0	7.4	18.8	46.3	7.1	13.3	53.0	12.9	23.1	41.3	10.3	21.7
上　海	79.4	40.2	102.6	89.2	36.3	68.3	91.1	29.9	53.3	85.2	40.0	84.1
江　苏	40.8	3.0	7.7	52.1	1.4	2.7	64.5	13.3	23.7	49.6	8.4	17.7
浙　江	37.9	3.8	9.6	55.3	2.9	5.4	72.0	17.8	31.8	51.0	11.3	23.8
福　建	34.1	5.3	13.5	49.0	4.2	7.9	58.6	12.8	22.8	44.3	9.0	18.9
山　东	28.4	10.9	27.4	43.3	9.9	18.6	54.3	12.8	22.7	38.9	12.4	26.1
广　东	37.0	2.6	6.6	57.0	4.0	7.5	64.3	14.1	25.2	49.5	9.1	19.2
海　南	24.4	15.2	38.9	37.8	15.4	29.0	41.9	16.8	30.0	32.7	17.4	36.7
东部地区	39.2	0.0	0.0	53.2	0.0	0.0	56.1	0.0	0.0	47.5	0.0	0.0
山　西	45.4	17.0	59.4	53.9	12.7	30.4	55.1	12.8	29.9	50.3	16.1	44.7
安　徽	24.5	4.1	14.5	38.2	3.7	8.8	46.8	9.5	22.3	33.8	6.9	19.0
江　西	28.5	0.7	2.5	47.0	6.2	15.0	55.6	13.8	32.2	40.5	9.2	25.6
河　南	24.5	4.1	14.4	36.2	5.6	13.5	41.0	8.7	20.2	32.0	6.9	19.2
湖　北	32.8	4.4	15.4	46.7	5.3	12.8	54.0	11.5	27.0	42.0	8.3	23.1
湖　南	26.7	2.4	8.3	39.5	2.4	5.7	46.0	9.8	23.0	35.1	6.4	17.7
中部地区	28.6	0.0	0.0	41.7	0.0	0.0	42.8	0.0	0.0	36.0	0.0	0.0
重　庆	24.1	2.4	9.7	38.5	4.1	11.8	49.9	12.0	32.0	34.4	7.9	25.8
四　川	22.5	1.8	7.3	35.8	2.0	5.7	47.3	10.8	28.7	32.2	6.8	22.2

续表

年份	1978～1990			1991～2000			2001～2006			1978～2006		
	均值	标准差	变异系数	均值	标准差	变异系数	均值	标准差	变异系数	均值	标准差	变异系数
贵　州	20.0	4.6	18.8	26.7	8.0	23.3	28.1	11.1	29.6	24.0	8.9	29.2
云　南	18.0	6.4	26.5	23.4	11.3	32.7	28.4	10.4	27.8	22.0	10.4	33.9
西　藏	18.3	6.4	26.5	23.5	11.2	32.3	35.1	8.5	22.7	23.6	9.7	31.6
陕　西	32.1	8.0	33.0	39.7	5.2	15.1	47.9	11.6	30.7	38.0	9.5	31.1
甘　肃	23.8	3.4	14.0	36.1	1.9	5.4	41.8	8.1	21.7	31.7	5.6	18.3
青　海	35.8	11.6	48.0	43.2	8.9	25.7	46.7	10.9	28.9	40.6	11.8	38.5
宁　夏	33.3	9.1	37.7	40.2	6.0	17.2	48.4	11.7	31.0	38.8	10.2	33.3
新　疆	34.0	9.8	40.4	42.0	7.7	22.3	45.3	9.8	26.0	39.1	10.2	33.3
内蒙古	38.6	14.5	59.7	47.2	12.8	37.1	47.9	11.4	30.3	43.5	14.5	47.4
广　西	19.7	4.8	20.0	32.4	2.4	6.9	41.3	8.2	21.8	28.6	6.2	20.2
西部地区	24.2	0.0	0.0	34.6	0.0	0.0	37.6	0.0	0.0	30.6	0.0	0.0

资料来源:作者根据《新中国五十五年统计资料汇编》、《中国统计年鉴》等资料中的原始数据分析整理、测算和自制而成。

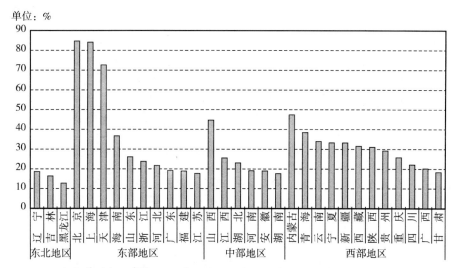

图3－17　各省市对本区域第二、三产业就业比率不平衡性的影响力比较(1978～2006年)

资料来源:作者根据《新中国五十五年统计资料汇编》、《中国统计年鉴》等资料中的原始数据分析整理、测算和自制而成。

1978～1990年期间(如表3－8和图3－18所示),东北区域年均第二和第三产业就业比率为57.8%。本区域3省份中有1个省即辽宁省(61.4%)年均第二和第三产业就业比率高于本区域整体平均水平,有2个省低于本区域整体平均水平,分别为吉林省(53.1%)、黑龙江省(56.6%);其中第二和第三产业就业比率最高的辽宁省该指标相当于年均第三产业就业比率最低的吉林省的1.16倍。根据对本区域内在此期间各省份CV值的计算结果,可以看出各省份对本区域整体第二和第三产业就业比率不平衡状况的影响程度如下:吉林(9.4%,负影响)、辽宁(6.5%,正影响)、黑龙江(2.7%,负影响)。由此可见,在此期间,辽宁对本区域第二和第三产业就业比率不平衡状况有唯一的正影响,而吉林和黑龙江对本区域第二和第三产业就业比率不平衡状况有最大和次大的负影响。

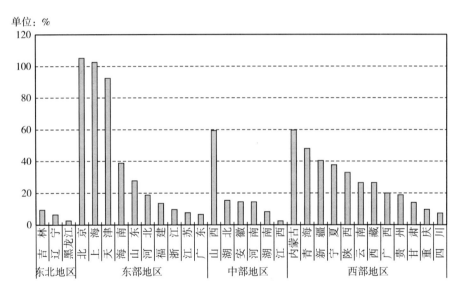

图3－18　各省市对本区域第二、三产业就业比率不平衡性的影响力比较(1978～1990年)
资料来源:作者根据《新中国五十五年统计资料汇编》、《中国统计年鉴》等资料中的原始数据分析整理、测算和自制而成。

1991～2000年期间(如表3－8和图3－19所示),东北区域整体年均第二和第三产业就业比率为61.1%。本区域3省份中有1个省即辽宁省(67.4%)年均第二和第三产业就业比率高于本区域整体平均水平,有2个省低于本区域整体平均水平,分别为吉林省(53.1%)、黑龙江省(59.4%);其中第二和第三产业就业比率最高的辽宁省该指标相当于年均第二和第三产业就业比率最低的吉林省的1.27倍。根据对在此期间本区域内各省份 CV 值的计算结果,可以看出各省对本区域整体第二和第三产业就业比率不平衡状况的影响程度按由高到低排序如下:吉林(13.3%,负影响)、辽宁(10.8%,正影响)、黑龙江(6.1%,负影响)。由此可见,在此期间,东北区域3省份中,辽宁对本区域第二和第三产业就业比率不平衡状况有唯一的正影响,而吉林和黑龙江对本区域第二和第三产业就业比率不平衡状况有最大和次大的负影响;这一特点与前一期间的特点基本相同。

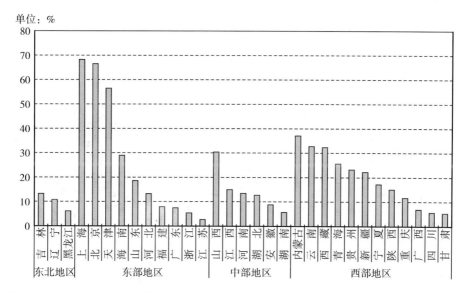

图 3 - 19　各省市对本区域第二、三产业就业比率不平衡性的影响力比较(1991~2000 年)
资料来源:作者根据《新中国五十五年统计资料汇编》、《中国统计年鉴》等资料中的原始数据分析整理、
　　　　　测算和自制而成。

　　2001~2006 年期间(如表 3 - 8 和图 3 - 20 所示),东北区域整体年均第二和第三产业就业比率为50.6%。本区域3省份中有2个省年均第二和第三产业就业比率高于本区域整体平均水平,分别为辽宁(65.1%)、吉林(51.6%);有1个省即黑龙江省年均第二和第三产业就业比率(50.4%)低于本区域整体平均水平;其中年均第二和第三产业就业比率最高的省份即辽宁省该指标相当

于年均第二和第三产业就业比率最低的省即黑龙江省的 1.29 倍。根据对在此
期间本区域内各省份 CV 值的计算结果,可以看出各省对本区域整体第二和第
三产业就业比率不平衡状况的影响程度按由高到低排序如下:辽宁(31.1%,
正影响)、吉林(23.0%,正影响)、黑龙江(22.2%,负影响)。由此可见,在此期
间,东北区域 3 省份中,辽宁和吉林对本区域第三产业就业比率不平衡状况分
别有最大和次大的正影响,而黑龙江对本区域第二和第三产业就业比率不平衡
状况有唯一的负影响。

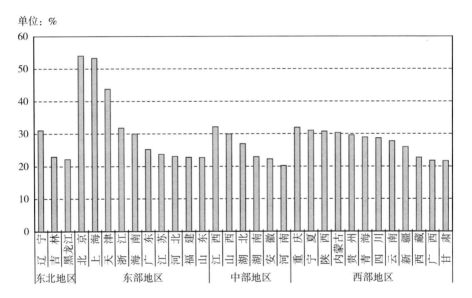

图 3-20 各省市对本区域第二、三产业就业比率不平衡性的影响力比较(2001~2006 年)
资料来源:作者根据《新中国五十五年统计资料汇编》、《中国统计年鉴》等资料中的原始数据分析整理、
　　　　测算和自制而成。

二、东部区域内部三大产业就业比率差异考察

1. 第一产业

1978~2006 年期间(如表 3-5 和图 3-5 所示),东部区域年均第一产业
就业比率为 50.9%。本区域 10 个省市中有 4 个省市年均第一产业就业比率高
于本区域平均水平,分别为河北、福建、山东、海南;有 6 个省市低于本区域平均
水平,分别为北京、天津、上海、江苏、浙江、广东;其中年均第一产业就业比率最
高的省份即海南省年均第一产业就业比率达 65.1%,而同期年均第一产业就

业比率最低的省份即北京市第一产业就业比率仅 16.0%,前者相当于后者的
4.07 倍。

对本区域各省市 CV 值按由高到低依次排列分别为:北京(73.8%,负影
响)、上海(73.3%,负影响)、天津(63.8%,负影响)、海南(33.3%,正影响)、山
东(20.5%,正影响)、河北(15.2%,正影响)、浙江(9.8%,负影响)、福建
(9.8%,正影响)、广东(6.4%,负影响)、江苏(4.9%,负影响)。由此可见,在
此完整考察期间,东部区域中,海南、山东、河北对东部区域第一产业就业比率
不平衡状况分别有第一、第二和第三大的正影响,而北京、上海、天津对东部区
域第一产业就业比率不平衡状况分别有第一、第二和第三大的负影响。

1978~1990 年期间(如表 3-5 和图 3-6 所示),东部区域年均第一产业
就业比率为 60.8%。本区域 10 个省市中有 6 个省市年均第一产业就业比率高
于本区域平均水平,分别为河北(68%)、浙江(62.1%)、福建(65.9%)、山东
(71.6%)、广东(63.0%)、海南(75.6%);有 4 个省市低于本区域平均水平,分
别为北京(19.7%)、天津(24.6%)、上海(20.6%)、江苏(59.2%);其中年均
第一产业就业比率最高的省份即海南省年均第一产业就业比率相当于同期年
均第一产业就业比率最低的省份即北京市年均第一产业就业比率的 3.84 倍。
根据对此期间本区域内部各省市对本区域整体年均第一产业就业比率的偏离
度的 CV 值的计算,各省市对本区域第一产业就业比率不平衡状况影响程度按
由高到低排序为:北京(67.8%,负影响)、上海(66.1%,负影响)、天津
(59.7%,负影响)、海南(25.0%,正影响)、山东(17.9%,正影响)、河北
(12.1%,正影响)、福建(8.7%,正影响)、浙江(6.2%,正影响)、江苏(4.9%,
负影响)、广东(4.2%,正影响)。由此可见,在此期间,东部区域中,海南、山
东、河北对东部区域第一产业就业比率不平衡状况分别有第一、第二和第三大
的正影响,而北京、上海、天津对东部区域第一产业就业比率不平衡状况分别有
第一、第二和第三大的负影响。

1991~2000 年期间(如表 3-5 和图 3-7 所示),东部区域整体年均第一
产业就业比率为 46.8%。本区域 10 个省市中有 5 个省市年均第一产业就业比
率高于本区域平均水平,分别为河北(53.7%)、江苏(47.9%)、福建(51.0%)、
山东(56.7%)、海南(62.2%);有 5 个省市低于本区域整体平均水平,分别为
北京(11.6%)、天津(16.9%)、上海(10.8%)、浙江(44.7%)、广东(43.0%);

其中年均第一产业就业比率最高的省份即海南省年均第一产业就业比率相当于同期年均第一产业就业比率最低的省份即上海市年均第一产业就业比率的5.76倍。根据对此期间本区域内部各省市对本区域整体年均第一产业就业比率的偏离度的CV值的计算,各省市对本区域第一产业就业比率不平衡状况影响程度按由高到低依次排列为:上海(77.5%,负影响)、北京(75.4%,负影响)、天津(64.1%,负影响)、海南(32.9%,正影响)、山东(21.1%,正影响)、河北(15.1%,正影响)、福建(9.0%,正影响)、广东(8.5%,负影响)、浙江(6.1%,负影响)、江苏(3.0%,正影响)。由此可见,在此期间,东部区域中,海南、山东、河北对东部区域第一产业就业比率不平衡状况分别有第一、第二和第三大的正影响,与前一子期间即1978～1990年期间时的情况相比较,可以看出,在东部区域中对整个区域第一产业就业比率不平衡状况产生最大正影响的仍然依次为该3个省市;而上海、北京、天津对东部区域第一产业就业比率不平衡状况分别有第一、第二和第三大的负影响,此种情况与前一子期间即1978～1990年期间的情况相比较,可以看出,此时对整个区域第一产业就业比率不平衡状况产生最大负影响的3个省市仍然是上海、北京、天津3个市,但此时上海和北京的相对位次发生了交替。

2001～2006年期间(如表3-5和图3-8所示),东部区域整体年均第一产业就业比率为36.1%。本区域10个省市中有5个省市高于本区域平均水平,分别为河北(42.1%)、江苏(37.4%)、福建(38.2%)、山东(42.9%)、海南(47.6%);有5个省市低于本区域水平,分别为北京(15.5%)、天津(25.2%)、上海(17.2%)、浙江(30.4%)、广东(35.1%);其中年均第一产业就业比率最高的省份即海南省年均第一产业就业比率相当于年均第一产业就业比率最低的省份即北京市年均第一产业就业比率的3.07倍。根据对各省市CV值的计算结果,可以看出各省市对本区域第一产业就业比率不平衡程度的影响情况按由高到低排序如下:北京(51.8%,负影响)、上海(50.5%,负影响)、海南(42.7%,正影响)、天津(42.6%,负影响)、山东(18.1%,正影响)、河北(17.9%,正影响)、浙江(17.5%,负影响)、福建(9.9%,正影响)、广东(5.7%,负影响)、江苏(5.0%,正影响)。由此可见,在此期间,东部区域中,海南、山东、河北对东部区域第一产业就业比率不平衡状况分别有第一、第二和第三大的正影响,这一情况与前一个子期间即1991～2000年期间时的情况相同;而北京、上海、天津对东部区域第一产业就业比率不平衡状况分别有第一、第二和第三大的负影响,与前一子期间即 1991~2000 年期间时的情况相比,此时对整个区域第一产业就业比率不平衡状况产生最大负影响的三个省市仍然是北京、上海、天津 3 个市,但此时上海和北京的相对位次发生了交替。

2. 第二产业

1978~2006 年期间(如表 3-6 和图 3-9 所示),东部区域年均第二产业就业比率为 26.8%。本区域 10 个省市中有 5 个省市年均第二产业就业比率高于本区域平均水平,分别为北京、天津、上海、江苏、浙江;有 5 个省市低于本区域平均水平,分别为河北、福建、山东、广东、海南;其中年均第二产业就业比率最高的省份即上海市年均第二产业就业比率达 50.3%,而同期年均第二产业就业比率最低的省份即海南省年均第二产业就业比率仅 9.4%,前者相当于后者的 5.35 倍。

对本区域各省市 CV 值按由高到低依次排列为:上海(96.4%,正影响)、天津(84.4%,正影响)、海南(69.2%,负影响)、北京(58.3%,正影响)、浙江(29.9%,正影响)、福建(26.7%,负影响)、山东(26.4%,负影响)、广东(22.9%,负影响)、河北(21.7%,负影响)、江苏(19.6%,正影响)。由此可见,在此完整考察期间,东部区域中,上海、天津、北京对东部区域第二产业就业比率不平衡状况分别有第一、第二和第三大的正影响,而海南、福建、山东对东部区域第二产业就业比率不平衡状况分别有第一、第二和第三大的负影响。

1978~1990 年期间(如表 3-6 和图 3-10 所示),东部区域年均第二产业就业比率为 24.2%。本区域 10 个省市中有 5 个省市年均第二产业就业比率高于本区域平均水平,分别为北京(43.5%)、天津(50.1%)、上海(53.8%)、江苏(27.6%)、浙江(27.0%);有 5 个省市低于本区域平均水平,分别为河北(18.7%)、福建(17.6%)、山东(17.1%)、广东(20.1%)、海南(8.2%);其中年均第二产业就业比率最高的省份即上海市年均第二产业就业比率相当于同期年均第二产业就业比率最低的省份即海南省年均第二产业就业比率的 6.56 倍。根据对此期间本区域内部各省市对本区域整体年均第二产业就业比率的偏离度的 CV 值的计算,各省市对本区域第二产业就业比率不平衡状况的影响程度按由高到低排序为:上海(122.5%,正影响)、天津(108.5%,正影响)、北京(80.6%,正影响)、海南(67.5%,负影响)、山东(29.8%,负影响)、福建(28.1%,负影响)、河北(23.1%,负影响)、广东(17.8%,负影响)、江苏(17.5%,正影响)、浙江(14.6%,正影响)。由此可见,在此期间,东部区域中,上海、天津、北京对东部区域第二产业就业比率不平衡状况分别有第一、第二和第三大的正影响,而海南、山东、福建对东部区域第二产业就业比率不平衡状况分别有第一、第二和第三大的负影响。

1991~2000 年期间(如表3-6 和图3-11 所示),东部区域整体年均第二产业就业比率为29.6%。本区域10 个省市中有6 个省市年均第二产业就业比率高于本区域平均水平,分别为北京(39.7%)、天津(47.3%)、上海(52.4%)、江苏(30.7%)、浙江(32.7%)、广东(31.6%);有4 个省市低于本区域整体平均水平,分别为河北(26.1%)、福建(23.5%)、山东(24.1%)、海南(10.8%);其中年均第二产业就业比率最高的省份即上海市年均第二产业就业比率相当于同期年均第二产业就业比率最低的省份即海南省年均第二产业就业比率的4.85 倍。根据对此期间本区域内部各省市对本区域整体年均第二产业就业比率的偏离度的 CV 值的计算,各省市对本区域第二产业就业比率不平衡状况影响程度按由高到低依次排列分别为:上海(79.0%,正影响)、海南(63.6%,负影响)、天津(60.2%,正影响)、北京(36.3%,正影响)、福建(20.9%,负影响)、山东(18.7%,负影响)、河北(13.0%,负影响)、浙江(11.8%,正影响)、广东(7.8%,正影响)、江苏(3.9%,正影响)。由此可见,在此期间,东部区域中,上海、天津、北京对东部区域第二产业就业比率不平衡状况分别有第一、第二和第三大的正影响,与前一子期间即 1978~1990 年期间时的情况相比较,可以看出,在东部区域中对整个区域第二产业就业比率不平衡状况产生最大正影响的仍然依次为该 3 个省市;而海南、福建、山东对东部区域第二产业就业比率不平衡状况分别有第一、第二和第三大的负影响,此种情况与前一子期间即 1978~1990 年期间的情况相比较,可以看出,此时对整个区域第二产业就业比率不平衡状况产生最大负影响的三个省市仍然是海南、福建、山东三个省市,但此时福建和山东的相对位次发生了交替。

2001~2006 年期间(如表3-6 和图3-12 所示),东部区域整体年均第二产业就业比率为27.8%。本区域10 个省市中有8 个省市高于本区域平均水平,分别为北京(29.6%)、天津(42.0%)、河北(28.2%)、上海(39.3%)、江苏(33.3%)、浙江(40.3%)、福建(28.4%)、广东(31.8%);有2 个省市低于本区域水平,分别为山东(27.3%)、海南(9.9%);其中年均第二产业就业比率最高的省份即天津市年均第二产业就业比率相当于年均第二产业就业比率最低的省份即海南省年均第二产业就业比率的4.24倍。根据对各省市CV值的计算结果,可以看出各省市对本区域第二产业就业比率不平衡程度的影响情况按由高到低排序如下:海南(54.3%,负影响)、天津(45.9%,正影响)、浙江(43.3%,正影响)、上海(38.3%,正影响)、广东(30.6%,正影响)、江苏(25.4%,正影响)、北京(25.3%,正影响)、福建(22.7%,正影响)、山东(22.0%,负影响)、河北(21.5%,正影响)。由此可见,在此期间,东部区域中,天津、浙江、上海对东部区域第二产业就业比率不平衡状况分别有第一、第二和第三大的正影响,这一情况与前一个子期间即1991~2000年期间时的情况不相同,浙江首次进入前三位取代北京,天津首次列为第一;而海南、福建、山东对东部区域第二产业就业比率不平衡状况分别有第一、第二和第三大的负影响,与前一子期间即1991~2000年期间时的情况相比完全相同。

3. 第三产业

1978~2006年期间(如表3-7和图3-13所示),东部区域年均第三产业就业比率为20.7%。本区域10个省市中有6个省市年均第三产业就业比率高于本区域平均水平,分别为北京、天津、上海、福建、广东、海南;有4个省市低于本区域平均水平,分别为河北、江苏、浙江、山东;其中年均第三产业就业比率最高的省份即北京市年均第三产业就业比率达46.1%,而同期年均第三产业就业比率最低的省份即山东省第三产业就业比率仅17.3%,前者相当于后者的2.66倍。

对本区域各省市CV值按由高到低依次排列为:北京(131.2%,正影响)、上海(78.0%,正影响)、天津(61.4%,正影响)、山东(27.2%,负影响)、河北(24.7%,负影响)、海南(24.6%,正影响)、浙江(24.5%,负影响)、江苏(21.5%,负影响)、福建(21.3%,正影响)、广东(20.2%,正影响)。由此可见,在此完整考察期间,东部区域中,北京、上海、天津对东部区域第三产业就业比率不平衡状况分别有第一、第二和第三大的正影响,而山东、河北、浙江对东部区域第三产业就业比率不平衡状况分别有第一、第二和第三大的负影响。

1978~1990年期间(如表3-7和图3-14所示),东部区域年均第三产业就业比率为15.0%。本区域10个省市中有6个省市年均第三产业就业比率高于本区域平均水平,分别为北京(36.8%)、天津(25.3%)、上海(25.6%)、福建(16.5%)、广东(16.9%)、海南(16.3%);有4个省市低于本区域平均水平,分别为河北(13.2%)、江苏(13.3%)、浙江(10.9%)、山东(11.3%);其中年均第三产业就业比率最高的省份即北京市年均第三产业就业比率相当于同期年均第三产业就业比率最低的省份即浙江省年均第三产业就业比率的3.38倍。根据对此期间本区域内部各省市对本区域整体年均第三产业就业比率的偏离度的CV值的计算,各省市对本区域第三产业就业比率不平衡状况的影响程度按由高到低排序为:北京(145.7%,正影响)、上海(70.6%,正影响)、天津(70.5%,正影响)、浙江(30.1%,负影响)、山东(26.5%,负影响)、广东(14.7%,正影响)、江苏(12.6%,负影响)、河北(12.4%,负影响)、福建(11.4%,正影响)、海南(10.4%,正影响)。由此可见,在此期间,东部区域中,北京、上海、天津对东部区域第三产业就业比率不平衡状况分别有第一、第二和第三大的正影响,而浙江、山东、江苏对东部区域第三产业就业比率不平衡状况分别有第一、第二和第三大的负影响。

1991~2000年期间(如表3-7和图3-15所示),东部区域整体年均第三产业就业比率为23.6%。本区域10个省市中有6个省市年均第三产业就业比率高于本区域平均水平,分别为北京(48.6%)、天津(35.8%)、上海(36.8%)、福建(25.5%)、广东(25.4%)、海南(27.1%);有4个省市低于本区域整体平均水平,分别为河北(20.2%)、江苏(21.4%)、浙江(22.6%)、山东(19.2%);其中年均第三产业就业比率最高的省份即北京市年均第三产业就业比率相当于同期年均第三产业就业比率最低的省份即山东省年均第三产业就业比率的2.53倍。根据对此期间本区域内部各省市对本区域整体年均第三产业就业比率的偏离度的CV值的计算,各省市对本区域第三产业就业比率不平衡状况的影响程度按由高到低依次排列为:北京(106.6%,正影响)、上海(56.5%,正影响)、天津(52.0%,正影响)、山东(18.9%,负影响)、海南(15.8%,正影响)、河北(14.3%,负影响)、江苏(9.5%,负影响)、广东(9.4%,正影响)、福建(9.3%,正影响)、浙江(6.0%,负影响)。由此可见,在此期间,东部区域中,北京、上海、天津对东部区域第三产业就业比率不平衡状况分别有第一、第二和第三大的正影响,与前一子期间即1978~1990年期间时的情况相比较,可以看出,在东部区域中对整个区域第三产业就业比率不平衡状况产生最大正影响的仍然依次为该 3 个省市;而山东、河北、江苏对东部区域第三产业就业比率不平衡状况分别有第一、第二和第三大的负影响,此种情况与前一子期间即 1978 ~ 1990年期间的情况相比较,可以看出,此时对整个区域第三产业就业比率不平衡状况产生最大负影响的变成了山东省,浙江省不在前三位,河北省跃居第二。

2001 ~ 2006 年期间(如表 3 - 7 和图 3 - 16 所示),东部区域整体年均第三产业就业比率为 28.3%。本区域 10 个省市中有 8 个省市高于本区域平均水平,分别为北京(61.9%)、天津(40.8%)、上海(51.7%)、江苏(31.2%)、浙江(31.6%)、福建(30.2%)、广东(32.5%)、海南(32.0%);有 2 个省市低于本区域水平,分别为河北(24.8%)、山东(27.0%);其中年均第三产业就业比率最高的省份即北京市年均第三产业就业比率相当于年均第三产业就业比率最低的省份河北省年均第三产业就业比率的 2.50 倍。根据对各省市 CV 值的计算结果,可以看出各省市对本区域第三产业就业比率不平衡程度的影响情况按由高到低排序如下:北京(96.2%,正影响)、上海(69.0%,正影响)、天津(42.0%,正影响)、河北(26.1%,负影响)、海南(25.7%,正影响)、山东(23.8%,负影响)、福建(23.4%,正影响)、江苏(23.4%,正影响)、浙江(22.7%,正影响)、广东(21.3%,正影响)。由此可见,在此期间,东部区域中,北京、上海、天津对东部区域第三产业就业比率不平衡状况分别有第一、第二和第三大的正影响,这一情况与前一个子期间即 1991 ~ 2000 年期间时的情况相同;而河北、山东对东部区域第三产业就业比率不平衡状况分别有第一、第二大的负影响,与前一子期间即 1991 ~ 2000 年期间时的情况相比,江苏不在此列,河北和山东排名对换。

4. 第二、三产业(合计数)

1978 ~ 2006 年期间(如表 3 - 8 和图 3 - 17 所示),东部区域年均第二、第三产业就业比率为 47.5%。本区域 10 个省市中有 6 个省市年均第二、第三产业就业比率高于本区域平均水平,分别为北京、天津、上海、江苏、浙江、广东;有 4 个省市低于本区域平均水平,分别为河北、福建、山东、海南;其中年均第二、第三产业就业比率最高的省份即北京市年均第三产业就业比率达 85.4%,而同期年均第二、第三产业就业比率最低的省份即海南省第三产业就业比率仅32.7%,前者相当于后者的 2.61 倍。

对本区域各省市 CV 值按由高到低依次排列为:北京(84.7%,正影响)、上海(84.1%,正影响)、天津(72.6%,正影响)、海南(36.7%,负影响)、山东(26.1%,负影响)、浙江(23.8%,正影响)、河北(21.7%,负影响)、广东(19.2%,正影响)、福建(18.9%,负影响)、江苏(17.7%,正影响)。由此可见,在此完整考察期间,东部区域中,北京、上海、天津对东部区域第二、第三产业就业比率不平衡状况分别有第一、第二和第三大的正影响,而海南、山东、河北对东部区域第二、第三产业就业比率不平衡状况分别有第一、第二和第三大的负影响。

1978~1990年期间(如表3-8和图3-18所示),东部区域年均第二、第三产业就业比率为39.2%。本区域10个省市中有4个省市年均第二、第三产业就业比率高于本区域平均水平,分别为北京(80.3%)、天津(75.4%)、上海(79.4%)、江苏(40.8%);有6个省市低于本区域平均水平,分别为河北(32.0%)、浙江(37.9%)、福建(34.1%)、山东(28.4%)、广东(37.0%)、海南(24.4%);其中年均第二、第三产业就业比率最高的省份即北京市年均第二、第三产业就业比率相当于同期年均第二、第三产业就业比率最低的省份即海南省年均第二、第三产业就业比率的3.29倍。根据对此期间本区域内部各省市对本区域整体年均第二、第三产业就业比率的偏离度的CV值的计算,各省市对本区域第二、第三产业就业比率不平衡状况的影响程度按由高到低排序分别为:北京(105.2%,正影响)、上海(102.6%,正影响)、天津(92.5%,正影响)、海南(38.9%,负影响)、山东(27.8%,负影响)、河北(18.8%,负影响)、福建(13.5%,负影响)、浙江(9.6%,负影响)、江苏(7.7%,正影响)、广东(6.6%,负影响)。由此可见,在此期间,东部区域中,北京、上海、天津对东部区域第二、第三产业就业比率不平衡状况分别有第一、第二和第三大的正影响,而海南、山东、河北对东部区域第二、第三产业就业比率不平衡状况分别有第一、第二和第三大的负影响。

1991~2000年期间(如表3-8和图3-19所示),东部区域整体年均第二、第三产业就业比率为53.2%。本区域10个省市中有5个省市年均第二、第三产业就业比率高于本区域平均水平,分别为北京(88.4%)、天津(83.1%)、上海(89.2%)、浙江(55.3%)、广东(57.0%);有5个省市低于本区域整体平均水平,分别为河北(46.3%)、江苏(52.1%)、福建(49.0%)、山东(43.3%)、海南(37.8%);其中年均第二、第三产业就业比率最高的省份即上海市年均第二、第三产业就业比率相当于同期年均第二、第三产业就业比率最低的省份即海南省年均第三产业就业比率的 2.36 倍。根据对此期间本区域内部各省市对本区域整体年均第二、第三产业就业比率的偏离度的 CV 值的计算,各省市对本区域第二、第三产业就业比率不平衡状况的影响程度按由高到低依次排列为:上海(68.3%,正影响)、北京(66.5%,正影响)、天津(56.5%,正影响)、海南(29.0%,负影响)、山东(18.6%,负影响)、河北(13.3%,负影响)、福建(7.9%,负影响)、广东(7.5%,正影响)、浙江(5.4%,正影响)、江苏(2.7%,负影响)。由此可见,在此期间,东部区域中,上海、北京、天津对东部区域第二、第三产业就业比率不平衡状况分别有第一、第二和第三大的正影响,与前一子期间即 1978~1990 年期间时的情况相比较,可以看出,在东部区域中对整个区域第二、第三产业就业比率不平衡状况产生最大正影响的仍然依次为该三个省市,但上海和北京的排名发生交换;而海南、山东、河北对东部区域第二、第三产业就业比率不平衡状况分别有第一、第二和第三大的负影响,此种情况与前一子期间即 1978~1990 年期间的情况完全相同。

　　2001~2006 年期间(如表 3-8 和图 3-20 所示),东部区域整体年均第二、第三产业就业比率为 56.1%。本区域 10 个省市中有 7 个省市高于本区域平均水平,分别为北京(91.5%)、天津(82.8%)、上海(91.1%)、江苏(64.5%)、浙江(72.0%)、福建(58.6%)、广东(64.3%);有 3 个省市低于本区域水平,分别为河北(53.0%)、山东(54.3%)、海南(41.9%);其中年均第二、第三产业就业比率最高的省份即北京市年均第二、第三产业就业比率相当于年均第二、第三产业就业比率最低的省份海南省年均第二、第三产业就业比率的 2.18 倍。根据对各省市 CV 值的计算结果,可以看出各省市对本区域第二、第三产业就业比率不平衡程度的影响情况按由高到低排序如下:北京(54.0%,正影响)、上海(53.3%,正影响)、天津(43.8%,正影响)、浙江(31.8%,正影响)、海南(30.0%,负影响)、广东(25.2%,正影响)、江苏(23.7%,正影响)、河北(23.1%,负影响)、福建(22.8%,正影响)、山东(22.7%,负影响)。由此可见,在此期间,东部区域中,北京、上海、天津对东部区域第二、第三产业就业比率不平衡状况分别有第一、第二和第三大的正影响,这一情况与前一个子期间即 1991~2000 年期间时的情况相比可以看出,在东部区域中对整个区域第二、第三产业就业比率不平衡状况产生最大正影响的仍然依次为该三个省市,但上海和北京的排名发生交换;而海南、河北、山东对东部区域第二、第三产业就业比率不平衡状况分别有第一、第二和第三大的负影响,与前一子期间即1991~2000年期间时的情况相比,在东部区域中对整个区域第二、第三产业就业比率不平衡状况产生最大负影响的仍然依次为该三个省市,但山东和河北的排名发生交换。

三、中部区域内部三大产业就业比率差异考察

1. 第一产业

1978~2006年期间(如表3-5和图3-5所示),中部区域第一产业就业比率为61.3%。本区域6省份中有3个省年均第一产业就业比率高于本区域整体平均水平,分别为安徽(65.2%)、河南(66.2%)、湖南(63.4%);有3个省年均第一产业就业比率低于本区域整体平均水平,分别为山西(48.6%)、江西(58.9%)、湖北(57.7%);其中年均第一产业就业比率最高的河南省年均第一产业就业比率相当于第一产业就业比率最低的省即山西省的1.36倍。根据对本区域内在此期间各省份CV值的计算结果,可以看出各省份对本区域整体第一产业就业比率不平衡状况的影响程度按由高到低排序如下:山西(23.7%,负影响)、河南(10.5%,正影响)、湖北(8.8%,负影响)、江西(8.3%,负影响)、安徽(7.8%,正影响)、湖南(5.2%,正影响)。由此可见,在此期间,中部区域6省份中,河南、安徽、湖南对中部区域第一产业就业比率不平衡状况分别有第一、第二和第三大的正影响,而山西、湖北、江西对中部区域第一产业就业比率不平衡状况分别有第一、第二和第三大的负影响。

1978~1990年期间(如表3-5和图3-6所示),中部区域年均第一产业就业比率为71.4%。本区域6省份中有4个省年均第一产业就业比率高于本区域整体平均水平,分别为安徽(75.5%)、江西(71.5%)、河南(75.5%)、湖南(73.3%);而有2个省年均第一产业就业比率低于本区域整体平均水平,分别为山西(54.6%)、湖北(67.2%);其中年均第一产业就业比率最高的安徽和河南省年均第一产业就业比率相当于年均第一产业就业比率最低的省即山西省的1.38倍。根据对本区域内在此期间各省份CV值的计算结果,可以看出各省份对本区域整体第一产业就业比率不平衡状况的影响程度按由高到低排序如下:山西(23.8%,负影响)、湖北(6.2%,负影响)、安徽(5.8%,正影响)、河南(5.8%,正影响)、湖南(3.3%,正影响)、江西(1.0%,正影响)。由此可见,在此期间,中部区域6省份中,安徽和河南对中部区域第一产业就业比率不平衡状况有第一大且同等程度的正影响,而山西和湖北对中部区域第一产业就业比率不平衡状况有分别有第一和第二大的负影响,江西的第一产业就业比率基本与本区域整体平均水平相同。

1991～2000年期间(如表3-5和图3-7所示),中部区域年均第一产业就业比率为58.3%。本区域6省份中有半数的省份即3个省年均第一产业就业比率高于本区域整体平均水平,分别为安徽(61.8%)、河南(63.8%)、湖南(60.5%);另有半数的省份年均第一产业就业比率低于本区域整体平均水平,分别为山西(46.1%)、江西(53.0%)、湖北(53.3%);其中年均第一产业就业比率最高的河南省年均第一产业就业比率相当于年均第一产业就业比率最低的省即山西省的1.38倍。根据对本区域内在此期间各省份CV值的计算结果,可以看出各省份对本区域整体第一产业就业比率不平衡状况的影响程度按由高到低排序如下:山西(21.7%,负影响)、江西(10.7%,负影响)、河南(9.6%,正影响)、湖北(9.1%,负影响)、安徽(6.3%,正影响)、湖南(4.1%,正影响)。由此可见,在此期间,中部区域6省份中,河南省对中部区域第一产业就业比率不平衡状况有最大的正影响,而山西省对中部区域年均第一产业就业比率不平衡状况有最大的负影响。

2001～2006年期间(如表3-5和图3-8所示),中部区域年均第一产业就业比率为44.5%。本区域6省份中有4个省年均第一产业就业比率高于本区域整体平均水平,分别为安徽(48.6%)、河南(50.2%)、湖北(44.7%)、湖南(47.0%);另有2个省份年均第一产业就业比率低于本区域整体平均水平,分别为山西(39.9%)、江西(41.4%);其中年均第一产业就业比率最高的河南省年均第一产业就业比率相当于年均第一产业就业比率最低的省即山西省的1.26倍。根据对本区域内在此期间各省份CV值的计算结果,可以看出各省份对本区域整体第一产业就业比率不平衡状况的影响程度按由高到低排序如下:河南(17.1%,正影响)、山西(13.4%,负影响)、江西(12.5%,负影响)、安徽(11.4%,正影响)、湖北(11.2%,正影响)、湖南(8.5%,正影响)。由此可见,在此期间,中部区域6省份中,河南、安徽、湖北对中部区域第一产业就业比率不平衡状况分别有第一、第二和第三大的正影响,而山西和江西对中部区域年均第一产业就业比率不平衡状况有第一和第二大的负影响。

2. 第二产业

1978~2006年期间(如表3-6和图3-9所示),中部区域第二产业就业
比率为18.2%。本区域6省份中有4个省年均第二产业就业比率高于本区域
整体平均水平,分别为山西(27.0%)、江西(20.7%)、湖北(19.8%)、湖南
(18.6%);有2个省年均第二产业就业比率低于本区域整体平均水平,分别为
安徽(15.7%)、河南(16.5%);其中年均第二产业就业比率最高的山西省年均
第二产业就业比率相当于年均第二产业就业比率最低的省即安徽省的1.72
倍。根据对本区域内在此期间各省份CV值的计算结果,可以看出各省份对本
区域整体第二产业就业比率不平衡状况的影响程度按由高到低排序如下:山西
(53.4%,正影响)、江西(24.7%,正影响)、安徽(22.3%,负影响)、河南
(18.8%,负影响)、湖南(16.2%,正影响)、湖北(16.1%,正影响)。由此可见,
在此期间,中部区域6省份中,山西、江西对中部区域第二产业就业比率不平衡
状况分别有第一和第二大的正影响,仅安徽和河南两个省对中部区域第二产业
就业比率不平衡状况有负影响。

1978~1990年期间(如表3-6和图3-10所示),中部区域年均第二产业
就业比率为16.0%。本区域6省份中有3个省年均第二产业就业比率高于本
区域整体平均水平,分别为山西(26.5%)、江西(16.4%)、湖北(18.2%);而有
3个省年均第二产业就业比率低于本区域整体平均水平,分别为安徽
(13.0%)、河南(13.1%)、湖南(15.8%);其中年均第二产业就业比率最高的
山西省年均第二产业就业比率相当于年均第二产业就业比率最低的省即安徽
省的2.04倍。根据对本区域内在此期间各省份CV值的计算结果,可以看出
各省份对本区域整体第二产业就业比率不平衡状况的影响程度按由高到低排
序如下:山西(66.8%,正影响)、安徽(18.9%,负影响)、河南(18.5%,负影
响)、湖北(14.8%,正影响)、江西(7.8%,正影响)、湖南(6.1%,负影响)。由
此可见,在此期间,中部区域6省份中,山西和湖北对中部区域第二产业就业比
率不平衡状况分别有第一和第二大的正影响,而安徽和河南对中部区域第二产
业就业比率不平衡状况分别有第一和第二大的负影响。

1991~2000年期间(如表3-6和图3-11所示),中部区域年均第二产业
就业比率为20.9%。本区域6省份中有4个省年均第二产业就业比率高于本
区域整体平均水平,分别为山西(28.8%)、江西(24.4%)、湖北(21.6%)、湖南

(21.5%)；另有2个省年均第二产业就业比率低于本区域整体平均水平,分别为安徽(16.8%)、河南(18.8%)；其中年均第二产业就业比率最高的山西省年均第二产业就业比率相当于年均第二产业就业比率最低的省即安徽省的1.71倍。根据对本区域内在此期间各省份CV值的计算结果,可以看出各省份对本区域整体第二产业就业比率不平衡状况的影响程度按由高到低排序如下:山西(39.5%,正影响)、安徽(19.8%,负影响)、江西(17.5%,正影响)、河南(10.4%,负影响)、湖南(7.4%,正影响)、湖北(4.2%,正影响)。由此可见,在此期间,中部区域6省份中,山西和江西对中部区域第二产业就业比率不平衡状况分别有第一和第二大的正影响,安徽和河南对中部区域年均第二产业就业比率不平衡状况分别有最大和次大的负影响。

2001～2006年期间(如表3-6和图3-10所示),中部区域年均第二产业就业比率为20.9%。本区域6省份中有2个省份年均第二产业就业比率高于本区域整体平均水平,分别为山西(25.3%)、江西(23.9%)；另有4个省份低于本区域整体平均水平,分别为河南(20.2%)、湖北(20.2%)、湖南(19.9%)、安徽(19.8%)。其中年均第二产业就业比率最高的山西省年均第二产业就业比率相当于第二产业就业比率最低的省即安徽省的1.28倍。根据对本区域内在此期间各省份CV值的计算结果,可以看出各省份对本区域整体第二产业就业比率不平衡状况的影响程度按由高到低排序如下:山西(33.7%,正影响)、江西(33.6%,正影响)、湖南(23.9%,负影响)、安徽(21.3%,负影响)、河南(21.1%,负影响)、湖北(21.0%,负影响)。由此可见,在此期间,中部区域六省份中,山西、江西对本区域第二产业就业比率不平衡状况分别有第一和第二大的正影响,安徽、湖南对本区域第二产业就业比率不平衡状况分别有第一和第二大的负影响。

3. 第三产业

1978～2006年期间(如表3-7和图3-13所示),中部区域第三产业就业比率为17.8%。本区域6省份中有4个省年均第三产业就业比率高于本区域整体平均水平,分别为山西(23.3%)、安徽(18.1%)、江西(19.8%)、湖北(22.2%)；有2个省年均第三产业就业比率低于本区域整体平均水平,分别为湖南(16.5%)、河南(15.5%)；其中年均第三产业就业比率最高的山西省年均第三产业就业比率相当于年均第三产业就业比率最低的省即河南省的1.50

倍。根据对本区域内在此期间各省份 CV 值的计算结果,可以看出各省份对本区域整体第三产业就业比率不平衡状况的影响程度按由高到低排序如下:山西(37.2%,正影响)、湖北(34.2%,正影响)、江西(28.2%,正影响)、河南(23.0%,负影响)、湖南(23.0%,负影响)、安徽(20.6%,正影响)。由此可见,在此期间,中部区域 6 省份中,山西、湖北和江西对中部区域第三产业就业比率不平衡状况分别有第一、第二和第三大的正影响,而河南和湖南两个省对中部区域第三产业就业比率不平衡状况有同等程度的负影响。

1978~1990 年期间(如表 3-7 和图 3-14 所示),中部区域年均第三产业就业比率为 12.6%。本区域 6 省份中有 2 个省年均第三产业就业比率高于本区域整体平均水平,分别为山西(18.9%)、湖北(14.6%);而有 4 个省年均第三产业就业比率低于本区域整体平均水平,分别为安徽(11.5%)、江西(12.1%)、河南(11.5%)、湖南(11.0%);其中年均第三产业就业比率最高的山西省年均第三产业就业比率相当于年均第三产业就业比率最低的省即湖南省的 1.72 倍。根据对本区域内在此期间各省份 CV 值的计算结果,可以看出各省份对本区域整体第三产业就业比率不平衡状况的影响程度按由高到低排序如下:山西(50.8%,正影响)、湖北(16.8%,正影响)、湖南(13.9%,负影响)、河南(9.9%,负影响)、安徽(9.3%,负影响)、江西(7.4%,负影响)。由此可见,在此期间,中部区域 6 省份中,山西和湖北对中部区域第三产业就业比率不平衡状况分别有第一和第二大的正影响,而湖南、河南和安徽对中部区域第三产业就业比率不平衡状况分别有第一、第二和第三大的负影响。

1991~2000 年期间(如表 3-7 和图 3-15 所示),中部区域年均第三产业就业比率为 20.8%。本区域 6 省份中有 4 个省年均第三产业就业比率高于本区域整体平均水平,分别为山西(25.1%)、安徽(21.4%)、江西(22.6%)、湖北(25.1%);另有 2 个省年均第三产业就业比率低于本区域整体平均水平,分别为湖南(18.0%)、河南(17.4%);其中年均第三产业就业比率最高的山西和湖北年均第三产业就业比率相当于年均第三产业就业比率最低的省即河南的 1.44 倍。根据对本区域内在此期间各省份 CV 值的计算结果,可以看出各省份对本区域整体第三产业就业比率不平衡状况的影响程度按由高到低排序如下:湖北(22.7%,正影响)、山西(21.8%,正影响)、河南(17.4%,负影响)、湖南(14.8%,负影响)、江西(14.7%,正影响)、安徽(5.5%,正影响)。由此可见,在此期间,中部区域6省份中,湖北和山西对中部区域第三产业就业比率不平衡状况分别有第一和第二大的正影响,河南和湖南对中部区域年均第三产业就业比率不平衡状况有最大和次大的负影响。

2001～2006年期间(如表3－7和图3－16所示),中部区域年均第三产业就业比率为24.2%。本区域6省份中有5个省份年均第三产业就业比率均高于本区域整体平均水平,分别为山西(29.8%)、安徽(27.0%)、江西(31.7%)、湖北(33.8%)、湖南(26.1%);另外1个省份河南省(20.9%)低于本区域整体平均水平。其中年均第三产业就业比率最高的山西省年均第三产业就业比率相当于年均第三产业就业比率最低的省即河南省的1.43倍。根据对本区域内在此期间各省份CV值的计算结果,可以看出各省份对本区域整体第三产业就业比率不平衡状况的影响程度按由高到低排序如下:湖北(35.2%,正影响)、江西(31.4%,正影响)、山西(27.7%,正影响)、安徽(23.9%,正影响)、湖南(23.4%,正影响)、河南(22.8%,负影响)。由此可见,在此期间,中部区域6省份中,湖北、江西和山西对本区域第三产业就业比率不平衡状况有第一、第二和第三大正影响,河南对本区域第三产业就业比率不平衡状况有唯一的负影响。

4. 第二和第三产业

1978～2006年期间(如表3－8和图3－17所示),中部区域第二、第三产业就业比率为36.0%。本区域6省份中有一半年均第二、第三产业就业比率高于本区域整体平均水平,分别为山西(50.3%)、江西(40.5%)、湖北(42.0%);另有一半年均第二、第三产业就业比率低于本区域整体平均水平,分别为安徽(33.8%)、河南(32.0%)、湖南(35.1%);其中年均第二、第三产业就业比率最高的山西省年均第二、第三产业就业比率相当于年均第二、第三产业就业比率最低的省即河南省的1.57倍。根据对本区域内在此期间各省份CV值的计算结果,可以看出各省份对本区域整体第二、第三产业就业比率不平衡状况的影响程度按由高到低排序如下:山西(44.7%,正影响)、江西(25.6%,正影响)、湖北(23.1%,正影响)、河南(19.2%,负影响)、安徽(19.0%,负影响)、湖南(17.7%,负影响)。由此可见,在此期间,中部区域6省份中,山西和江西对中部区域第二、第三产业就业比率不平衡状况分别有第一和第二大的正影响,而河南和安徽两个省对中部区域第二、第三产业就业比率不平衡状况分别有第一和第二大的负影响。

1978~1990 年期间(如表 3 - 8 和图 3 - 18 所示),中部区域年均第二、第三产业就业比率为 28.6%。本区域 6 省份中有 2 个省年均第二、第三产业就业比率高于本区域整体平均水平,分别为山西(45.4%)、湖北(32.8%);而有 4 个省年均第二、第三产业就业比率低于本区域整体平均水平,分别为安徽(24.5%)、江西(28.5%)、河南(24.5%)、湖南(26.7%);其中年均第二、第三产业就业比率最高的山西省年均第二、第三产业就业比率相当于年均第二、第三产业就业比率最低的省即安徽和河南的 1.85 倍。根据对本区域内在此期间各省份 CV 值的计算结果,可以看出各省份对本区域整体第二、第三产业就业比率不平衡状况的影响程度按由高到低排序如下:山西(59.4%,正影响)、湖北(15.4%,正影响)、安徽(14.5%,负影响)、河南(14.4%,负影响)、湖南(8.3%,负影响)、江西(2.5%,负影响)。由此可见,在此期间,中部区域 6 省份中,仅山西和湖北对中部区域第二、第三产业就业比率不平衡状况有正影响,其中山西省的变异系数高达 59.4%,为全区域最高;而安徽和河南对中部区域第二、第三产业就业比率不平衡状况分别有第一和第二大的负影响,江西的第二、第三产业就业比率接近于本区域整体平均水平。

1991~2000 年期间(如表 3 - 8 和图 3 - 19 所示),中部区域年均第二、第三产业就业比率为 41.7%。本区域 6 省份中有一半年均第二、第三产业就业比率高于本区域整体平均水平,分别为山西(53.9%)、江西(47.0%)、湖北(46.7%);另一半年均第二、第三产业就业比率低于本区域整体平均水平,分别为安徽(38.2%)、河南(36.2%)、湖南(39.5%);其中年均第二、第三产业就业比率最高的山西和湖北省年均第二、第三产业就业比率相当于年均第二、第三产业就业比率最低的省即河南省的 1.49 倍。根据对本区域内在此期间各省份 CV 值的计算结果,可以看出各省份对本区域整体第二、第三产业就业比率不平衡状况的影响程度按由高到低排序如下:山西(30.4%,正影响)、江西(15.0%,正影响)、河南(13.5%,负影响)、湖北(12.8%,正影响)、安徽(8.8%,负影响)、湖南(5.7%,负影响)。由此可见,在此期间,中部区域 6 省份中,山西和江西对中部区域第二、第三产业就业比率不平衡状况有第一和第二大的正影响,而河南和安徽对中部区域第二、第三产业就业比率不平衡状况有第一和第二大的负影响。

2001-2006 年期间(如表 3 - 8 和图 3 - 20 所示),中部区域年均第二、第三产业就业比率为42.8%。本区域6省份中有5个省年均第二、第三产业就业比率均高于本区域整体平均水平,分别为山西(55.1%)、安徽(46.8%)、江西(55.6%)、湖北(54.0%)、湖南(46.0%);另外1个省份河南省(41.0%)低于本区域整体平均水平。其中年均第二、第三产业就业比率最高的江西省年均第二、第三产业就业比率相当于年均第二、第三产业就业比率最低的省即河南省的1.36倍。根据对本区域内在此期间各省份CV值的计算结果,可以看出各省份对本区域整体第二、第三产业就业比率不平衡状况的影响程度按由高到低排序如下:江西(32.2%,正影响)、山西(29.9%,正影响)、湖北(27.0%,正影响)、湖南(23.0%,正影响)、安徽(22.3%,正影响)、河南(20.2%,负影响)。由此可见,在此期间,中部区域6省份中,江西、山西和湖北对本区域第二、第三产业就业比率不平衡状况分别有第一、第二和第三大正影响,仅河南对本区域第二、第三产业就业比率不平衡状况有负影响。

四、西部区域内部三大产业就业比率差异考察

1. 第一产业

1978～2006年期间(如表3－5和图3－5所示),西部区域年均第一产业就业比率为66.1%。本区域12省份中有一半年均第一产业就业比率高于本区域整体平均水平,分别为四川(66.7%)、贵州(73.8%)、云南(74.8%)、西藏(74.2%)、甘肃(66.6%)、广西(69.9%);另一半年均第一产业就业比率低于本区域整体平均水平,分别为重庆(65.0%)、陕西(60.5%)、青海(58.2%)、宁夏(59.7%)、新疆(58.5%)、内蒙古(54.5%);其中年均第一产业就业比率最高的云南省年均第一产业就业比率相当于年均第一产业就业比率最低的省即内蒙古省的1.37倍。根据对本区域内在此期间各省份CV值的计算结果,可以看出各省份对本区域整体第一产业就业比率不平衡状况的影响程度按由高到低排序如下:内蒙古(20.6%,负影响)、贵州(17.5%,正影响)、云南(17.2%,正影响)、青海(15.3%,负影响)、西藏(14.9%,正影响)、新疆(14.7%,负影响)、宁夏(12.6%,负影响)、陕西(10.8%,负影响)、广西(9.1%,正影响)、重庆(7.6%、负影响)、甘肃(7.3%,正影响)、四川(6.2%,正影响)。由此可见,在此期间,西部区域12省份中,贵州、云南、西藏对西部区域第一产业就业比率不平衡状况分别有第一、第二和第三大的正影响,而内蒙古、

青海、新疆对西部区域第一产业就业比率不平衡状况有第一、第二和第三大的负影响。

1978~1990年期间(如表3-5和图3-6所示),西部区域年均第一产业就业比率为75.7%。本区域12省份中有7个省年均第一产业就业比率高于本区域整体平均水平,分别为重庆(75.9%)、四川(77.5%)、贵州(80.0%)、云南(82.0%)、西藏(81.7%)、甘肃(76.2%)、广西(80.3%);有5个省年均第一产业就业比率低于本区域整体平均水平,分别为陕西(67.9%)、青海(64.2%)、宁夏(66.7%)、新疆(65.6%)、内蒙古(61.4%);其中年均第一产业就业比率最高的云南省年均第一产业就业比率相当于年均第一产业就业比率最低的省即内蒙古的1.34倍。根据对本区域内在此期间各省份CV值的计算结果,可以看出各省份对本区域整体第一产业就业比率不平衡状况的影响程度按由高到低排序如下:内蒙古(19.1%,负影响)、青海(15.4%,负影响)、新疆(13.5%,负影响)、宁夏(12.0%,负影响)、陕西(10.5%,负影响)、西藏(8.5%,正影响)、云南(8.5%,正影响)、广西(6.4%,正影响)、贵州(6.0%,正影响)、甘肃(4.5%,正影响)、重庆(3.1%,正影响)、四川(2.4%,正影响)。由此可见,在此期间,西部区域12省份中,西藏、云南、广西对西部区域第一产业就业比率不平衡状况分别有第一、第二和第三大的正影响,而内蒙古、青海、新疆对西部区域第一产业就业比率不平衡状况分别有第一、第二和第三大的负影响。

1991~2000年期间(如表3-5和图3-7所示),西部区域整体年均第一产业就业比率为65.4%。本区域12省份中有4个省年均第一产业就业比率高于本区域整体平均水平,分别为贵州(73.3%)、云南(76.6%)、西藏(76.5%)、广西(67.6%);有8个省年均第一产业就业比率低于本区域整体平均水平,分别为重庆(61.5%)、四川(64.2%)、陕西(60.3%)、甘肃(63.9%)、青海(56.8%)、宁夏(59.8%)、新疆(58.0%)、内蒙古(52.8%);其中年均第一产业就业比率最高的云南省年均第一产业就业比率相当于年均第一产业就业比率最低的省即内蒙古的1.45倍。根据对本区域内在此期间各省份CV值的计算结果,可以看出各省份对本区域整体第一产业就业比率不平衡状况的影响程度按由高到低排序如下:内蒙古(19.6%,负影响)、云南(17.3%,正影响)、西藏(17.1%,正影响)、青海(13.5%,负影响)、贵州(12.3%,正影响)、新疆(11.8%,负影响)、宁夏(9.1%,负影响)、陕西(8.0%,负影响)、重庆(6.2%,

负影响)、广西(3.7%,正影响)、四川(3.0%,负影响)、甘肃(2.8%,负影响)。由此可见,在此期间,西部区域 12 省份中,云南、西藏、贵州对西部区域第一产业就业比率不平衡状况分别有第一、第二和第三大的正影响,内蒙古、青海、新疆对西部区域第一产业就业比率不平衡状况分别有第一、第二和第三大的负影响,而甘肃第一产业就业比率接近于本区域整体平均水平。

2001～2006 年期间(如表 3－5 和图 3－8 所示),西部区域整体年均第一产业就业比率为 46.5%。本区域 12 省份中有 8 个省年均第一产业就业比率高于本区域整体平均水平,分别为重庆(47.1%)、四川(47.5%)、贵州(61.1%)、云南(55.9%)、西藏(54.3%)、甘肃(50.3%)、青海(47.4%)、广西(51.4%);另外 4 个省年均第一产业就业比率低于本区域整体平均水平,分别为陕西(45.1%)、宁夏(44.4%)、新疆(43.8%)、内蒙古(42.2%);其中年均第一产业就业比率最高的贵州省年均第一产业就业比率相当于年均第一产业就业比率最低的省即内蒙古的 1.45 倍。根据对本区域内在此期间各省份 CV 值的计算结果,可以看出各省份对本区域整体第一产业就业比率不平衡状况的影响程度按由高到低排序如下:贵州(35.4%,正影响)、云南(27.9%,正影响)、西藏(19.6%,正影响)、内蒙古(17.3%,负影响)、广西(16.8%,正影响)、新疆(16.4%,负影响)、甘肃(14.5%,正影响)、重庆(14.3%,正影响)、宁夏(14.2%,负影响)、四川(13.1%,正影响)、陕西(11.4%,负影响)、青海(10.1%,正影响)。由此可见,在此期间,西部区域 12 省份中,贵州、云南、西藏对中部区域第一产业就业比率不平衡状况分别有第一、第二和第三大的正影响,而内蒙古、新疆、宁夏对西部区域第一产业就业比率不平衡状况分别有第一、第二和第三大的负影响。

2. 第二产业

1978～2006 年期间(如表 3－6 和图 3－9 所示),西部区域年均第二产业就业比率为 13.6%。本区域 12 省份中有 8 个省份年均第二产业就业比率高于本区域整体平均水平,分别为重庆(16.6%)、四川(14.7%)、陕西(18.3%)、甘肃(15.4%)、青海(17.1%)、宁夏(18.8%)、新疆(15.6%)、内蒙古(19.4%);另外 4 个省份年均第二产业就业比率低于本区域整体平均水平,分别为贵州(10.6%)、云南(9.4%)、西藏(5.5%)、广西(10.1%);其中年均第二产业就业比率最高的内蒙古年均第二产业就业比率相当于年均第二产业就业比率最低的省即西藏的 3.53 倍。根据对本区域内在此期间各省份 CV 值的计算结果,可以看出各省份对本区域整体第二产业就业比率不平衡状况的影响程度按由高到低排序如下:西藏(65.8%,负影响)、内蒙古(48.1%,正影响)、宁夏(43.5%,正影响)、陕西(38.4%,正影响)、青海(35.8%,正影响)、云南(34.7%,负影响)、广西(30.2%,负影响)、贵州(29.4%,负影响)、重庆(28.0%,正影响)、甘肃(26.8%,正影响)、四川(25.4%,正影响)、新疆(22.3%,正影响)。由此可见,在此期间,西部区域 12 省份中,内蒙古、宁夏、陕西对西部区域第二产业就业比率不平衡状况分别有第一、第二和第三大的正影响,而西藏、云南、广西对西部区域第二产业就业比率不平衡状况有第一、第二和第三大的负影响。

1978 ~ 1990 年期间(如表 3 - 6 和图 3 - 10 所示),西部区域年均第二产业就业比率为 12.7%。本区域 12 省份中有半数的省份年均第二产业就业比率高于本区域整体平均水平,分别为重庆(14.7%)、陕西(18.3%)、青海(18.6%)、宁夏(17.9%)、新疆(15.7%)、内蒙古(19.8%);另外 6 个省年均第二产业就业比率低于本区域整体平均水平,分别为四川(11.6%)、贵州(10.7%)、云南(9.1%)、西藏(4.7%)、甘肃(12.4%)、广西(9.1%);其中年均第二产业就业比率最高的内蒙古年均第二产业就业比率相当于年均第二产业就业比率最低的西藏的 4.21 倍。根据对本区域内在此期间各省份 CV 值的计算结果,可以看出各省份对本区域整体第二产业就业比率不平衡状况的影响程度按由高到低排序如下:西藏(64.4%,负影响)、内蒙古(56.6%,正影响)、青海(47.0%,正影响)、陕西(45.1%,正影响)、宁夏(42.3%,正影响)、广西(30.5%,负影响)、云南(28.8%,负影响)、新疆(24.5%,正影响)、重庆(18.6%,正影响)、贵州(17.3%,负影响)、四川(10.0%,负影响)、甘肃(10.0%,负影响)。由此可见,在此期间,西部区域 12 省份中,内蒙古、青海、陕西对西部区域第二产业就业比率不平衡状况分别有第一、第二和第三大的正影响,而西藏和广西对西部区域第二产业就业比率不平衡状况分别有第一和第二大的负影响。

1991 ~ 2000 年期间(如表 3 - 6 和图 3 - 11 所示),西部区域整体年均第二产业就业比率为 15.2%。本区域 12 省份中有 8 个省年均第二产业就业比率高于本区域整体平均水平,分别为重庆(17.8%)、四川(16.2%)、陕西(18.5%)、甘肃（18.2%）、青海（16.1%）、宁夏（18.7%）、新疆（16.7%）、内蒙古（20.6%）；有4个省年均第二产业就业比率低于本区域整体平均水平，分别为贵州（12.5%）、云南（10.0%）、西藏（4.9%）、广西（11.1%）；其中年均第二产业就业比率最高的内蒙古年均第二产业就业比率相当于年均第二产业就业比率最低的西藏的4.20倍。根据对本区域内在此期间各省份CV值的计算结果，可以看出各省份对本区域整体第二产业就业比率不平衡状况的影响程度按由高到低排序如下：西藏（68.1%，负影响）、内蒙古（37.8%，正影响）、云南（34.6%，负影响）、广西（26.7%，负影响）、陕西（23.8%，正影响）、宁夏（23.6%，正影响）、甘肃（22.0%，正影响）、贵州（21.0%，负影响）、重庆（18.5%，正影响）、新疆（15.7%，正影响）、青海（15.4%，正影响）、四川（9.9%，正影响）。由此可见，在此期间，西部区域12省份中，内蒙古、陕西、宁夏对西部区域第二产业就业比率不平衡状况分别有第一、第二和第三大的正影响，西藏、云南、广西对西部区域第二产业就业比率不平衡状况分别有第一、第二和第三大的负影响。

2001～2006年期间（如表3－6和图3－12所示），西部区域整体年均第二产业就业比率为13.2%。本区域12省份中有8个省年均第二产业就业比率高于本区域整体平均水平，分别为重庆（18.6%）、四川（18.9%）、陕西（17.7%）、甘肃（17.0%）、青海（15.7%）、宁夏（21.0%）、新疆（13.4%）、内蒙古（16.4%）；另外4个省年均第二产业就业比率低于本区域整体平均水平，分别为贵州（7.3%）、云南（9.3%）、西藏（8.3%）、广西（10.8%）；其中年均第二产业就业比率最高的宁夏年均第二产业就业比率相当于年均第二产业就业比率最低的省即贵州的2.88倍。根据对本区域内在此期间各省份CV值的计算结果，可以看出各省份对本区域整体第二产业就业比率不平衡状况的影响程度按由高到低排序如下：宁夏（50.9%，正影响）、四川（40.2%，正影响）、贵州（39.5%，负影响）、重庆（37.4%，正影响）、西藏（37.1%，负影响）、甘肃（36.3%，正影响）、陕西（32.6%，正影响）、内蒙古（30.8%，正影响）、云南（30.0%，负影响）、青海（27.3%，正影响）、广西（24.1%，负影响）、新疆（19.8%，正影响）。由此可见，在此期间，西部区域12省份中，宁夏、四川、重庆对西部区域第二产业就业比率不平衡状况分别有第一、第二和第三大的正影响，而贵州和西藏对西部区域第二产业就业比率不平衡状况分别有第一和第二大的负影响。

　　3. 第三产业

　　1978～2006 年期间(如表 3-7 和图 3-13 所示),西部区域年均第三产业就业比率为 16.9%。本区域 12 省份中有 9 个省份年均第三产业就业比率高于本区域整体平均水平,分别为重庆(17.8%)、四川(17.5%)、西藏(18.1%)、陕西(19.8%)、青海(23.5%)、宁夏(20.0%)、新疆(23.5%)、内蒙古(24.1%)、广西(18.4%);另外 3 个省份年均第三产业就业比率低于本区域整体平均水平,分别为贵州(13.4%)、云南(12.6%)、甘肃(16.4%);其中年均第三产业就业比率最高的内蒙古年均第三产业就业比率相当于年均第三产业就业比率最低的省即云南的 1.91 倍。根据对本区域内在此期间各省份 CV 值的计算结果,可以看出各省份对本区域整体第三产业就业比率不平衡状况的影响程度按由高到低排序如下:内蒙古(48.1%,正影响)、青海(45.9%,正影响)、新疆(44.9%,正影响)、云南(34.2%,负影响)、贵州(33.1%,负影响)、陕西(29.4%,正影响)、重庆(29.3%,正影响)、宁夏(28.3%,正影响)、广西(26.5%,正影响)、西藏(22.7%,正影响)、四川(21.3%,正影响)、甘肃(19.4%,负影响)。由此可见,在此期间,西部区域 12 省份中,内蒙古、青海、新疆对西部区域第三产业就业比率不平衡状况分别有第一、第二和第三大的正影响,而云南和贵州对西部区域第三产业就业比率不平衡状况有第一和第二大的负影响。

　　1978～1990 年期间(如表 3-7 和图 3-14 所示),西部区域年均第三产业就业比率为 11.6%。本区域 12 省份中有半数的省份年均第三产业就业比率高于本区域整体平均水平,分别为西藏(13.6%)、陕西(13.8%)、青海(17.3%)、宁夏(15.5%)、新疆(18.3%)、内蒙古(18.8%);另外 6 个省年均第三产业就业比率低于本区域整体平均水平,分别为重庆(9.4%)、四川(10.9%)、贵州(9.2%)、云南(8.9%)、甘肃(11.4%)、广西(10.7%);其中年均第三产业就业比率最高的内蒙古年均第三产业就业比率相当于年均第三产业就业比率最低的贵州的 2.04 倍。根据对本区域内在此期间各省份 CV 值的计算结果,可以看出各省份对本区域整体第三产业就业比率不平衡状况的影响程度按由高到低排序如下:内蒙古(64.0%,正影响)、新疆(58.7%,正影响)、青海(51.9%,正影响)、宁夏(35.0%,正影响)、云南(24.1%,负影响)、贵州

（22.2%，负影响）、重庆（22.1%，负影响）、甘肃（20.7%，负影响）、陕西（19.9%，正影响）、西藏（18.4%，正影响）、四川（9.5%，负影响）、广西（9.1%，负影响）。由此可见，在此期间，西部区域 12 省份中，内蒙古、新疆、青海对西部区域第三产业就业比率不平衡状况分别有第一、第二和第三大的正影响，而云南、贵州和重庆对西部区域第三产业就业比率不平衡状况分别有第一、第二和第三大的负影响。

1991～2000 年期间（如表 3－7 和图 3－15 所示），西部区域整体年均第三产业就业比率为 19.4%。本区域 12 省份中有 8 个省年均第三产业就业比率高于本区域整体平均水平，分别为重庆（20.6%）、四川（19.6%）、陕西（21.2%）、青海（27.1%）、宁夏（21.5%）、新疆（25.3%）、内蒙古（26.6%）、广西（21.3%）；有 4 个省年均第三产业就业比率低于本区域整体平均水平，分别为贵州（14.3%）、云南（13.4%）、西藏（18.7%）、甘肃（17.9%）；其中年均第三产业就业比率最高的青海年均第三产业就业比率相当于年均第三产业就业比率最低的云南的 2.02 倍。根据对本区域内在此期间各省份 CV 值的计算结果，可以看出各省份对本区域整体第三产业就业比率不平衡状况的影响程度按由高到低排序如下：青海（40.3%，正影响）、内蒙古（37.3%，正影响）、云南（31.5%，负影响）、新疆（30.7%，正影响）、贵州（29.3%，负影响）、宁夏（13.2%，正影响）、广西（11.5%，正影响）、重庆（10.4%，正影响）、陕西（10.3%，正影响）、甘肃（9.5%，负影响）、西藏（9.4%，负影响）、四川（3.3%，正影响）。由此可见，在此期间，西部区域 12 省份中，青海、内蒙古、新疆对西部区域第三产业就业比率不平衡状况分别有第一、第二和第三大的正影响，云南和贵州对西部区域第三产业就业比率不平衡状况分别有第一和第二大的负影响。

2001～2006 年期间（如表 3－7 和图 3－16 所示），西部区域整体年均第三产业就业比率为 24.4%。本区域 12 省份中有 10 个省年均第三产业就业比率高于本区域整体平均水平，分别为重庆（31.3%）、四川（28.4%）、西藏（26.8%）、陕西（30.2%）、甘肃（24.6%）、青海（31.1%）、宁夏（27.4%）、新疆（31.9%）、内蒙古（31.5%）、广西（30.5%）；仅有 2 个省年均第三产业就业比率低于本区域整体平均水平，分别为贵州（20.8%）、云南（19.1%）；其中年均第三产业就业比率最高的新疆年均第三产业就业比率相当于年均第三产业就业比率最低的省即云南的 1.67 倍。根据对本区域内在此期间各省份 CV 值的计算结果,可以看出各省份对本区域整体第三产业就业比率不平衡状况的影响程度按由高到低排序如下:新疆(31.8%,正影响)、内蒙古(30.6%,正影响)、陕西(30.6%,正影响)、青海(30.4%,正影响)、重庆(30.1%,正影响)、广西(28.4%,正影响)、贵州(27.0%,负影响)、云南(26.9%,负影响)、宁夏(23.9%,正影响)、四川(23.5%,正影响)、西藏(22.7%,正影响)、甘肃(17.5%,正影响)。由此可见,在此期间,西部区域12省份中,新疆、内蒙古、陕西对西部区域第三产业就业比率不平衡状况分别有第一、第二和第三大的正影响,仅有贵州和云南对西部区域第三产业就业比率不平衡状况有负影响。

4. 第二、第三产业

1978~2006年期间(如表3-8和图3-17所示),西部区域年均第二、第三产业就业比率为30.6%。本区域12省份中有8个省份年均第二、第三产业就业比率高于本区域整体平均水平,分别为重庆(34.4%)、四川(32.2%)、陕西(38.0%)、甘肃(31.7%)、青海(40.6%)、宁夏(38.8%)、新疆(39.1%)、内蒙古(43.5%);另外4个省份年均第二、第三产业就业比率低于本区域整体平均水平,分别为贵州(24.0%)、云南(22.0%)、西藏(23.6%)、广西(28.6%);其中年均第二、第三产业就业比率最高的青海年均第二、第三产业就业比率相当于年均第二、第三产业就业比率最低的省即云南的1.85倍。根据对本区域内在此期间各省份CV值的计算结果,可以看出各省对本区域整体第二、第三产业就业比率不平衡状况的影响程度按由高到低排序如下:内蒙古(47.4%,正影响)、青海(38.5%,正影响)、云南(33.9%,负影响)、宁夏(33.3%,正影响)、新疆(33.3%,正影响)、西藏(31.6%,负影响)、陕西(31.1%,正影响)、贵州(29.2%,负影响)、重庆(25.8%,正影响)、四川(22.2%,正影响)、广西(20.2%,负影响)、甘肃(18.3%,正影响)。由此可见,在此期间,西部区域12省份中,内蒙古、青海、宁夏对西部区域第二、第三产业就业比率不平衡状况分别有第一、第二和第三大的正影响,而云南、西藏和贵州对西部区域第二、第三产业就业比率不平衡状况有第一、第二和第三大的负影响。

1978~1990年期间(如表3-8和图3-18所示),西部区域年均第二、第三产业就业比率为24.2%。本区域12省份中有5个省份年均第二、第三产业就业比率高于本区域整体平均水平,分别为陕西(32.1%)、青海(35.8%)、宁夏(33.3%)、新疆(34.0%)、内蒙古(38.6%);另外7个省年

均第二、第三产业就业比率低于本区域整体平均水平,分别为重庆
(24.1%)、四川(22.5%)、贵州(20.0%)、云南(18.0%)、西藏(18.3%)、
甘肃(23.8%)、广西(19.7%);其中年均第二、第三产业就业比率最高的内
蒙古年均第二、第三产业就业比率相当于年均第二、第三产业就业比率最低
的云南的2.14倍。根据对本区域内在此期间各省份 CV 值的计算结果,可
以看出各省份对本区域整体第二、第三产业就业比率不平衡状况的影响程度
按由高到低排序如下:内蒙古(59.7%,正影响)、青海(48.0%,正影响)、新
疆(40.4%,正影响)、宁夏(37.7%,正影响)、陕西(33.0%,正影响)、西藏
(26.5%,负影响)、云南(26.5%,负影响)、广西(20.0%,负影响)、贵州
(18.8%,负影响)、甘肃(14.0%,负影响)、重庆(9.7%,负影响)、四川
(7.3%,负影响)。由此可见,在此期间,西部区域12省份中,内蒙古、青海、
新疆对西部区域第二、第三产业就业比率不平衡状况分别有第一、第二和第
三大的正影响,而西藏、云南、广西对西部区域第二、第三产业就业比率不平
衡状况分别有第一、第二和第三大的负影响。

　　1991～2000 年期间(如表 3－8 和图 3－19 所示),西部区域整体年均第
二、第三产业就业比率为34.6%。本区域12省份中有8个省年均第二、第三产
业就业比率高于本区域整体平均水平,分别为重庆(38.5%)、四川(35.8%)、
陕西(39.7%)、甘肃(36.1%)、青海(43.2%)、宁夏(40.2%)、新疆(42.0%)、
内蒙古(47.2%);有4个省年均第二、第三产业就业比率低于本区域整体平均
水平,分别为贵州(26.7%)、云南(23.4%)、西藏(23.5%)、广西(32.4%);其
中年均第二、第三产业就业比率最高的内蒙古年均第二、第三产业就业比率相
当于年均第二、第三产业就业比率最低的云南的2.02倍。根据对本区域内在
此期间各省份 CV 值的计算结果,可以看出各省份对本区域整体第二、第三产
业就业比率不平衡状况的影响程度按由高到低排序如下:内蒙古(37.1%,正
影响)、云南(32.7%,负影响)、西藏(32.3%,负影响)、青海(25.7%,正影响)、
贵州(23.3%,负影响)、新疆(22.3%,正影响)、宁夏(17.2%,正影响)、陕西
(15.1%,正影响)、重庆(11.8%,正影响)、广西(6.9%,负影响)、四川(5.7%,
正影响)、甘肃(5.4%,正影响)。由此可见,在此期间,西部区域12省份中,内
蒙古、青海、新疆对西部区域第二、第三产业就业比率不平衡状况分别有第一、
第二和第三大的正影响,云南和西藏对西部区域第二、第三产业就业比率不平

衡状况分别有第一和第二大的负影响。

2001～2006 年期间(如表 3 - 8 和图 3 - 20 所示),西部区域整体年均第二、第三产业就业比率为 24.4%。本区域 12 省份中有 9 个省年均第二、第三产业就业比率高于本区域整体平均水平,分别为重庆(49.9%)、四川(47.3%)、陕西(47.9%)、甘肃(41.6%)、青海(46.7%)、宁夏(48.4%)、新疆(45.3%)、内蒙古(47.9%)、广西(41.3%);仅有 3 个省年均第二、第三产业就业比率低于本区域整体平均水平,分别为贵州(28.1%)、云南(28.4%)、西藏(35.1%);其中年均第二、第三产业就业比率最高的重庆年均第二、第三产业就业比率相当于年均第二、第三产业就业比率最低的省即贵州的 1.78 倍。根据对本区域内在此期间各省份 CV 值的计算结果,可以看出各省份对本区域整体第二、第三产业就业比率不平衡状况的影响程度按由高到低排序如下:重庆(32.0%,正影响)、宁夏(31.0%,正影响)、陕西(30.7%,正影响)、内蒙古(30.3%,正影响)、贵州(29.6%,负影响)、青海(28.9%,正影响)、四川(28.7%,正影响)、云南(27.8%,负影响)、新疆(26.0%,正影响)、西藏(22.7%,负影响)、广西(21.8%,正影响)、甘肃(21.7%,正影响)。由此可见,在此期间,西部区域 12 省份中,重庆、宁夏、陕西对西部区域第二、第三产业就业比率不平衡状况分别有第一、第二和第三大的正影响,贵州和云南对西部区域第二、第三产业就业比率不平衡状况有第一和第二大的负影响。

第三节　本章小结

第一节研究分析了区域之间三大产业就业比率的差别情况。

第一产业:1978～2006 年期间,西部地区(66.1%)保持了最高的第一产业就业比率,其次为中部地区(61.3%),再次为东部地区(50.9%),而东北地区的第一产业就业比率(40.0%)最低。

第二产业:1978～2006 年期间,东北地区(31.3%)保持了相对最高的第二产业就业比率,其次为东部地区(19.8%),再次为中部地区(18.2%),而西部地区的第二产业就业比率最低(13.6%)。

第三产业:1978～2006 年期间,四个区域第三产业就业比率按由高到低排序分别为东北地区(26.2%)、东部地区(20.7%)、中部地区(17.8%)和西部地区(16.9%)。

第二、三产业合计:1978～2006年期间,东北地区保持了最高的第二、三产业就业比率(57.5%),其次为东部地区(47.5%),再次为中部地区(36.0%),而西部地区的最低(30.6%)。

第二节研究分析了区域内部省际三大产业就业比率的差别情况。

1. 东北区域内部。

关于第二产业。1978～2006年期间,辽宁对本区域第二产业就业比率不平衡状况有较大的和唯一的负影响,吉林和黑龙江对本区域第二产业就业比率不平衡状况分别有第一大和次大的负影响。

关于第三产业。1978～2006年期间,辽宁和吉林对本区域第三产业就业比率不平衡状况分别有最大和次大的正影响,而黑龙江省对本区域第三产业就业比率不平衡状况有唯一的负影响。

2. 东部区域内部。

关于第二产业。1978～2006年期间,上海、天津、北京对东部区域第二产业就业比率不平衡状况分别有第一、第二和第三大的正影响,而海南、福建、山东对东部区域第二产业就业比率不平衡状况分别有第一、第二和第三大的负影响。

关于第三产业。1978～2006年期间,北京、上海、天津对东部区域第三产业就业比率不平衡状况分别有第一、第二和第三大的正影响,而山东、河北、浙江对东部区域第三产业就业比率不平衡状况分别有第一、第二和第三大的负影响。

3. 中部区域内部。

关于第二产业。1978～2006年期间,山西、江西对中部区域第二产业就业比率不平衡状况分别有第一和第二大的正影响,仅安徽和河南两个省对中部区域第二产业就业比率不平衡状况有负影响。

关于第三产业。1978～2006年期间,山西、湖北和江西对中部区域第三产业就业比率不平衡状况分别有第一、第二和第三大的正影响,而河南和湖南两个省对中部区域第三产业就业比率不平衡状况分别有最大和次大的负影响。

4. 西部区域内部。

关于第二产业。1978～2006年期间,内蒙古、宁夏、陕西对西部区域第二产业就业比率不平衡状况分别有第一、第二和第三大的正影响,而西藏、云南、广西对西部区域第二产业就业比率不平衡状况有第一、第二和第三大的负影响。

关于第三产业。1978~2006 年期间,内蒙古、青海、新疆对西部区域第三产业就业比率不平衡状况分别有第一、第二和第三大的正影响,而云南和贵州对西部区域第三产业就业比率不平衡状况有第一和第二大的负影响。

第四章 区域所有制投资差别的深度考察

本章对四大区域之间和区域内部国有投资、集体投资、私人投资等不同所有制性质的固定资产投资在全社会固定资产投资中所占的比重的差别情况,以及外资投资在总投资中所占的比重,进行具体深入的研究分析。在本章中,国有经济固定资产投资占全社会固定资产投资比率简称为国有投资比率,集体经济固定资产投资占全社会固定资产投资比率简称为集体投资比率,私营经济固定资产投资占全社会固定资产投资比率简称为私营投资比率,外资投资占总投资比率简称为外资投资比率。

第一节 区域之间所有制结构差别情况的比较(全时段和分时段)

一、区域之间国有投资比率的差别(如表 4-1 和图 4-1 所示)

1978～2006 年期间,我国全国国有投资比率年均值为 60.01%,标准差为 14.09%,波动系数为 23.48%。东北和西部地区国有投资比率的均值(分别为 71.3%、69.5%)高于全国的总体水平,中部地区国有投资比率的均值 (59.0%)略微低于全国的总体水平,东部地区国有投资比率的均值(54.5%)低于全国的总体水平。其中东北地区国有投资比率的均值最高,其次为西部地区,再次为中部地区,东部地区比率最低。从四大地区国有投资比率变化的平稳性来看,四大地区均有较好的平稳性,西部地区(波动系数为 18.9%)变化的平稳性最高,其次为东北地区(波动系数为 22.6%)和中部地区(波动系数为 23.1%),东部地区(波动系数为 25.7%)平稳性最低。

分不同时期进行考察:

表 4－1　四大区域国有投资比率比较

单位:%

年份	1978～1990			1991～2000			2001～2006			1978～2006		
区域	均值	标准差	波动系数	均值	标准差	波动系数	均值	标准差	波动系数	均值	标准差	波动系数
东北地区	82.3	6.9	8.4	72.6	7.1	9.8	45.3	11.0	24.3	71.3	16.1	22.6
东部地区	65.5	7.9	12.1	52.5	4.7	9.0	33.9	8.9	26.1	54.5	14.0	25.7
中部地区	66.7	13.4	20.1	58.9	5.5	9.3	42.4	8.0	18.9	59.0	13.6	23.1
西部地区	79.5	8.7	10.9	67.7	5.3	7.8	50.9	7.7	15.0	69.5	13.2	18.9

资料来源:作者根据《新中国五十五年统计资料汇编》、《中国统计年鉴》相关各期等资料中的原始数据
　　　　　分析整理、测算和自制而成。

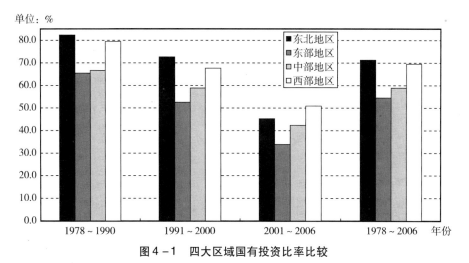

图 4－1　四大区域国有投资比率比较

资料来源:作者根据《新中国五十五年统计资料汇编》、《中国统计年鉴》相关各期等资料中的原始数据
　　　　　分析整理、测算和自制而成。

　　1978～1990 年期间,我国全国国有投资比率年均值为 70.69%,标准差为
9.06%,波动系数为 12.81%。东北地区(均值为 82.3%)和西部地区(均值为
79.5%)的国有投资比率的年均值明显高于中部地区(均值为 66.7%)和东部
地区(均值为 65.5%)。对这四大区域国有投资比率变化的平稳性进行考察,
中部地区的平稳性(波动系数为 20.1%)明显低于东部地区(波动系数为
12.1%)、西部地区(波动系数为 10.9%)和东北地区(波动系数为 8.4%)。

1991～2000年期间,我国全国国有投资比率年均值为58.24%,标准差为5.28%,波动系数为9.06%。东北部地区(均值为72.6%)、西部地区(均值为67.7%)的国有投资比率的年均值明显高于中部地区(均值为58.9%)和东部地区(均值为52.5%)。对这四大区域国有投资比率变化的平稳性进行考察,总体看来四大区域的平稳性较好,其中东北地区平稳性最高,但波动系数也只有9.8%,西部地区的平稳性最好,波动系数为7.8%。

2001～2006年期间,我国全国国有投资比率年均值为39.81%,标准差为8.50%,波动系数为21.35%。东北、中部和西部地区国有投资比率的年均值(分别为45.3%、42.4%、50.9%)高于全国的总体水平,东部地区(均值为33.9%)国有投资比率的年均值低于全国的总体水平;其中西部地区国有投资比率的年均值(为50.9%)最高,其次为东北地区(为45.3%),再次为中部地区(为42.4%),东部地区(为33.9%)最低。从四大地区国有固定资产投资占全社会固定资产投资比率变化的平稳性来看,西部地区国有经济固定资产投占全社会固定资产投资比率的平稳性最高(波动系数为15.0%),其次为中部地区(波动系数为18.9%)、东北地区(波动系数为24.3%),东部地区平稳性最低(波动系数为26.1%)。将该时期国有投资比率的变化的平稳性与1978～1990年时期、1991～2000年时期进行比较,发现1991～2000年时期的平稳性最好。

我们把1978～1990年、1991～2000年、2001～2006年这三个子期间国有投资比率的年均值的变化情况进行综合对比看,可以发现以下特点:

1. 四大区域国有投资比率的年均值呈现下降趋势,且下降速度较快。

2. 东北地区和西部地区国有投资比率的年均值在三个子期间均大于东部地区和中部地区;东部地区国有投资比率的年均值在三个子期间均处于最低水平。

二、区域之间集体投资比率的差别(如表4－2和图4－2所示)

1978～2006年期间,我国全国集体投资比率年均值为13.02%,标准差为3.45%,波动系数为26.46%。东北、中部和西部地区集体投资比率的均值(分别为7.4%、11.2%和7.6%)低于全国的总体水平,东部地区集体投资比率的均值(16.9%)高于全国的总体水平。其中东部地区集体投资比率的均值最高,其次为中部地区,再次为西部地区,东北地区比率最低。从四大地区集体投资比率变化的平稳性来看,东部地区(波动系数为25.1%)平稳性最高,其次为

中部地区(波动系数为 27.2%)、东北地区(波动系数为 28.3%),西部地区
(35.7%)平稳性最低。

表 4-2　四大区域集体投资比率比较

单位:%

年份	1978~1990			1991~2000			2001~2006			1978~2006		
区域	均值	标准差	波动系数	均值	标准差	波动系数	均值	标准差	波动系数	均值	标准差	波动系数
东北地区	7.3	2.5	33.9	8.0	1.2	15.0	6.6	2.4	36.1	7.4	2.1	28.3
东部地区	16.2	3.0	18.4	20.1	3.0	15.0	13.1	4.9	37.3	16.9	4.2	25.1
中部地区	11.0	3.4	31.1	12.7	1.2	9.8	9.1	3.3	36.4	11.2	3.0	27.2
西部地区	7.1	2.6	37.0	9.6	1.5	15.2	5.2	2.2	41.8	7.6	2.7	35.7

资料来源:作者根据《新中国五十五年统计资料汇编》、《中国统计年鉴》相关各期等资料中的原始数据
分析整理、测算和自制而成。

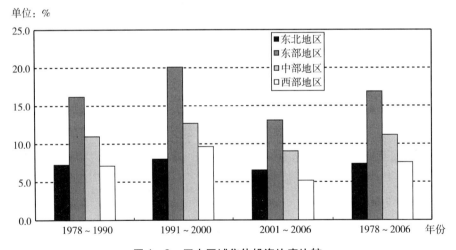

图 4-2　四大区域集体投资比率比较

资料来源:作者根据《新中国五十五年统计资料汇编》、《中国统计年鉴》相关各期等资料中的原始数据
分析整理、测算和自制而成。

分不同时期进行考察:

1978~1990 年期间,我国全国集体投资比率年均值为 12.18%,标准差为
2.82%,波动系数为 23.11%。东部地区(均值为 16.2%)集体投资比率的年均

值明显高于中部地区(均值为 11.0%)、东北地区(均值为 7.3%)和西部地区(均值为 7.1%)。对这四大区域集体投资比率变化的平稳性进行考察,东部地区的平稳性(波动系数为 18.4%)明显高于中部地区(波动系数为 31.1%)、东北地区(波动系数为 33.9%)和西部地区(波动系数为 37.0%)。

1991~2000 年期间,我国全国集体投资比率年均值为 15.79%,标准差为 1.99%,波动系数为 12.63%。东部地区(均值为 20.1%)集体投资比率的年均值明显高于中部地区(均值为 12.7%)、西部地区(均值为 9.6%)和东北地区(均值为 8.0%)。对这四大区域集体投资比率变化平稳性进行考察,中部地区的平稳性(波动系数为 9.8%)明显优于东部地区(波动系数为 15.0%)、东北地区(波动系数为 15.0%)和西部地区(波动系数为 15.2%)。

2001~2006 年期间,我国全国集体投资比率年均值为 10.23%,标准差为 3.71%,波动系数为 36.30%。东部地区(均值为 13.1%)集体投资比率的年均值明显高于中部地区(均值为 9.1%)、东北地区(均值为 6.6%)和西部地区(均值为 5.27%)。对这四个区域集体投资比率变化的平稳性进行考察,东北地区的平稳性(波动系数为 36.1%)高于中部地区(波动系数为 36.4%)、东部地区(波动系数为 37.3%)和西部地区(波动系数为 41.8%)。我们还发现该时期的集体投资比率变化的平稳性低于 1978~1990 年和 1991~2000 年这两个时期。

三、区域之间私营投资比率的差别(如表 4-3 和图 4-3 所示)

1978~2006 年期间,我国全国私营投资比率年均值为 22.9%,标准差为 11.1%,波动系数为 48.3%。中部(27.2%)和东部地区(25.6%)私营投资比率的均值高于全国的总体水平,西部地区和东北地区私营投资比率的均值(分别为 20.3%、18.6%)低于全国的总体水平。其中中部地区私营投资比率的均值最高,其次为东部地区,再次为西部地区,东北地区比率最低。从四大地区私营投资比率变化的平稳性来看,中部地区(波动系数为 39.6%)变化的平稳性最好,其次为东部地区(波动系数 45.3%)、西部地区(50.1%),东北地区(波动系数为 62.9%)平稳性最低。

分不同时期进行考察:

1978~1990 年期间,我国全国私营投资比率年均值为 17.13%,标准差为 6.63%,波动系数为 38.71%。中部地区(均值为 22.3%)私营投资比率的年均值高于东部地区(均值为 18.3%)、西部地区(均值为 10.4%)和东北地区(均值为 13.4%)。对这四大区域私营投资比率的均值变化的平稳性进行考察,东部地区的平稳性(波动系数为 29.9%)明显优于西部地区(波动系数为 46.4%)、中部地区(波动系数为 48.3%)和东北地区(波动系数为 54.5%)。

表 4-3　四大区域私营投资比率比较

单位:%

年份	1978~1990			1991~2000			2001~2006			1978~2006		
区域	均值	标准差	波动系数	均值	标准差	波动系数	均值	标准差	波动系数	均值	标准差	波动系数
东北地区	10.4	5.7	54.5	19.3	6.6	34.4	33.9	11.6	34.0	18.4	11.6	62.9
东部地区	18.3	5.5	29.9	27.4	6.7	24.4	38.4	16.1	42.0	25.6	11.6	45.3
中部地区	22.3	10.8	48.3	28.4	4.7	16.7	35.7	13.3	37.2	27.2	10.8	39.6
西部地区	13.4	6.2	46.4	22.6	5.7	25.0	31.3	12.2	39.0	20.3	10.2	50.1

资料来源:作者根据《新中国五十五年统计资料汇编》、《中国统计年鉴》相关各期等资料中的原始数据
　　　　分析整理、测算和自制而成。

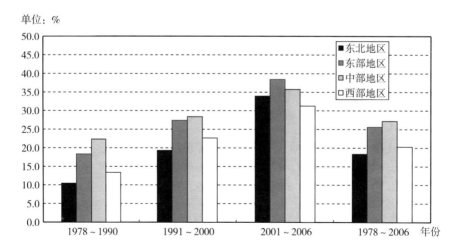

图 4-3　四大区域私营投资比率比较

资料来源:作者根据《新中国五十五年统计资料汇编》、《中国统计年鉴》相关各期等资料中的原始数据
　　　　分析整理、测算和自制而成。

1991～2000年期间,我国全国私营投资比率年均值为25.97%,标准差为6.11%,波动系数为23.54%。中部地区(均值为28.4%)和东部地区(均值为27.4%)私营投资比率的年均值高于西部地区(均值为22.6%)和东北地区(均值为19.3%)。对这四大区域私营投资比率变化平稳性进行考察,中部地区的平稳性(波动系数为16.7%)明显优于东部地区(波动系数为24.4%)、西部地区(波动系数为25.0%)和东北地区(波动系数为34.4%)。

2001～2006年期间,我国全国私营投资比率年均值为49.96%,标准差为11.01%,波动系数为22.03%。东部地区(均值为53.0%)私营投资比率的年均值高于中部地区(均值为48.6%)、东北部地区(均值为48.1%)和西部地区(均值为43.9%)。对这四大区域私营投资比率变化的平稳性进行考察,西部地区的平稳性(波动系数为21.7%)高于中部地区(波动系数为22.1%)、东部地区(波动系数为22.3%)和东北地区(波动系数为26.0%)。我们还发现该时期的私营投资比率变化的平稳性整体优于1978～1990年期间和1991～2000年期间。

我们对1978～1990年、1991～2000年、2001～2006年、1978～2006年的各区域私营投资比率的年均值的变化进行总体比较分析,发现如下特点:

1. 四大区域私营投资比率的年均值出现增长趋势,且增长速度较快。

2. 中部地区和东部地区私营投资比率的年均值在三个子期间均大于东北地区和西部地区。

四、区域之间外资投资比率的差别(如表4－4和图4－4所示)

1978～2006年期间,我国全国外资投资比率年均值为5.94%,标准差为5.07%,波动系数为85.40%。东部地区(均值为8.6%)外资投资比率的年均值高于东北地区(均值为5.2%)、中部地区(均值为2.7%)和西部地区(均值为1.8%)。对这四大区域外资投资比率变化的平稳性进行考察,总体来说平稳性较差;东部地区的平稳性最好,但波动系数也高达82.9%;西部地区平稳性最差,波动系数为95.0%。

分不同时期进行考察:

1978～1990年期间,我国全国外资投资比率年均值为0.92%,标准差为0.89%,波动系数为96.93%。东部地区(均值为1.5%)外资投资比率的年均值高于东北地区(均值为0.6%)、中部地区(均值为0.3%)和西部地区(均值为0.3%）。对这四大区域外资投资比率变化的平稳性进行考察,总体来说平稳性较差,东部地区的平稳性最好,但波动系数也高达89.9%,中部地区平稳性最差,波动系数为130.2%。

表4-4　四大区域外资投资比率比较

单位:%

年份	1978~1990			1991~2000			2001~2006			1978~2006		
区域	均值	标准差	波动系数	均值	标准差	波动系数	均值	标准差	波动系数	均值	标准差	波动系数
东北地区	0.6	0.8	123.4	9.1	3.5	38.3	8.5	3.4	40.6	5.2	4.9	93.8
东部地区	1.5	1.4	89.9	14.5	4.4	30.6	14.1	2.8	19.5	8.6	7.1	82.9
中部地区	0.3	0.4	130.2	4.8	1.7	35.6	4.3	0.3	7.0	2.7	2.4	90.6
西部地区	0.3	0.4	115.9	3.3	1.6	47.8	2.6	0.7	29.0	1.8	1.7	95.0

资料来源:作者根据《新中国五十五年统计资料汇编》、《中国统计年鉴》相关各期等资料中的原始数据分析整理、测算和自制而成。

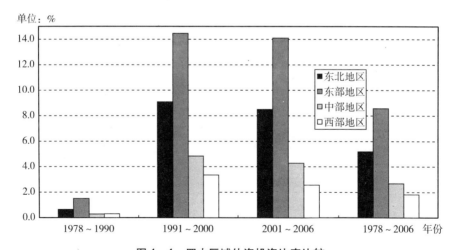

图4-4　四大区域外资投资比率比较

资料来源:作者根据《新中国五十五年统计资料汇编》、《中国统计年鉴》相关各期等资料中的原始数据分析整理、测算和自制而成。

1991~2000年期间,我国全国外资投资比率年均值为10.26%,标准差为3.38%,波动系数为32.94%。东部地区(均值为14.5%)外资投资比率的年均值高于东北地区(均值为9.1%)、中部地区(均值为4.8%)和西部地区(均值为3.3%)。对这四个区域外资投资比率变化平稳性进行考察,该期间的平稳性整体优于1978～1990年期间;东部地区的平稳性最好,波动系数为30.6%;西部地区的平稳性最低,波动系数为47.8%。

2001～2006年期间,我国全国外资投资比率年均值为9.64%,标准差为1.55%,波动系数为16.11%。东部地区(均值为14.1%)外资投资比率的年均值明显高于东北部地区(均值为8.5%)、中部地区(均值为4.3%)和西部地区(均值为2.6%)。对这四个区域外资投资比率变化的平稳性进行考察,中部地区的平稳性(波动系数7.0%)明显优于东部地区(波动系数为19.5%)、西部地区(波动系数为29.0%)和东北地区(波动系数为40.6%)。我们还发现该时期的外资投资比率变化的平稳性整体优于1978～1990年和1991～2000年这两个时期。

我们将1978～1990年、1991～2000年、2001～2006年、1978～2006年四个时间段的外资投资比率的年均值进行考察,发现如下特点:

1. 从1978～1990年时期到1991～2000年时期,外资投资比率的年均值大幅增长,而从1991～2000年期间到2001～2006年期间外资投资占总投资比重有略微的下降。

2. 整体看来,在各个时期东北地区和东部地区外资投资占投资的比率明显高于中部地区和西部地区,东部地区一直处于领先位置。

3. 1978～1990年期间外资投资占总投资比重很低,不超过2%。

第二节　区域内部省际国有投资比重差异情况

一、东北区域内部国有投资比重差异考察

1978～2006年期间(如表4-5和图4-5所示),东北地区国有投资比率的年均值为71.3%。本区域3省份中有2个省年国有投资比率的年均值高于本区域整体水平,分别为吉林(75.9%)、黑龙江(75.1%);有1个省即辽宁国有投资比率的年均值(66.9%)低于本区域整体平均水平。吉林(变异系数为23.6%)、黑龙江(变异系数为9.0%)对东北区域内国有投资比率的不平衡分别有第一大和次大正影响,辽宁(变异系数为10.2%)对东北区域内国有投资比率的不平衡有负影响。

表4－5　四大区域内部省际国有投资比率差别情况

单位:%

年份	1978~1990			1991~2000			2001~2006			1978~2006		
	均值	标准差	变异系数	均值	标准差	变异系数	均值	标准差	变异系数	均值	标准差	变异系数
辽 宁	82.2	3.0	3.7	66.0	7.4	10.1	35.0	8.7	19.2	66.9	7.3	10.2
吉 林	74.7	8.7	10.6	814	12.2	16.8	69.0	22.7	50.0	75.9	16.8	23.6
黑龙江	86.6	4.9	5.9	77.7	7.0	9.7	45.8	5.6	12.4	75.1	6.4	9.0
东北地区	82.3	0.0	0.0	72.6	0.0	0.0	45.3	0.0	0.0	71.3	0.0	0.0
北 京	92.2	27.9	42.6	70.6	19.4	36.9	35.1	1.6	4.6	72.9	22.7	41.6
天 津	85.0	19.9	30.3	83.9	31.8	60.5	69.9	31.5	92.9	81.5	30.5	56.0
河 北	65.7	10.9	16.7	48.0	5.1	9.7	32.3	3.2	9.3	52.7	8.4	15.4
上 海	84.4	19.8	30.2	61.2	11.1	21.2	33.8	5.3	15.6	65.9	15.6	28.7
江 苏	54.6	18.1	27.6	38.3	15.0	28.6	31.1	3.0	8.8	44.1	15.6	28.7
浙 江	43.8	22.2	33.8	52.6	11.8	22.5	40.3	9.9	29.1	46.1	18.0	33.0
福 建	64.2	6.8	10.3	46.8	6.5	12.4	36.2	3.4	10.0	52.4	6.5	11.9
山 东	52.2	14.9	22.8	48.4	4.5	8.5	27.2	5.3	15.6	45.7	11.2	20.5
广 东	68.1	8.5	13.0	50.1	6.5	12.3	29.6	5.2	15.3	54.0	7.8	14.2
海 南	83.8	18.7	28.5	88.2	36.0	68.4	69.6	30.4	89.6	82.4	31.4	57.7
东部地区	65.5	0.0	0.0	52.5	0.0	0.0	33.9	0.0	0.0	54.5	0.0	0.0
山 西	76.0	12.4	18.6	74.7	16.1	27.4	46.8	4.5	10.7	69.5	13.4	22.7
安 徽	66.9	10.8	16.1	50.9	8.4	14.2	39.1	2.8	6.7	55.6	9.2	15.6
江 西	65.7	7.1	10.6	57.4	3.2	5.4	43.2	2.8	6.6	58.2	5.5	9.4
河 南	64.9	8.0	12.1	54.7	4.7	8.0	38.3	3.4	8.0	55.8	6.6	11.2
湖 北	73.6	8.3	12.5	63.3	5.1	8.7	46.5	3.6	8.4	64.5	6.9	11.7
湖 南	56.8	12.0	18.0	57.9	1.9	3.2	43.1	1.6	3.8	54.4	8.5	14.3
中部地区	66.7	0.0	0.0	58.9	0.0	0.0	42.4	0.0	0.0	59.0	0.0	0.0
重 庆	86.1	10.7	13.5	64.1	4.7	7.0	52.3	5.6	10.9	71.5	8.7	12.5
四 川	72.8	10.4	13.1	58.8	9.3	13.7	40.5	8.3	16.4	61.3	10.5	15.1

续表

年份	1978～1990			1991～2000			2001～2006			1978～2006		
	均值	标准差	变异系数	均值	标准差	变异系数	均值	标准差	变异系数	均值	标准差	变异系数
贵　州	73.7	7.3	9.2	66.5	2.8	4.1	58.5	6.0	11.8	68.1	6.5	9.3
云　南	73.8	6.2	7.8	69.9	3.9	5.7	53.6	4.5	8.8	68.3	5.6	8.1
西　藏	92.1	13.8	17.4	92.1	25.7	37.9	87.0	28.1	55.3	91.1	25.1	36.1
陕　西	75.7	5.5	6.9	69.8	3.8	5.6	54.6	3.9	7.6	69.3	5.0	7.3
甘　肃	85.5	6.9	8.7	78.8	12.2	18.1	61.7	8.6	16.9	78.3	10.3	14.8
青　海	89.5	12.0	15.1	81.6	14.4	21.3	55.8	4.2	8.2	79.8	12.4	17.8
宁　夏	86.7	8.1	10.1	74.7	8.3	12.3	48.3	4.1	8.1	74.6	8.0	11.5
新　疆	90.9	12.0	15.1	82.5	14.9	22.0	59.4	8.1	15.9	81.5	13.3	19.1
内蒙古	88.4	11.8	14.9	74.0	7.7	11.4	47.8	3.3	6.6	75.0	9.7	13.9
广　西	72.6	13.3	16.7	53.2	14.8	21.8	42.9	6.4	12.6	59.8	13.4	19.3
西部地区	79.5	0.0	0.0	67.7	0.0	0.0	50.9	0.0	0.0	69.5	0.0	0.0

资料来源:作者根据《新中国五十五年统计资料汇编》、《中国统计年鉴》相关各期等资料中的原始数据
　　　分析整理、测算和自制而成。

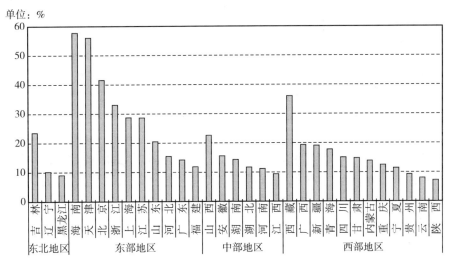

单位：%

图4-5　各省市对本区域国有投资比率不平衡性的影响力比较(1978～2006年)

资料来源:作者根据《新中国五十五年统计资料汇编》、《中国统计年鉴》相关各期等资料中的原始数据
　　　分析整理、测算和自制而成。

分不同时期进行考察:

1978～1990 年期间(如表 4 - 5 和图 4 - 6 所示),东北地区国有投资比率的年均值为 82.3%。本区域 3 省份中,黑龙江国有投资比率的年均值(为 86.6%)高于本区域整体水平,辽宁略低于本区域整体水平,吉林国有投资比率的年均值(为 66.9%)也低于本区域整体平均水平。黑龙江(变异系数为 5.9%)对东北区域内国有投资比率的不平衡分别有正影响,吉林(变异系数为 10.6%)、辽宁(变异系数为 3.7%)对东北区域内国有投资比率的不平衡有第一大和次大的负影响。

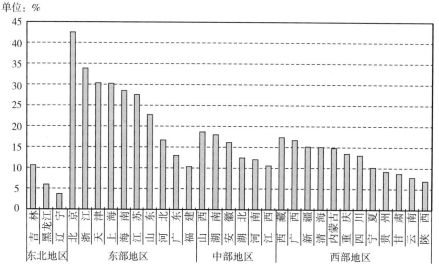

图 4 - 6　各省市对本区域国有投资比率不平衡性的影响力比较(1978～1990 年)

资料来源:作者根据《新中国五十五年统计资料汇编》、《中国统计年鉴》相关各期等资料中的原始数据
　　　　分析整理、测算和自制而成。

1991～2000 年期间(如表 4 - 5 和图 4 - 7 所示),东北地区国有投资比率的年均值为 72.6%。本区域 3 省份中,吉林和黑龙江国有投资比率的年均值(分别为 81.4%、77.7%)高于本区域整体水平,辽宁国有投资比率的年均值(为 66.9%)低于本区域整体平均水平。吉林(变异系数为 16.8%)、黑龙江(变异系数为 9.7%)对东北区域内国有投资比率的不平衡分别有第一大和次大的正影响,辽宁(变异系数为 10.1%)对东北区域内国有投资比率的不平衡有负影响;与前一时期比较,黑龙江对东北区域内国有投资比率的不平衡仍然是正影响力量,吉林由前一期负影响力量变为正影响力量。

单位：%

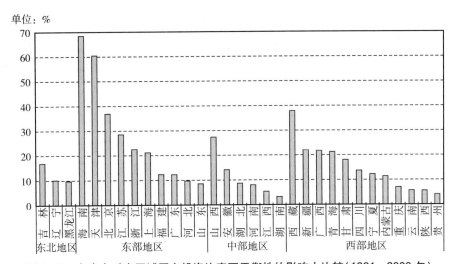

图4－7　各省市对本区域国有投资比率不平衡性的影响力比较（1991～2000年）
资料来源：作者根据《新中国五十五年统计资料汇编》、《中国统计年鉴》相关各期等资料中的原始数据
　　　分析整理、测算和自制而成。

2001～2006年期间（如表4－5和图4－8所示），东北地区国有投资比率的年均值为45.3%。本区域3省份中，吉林国有投资比率的年均值（为

单位：%

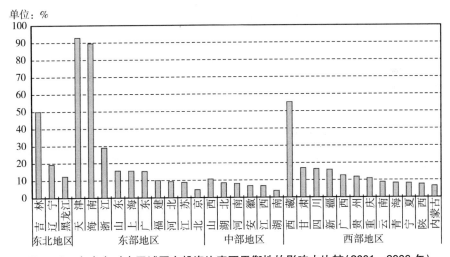

图4－8　各省市对本区域国有投资比率不平衡性的影响力比较（2001～2006年）
资料来源：作者根据《新中国五十五年统计资料汇编》、《中国统计年鉴》相关各期等资料中的原始数据
　　　分析整理、测算和自制而成。

69.0%)高于本区域整体水平,黑龙江国有投资比率的年均值(为45.8%)略高于该区域整体平均水平,辽宁国有投资比率的年均值(为35.0%)低于本区域整体平均水平。吉林(变异系数为50.0%)、黑龙江(变异系数为12.4%)对东北区域内国有投资比率的不平衡分别有第一大和次大的正影响,辽宁(变异系数为10.1%)对东北区域内国有投资比率的不平衡有负影响;与前一时期比较,吉林、黑龙江对东北区域内国有投资比率的不平衡仍然是第一大和次大的正影响力量。

二、东部区域内部省际国有投资比重差异考察

1978～2006年期间(如表4-5和图4-5所示),东部地区国有投资比率的年均值为54.5%。本区域10个省市中有4个省市国有投资比率的年均值高于该地区的整体年均水平,分别为海南(82.4%)、天津(81.5%)、北京(72.9%)、上海(65.9%);有6个省国有投资比率的年均值低于该地区的整体年均水平,分别是广东(54.0%)、河北(52.7%)、福建(52.4%)、浙江(46.1%)、山东(45.7%)、江苏(44.1%);其中国有投资比率的年均值最高的海南是国有投资比率的年均值最低的江苏的1.87倍。根据各省市CV值的计算结果,可以看出各省市对本区域国有投资比率不平衡程度的影响情况,按照由低到高依次是:福建(变异系数为11.9%,负影响)、广东(变异系数为14.2%,负影响)、河北(变异系数为15.4%,负影响)、山东(变异系数为20.5%,负影响)、江苏(变异系数为28.7%,负影响)、上海(变异系数为28.7%,正影响)、浙江(变异系数为33.0%,负影响)、北京(变异系数为41.6%,正影响)、天津(变异系数为56.0%,正影响)、海南(变异系数为57.7%,正影响)。由此可见,该期间内,海南、天津对东部区域国有投资比率不平衡状况有第一大和第二大的正影响,浙江、江苏对东部区域国有投资比率不平衡状况有第一大和第二大的负影响。

分不同时期进行考察:

1978～1990年期间(如表4-5和图4-6所示),东部地区国有投资比率的年均值为65.5%。本区域10个省市中有6个省市国有投资比率的年均值高于该地区的整体年均水平,分别为北京(92.2%)、天津(85.0%)、上海(84.4%)、海南(83.8%)、广东(68.1%)、河北(65.7%);有4个省国有投资比率的年均值低于该地区的整体年均水平,分别是福建(64.2%)、江苏(54.6%)、山东(52.2%)、浙江(43.8%);其中国有投资比率的年均值最高的北京是国有投资比率的年均值最低的浙江的2.10倍。根据各省市CV值的计算结果,可以看出各省市对本区域国有投资比率不平衡程度的影响情况,按照由低到高依次是:福建(变异系数为10.3%,负影响)、广东(变异系数为13.0%,正影响)、河北(变异系数为16.7%,正影响)、山东(变异系数为22.8%,负影响)、江苏(变异系数为27.6%,负影响)、海南(变异系数为28.5%,正影响)、上海(变异系数为30.2%,正影响)、天津(变异系数为30.3%,正影响)、浙江(变异系数为33.8%,负影响)、北京(变异系数为42.6%,正影响)。由此可见,该期间内,北京、天津对东部区域国有投资比率不平衡状况分别有第一大和第二大的正影响,浙江、江苏对东部区域国有投资比率不平衡状况分别有第一大和第二大的负影响。

1991~2000年期间(如表4-5和图4-7所示),东部地区国有投资比率的年均值为52.5%。本区域10个省市中有5个省市国有投资比率的年均值高于该地区的整体年均水平,分别为海南(88.2%)、天津(83.9%)、北京(70.6%)、上海(61.2%)、浙江(52.6%);有5个省国有投资比率的年均值低于该地区的整体年均水平,分别是广东(50.1%)、山东(48.4%)、河北(48.0%)、福建(46.8%)、江苏(38.3%);其中国有投资比率的年均值最高的海南是国有投资比率的年均值最低的江苏的2.30倍。根据各省市CV值的计算结果,可以看出各省市对本区域国有投资比率不平衡程度的影响情况,按照由低到高依次是:山东(变异系数为8.5%,负影响)、河北(变异系数为9.7%,负影响)、广东(变异系数为12.3%,负影响)、福建(变异系数为12.4%,负影响)、上海(变异系数为21.2%,正影响)、浙江(变异系数为22.5%,正影响)、江苏(变异系数为28.6%,负影响)、北京(变异系数为36.9%,正影响)、天津(变异系数为60.5%,正影响)、海南(变异系数为68.4%,正影响)。由此可见,该期间内,海南、天津对东部区域国有投资比率不平衡状况分别有第一大和第二大的正影响,江苏、福建对东部区域国有投资比率不平衡状况分别有第一大和第二大的负影响;与前一时期相比,海南取代北京市成为第一大的正影响力量,浙江由第一大负影响力量变为正影响力量。

2001~2006年期间(如表4-5和图4-8所示),东部地区国有投资比率的年均值为33.9%。本区域10个省市中有5个省市国有投资比率的年均值高于该地区的整体年均水平,分别为天津(69.9%)、海南(69.6%)、浙江(40.3%)、福建(36.2%)、北京(35.1%);有5个省市国有投资比率的年均值低于该地区的整体年均水平,分别是上海(33.8%)、河北(32.3%)、江苏(31.1%)、广东(29.6%)、山东(27.2%);其中国有投资比率的年均值最高的天津是国有投资比率的年均值最低的山东的2.57倍。根据各省市CV值的计算结果,可以看出各省市对本区域国有投资比率不平衡程度的影响情况,按照由低到高依次是:北京(变异系数为4.6%,正影响)、江苏(变异系数为8.8%,负影响)、河北(变异系数为9.3%,负影响)、福建(变异系数为10.0%,正影响)、广东(变异系数为15.3%,负影响)、上海(变异系数为15.58%,负影响)、山东(变异系数为15.65%,负影响)、浙江(变异系数为29.1%,正影响)、海南(变异系数为89.6%,正影响)、天津(变异系数为92.9%,正影响)。由此可见,该期间内,天津、海南对东部区域国有投资比率不平衡状况分别有第一大和第二大的正影响,山东、上海对东部区域国有投资比率不平衡状况分别有第一大和第二大的负影响;与前一期间相比,山东、上海取代江苏和福建成为第一大和第二大的负影响力量。

三、中部区域内部省际国有投资比重差异考察

1978~2006年期间(如表4-5和图4-5所示),中部地区国有投资比率的年均值为59.0%。本区域6个省中有2个省国有投资比率的年均值高于该地区的整体年均水平,分别为山西(69.5%)、湖北(64.5%);有4个省国有投资比率的年均值低于该地区的整体年均水平,分别是江西(58.2%)、河南(55.8%)、安徽(55.6%)、湖南(54.4%);其中国有投资比率的年均值最高的山西是国有投资比率的年均值最低的湖南的1.28倍。根据各省CV值的计算结果,可以看出各省对本区域国有投资比率不平衡程度的影响情况,按照由低到高依次是:江西(变异系数为9.4%,负影响)、河南(变异系数为11.2%,负影响)、湖北(变异系数为11.7%,正影响)、湖南(变异系数为14.3%,负影响)、安徽(变异系数为15.6%,负影响)、山西(变异系数为22.7%,正影响)。由此可见,该期间内,山西、湖北对中部区域国有投资比率不平衡状况分别有第一大和第二大的正影响,安徽、湖南对中部区域国有投资比率不平衡状况分别

有第一大和第二大的负影响。

分不同时期进行考察:

1978~1990年期间(如表4-5和图4-6所示),中部地区国有投资比率的年均值为66.7%。本区域6个省中有3个省国有投资比率的年均值高于该地区的整体年均水平,分别为山西(76.0%)、湖北(73.6%)、安徽(66.9%);有3个省国有投资比率的年均值低于该地区的整体年均水平,分别是江西(65.7%)、河南(64.9%)、湖南(56.8%);其中国有投资比率的年均值最高的山西是国有投资比率的年均值最低的湖南的1.34倍。根据各省CV值的计算结果,可以看出各省对本区域国有投资比率不平衡程度的影响情况,按照由低到高依次是:江西(变异系数为10.6%,负影响)、河南(变异系数为12.1%,负影响)、湖北(变异系数为12.5%,正影响)、安徽(变异系数为16.1%,正影响)、湖南(变异系数为18.0%,负影响)、山西(变异系数为18.6%,正影响)。由此可见,该期间内,山西、安徽对中部区域国有投资比率不平衡状况分别有第一大和第二大的正影响,湖南、河南对中部区域国有投资比率不平衡状况分别有第一大和第二大的负影响。

1991~2000年期间(如表4-5和图4-7所示),中部地区国有投资比率的年均值为58.9%。本区域6个省中有2个省国有投资比率的年均值高于该地区的整体年均水平,分别为山西(74.7%)、湖北(63.3%);有4个省国有投资比率的年均值低于该地区的整体年均水平,分别是湖南(57.9%)、江西(57.4%)、河南(54.6%)、安徽(50.9%);其中国有投资比率的年均值最高的山西是国有投资比率的年均值最低的安徽的1.47倍。根据各省CV值的计算结果,可以看出各省对本区域国有投资比率不平衡程度的影响情况,按照由低到高依次是:湖南(变异系数为3.2%,负影响)、江西(变异系数为5.4%,负影响)、河南(变异系数为8.0%,负影响)、湖北(变异系数为8.7%,正影响)、安徽(变异系数为14.2%,负影响)、山西(变异系数为27.4%,正影响)。由此可见,该期间内,山西、湖北对中部区域国有投资比率不平衡状况分别有第一大和第二大的正影响,安徽、河南对中部区域国有投资比率不平衡状况分别有第一大和第二大的负影响;与前一期间相比,安徽由第二大正影响力量变为第一大负影响力量。

2001~2006年期间(如表4-5和图4-8所示),中部地区国有投资比率的年均值为 42.4%。本区域 6 个省中有 4 个省国有投资比率的年均值高于该地区的整体年均水平,分别为山西(46.8%)、湖北(46.5%)、江西(43.2%)、湖南(43.1%);有 2 个省国有投资比率的年均值低于该地区的整体年均水平,分别是安徽(39.1%)、河南(38.3%);其中国有投资比率的年均值最高的山西是国有投资比率的年均值最低的河南的 1.22 倍。根据各省 CV 值的计算结果,可以看出各省对本区域国有投资比率不平衡程度的影响情况,按照由低到高依次是:湖南(变异系数为 3.8%,正影响)、江西(变异系数为 6.6%,正影响)、安徽(变异系数为 6.7%,负影响)、河南(变异系数为 8.0%,负影响)、湖北(变异系数为 8.4%,正影响)、山西(变异系数为 10.7%,正影响)。由此可见,该期间内,山西、湖北对中部区域国有投资比率不平衡状况有第一大和第二大的正影响,河南、安徽对中部区域国有投资比率不平衡状况有第一大和第二大的负影响;与前一期间相比,河南由第二大负影响力量成为第一大负影响力量。

四、西部区域内部省际国有投资比重差异考察

　　1978 ~ 2006 年期间(如表 4 - 5 和图 4 - 5 所示),西部地区国有投资比率的年均值为 69.5%。本区域 12 个省市中有 7 个省市国有投资比率的年均值高于该地区的整体年均水平,分别为西藏(91.1%)、新疆(81.5%)、青海(79.8%)、甘肃(78.3%)、内蒙古(75.0%)、宁夏(74.6%)、重庆(71.5%);有 5 个省国有投资比率的年均值低于该地区的整体年均水平,分别是陕西(69.3%)、云南(68.3%)、贵州(68.1%)、四川(61.3%)、广西(59.8%);其中国有投资比率的年均值最高的西藏是国有投资比率的年均值最低的广西的 1.52 倍。根据各省 CV 值的计算结果,可以看出各省市对本区域国有投资比率不平衡程度的影响情况,按照由低到高依次是:陕西(变异系数为 7.3%,负影响)、云南(变异系数为 8.1%,负影响)、贵州(变异系数为 9.3%,负影响)、宁夏(变异系数为 11.5%,正影响)、重庆(变异系数为 12.5%,正影响)、内蒙古(变异系数为 13.9%,正影响)、甘肃(变异系数为 14.8%,正影响)、四川(变异系数为 15.1%,负影响)、青海(变异系数为 17.8%,正影响)、新疆(变异系数为 19.1%,正影响)、广西(变异系数为 19.3%,负影响)、西藏(变异系数为 36.1%,正影响)。由此可见,该期间内,西藏、新疆对西部区域国有投资比率

不平衡状况分别有第一大和第二大的正影响,广西、四川对西部区域国有投资比率不平衡状况分别有第一大和第二大的负影响。

分不同时期进行考察:

1978~1990年期间(如表4-5和图4-6所示),西部地区国有投资比率的年均值为79.5%。本区域12个省市中有7个省市国有投资比率的年均值高于该地区的整体年均水平,分别为西藏(92.1%)、新疆(90.9%)、青海(89.5%)、内蒙古(88.4%)、宁夏(86.7%)、重庆(86.1%)、甘肃(85.5%);有5个省国有投资比率的年均值低于该地区的整体年均水平,分别是陕西(75.7%)、云南(73.8%)、贵州(73.7%)、四川(72.8%)、广西(72.6%);其中国有投资比率的年均值最高的西藏是国有投资比率的年均值最低的广西的1.27倍。根据各省CV值的计算结果,可以看出各省市对本区域国有投资比率不平衡程度的影响情况,按照由低到高依次是:陕西(变异系数为6.9%,负影响)、云南(变异系数为7.8%,负影响)、甘肃(变异系数为8.7%,正影响)、贵州(变异系数为9.2%,负影响)、宁夏(变异系数为10.1%,正影响)、四川(变异系数为13.1%,负影响)、重庆(变异系数为13.5%,正影响)、内蒙古(变异系数为14.9%,正影响)、青海(变异系数为15.08%,正影响)、新疆(变异系数为15.15%,正影响)、广西(变异系数为16.7%,负影响)、西藏(变异系数为17.4%,正影响)。由此可见,该期间内,西藏、新疆对西部区域国有投资比率不平衡状况分别有第一大和第二大的正影响,广西、四川对西部区域国有投资比率不平衡状况分别有第一大和第二大的负影响。

1991~2000年期间(如表4-5和图4-7所示),西部地区国有投资比率的年均值为67.7%。本区域12个省市中有8个省国有投资比率的年均值高于该地区的整体年均水平,分别为西藏(92.1%)、新疆(82.5%)、青海(81.6%)、甘肃(78.8%)、宁夏(74.7%)、内蒙古(74.0%)、云南(69.9%)、陕西(69.8%);有4个省国有投资比率的年均值低于该地区的整体年均水平,分别是贵州(66.5%)、重庆(64.1%)、四川(58.8%)、广西(53.2%);其中国有投资比率的年均值最高的西藏是国有投资比率的年均值最低的广西的1.73倍。根据各省CV值的计算结果,可以看出各省市对本区域国有投资比率不平衡程度的影响情况,按照由低到高依次是:贵州(变异系数为4.1%,负影响)、陕西(变异系数为5.6%,正影响)、云南(变异系数为5.7%,正影响)、重庆(变异系数为7.0%,负影响)、内蒙古(变异系数为11.4%,正影响)、宁夏(变异系数为12.3%,正影响)、四川(变异系数为13.7%,负影响)、甘肃(变异系数为18.1%,正影响)、青海(变异系数为21.3%,正影响)、广西(变异系数为21.8%,负影响)、新疆(变异系数为22.0%,正影响)、西藏(变异系数为37.9%,正影响)。由此可见,该期间内,西藏、新疆对西部区域国有投资比率不平衡状况分别有第一大和第二大的正影响,广西、四川对西部区域国有投资比率不平衡状况分别有第一大和第二大的负影响;与前一期间相比,西藏、新疆仍然为前两大正影响力量,广西、四川仍为前两大负影响力量。

2001~2006年期间(如表4-5和图4-8所示),西部地区国有投资比率的年均值为50.9%。本区域12个省市中有8个省市国有投资比率的年均值高于该地区的整体年均水平,分别为西藏(87.0%)、甘肃(61.7%)、新疆(59.4%)、贵州(58.5%)、青海(55.8%)、陕西(54.6%)、云南(53.6%)、重庆(52.3%);有4个省国有投资比率的年均值低于该地区的整体年均水平,分别是宁夏(48.3%)、内蒙古(47.8%)、广西(42.9%)、四川(40.5%);其中国有投资比率的年均值最高的西藏是国有投资比率的年均值最低的四川的2.15倍。根据各省CV值的计算结果,可以看出各省市对本区域国有投资比率不平衡程度的影响情况,按照由低到高依次是:内蒙古(变异系数为6.6%,负影响)、陕西(变异系数为7.6%,正影响)、宁夏(变异系数为8.1%,负影响)、青海(变异系数为8.2%,正影响)、云南(变异系数为8.8%,正影响)、重庆(变异系数为10.9%,正影响)、贵州(变异系数为11.8%,正影响)、广西(变异系数为12.6%,负影响)、新疆(变异系数为15.9%,正影响)、四川(变异系数为16.4%,负影响)、甘肃(变异系数为16.9%,正影响)、西藏(变异系数为55.3%,正影响)。由此可见,该期间内,西藏、甘肃对西部区域国有投资比率不平衡状况分别有第一大和第二大的正影响,四川、广西对西部区域国有投资比率不平衡状况分别有第一大和第二大的负影响;与前一期间相比,甘肃取代新疆成为第二大正影响力量,四川超越广西成为第一大负影响力量。

第三节　区域内部省际集体投资比率差异情况

一、东北区域内部省际集体投资比率差异考察

1978~2006年期间(如表4-6和图4-9所示),东北地区集体投资比率的年均值为7.4%。本区域3省份中,辽宁(9.7%)集体投资比率的年均值高于本区域整体水平;吉林、黑龙江集体投资比率的年均值(分别为7.0%、3.9%)低于本区域整体平均水平。辽宁(变异系数为40.2%)对东北区域内集体投资比率的不平衡分别有正影响,黑龙江(变异系数为53.2%)、吉林(变异系数为36.5%)对东北区域内集体投资比率的不平衡分别有第一大和次大的负影响。

表4-6　区域内部省际集体投资比率差别情况

单位:%

年份	1978~1990			1991~2000			2001~2006			1978~2006		
	均值	标准差	变异系数	均值	标准差	变异系数	均值	标准差	变异系数	均值	标准差	变异系数
辽　宁	8.8	2.6	35.8	10.8	2.8	35.1	9.8	2.7	40.4	9.7	3.0	40.2
吉　林	8.0	3.0	41.2	7.8	1.2	14.8	3.4	2.6	39.0	7.0	2.7	36.5
黑龙江	4.5	3.1	42.5	3.6	4.6	56.8	3.1	2.9	44.5	3.9	3.9	53.2
东北地区	7.3	0.0	0.0	8.0	0.0	0.0	6.6	0.0	0.0	7.4	0.0	0.0
北　京	5.8	11.9	73.3	6.9	13.4	66.8	3.6	7.8	59.5	5.7	12.5	74.2
天　津	9.1	7.4	45.4	12.6	7.8	38.6	8.2	4.3	32.9	10.1	7.4	44.0
河　北	13.3	5.9	36.2	26.1	8.2	41.0	20.9	7.2	55.0	19.3	7.8	46.2
上　海	9.2	7.6	46.9	13.7	6.5	32.5	5.8	6.1	46.3	10.0	7.6	44.7
江　苏	21.6	8.9	55.2	26.3	8.7	43.6	10.2	3.8	28.9	20.8	8.5	50.2
浙　江	26.2	11.6	71.7	29.2	9.5	47.4	14.3	6.7	51.0	24.8	10.7	63.5
福　建	14.8	5.0	30.6	9.4	10.9	54.3	5.1	6.6	50.3	11.0	8.5	50.2
山　东	24.7	10.8	66.6	28.8	9.2	45.9	22.5	8.2	62.8	25.7	10.6	62.8

续表

年份	1978～1990			1991～2000			2001～2006			1978～2006		
	均值	标准差	变异系数	均值	标准差	变异系数	均值	标准差	变异系数	均值	标准差	变异系数
广　东	11.2	5.8	36.0	15.8	4.5	22.2	12.8	1.7	13.2	13.1	5.0	29.5
海　南	2.5	13.9	86.0	2.1	18.3	91.0	2.3	8.8	67.3	2.3	15.7	92.8
东部地区	16.2	0.0	0.0	20.1	0.0	0.0	13.1	0.0	0.0	16.9	0.0	0.0
山　西	11.6	2.4	21.5	7.7	5.5	43.6	6.9	2.5	28.0	9.3	4.1	36.3
安　徽	8.6	3.9	35.8	16.3	4.4	34.6	8.0	1.9	20.5	11.1	4.0	35.6
江　西	9.9	3.8	34.9	11.1	2.3	18.0	8.8	1.0	10.8	10.1	3.1	27.4
河　南	9.2	3.1	28.2	17.1	4.9	38.3	12.7	3.0	33.3	12.6	4.1	36.6
湖　北	11.7	2.9	26.1	9.3	3.8	30.2	6.0	2.6	28.6	9.7	3.4	30.8
湖　南	13.5	5.2	46.9	11.5	2.2	17.6	9.8	1.1	12.2	12.0	3.9	34.8
中部地区	11.0	0.0	0.0	12.7	0.0	0.0	9.1	0.0	0.0	11.2	0.0	0.0
重　庆	6.1	4.5	62.4	15.5	6.3	65.5	8.3	3.0	58.5	9.8	5.3	69.3
四　川	10.2	4.3	60.6	15.2	5.9	61.6	8.2	3.0	58.3	11.5	5.0	66.4
贵　州	5.8	2.9	41.3	6.5	3.4	35.7	3.5	1.7	32.4	5.6	3.1	40.8
云　南	12.3	6.2	86.3	10.8	2.9	29.9	4.8	1.1	20.4	10.2	4.7	61.4
西　藏	0.2	7.3	102.6	2.5	7.7	79.5	1.9	3.1	60.6	1.3	7.2	94.2
陕　西	7.9	3.3	45.8	6.1	3.9	40.1	4.5	1.0	19.0	6.6	3.3	43.8
甘　肃	5.7	2.2	31.4	6.3	3.7	38.7	5.5	1.0	19.7	5.9	2.8	37.2
青　海	4.1	4.6	65.0	4.4	5.7	58.7	2.4	2.7	52.1	3.8	5.0	65.7
宁　夏	4.9	2.6	36.2	6.1	3.9	40.8	3.7	1.8	34.7	5.0	3.2	41.9
新　疆	4.3	3.2	45.2	4.3	5.5	57.2	1.5	3.2	62.0	3.7	4.5	59.0
内蒙古	2.5	4.9	68.7	4.5	5.6	57.6	3.0	1.8	35.3	3.3	4.9	64.9
广　西	6.2	2.3	32.5	11.4	2.1	21.8	4.6	0.7	13.9	7.7	2.1	27.7
西部地区	7.1	0.0	0.0	9.6	0.0	0.0	5.2	0.0	0.0	7.6	0.0	0.0

资料来源:作者根据《新中国五十五年统计资料汇编》、《中国统计年鉴》相关各期等资料中的原始数据
　　　　分析整理、测算和自制而成。

单位：%

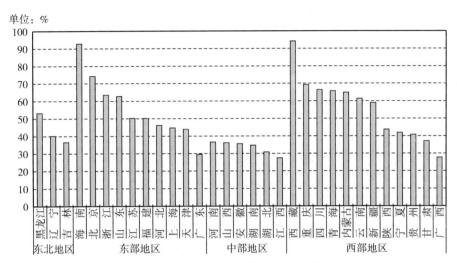

图4-9 各省市对本区域集体投资比率不平衡性的影响力比较(1978~2006年)

资料来源：作者根据《新中国五十五年统计资料汇编》、《中国统计年鉴》相关各期等资料中的原始数据
分析整理、测算和自制而成。

分不同时期进行考察：

1978~1990年期间(如表4-6和图4-10所示)，东北地区集体投资比率的年均值为7.3%。本区域3省份中，辽宁、吉林集体投资比率的年均值(分别

单位：%

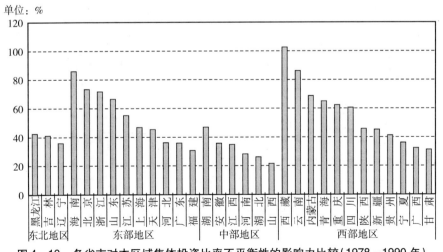

图4-10 各省市对本区域集体投资比率不平衡性的影响力比较(1978~1990年)

资料来源：作者根据《新中国五十五年统计资料汇编》、《中国统计年鉴》相关各期等资料中的原始数据
分析整理、测算和自制而成。

为8.8%、8.0%）高于本区域整体水平,黑龙江集体投资比率的年均值（为4.5%）低于本区域整体平均水平。吉林（变异系数为41.2%）、辽宁（变异系数为35.8%）对东北区域内集体投资比率的不平衡分别有第一大和次大的正影响,黑龙江（变异系数为42.5%）对东北区域内集体投资比率的不平衡有负影响。

1991～2000年期间（如表4－6和图4－11所示）,东北地区集体投资比率的年均值为8.0%。本区域3省份中,辽宁集体投资比率的年均值（为10.8%）高于本区域整体水平,黑龙江和吉林集体投资比率的年均值（分别为3.6%、7.8%）低于本区域整体平均水平;辽宁（变异系数为35.1%）对东北区域内集体投资比率的不平衡分别有正影响,黑龙江（变异系数为56.8%）、吉林（变异系数为14.8%）对东北区域内集体投资比率的不平衡有第一大和次大的负影响;与前一时期比较,辽宁对东北区域内集体投资比率的不平衡仍然具有正影响,吉林由正影响力量变为负影响力量。

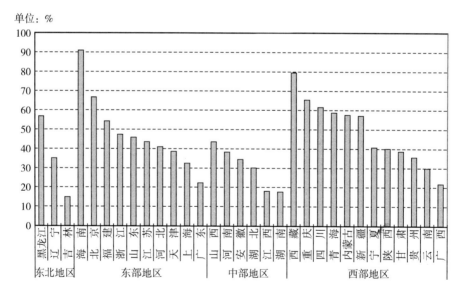

图4－11　各省市对本区域集体投资比率不平衡性的影响力比较（1991～2000年）

资料来源:作者根据《新中国五十五年统计资料汇编》、《中国统计年鉴》相关各期等资料中的原始数据分析整理、测算和自制而成。

2001～2006年期间（如表4－6和图4－12所示）,东北地区集体投资比率的年均值为 6.6%。本区域 3 省份中,辽宁集体投资比率的年均值(为 9.8%)高于本区域整体水平,吉林和黑龙江集体投资比率的年均值(分别为 3.4%、3.1%)低于本区域整体平均水平。辽宁(变异系数为 40.4%)对东北区域内集体投资比率的不平衡分别有正影响,黑龙江(变异系数为 44.5%)、吉林(变异系数为 39.0%)对东北区域内集体投资比率的不平衡分别有第一大和次大的负影响;与前一时期比较,辽宁对东北区域内集体投资比率的不平衡仍然是正影响力量,黑龙江、吉林仍然为负影响力量。

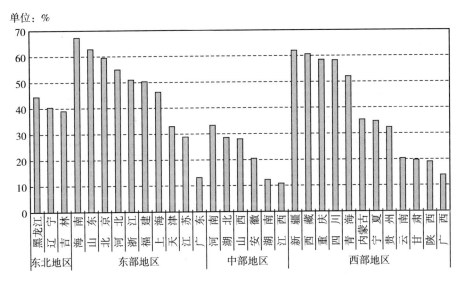

图 4-12 各省市对本区域集体投资比率不平衡性的影响力比较(2001~2006 年)

资料来源:作者根据《新中国五十五年统计资料汇编》、《中国统计年鉴》相关各期等资料中的原始数据分析整理、测算和自制而成。

二、东部区域内部省际集体投资比率差异考察

1978~2006 年期间(如表 4-6 和图 4-9 所示),东部地区集体投资比率的年均值为 16.9%。本区域 10 个省市中有 4 个省集体投资比率的年均值高于该地区的整体年均水平,分别是山东(25.7%)、浙江(24.8%)、江苏(20.8%)、河北(19.3%);有 6 个省市集体投资比率的年均值低于该地区的整体年均水平,分别为广东(13.1%)、福建(11.0%)、天津(10.1%)、上海(10.0%)、北京(5.7%)、海南(2.3%);其中集体投资比率的年均值最高的山东是集体投资比

率的年均值最低的海南的 11.02 倍。根据各省 CV 值的计算结果,可以看出各省市对本区域集体投资比率不平衡程度的影响情况,按照由低到高依次是:广东(变异系数为 29.5%,负影响)、天津(变异系数为 44.0%,负影响)、上海(变异系数为 44.7%,负影响)、河北(变异系数为 46.2%,正影响)、福建(变异系数为 50.21%,负影响)、江苏(变异系数为 50.25%,正影响)、山东(变异系数为 62.8%,正影响)、浙江(变异系数为 63.5%,正影响)、北京(变异系数为 74.2%,负影响)、海南(变异系数为 92.8%,负影响)。由此可见,该期间内,浙江、山东对东部区域集体投资比率不平衡状况分别有第一大和第二大的正影响,海南、北京对东部区域集体投资比率不平衡状况分别有第一大和第二大的负影响。

分不同时期进行考察:

1978～1990 年期间(如表 4-6 和图 4-10 所示),东部地区集体投资比率的年均值为 16.2%。本区域 10 个省市中有 7 个省市集体投资比率的年均值低于该地区的整体年均水平,分别为海南(2.5%)、北京(5.8%)、天津(9.1%)、上海(9.2%)、广东(11.2%)、河北(13.3%)、福建(14.8%);有 3 个省集体投资比率的年均值高于该地区的整体年均水平,分别是江苏(21.6%)、山东(24.7%)、浙江(26.2%);其中集体投资比率的年均值最高的浙江是集体投资比率的年均值最低的海南的 10.45 倍。根据各省 CV 值的计算结果,可以看出各省市对本区域集体投资比率不平衡程度的影响情况,按照由低到高依次是:福建(变异系数为 30.6%,负影响)、广东(变异系数为 36.0%,负影响)、河北(变异系数为 36.2%,负影响)、天津(变异系数为 45.4%,负影响)、上海(变异系数为 46.9%,负影响)、江苏(变异系数为 55.2%,正影响)、山东(变异系数为 66.6%,正影响)、浙江(变异系数为 71.7%,正影响)、北京(变异系数为 73.3%,负影响)、海南(变异系数为 86.0%,负影响)。由此可见,该期间内,浙江、山东对东部区域集体投资比率不平衡状况分别有第一大和第二大的正影响,海南、北京对东部区域集体投资比率不平衡状况分别有第一大和第二大的负影响。

1991～2000 年期间(如表 4-6 和图 4-11 所示),东部地区集体投资比率的年均值为 20.1%。本区域 10 个省市中有 6 个省市集体投资比率的年均值低于该地区的整体年均水平,分别为海南(2.1%)、北京(6.9%)、福建(9.4%)、天津(12.6%)、上海(13.7%)、广东(15.8%);有4个省集体投资比率的年均值高于该地区的整体年均水平,分别是河北(26.1%)、江苏(26.3%)、山东(28.8%)、浙江(29.2%);其中集体投资比率的年均值最高的浙江是集体投资比率的年均值最低的海南的13.81倍。根据各省CV值的计算结果,可以看出各省市对本区域集体投资比率不平衡程度的影响情况,按照由低到高依次是:广东(变异系数为22.2%,负影响)、上海(变异系数为32.5%,负影响)、天津(变异系数为38.6%,负影响)、河北(变异系数为41.0%,正影响)、江苏(变异系数为43.6%,正影响)、山东(变异系数为45.9%,正影响)、浙江(变异系数为47.4%,正影响)、福建(变异系数54.3%,负影响)、北京(变异系数为66.8%,负影响)、海南(变异系数为91.0%,负影响)。由此可见,该期间内,浙江、山东对东部区域集体投资比率不平衡状况分别有第一大和第二大的正影响,海南、北京对东部区域集体投资比率不平衡状况分别有第一大和第二大负影响;与前一期间相比,浙江、山东仍为前两大正影响力量,海南、北京仍为前两大负影响力量。

2001~2006年期间(如表4-6和图4-12所示),东部地区集体投资比率的年均值为13.1%。本区域10个省市中有7个省市集体投资比率的年均值低于该地区的整体年均水平,分别为海南(2.3%)、北京(3.6%)、福建(5.1%)、上海(5.8%)、天津(8.2%)、江苏(10.2%)、广东(12.8%);有3个省集体投资比率的年均值高于该地区的整体年均水平,分别是浙江(14.3%)、河北(20.9%)、山东(22.5%);其中集体投资比率的年均值最高的山东是集体投资比率的年均值最低的海南的9.79倍。根据各省CV值的计算结果,可以看出各省市对本区域集体投资比率不平衡程度的影响情况,按照由低到高依次是:广东(变异系数为13.2%,负影响)、江苏(变异系数为28.9%,负影响)、天津(变异系数为32.9%,负影响)、上海(变异系数为46.3%,负影响)、福建(变异系数50.3%,负影响)、浙江(变异系数为51.0%,正影响)、河北(变异系数为55.0%,正影响)、北京(变异系数为59.5%,负影响)、山东(变异系数为62.8%,正影响)、海南(变异系数为67.3%,负影响)。由此可见,该期间内,山东、河北对东部区域集体投资比率不平衡状况分别有第一大和第二大的正影响,海南、北京对东部区域集体投资比率不平衡状况分别有第一大和第二大的负影响;与前一期间相比,山东由第二大正影响力量变为本期间的第一大正影

响力量,河北跃居第二大正影响力量,前两大负影响力量不变,仍然为海南、
北京。

三、中部区域内部省际集体投资比率差异考察

1978~2006 年期间(如表 4-6 和图 4-9 所示),中部地区集体投资比率
的年均值为 11.2%。本区域 6 个省中有 2 个省集体投资比率的年均值高于该
地区的整体年均水平,分别为湖南(12.0%)、河南(12.6%);有 4 个省集体投
资比率的年均值低于该地区的整体年均水平,分别是山西(9.3%)、湖北
(9.7%)、江西(10.1%)、安徽(11.1%);其中集体投资比率的年均值最高的河
南是集体投资比率的年均值最低的山西的 1.36 倍。根据各省 CV 值的计算结
果,可以看出各省对本区域集体投资比率不平衡程度的影响情况,按照由低到
高依次是:江西(变异系数为 27.4%,负影响)、湖北(变异系数为 30.8%,负影
响)、湖南(变异系数为 34.8%,正影响)、安徽(变异系数为 35.6%,负影响)、
山西(变异系数为 36.3%,负影响)、河南(变异系数为 36.6%,正影响)。由此
可见,该期间内,河南、湖南对中部区域集体投资比率不平衡状况分别有第一大
和第二大的正影响,山西、安徽对中部区域集体投资比率不平衡状况分别有第
一大和第二大的负影响。

分不同时期进行考察:

1978~1990 年期间(如表 4-6 和图 4-10 所示),中部地区集体投资比率
的年均值为 11.0%。本区域 6 个省中有 3 个省集体投资比率的年均值高于该
地区的整体年均水平,分别为山西(11.6%)、湖北(11.7%)、湖南(13.5%);有
3 个省集体投资比率的年均值低于该地区的整体年均水平,分别是安徽
(8.6%)、河南(9.2%)、江西(9.9%);其中集体投资比率的年均值最高的湖南
是集体投资比率的年均值最低的安徽的 1.58 倍。根据各省 CV 值的计算结
果,可以看出各省对本区域集体投资比率不平衡程度的影响情况,按照由低到
高依次是:山西(变异系为 21.5%,正影响)、湖北(变异系数为 26.1%,正影
响)、河南(变异系数为 28.2%,负影响)、江西(变异系数为 34.9%,负影响)、
安徽(变异系数为 35.8%,负影响%)、湖南(变异系数为 46.9%,正影响)。由
此可见,该期间内,湖南、湖北对中部区域集体投资比率不平衡状况分别有第一
大和第二大的正影响,安徽、江西对中部区域集体投资比率不平衡状况分别有

第一大和第二大的负影响。

1991～2000年期间(如表4-6和图4-11所示),中部地区集体投资比率的年均值为12.7%。本区域6个省中有2个省集体投资比率的年均值高于该地区的整体年均水平,分别为安徽(16.3%)、河南(17.1%);有4个省集体投资比率的年均值低于该地区的整体年均水平,分别是山西(7.7%)、湖北(9.3%)、江西(11.1%)、湖南(11.5%);其中集体投资比率的年均值最高的河南是集体投资比率的年均值最低的山西的2.22倍。根据各省CV值的计算结果,可以看出各省对本区域集体投资比率不平衡程度的影响情况,按照由低到高依次是:湖南(变异系数为17.6%,负影响)、江西(变异系数为18.0%,负影响)、湖北(变异系数为30.2%,负影响)、安徽(变异系数为34.6%,正影响)、河南(变异系数为38.3%,正影响)、山西(变异系数为43.6%,负影响)。由此可见,该期间内,河南、安徽对中部区域集体投资比率不平衡状况分别有第一大和第二大的正影响,山西、湖北对中部区域集体投资比率不平衡状况分别有第一大和第二大的负影响;与前一期间相比,河南、安徽取代湖南、湖北成为前两大正影响力量,山西、湖北取代安徽、江西成为前两大负影响力量。

2001～2006年期间(如表4-6和图4-12所示),中部地区集体投资比率的年均值为9.1%。本区域6个省中有4个省集体投资比率的年均值低于该地区的整体年均水平,分别为湖北(6.0%)、山西(6.9%)、安徽(8.0%)、江西(8.8%);有2个省集体投资比率的年均值高于该地区的整体年均水平,分别是湖南(9.8%)、河南(12.7%);其中集体投资比率的年均值最高的河南是集体投资比率的年均值最低的湖北的2.12倍。根据各省CV值的计算结果,可以看出各省对本区域集体投资比率不平衡程度的影响情况,按照由低到高依次是:江西(变异系数为10.8%,负影响)、湖南(变异系数为12.2%,正影响)、安徽(变异系数为20.5%,负影响)、山西(变异系数为28.0%,负影响)、湖北(变异系数为28.6%,负影响)、河南(变异系数为33.3%,正影响)。由此可见,该期间内,河南、湖南对中部区域集体投资比率不平衡状况分别有第一大和第二大的正影响,湖北、山西对中部区域集体投资比率不平衡状况分别有第一大和第二大的负影响。与前一期间相比,湖南取代安徽成为第二大正影响力量,湖北超越山西成为第一大负影响力量。

四、西部区域内部省际集体投资比率差异考察

1978～2006 年期间（如表 4-6 和图 4-9 所示），西部地区集体投资比率的年均值为 7.6%。本区域 12 个省市中有 8 个省集体投资比率的年均值低于该地区的整体年均水平，分别为西藏（1.3%）、内蒙古（3.3%）、新疆（3.7%）、青海（3.8%）、宁夏（5.0%）、贵州（5.6%）、甘肃（5.9%）、陕西（6.6%）；有 4 个省市集体投资比率的年均值高于该地区的整体年均水平，分别是广西（7.7%）、重庆（9.8%）、云南（10.2%）、四川（11.5%）；其中集体投资比率的年均值最高的四川是集体投资比率的年均值最低的西藏的 8.54 倍。根据各省 CV 值的计算结果，可以看出各省市对本区域集体投资比率不平衡程度的影响情况，按照由低到高依次是：广西（变异系数为 27.7%，正影响）、甘肃（变异系数为 37.2%，负影响）、贵州（变异系数为 40.8%，负影响）、宁夏（变异系数为 41.9%，负影响）、陕西（变异系数为 43.8%，负影响）、新疆（变异系数为 59.0%，负影响）、云南（变异系数为 61.4%，正影响）、内蒙古（变异系数为 64.9%，负影响）、青海（变异系数为 65.7%，负影响）、四川（变异系数为 66.4%，正影响）、重庆（变异系数为 69.3%，正影响）、西藏（变异系数为 94.2%，负影响）。由此可见，该期间内，重庆、四川对西部区域集体投资比率不平衡状况分别有第一大和第二大的正影响，西藏、青海对西部区域集体投资比率不平衡状况分别有第一大和第二大的负影响。

分不同时期进行考察：

1978～1990 年期间（如表 4-6 和图 4-10 所示），西部地区集体投资比率的年均值为 7.1%。本区域 12 个省市中有 9 个省市集体投资比率的年均值低于该地区的整体年均水平，分别为西藏（0.2%）、内蒙古（2.5%）、青海（4.1%）、新疆（4.3%）、宁夏（4.9%）、甘肃（5.7%）、贵州（5.8%）、重庆（6.1%）、广西（6.2%）；有 3 个省集体投资比率的年均值高于该地区的整体年均水平，分别是陕西（7.9%）、四川（10.2%）、云南（12.3%）；其中集体投资比率的年均值最高的云南是集体投资比率的年均值最低的西藏的 50.46 倍。根据各省 CV 值的计算结果，可以看出各省市对本区域集体投资比率不平衡程度的影响情况，按照由低到高依次是：甘肃（变异系数为 31.4%，负影响）、广西（变异系数为 32.5%，负影响）、宁夏（变异系数为 36.2%，负影响）、贵州（变异

系数为41.3%,负影响)、新疆(变异系数为45.2%,负影响)、陕西(变异系数为45.8%,正影响)、四川(变异系数为60.6%,正影响)、重庆(变异系数为62.4%,负影响)、青海(变异系数为65.0%,负影响)、内蒙古(变异系数为68.7%,负影响)、云南(变异系数为86.3%,正影响)、西藏(变异系数为102.6%,负影响)。由此可见,该期间内,云南、四川对西部区域集体投资比率不平衡状况分别有第一大和第二大的正影响,西藏、内蒙古对西部区域集体投资比率不平衡状况分别有第一大和第二大的负影响。

1991~2000年期间(如表4-6和图4-11所示),西部地区集体投资比率的年均值为9.6%。本区域12个省市中有8个省集体投资比率的年均值低于该地区的整体年均水平,分别为西藏(2.5%)、新疆(4.3%)、青海(4.4%)、内蒙古(4.5%)、陕西(6.05%)、宁夏(6.06%)、甘肃(6.3%)、贵州(6.5%);有4个省市集体投资比率的年均值高于该地区的整体年均水平,分别是云南(10.8%)、广西(11.4%)、四川(15.2%)、重庆(15.5%);其中集体投资比率的年均值最高的重庆是集体投资比率的年均值最低的西藏的6.25倍。根据各省CV值的计算结果,可以看出各省市对本区域集体投资比率不平衡程度的影响情况,按照由低到高依次是:广西(变异系数为21.8%,正影响)、云南(变异系数为29.9%,正影响)、贵州(变异系数为35.7%,负影响)、甘肃(变异系数为38.7%,负影响)、陕西(变异系数为40.1%,负影响)、宁夏(变异系数为40.8%,负影响)、新疆(变异系数为57.2%,负影响)、内蒙古(变异系数为57.6%,负影响)、青海(变异系数为58.7%,负影响)、四川(变异系数为61.6%,正影响)、重庆(变异系数为65.5%,正影响)、西藏(变异系数为79.5%,负影响)。由此可见,该期间内,重庆、四川对西部区域集体投资比率不平衡状况分别有第一大和第二大的正影响,西藏、青海对西部区域集体投资比率不平衡状况分别有第一大和第二大负影响;与前一期间相比,重庆取代云南成为第一大正影响力量,青海取代内蒙古成为第二大负影响力量。

2001~2006年期间(如表4-6和图4-12所示),西部地区集体投资比率的年均值为5.2%。本区域12个省市中有9个省集体投资比率的年均值低于该地区的整体年均水平,分别为新疆(1.5%)、西藏(1.9%)、青海(2.4%)、内蒙古(3.0%)、贵州(3.5%)、宁夏(3.7%)、陕西(4.5%)、广西(4.6%)、云南(4.8%);有3个省市集体投资比率的年均值高于该地区的整体年均水平,分别是甘肃(5.5%)、四川(8.2%)、重庆(8.3%);其中集体投资比率的年均值最高的重庆是集体投资比率的年均值最低的新疆的5.47倍。根据各省CV值的计算结果,可以看出各省市对本区域集体投资比率不平衡程度的影响情况,按照由低到高依次是:广西(变异系数为13.9%,负影响)、陕西(变异系数为19.0%,负影响)、甘肃(变异系数为19.7%,正影响)、云南(变异系数为20.4%,负影响)、贵州(变异系数为32.4%,负影响)、宁夏(变异系数为34.7%,负影响)、内蒙古(变异系数为35.3%,负影响)、青海(变异系数为52.1%,负影响)、四川(变异系数为58.3%,正影响)、重庆(变异系数为58.5%,正影响)、西藏(变异系数为60.6%,负影响)、新疆(变异系数为62.0%,负影响)。由此可见,该期间内,重庆、四川对西部区域集体投资比率不平衡状况分别有第一大和第二大的正影响,新疆、西藏对西部区域集体投资比率不平衡状况分别有第一大和第二大的负影响。与前一期间相比,重庆、四川仍然为前两大正影响力量,新疆超越西藏成为第一大负影响力量。

第四节　　区域内部省际私营投资比率差异情况

一、东北区域内部省际私营投资比率差异考察

1978～2006年期间(如表4-7和图4-13所示),东北地区私营投资比率的年均值为21.3%。本区域3省份中有2个省年私营投资比率的年均值低于本区域整体水平,分别为黑龙江(21.0%)、吉林(17.3%);有1个省即辽宁私营投资比率的年均值(为23.4%)高于本区域整体平均水平。辽宁(变异系数为24.6%)对东北区域内私营投资比率的不平衡分别有正影响,吉林(变异系数为73.4%)、黑龙江(变异系数为22.7%)对东北区域内私营投资比率的不平衡分别有第一大和次大的负影响。

分不同时期进行考察:

1978～1990年期间(如表4-7和图4-14所示),东北地区私营投资比率的年均值为10.4%。本区域3省份中,黑龙江和辽宁私营投资比率的年均值(分别为8.8%、8.9%)低于本区域整体水平,吉林私营投资比率的年均值(为17.5%)高于本区域整体平均水平。吉林(变异系数为85.3%)对东北区域内

私营投资比率的不平衡分别有正影响,辽宁(变异系数为28.0%)、黑龙江(变异系数为23.9%)对东北区域内私营投资比率的不平衡分别有第一大和次大的负影响。

1991～2000年期间(如表4-7和图4-15所示),东北地区私营投资比率的年均值为19.3%。本区域3省份中,黑龙江和吉林私营投资比率的年均值(分别为18.6%、10.8%)低于本区域整体水平,辽宁省私营投资比率的年均值(为23.2%)高于本区域整体平均水平。辽宁(变异系数为25.0%)对东北区域内私营投资比率的不平衡分别有正影响,吉林(变异系数为61.8%)、黑龙江(变异系数为22.9%)对东北区域内私营投资比率的不平衡分别有第一大和次大的负影响;与前一时期比较,辽宁对东北区域内私营投资比率的不平衡由负影响力量变为正影响力量。

表4-7　区域内部省际私营投资比率差别情况

单位:%

年份	1978～1990			1991～2000			2001～2006			1978～2006		
	均值	标准差	变异系数	均值	标准差	变异系数	均值	标准差	变异系数	均值	标准差	变异系数
辽　宁	8.9	2.9	28.0	23.2	4.8	25.0	41.2	6.3	18.6	20.5	5.2	28.6
吉　林	17.5	8.9	85.3	10.8	11.9	61.8	11.8	20.4	60.1	14.0	15.7	85.2
黑龙江	8.8	2.5	23.9	18.6	4.4	22.9	38.2	5.3	15.5	18.3	4.5	24.7
东北地区	10.4	0.0	0.0	19.3	0.0	0.0	33.9	0.0	0.0	18.4	0.0	0.0
北　京	2.0	16.9	92.3	22.6	8.8	32.1	40.7	9.3	24.3	17.1	14.1	55.1
天　津	5.8	12.9	70.3	3.5	24.8	90.6	5.9	28.9	75.2	5.0	24.8	97.0
河　北	20.9	7.2	39.5	25.9	5.7	20.9	34.1	5.1	13.2	25.4	6.8	26.7
上　海	6.5	12.4	67.8	25.1	7.6	27.6	45.3	9.1	23.7	20.9	11.2	43.9
江　苏	23.8	11.6	63.0	35.4	8.8	32.0	45.8	6.5	16.8	32.4	10.4	40.6
浙　江	29.9	12.2	66.4	18.1	14.0	51.2	31.4	15.7	40.9	26.2	15.4	60.0
福　建	21.0	5.3	28.9	43.8	16.8	61.6	45.0	6.7	17.4	33.8	11.6	45.4
山　东	23.1	6.3	34.6	22.8	5.5	20.1	35.8	4.6	12.1	25.6	6.2	24.3

续表

年份	1978～1990			1991～2000			2001～2006			1978～2006		
	均值	标准差	变异系数	均值	标准差	变异系数	均值	标准差	变异系数	均值	标准差	变异系数
广　东	20.7	10.2	55.9	34.1	9.3	34.1	42.0	5.9	15.5	29.7	9.8	38.2
海　南	14.0	6.6	36.2	9.7	18.2	66.6	11.7	23.4	60.9	12.0	18.6	72.8
东部地区	18.3	0.0	0.0	27.4	0.0	0.0	38.4	0.0	0.0	25.6	0.0	0.0
山　西	12.4	12.4	55.3	17.6	11.1	39.0	33.2	4.0	11.1	18.5	11.2	41.1
安　徽	24.6	8.3	37.3	32.8	5.0	17.5	39.7	3.3	9.1	30.5	6.8	25.1
江　西	24.4	4.8	21.3	31.5	4.2	14.8	37.1	2.2	6.2	29.5	4.4	16.2
河　南	26.0	6.6	29.7	28.3	3.7	13.1	36.0	2.0	5.5	28.8	5.3	19.4
湖　北	14.7	8.4	37.7	27.4	3.9	13.8	34.1	2.3	6.3	23.1	6.5	23.7
湖　南	29.7	8.6	38.6	30.6	2.3	8.2	34.0	2.2	6.1	30.9	6.3	23.1
中部地区	22.3	0.0	0.0	28.4	0.0	0.0	35.7	0.0	0.0	27.2	0.0	0.0
重　庆	7.7	7.5	56.2	20.4	3.9	17.1	25.3	7.1	22.6	15.7	7.2	35.3
四　川	17.0	6.8	51.0	26.0	4.3	18.9	37.7	5.7	18.1	24.4	6.4	31.6
贵　州	20.5	8.1	60.7	27.0	5.3	23.4	27.8	3.8	12.2	24.2	6.9	34.0
云　南	13.9	3.5	26.4	19.3	3.6	15.8	30.8	3.2	10.1	19.2	3.8	18.7
西　藏	7.6	8.3	62.2	5.4	18.3	80.9	7.9	21.4	68.3	6.9	18.1	89.1
陕　西	16.4	3.5	26.5	24.2	2.9	12.7	29.2	2.5	8.1	21.7	3.4	16.7
甘　肃	9.0	5.0	37.7	14.9	8.8	38.7	24.4	6.2	19.8	14.2	7.4	36.5
青　海	6.5	7.8	58.1	14.0	9.3	41.1	28.3	3.7	12.0	13.6	8.2	40.2
宁　夏	8.4	5.8	43.5	19.2	4.9	21.8	36.7	5.5	17.5	18.0	6.0	29.8
新　疆	4.8	9.1	68.1	13.2	9.7	42.6	25.0	5.3	17.1	11.9	9.2	45.5
内蒙古	9.2	7.9	59.3	21.5	3.3	14.4	34.5	5.0	16.1	18.6	6.6	32.6
广　西	21.2	13.3	99.3	35.4	13.0	57.3	40.1	6.9	21.9	30.0	12.8	63.3
西部地区	13.4	0.0	0.0	22.6	0.0	0.0	31.3	0.0	0.0	20.3	0.0	0.0

资料来源:作者根据《新中国五十五年统计资料汇编》、《中国统计年鉴》相关各期等资料中的原始数据
　　　　分析整理、测算和自制而成。

单位：%

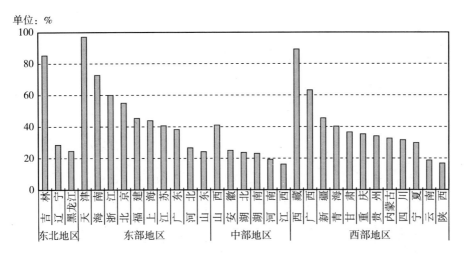

图 4 - 13　各省市对本区域私营投资比率不平衡性的影响力比较（1978 ~ 2006 年）
资料来源：作者根据《新中国五十五年统计资料汇编》、《中国统计年鉴》相关各期等资料中的原始数据
　　　　分析整理、测算和自制而成。

单位：%

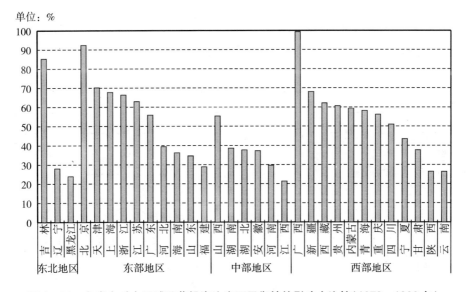

图 4 - 14　各省市对本区域私营投资比率不平衡性的影响力比较（1978 ~ 1990 年）
资料来源：作者根据《新中国五十五年统计资料汇编》、《中国统计年鉴》相关各期等资料中的原始数据
　　　　分析整理、测算和自制而成。

单位：%

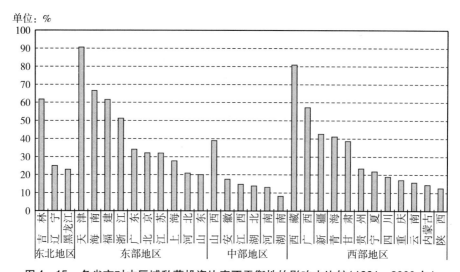

图4－15　各省市对本区域私营投资比率不平衡性的影响力比较(1991~2000年)

资料来源:作者根据《新中国五十五年统计资料汇编》、《中国统计年鉴》相关各期等资料中的原始数据
　　　　分析整理、测算和自制而成。

　　2001~2006年期间(如表4－7和图4－16所示),东北地区私营投资比率
的年均值为48.1%。本区域3省份中,辽宁和黑龙江私营投资比率的年均值

单位：%

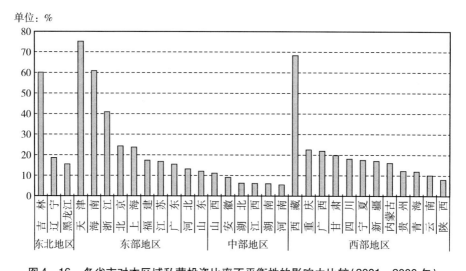

图4－16　各省市对本区域私营投资比率不平衡性的影响力比较(2001~2006年)

资料来源:作者根据《新中国五十五年统计资料汇编》、《中国统计年鉴》相关各期等资料中的原始数据
　　　　分析整理、测算和自制而成。

（分别为55.2%、51.1%）高于本区域整体水平,吉林省私营投资比率的年均值（分别为27.5%）低于本区域整体平均水平。辽宁（变异系数为13.1%）、黑龙江（变异系数为12.4%）对东北区域内私营投资比率的不平衡分别有第一大和次大的正影响,吉林（变异系数为42.3%）对东北区域内私营投资比率的不平衡有负影响;与前一时期比较,黑龙江对东北区域内私营投资比率的不平衡由次大负影响力量变为次大正影响力量。

二、东部区域内部省际私营投资比率差异考察

1978～2006年期间（如表4–7和图4–13所示）,东部地区私营投资比率的年均值为28.6%。本区域10个省市中有5个省市私营投资比率的年均值低于该地区的整体年均水平,分别是天津（8.3%）、海南（15.4%）、北京（21.4%）、上海（24.1%）、河北（28.0%）;有4个省市私营投资比率的年均值高于该地区的整体年均水平,分别为浙江（29.0%）、广东（33.0%）、江苏（35.1%）、福建（36.6%）;山东（28.6%）私营投资比率的年均值等同于东北地区整体水平。其中私营投资比率的年均值最高的福建是私营投资比率的年均值最低的天津的4.39倍。根据各省CV值的计算结果,可以看出各省市对本区域私营投资比率不平衡程度的影响情况,按照由低到高依次是:山东（变异系数为21.6%,负影响）、河北（变异系数为24.0%,负影响）、广东（变异系数为34.1%,正影响）、江苏（变异系数为36.0%,正影响）、上海（变异系数为39.2%,负影响）、福建（变异系数为40.7%,正影响）、北京（变异系数为47.6%,负影响）、浙江（变异系数为53.8%,正影响）、海南（变异系数为64.4%,负影响）、天津（变异系数为86.4%,负影响）。由此可见,该期间内,浙江、福建对东部区域私营投资比率不平衡状况分别有第一大和第二大的正影响,天津、海南对东部区域私营投资比率不平衡状况分别有第一大和第二大的负影响。

分不同时期进行考察:

1978～1990年期间（如表4–7和图4–14所示）,东部地区私营投资比率的年均值为18.3%。本区域10个省市中有4个省市私营投资比率的年均值低于该地区的整体年均水平,分别为北京（2.0%）、天津（5.8%）、上海（6.5%）、海南（14.0%）;有6个省私营投资比率的年均值高于该地区的整体年均水平,

分别是广东(20.7%)、河北(20.9%)、福建(21.0%)、山东(23.1%)、江苏(23.8%)、浙江(29.9%);其中私营投资比率的年均值最高的浙江是私营投资比率的年均值最低的北京的14.93倍。根据各省CV值的计算结果,可以看出各省市对本区域私营投资比率不平衡程度的影响情况,按照由低到高依次是:福建(变异系数为28.9%,正影响)、山东(变异系数为34.6%,正影响)、海南(变异系数为36.2%,负影响)、河北(变异系数为39.5%,正影响)、广东(变异系数为55.9%,正影响)、江苏(变异系数为63.0%,正影响)、浙江(变异系数为66.4%,正影响)、上海(变异系数为67.8%,负影响)、天津(变异系数为70.3%,负影响)、北京(变异系数为92.3%,负影响)。由此可见,该期间内,浙江、江苏对东部区域私营投资比率不平衡状况分别有第一大和第二大的正影响,北京、天津对东部区域私营投资比率不平衡状况分别有第一大和第二大的负影响。

1991~2000年期间(如表4-7和图4-15所示),东部地区私营投资比率的年均值为27.4%。本区域10个省市中有7个省市私营投资比率的年均值低于该地区的整体年均水平,分别为天津(3.5%)、海南(9.7%)、浙江(18.1%)、北京(22.6%)、山东(22.8%)、上海(25.1%)、河北(25.9%);有3个省私营投资比率的年均值高于该地区的整体年均水平,分别是广东(34.1%)、江苏(35.4%)、福建(43.8%);其中私营投资比率的年均值最高的福建是私营投资比率的年均值最低的天津的12.46倍。根据各省CV值的计算结果,可以看出各省市对本区域私营投资比率不平衡程度的影响情况,按照由低到高依次是:山东(变异系数为20.1%,负影响)、河北(变异系数为20.9%,负影响)、上海(变异系数为27.6%,负影响)、江苏(变异系数为32.0%,正影响)、北京(变异系数为32.1%,负影响)、广东(变异系数为34.1%,正影响)、浙江(变异系数为51.2%,负影响)、福建(变异系数为61.6%,正影响)、海南(变异系数为66.6%,负影响)、天津(变异系数为90.6%,负影响)。由此可见,该期间内,福建、广东对东部区域私营投资比率不平衡状况分别有第一大和第二大的正影响,天津、海南对东部区域私营投资比率不平衡状况分别有第一大和第二大的负影响。与前一期间相比,福建、广东取代浙江、江苏成为第一大和第二大正影响力量,天津、海南跃居第一大和第二大负影响力量。

2001~2006年期间(如表4-7和图4-16所示),东部地区私营投资比率

的年均值为 53.0%。本区域 10 个省市中有 5 个省市私营投资比率的年均值低
于该地区的整体年均水平,分别为天津(21.9%)、海南(28.1%)、浙江(45.3%)、
河北(46.8%)、山东(50.3%);有 5 个省市私营投资比率的年均值高于该地区
的整体年均水平,分别是广东(57.6%)、福建(58.6%)、江苏(58.7%)、上海
(60.4%)、北京(61.3%);其中私营投资比率的年均值最高的北京是私营投资
比率的年均值最低的天津的 2.80 倍。根据各省 CV 值的计算结果,可以看出
各省市对本区域私营投资比率不平衡程度的影响情况,按照由低到高依次是:
山东(变异系数为 8.7%,负影响)、河北(变异系数为 9.8%,负影响)、广东(变
异系数为 11.0%,正影响)、江苏(变异系数为 11.4%,正影响)、福建(变异系
数为 12.8%,正影响)、北京(变异系数为 13.4%,正影响)、上海(变异系数为
17.1%,正影响)、浙江(变异系数为 29.8%,负影响)、海南(变异系数为
43.4%,负影响)、天津(变异系数为 54.1%,负影响)。由此可见,该期间内,上
海、北京对东部区域私营投资比率不平衡状况分别有第一大和第二大的正影
响,天津、海南对东部区域私营投资比率不平衡状况分别有第一大和第二大的
负影响。与前一期间相比,上海、北京取代福建、广东成为第一大、第二大正影
响力量。

三、中部区域内部省际私营投资比率差异考察

　　1978~2006 年期间(如表 4-7 和图 4-13 所示),中部地区私营投资比率
的年均值为 29.8%。本区域 6 个省中有 4 个省私营投资比率的年均值高于该
地区的整体年均水平,分别为河南(31.5%)、江西(31.8%)、安徽(33.3%)、湖
南(33.6%);有 2 个省私营投资比率的年均值低于该地区的整体年均水平,分
别是山西(21.2%)、湖北(25.9%);其中私营投资比率的年均值最高的湖南是
私营投资比率的年均值最低的山西的 1.59 倍。根据各省 CV 值的计算结果,
可以看出各省对本区域私营投资比率不平衡程度的影响情况,按照由低到高依
次是:江西(变异系数为 15.1%,正影响)、河南(变异系数为 17.7%,正影响)、
湖南(变异系数为 21.1%,正影响)、湖北(变异系数为 21.5%,负影响)、安徽
(变异系数为 23.0%,正影响)、山西(变异系数为 37.3%,负影响)。由此可
见,该期间内,安徽、湖南对中部区域私营投资比率不平衡状况分别有第一大和
第二大的正影响,山西、湖北对中部区域私营投资比率不平衡状况分别有第一

大和第二大的负影响。

分不同时期进行考察:

1978~1990年期间(如表4-7和图4-14所示),中部地区私营投资比率的年均值为22.3%。本区域6个省中有4个省私营投资比率的年均值高于该地区的整体年均水平,分别为江西(24.4%)、安徽(24.6%)、河南(26.0%)、湖南(29.7%);有2个省私营投资比率的年均值低于该地区的整体年均水平,分别是山西(12.4%)、湖北(14.7%);其中私营投资比率的年均值最高的湖南是私营投资比率的年均值最低的山西的2.39倍。根据各省CV值的计算结果,可以看出各省对本区域私营投资比率不平衡程度的影响情况,按照由低到高依次是:江西(变异系数为21.3%,正影响)、河南(变异系数为29.7%,正影响)、安徽(变异系数为37.3%,正影响)、湖北(变异系数为37.7%,负影响)、湖南(变异系数为38.6%,正影响)、山西(变异系数为55.3%,负影响)。由此可见,该期间内,湖南、安徽对中部区域私营投资比率不平衡状况分别有第一大和第二大的正影响,山西、湖北对中部区域私营投资比率不平衡状况分别有第一大和第二大的负影响。

1991~2000年期间(如表4-7和图4-15所示),中部地区私营投资比率的年均值为28.4%。本区域6个省中有3个省私营投资比率的年均值高于该地区的整体年均水平,分别为湖南(30.6%)、江西(31.5%)、安徽(32.8%);有3个省私营投资比率的年均值低于该地区的整体年均水平,分别是山西(17.6%)、湖北(27.4%)、河南(28.3%);其中私营投资比率的年均值最高的安徽是私营投资比率的年均值最低的山西的1.87倍。根据各省CV值的计算结果,可以看出各省对本区域私营投资比率不平衡程度的影响情况,按照由低到高依次是:湖南(变异系数为8.2%,正影响)、河南(变异系数为13.1%,负影响)、湖北(变异系数为13.8%,负影响)、江西(变异系数为14.8%,正影响)、安徽(变异系数为17.5%,正影响)、山西(变异系数为39.0%,负影响)。由此可见,该期间内,安徽、江西对中部区域私营投资比率不平衡状况分别有第一大和第二大的正影响,山西、湖北对中部区域私营投资比率不平衡状况分别有第一大和第二大的负影响。与前一期间相比,安徽取代湖南成为第一大正影响力量,江西跃居第二大正影响力量;山西、湖北仍然为前两大负影响力量。

2001～2006年期间(如表4-7和图4-16所示),中部地区私营投资比率的年均值为48.6%。本区域6个省中有4个省私营投资比率的年均值低于该地区的整体年均水平,分别为山西(46.2%)、湖南(47.1%)、湖北(47.5%)、江西(48.0%);有2个省私营投资比率的年均值高于该地区的整体年均水平,分别是河南(48.9%)、安徽(52.9%);其中私营投资比率的年均值最高的安徽是私营投资比率的年均值最低的山西的1.14倍。根据各省CV值的计算结果,可以看出各省对本区域私营投资比率不平衡程度的影响情况,按照由低到高依次是:湖北(变异系数为4.2%,负影响)、河南(变异系数为4.3%,正影响)、湖南(变异系数为4.4%,负影响)、江西(变异系数为5.7%,负影响)、安徽(变异系数为7.2%,正影响)、山西(变异系数为7.8%,负影响)。由此可见,该期间内,安徽、河南对中部区域私营投资比率不平衡状况分别有第一大和第二大的正影响,山西、江西对中部区域私营投资比率不平衡状况分别有第一大和第二大的负影响;与前一期相比,江西由第二大正影响变力量变为第二大负影响力量,安徽依然为第一大正影响力量。

四、西部区域内部省际私营投资比率差异考察

1978～2006年期间(如表4-7和图4-13所示),西部地区私营投资比率的年均值为22.9%。本区域12个省市中有8个省私营投资比率的年均值低于该地区的整体年均水平,分别为西藏(7.6%)、新疆(14.8%)、甘肃(15.9%)、青海(16.4%)、重庆(18.6%)、宁夏(20.3%)、云南(21.5%)、内蒙古(21.7%);有4个省市私营投资比率的年均值高于该地区的整体年均水平,分别是陕西(24.1%)、贵州(26.3%)、四川(27.2%)、广西(32.6%);其中私营投资比率的年均值最高的广西是私营投资比率的年均值最低的西藏的4.29倍。根据各省CV值的计算结果,可以看出各省市对本区域私营投资比率不平衡程度的影响情况,按照由低到高依次是:陕西(变异系数为16.5%,正影响)、云南(变异系数为18.7%,负影响)、宁夏(变异系数为25.8%,负影响)、内蒙古(变异系数为28.47%,负影响)、四川(变异系数为28.48%,正影响)、贵州(变异系数为31.0%,正影响)、重庆(变异系数为32.5%,负影响)、青海(变异系数为35.2%,负影响)、甘肃(变异系数为36.9%,负影响)、新疆(变异系数为40.2%,负影响)、广西(变异系数为56.0%,正影响)、西藏(变异系数为

87.2%,负影响)。由此可见,该期间内,广西、贵州对西部区域私营投资比率不平衡状况分别有第一大和第二大的正影响,西藏、新疆对西部区域私营投资比率不平衡状况分别有第一大和第二大的负影响。

分不同时期进行考察:

1978～1990年期间(如表4-7和图4-14所示),西部地区私营投资比率的年均值为13.4%。本区域12个省市中有7个省市私营投资比率的年均值低于该地区的整体年均水平,分别为新疆(4.8%)、青海(6.5%)、西藏(7.6%)、重庆(7.7%)、宁夏(8.4%)、甘肃(9.0%)、内蒙古(9.2%);有5个省私营投资比率的年均值高于该地区的整体年均水平,分别是云南(13.9%)、陕西(16.4%)、四川(17.0%)、贵州(20.5%)、广西(21.2%);其中私营投资比率的年均值最高的广西是私营投资比率的年均值最低的新疆的4.43倍。根据各省CV值的计算结果,可以看出各省市对本区域私营投资比率不平衡程度的影响情况,按照由低到高依次是:云南(变异系数为26.4%,正影响)、陕西(变异系数为26.5%,正影响)、甘肃(变异系数为37.7%,负影响)、宁夏(变异系数为43.5%,负影响)、四川(变异系数为51.0%,正影响)、重庆(变异系数为56.2%,负影响)、青海(变异系数为58.1%,负影响)、内蒙古(变异系数为59.3%,负影响)、贵州(变异系数为60.7%,正影响)、西藏(变异系数为62.2%,负影响)、新疆(变异系数为68.1%,负影响)、广西(变异系数为99.3%,正影响)。由此可见,该期间内,广西、贵州对西部区域私营投资比率不平衡状况分别有第一大和第二大的正影响,新疆、西藏对西部区域私营投资比率不平衡状况分别有第一大和第二大的负影响。

1991～2000年期间(如表4-7和图4-15所示),西部地区私营投资比率的年均值为22.6%。本区域12个省市中有8个省私营投资比率的年均值低于该地区的整体年均水平,分别为西藏(5.4%)、新疆(13.2%)、青海(14.0%)、甘肃(14.9%)、宁夏(19.2%)、云南(19.3%)、重庆(20.4%)、内蒙古(21.5%);有4个省市私营投资比率的年均值高于该地区的整体年均水平,分别是陕西(24.2%)、四川(26.0%)、贵州(27.0%)、广西(35.4%);其中私营投资比率的年均值最高的广西是私营投资比率的年均值最低的西藏的6.6倍。根据各省CV值的计算结果,可以看出各省市对本区域私营投资比率不平衡程度的影响情况,按照由低到高依次是:陕西(变异系数为12.7%,正影响)、内蒙古(变异系数为14.4%,负影响)、云南(变异系数为15.8%,负影响)、重庆(变异系数为17.1%,负影响)、四川(变异系数为18.9%,正影响)、宁夏(变异系数为21.8%,负影响)、贵州(变异系数为23.4%,正影响)、甘肃(变异系数为38.7%,负影响)、青海(变异系数为41.1%,负影响)、新疆(变异系数为42.6%,负影响)、广西(变异系数为57.3%,正影响)、西藏(变异系数为80.9%,负影响)。由此可见,该期间内,广西、贵州对西部区域私营投资比率不平衡状况分别有第一大和第二大的正影响,西藏、新疆对西部区域私营投资比率不平衡状况分别有第一大和第二大的负影响;与前一期间相比西藏超过新疆成为第一大负影响力量。

2001~2006年期间(如表4-7和图4-16所示),西部地区私营投资比率的年均值为43.9%。本区域12个省市中有8个省市私营投资比率的年均值低于该地区的整体年均水平,分别为西藏(11.2%)、甘肃(32.8%)、贵州(38.0%)、新疆(39.1%)、重庆(39.4%)、陕西(40.9%)、云南(41.6%)、青海(41.8%);有4个省私营投资比率的年均值高于该地区的整体年均水平,分别是宁夏(48.1%)、内蒙古(49.2%)、四川(51.2%)、广西(52.5%);其中私营投资比率的年均值最高的广西是私营投资比率的年均值最低的西藏的4.70倍。根据各省CV值的计算结果,可以看出各省市对本区域私营投资比率不平衡程度的影响情况,按照由低到高依次是:青海(变异系数为7.2%,负影响)、陕西(变异系数为8.5%,负影响)、云南(变异系数为10.3%,负影响)、内蒙古(变异系数为10.68%,正影响)、贵州(变异系数为10.73%,负影响)、宁夏(变异系数为11.5%,正影响)、新疆(变异系数为12.0%,负影响)、四川(变异系数为13.6%,正影响)、广西(变异系数为15.3%,正影响)、重庆(变异系数为17.7%,负影响)、甘肃(变异系数为20.7%,负影响)、西藏(变异系数为58.1%,负影响)。由此可见,该期间内,广西、四川对西部区域私营投资比率不平衡状况分别有第一大和第二大的正影响,西藏、甘肃对西部区域私营投资比率不平衡状况分别有第一大和第二大的负影响。与前一期间相比,四川取代贵州成为第二大正影响力量,甘肃取代新疆成为第二大负影响力量,第一大正影响力量和负影响力量不变。

第五节 区域内部省际外资投资比率差异情况

一、东北区域内部省际外资投资比率差异考察

1978～2006年期间(如表4-8和图4-17所示),东北地区外资投资比率的年均值为5.2%。本区域3省份中有两个省年外资投资比率的年均值低于本区域整体水平,分别为黑龙江(3.6%)、吉林(4.4%);辽宁外资投资比率的年均值(为6.8%)高于本区域整体平均水平。辽宁(变异系数为58.5%)对东北区域内外资投资比率的不平衡有正影响,吉林(变异系数为60.3%)、黑龙江(变异系数为50.7%)对东北区域内外资投资比率的不平衡分别有第一大和次大的负影响。

分不同期间进行考察:

1978～1990年期间(如表4-8和图4-18所示),东北地区外资投资比率的年均值为0.65%。本区域3省份中,吉林和辽宁外资投资比率的年均值(分别为0.51%、0.56%)低于本区域整体水平,黑龙江外资投资比率的年均值(为0.84%)高于本区域整体平均水平。黑龙江(变异系数为67.3%)对东北区域内外资投资比率的不平衡有正影响,吉林(变异系数为57.3%)、辽宁(变异系数为46.4%)对东北区域内外资投资比率的不平衡分别有第一大和次大的负影响。

1991～2000年期间(如表4-8和图4-19所示),东北地区外资投资比率的年均值为9.1%。本区域3省份中,辽宁和吉林外资投资比率的年均值(分别为11.0%、9.7%)高于本区域整体水平,黑龙江外资投资比率的年均值(为6.0%)低于本区域整体平均水平。吉林(变异系数为36.1%)、辽宁(变异系数为28.0%)对东北区域内外资投资比率的不平衡分别有第一大和次大的正影响,黑龙江(变异系数为34.9%)对东北区域内外资投资比率的不平衡有负影响;与前一时期比较,黑龙江对东北区域内外资投资比率的不平衡由正影响力量变为负影响力量,而吉林、辽宁由负影响力量变为正影响力量。

表4-8　区域内部省际外资投资比率差别情况

单位:%

年份	1978~1990			1991~2000			2001~2006			1978~2006		
	均值	标准差	变异系数	均值	标准差	变异系数	均值	标准差	变异系数	均值	标准差	变异系数
辽　宁	0.6	0.3	46.4	11.0	2.5	28.0	13.5	4.3	50.2	6.8	3.0	58.5
吉　林	0.5	0.4	57.3	9.7	3.3	36.1	4.0	3.9	46.2	4.4	3.1	60.3
黑龙江	0.8	0.4	67.3	6.0	3.2	34.9	5.4	2.9	33.9	3.6	2.6	50.7
东北地区	0.6	0.0	0.0	9.1	0.0	0.0	8.5	0.0	0.0	5.2	0.0	0.0
北　京	1.4	1.5	101.0	10.0	5.3	36.4	8.3	5.0	35.7	5.8	4.6	53.1
天　津	0.9	0.9	57.5	20.5	9.9	68.6	18.0	7.3	51.7	11.2	7.5	87.6
河　北	0.1	1.8	119.8	4.6	10.3	71.5	2.9	8.8	62.8	2.2	8.4	97.7
上　海	1.4	0.8	53.7	15.7	2.5	17.5	32.1	30.9	219.2	12.7	18.9	220.1
江　苏	0.3	1.6	103.4	13.0	2.3	16.2	14.9	3.4	24.3	7.7	2.7	32.0
浙　江	0.2	1.6	107.9	5.1	9.7	16.2	8.7	4.8	32.9	3.7	6.6	77.3
福　建	2.8	2.5	166.0	27.3	14.3	98.7	16.4	2.4	17.1	14.1	9.0	104.7
山　东	0.2	1.6	106.3	6.7	8.0	55.6	8.4	4.8	34.2	4.1	5.8	67.8
广　东	6.2	5.5	362.6	30.4	16.2	112.1	19.2	7.1	50.0	17.2	11.4	133.0
海　南	3.2	3.4	228.8	27.0	14.1	97.6	14.2	1.9	13.4	13.7	9.0	104.8
东部地区	1.5	0.0	0.0	14.5	0.0	0.0	14.1	0.0	0.0	8.6	0.0	0.0
山　西	0.0	0.4	136.8	2.1	3.3	67.7	1.5	2.2	52.4	1.1	2.4	90.6
安　徽	0.1	0.4	131.0	3.0	2.0	41.6	2.6	1.4	32.8	1.6	1.5	56.5
江　西	0.1	0.3	121.4	4.2	0.7	15.5	8.6	3.7	85.9	3.3	2.3	85.6
河　南	0.2	0.2	75.2	5.1	0.7	14.1	2.4	1.5	35.3	2.4	1.0	38.0
湖　北	1.0	1.2	414.1	7.3	2.8	57.6	5.8	1.2	27.8	4.1	2.0	75.3
湖　南	0.1	0.4	129.1	5.0	1.2	23.9	5.9	1.3	31.3	3.0	1.1	41.3
中部地区	0.3	0.0	0.0	4.8	0.0	0.0	4.3	0.0	0.0	2.7	0.0	0.0
重　庆	0.3	0.2	63.5	5.6	3.2	96.4	2.3	0.6	25.2	2.5	2.0	110.2
四　川	0.1	0.3	85.3	2.6	1.1	34.3	2.4	0.7	25.7	1.4	0.8	45.3

续表

年份	1978～1990			1991～2000			2001～2006			1978～2006		
	均值	标准差	变异系数	均值	标准差	变异系数	均值	标准差	变异系数	均值	标准差	变异系数
贵 州	0.4	0.4	139.0	3.1	1.1	33.4	1.2	1.2	48.8	1.5	1.1	58.3
云 南	0.1	0.3	112.2	1.9	1.6	48.6	0.9	1.4	55.6	0.9	1.3	73.4
西 藏	0.0	0.4	130.9	1.0	2.6	76.8	0.4	1.8	70.2	0.5	1.9	105.9
陕 西	0.9	0.9	283.8	4.2	1.9	56.8	5.7	5.3	206.5	3.0	3.5	190.8
甘 肃	0.1	0.4	125.0	2.0	1.8	52.7	0.5	1.7	67.2	0.8	1.5	83.7
青 海	0.0	0.5	149.7	2.4	2.2	66.8	7.3	3.9	153.3	2.4	2.8	152.1
宁 夏	0.6	0.8	271.5	3.9	1.4	42.4	2.0	0.6	25.0	2.0	1.1	60.9
新 疆	0.2	0.3	89.4	0.6	3.1	91.8	0.3	1.8	71.5	0.3	2.2	120.0
内蒙古	0.1	0.4	127.7	1.4	2.1	62.8	2.7	0.7	26.5	1.1	1.4	75.3
广 西	0.7	0.6	188.1	9.2	6.4	191.6	2.8	1.2	48.0	4.0	4.0	219.3
西部地区	0.3	0.0	0.0	3.3	0.0	0.0	2.6	0.0	0.0	1.8	0.0	0.0

资料来源:作者根据《新中国五十五年统计资料汇编》、《中国统计年鉴》相关各期等资料中的原始数据
分析整理、测算和自制而成。

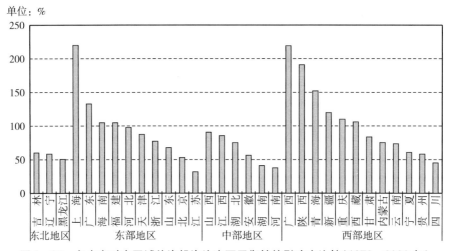

图4-17　各省市对本区域外资投资比率不平衡性的影响力比较(1978～2006年)

资料来源:作者根据《新中国五十五年统计资料汇编》、《中国统计年鉴》相关各期等资料中的原始数据
分析整理、测算和自制而成。

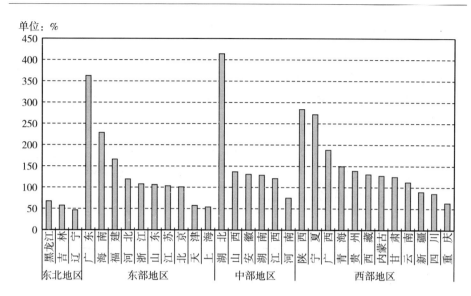

图4-18　各省市对本区域外资投资比率不平衡性的影响力比较（1978～1990年）

资料来源：作者根据《新中国五十五年统计资料汇编》、《中国统计年鉴》相关各期等资料中的原始数据
　　　　分析整理、测算和自制而成。

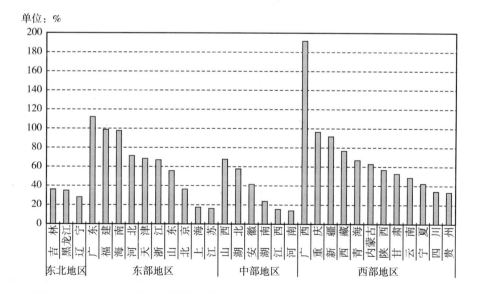

图4-19　各省市对本区域外资投资比率不平衡性的影响力比较（1991～2000年）

资料来源：作者根据《新中国五十五年统计资料汇编》、《中国统计年鉴》相关各期等资料中的原始数据
　　　　分析整理、测算和自制而成。

2001~2006 年期间(如表 4-8 和图 4-20 所示),东北地区外资投资比率的年均值为 8.5%。本区域 3 省份中,辽宁外资投资比率的年均值(为 13.5%)高于本区域整体水平,吉林和黑龙江外资投资比率的年均值(分别为 4.0%、5.4%)低于本区域整体平均水平。辽宁(变异系数为 50.2%)对东北区域内外资投资比率的不平衡分别有正影响,吉林(变异系数为 46.2%)、黑龙江(变异系数为 33.9%)对东北区域内外资投资比率的不平衡分别有第一大和次大的负影响;与前一时期比较,吉林对东北区域内外资投资比率的不平衡由第一大正影响力量变为第一大负影响力量。

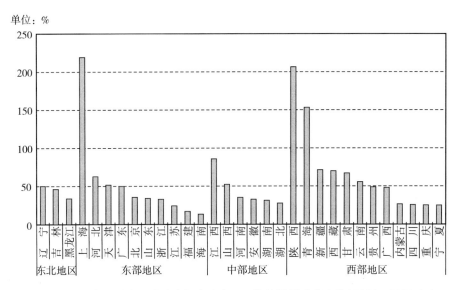

单位:%

图 4-20　各省市对本区域外资投资比率不平衡性的影响力比较(2001~2006 年)

资料来源:作者根据《新中国五十五年统计资料汇编》、《中国统计年鉴》相关各期等资料中的原始数据分析整理、测算和自制而成。

二、东部区域内部省际外资投资比率差异考察

1978~2006 年期间(如表 4-8 和图 4-17 所示),东部地区外资投资比率的年均值为 8.6%,本区域 10 个省市中有 5 个省市外资投资比率的年均值低于该地区的整体年均水平,分别是河北(2.2%)、浙江(3.7%)、山东(4.1%)、北京(5.8%)、江苏(7.7%);有 5 个省市外资投资比率的年均值高于该地区的整体年均水平,分别为天津(11.2%)、上海(12.7%)、海南(13.7%)、福建

(14.1%)、广东(17.2%);其中外资投资比率的年均值最高的广东是外资投资比率的年均值最低的河北的7.74倍。根据各省CV值的计算结果,可以看出各省市对本区域外资投资比率不平衡程度的影响情况,按照由低到高依次是:江苏(变异系数为32.0%,负影响)、北京(变异系数为53.1%,负影响)、山东(变异系数为67.8%,负影响)、浙江(变异系数为77.3%,负影响)、天津(变异系数为87.6%,正影响)、河北(变异系数为97.7%,负影响)、福建(变异系数为104.7%,正影响)、海南(变异系数为104.8%,正影响)、广东(变异系数为133.0%,正影响)、上海(变异系数为220.1%,正影响)。由此可见,该期间内,上海、广东对东部区域外资投资比率不平衡状况有第一大和第二大的正影响,河北、浙江对东部区域外资投资比率不平衡状况有第一大和第二大的负影响。

分不同期间进行考察:

1978～1990年期间(如表4-8和图4-18所示),东部地区外资投资比率的年均值为1.5%。本区域10个省市中有7个省市外资投资比率的年均值低于该地区的整体年均水平,分别为河北(0.1%)、山东(0.23%)、浙江(0.24%)、江苏(0.3%)、天津(0.9%)、北京(1.38%)、上海(1.40%);有3个省外资投资比率的年均值高于该地区的整体年均水平,分别是福建(2.8%)、海南(3.2%)、广东(6.2%);其中外资投资比率的年均值最高的广东是外资投资比率的年均值最低的河北的58.28倍。根据各省CV值的计算结果,可以看出各省市对本区域外资投资比率不平衡程度的影响情况,按照由低到高依次是:上海(变异系数为53.7%,负影响)、天津(变异系数为57.5%,负影响)、北京(变异系数为101.0%,负影响)、江苏(变异系数为103.4%,负影响)、山东(变异系数为106.3%,负影响)、浙江(变异系数为107.9%,负影响)、河北(变异系数为119.8%,负影响)、福建(变异系数为166.0%,正影响)、海南(变异系数为228.8%,正影响)、广东(变异系数为362.6%,正影响)。由此可见,该期间内,广东、海南对东部区域外资投资比率不平衡状况分别有第一大和第二大的正影响,河北、浙江对东部区域外资投资比率不平衡状况分别有第一大和第二大的负影响。

1991～2000年期间(如表4-8和图4-19所示),东部地区外资投资比率的年均值为14.5%。本区域10个省市中有6个省市外资投资比率的年均值低于该地区的整体年均水平,分别为河北(4.6%)、浙江(5.1%)、山东(6.7%)、北京(10.0%)、江苏(13.0%)、上海(15.7%);有4个省外资投资比率的年均值高于该地区的整体年均水平,分别是天津(20.5%)、海南(27.0%)、福建(27.3%)、广东(30.4%);其中外资投资比率的年均值最高的广东是外资投资比率的年均值最低的河北的6.67倍。根据各省CV值的计算结果,可以看出各省市对本区域外资投资比率不平衡程度的影响情况,按照由低到高依次是:江苏(变异系数为16.2%,负影响)、上海(变异系数为17.5%,负影响)、北京(变异系数为36.4%,负影响)、山东(变异系数为55.6%,负影响)、浙江(变异系数为67.0%,负影响)、天津(变异系数为68.6%,正影响)、河北(变异系数为71.5%,负影响)、海南(变异系数为97.6%,正影响)、福建(变异系数为98.7%,正影响)、广东(变异系数为112.1%,正影响)。由此可见,该期间内,广东、福建对东部区域外资投资比率不平衡状况分别有第一大和第二大的正影响,河北、浙江对东部区域外资投资比率不平衡状况分别有第一大和第二大的负影响。与前一期间相比,福建取代海南成为第二大正影响力量,河北、浙江仍然为前两大负影响力量。

2001~2006年期间(如表4-8和图4-20所示),东部地区外资投资比率的年均值为14.1%。本区域10个省市中有4个省市外资投资比率的年均值低于该地区的整体年均水平,分别为河北(2.9%)、北京(8.3%)、山东(8.4%)、浙江(8.7%);有6个省市外资投资比率的年均值高于该地区的整体年均水平,分别是海南(14.2%)、江苏(14.9%)、福建(16.4%)、天津(18.0%)、广东(19.2%)、上海(32.1%);其中外资投资比率的年均值最高的上海是外资投资比率的年均值最低的河北的10.95倍。根据各省CV值的计算结果,可以看出各省市对本区域外资投资比率不平衡程度的影响情况,按照由低到高依次是:海南(变异系数为13.4%,正影响)、福建(变异系数为17.1%,正影响)、江苏(变异系数为24.3%,正影响)、浙江(变异系数为32.9%,负影响)、山东(变异系数为34.2%,负影响)、北京(变异系数为35.7%,负影响)、广东(变异系数为50.0%,正影响)、天津(变异系数为51.7%,正影响)、河北(变异系数为62.8%,负影响)、上海(变异系数为219.2%,正影响)。由此可见,该期间内,上海、天津对东部区域外资投资比率不平衡状况分别有第一大和第二大的正影响,河北、北京对东部区域外资投资比率不平衡状况分别有第一大和第二大的负影响。与前一期间相比,上海、天津取代广东、福建成为第一大、第二大正影响力量,北京取代浙江成为第二大负影响力量;三个子期间内河北一直都是第一大负影响力量。

三、中部区域内部省际外资投资比率差异考察

1978～2006 年期间(如表 4-8 和图 4-17 所示),中部地区外资投资比率的年均值为 2.7%。本区域 6 个省中有 3 个省外资投资比率的年均值高于该地区的整体年均水平,分别为湖南(3.0%)、江西(3.3%)、湖北(4.1%);有 3 个省外资投资比率的年均值低于该地区的整体年均水平,分别是山西(1.1%)、安徽(1.6%)、河南(2.4%);其中外资投资比率的年均值最高的湖北是外资投资比率的年均值最低的山西的 3.89 倍。根据各省 CV 值的计算结果,可以看出各省对本区域外资投资比率不平衡程度的影响情况,按照由低到高依次是:河南(变异系数为 38.0%,负影响)、湖南(变异系数为 41.3%,正影响)、安徽(变异系数为 56.5%,负影响)、湖北(变异系数为 75.3%,正影响)、江西(变异系数为 85.6%,正影响)、山西(变异系数为 90.6%,负影响)。由此可见,该期间内,江西、湖北对中部区域外资投资比率不平衡状况分别有第一大和第二大的正影响,山西、安徽对中部区域外资投资比率不平衡状况分别有第一大和第二大的负影响。

分不同期间进行考察:

1978～1990 年期间(如表 4-8 和图 4-18 所示),中部地区外资投资比率的年均值为 0.29%。本区域 6 个省中有 1 个省外资投资比率的年均值高于该地区的整体年均水平,分别为湖北(0.98%);有 5 个省外资投资比率的年均值低于该地区的整体年均水平,分别是山西(0.037%)、安徽(0.06%)、江西(0.09%)、湖南(0.13%)、河南(0.23%);其中外资投资比率的年均值最高的湖北是外资投资比率的年均值最低的山西的 26.25 倍。根据各省 CV 值的计算结果,可以看出各省对本区域外资投资比率不平衡程度的影响情况,按照由低到高依次是:河南(变异系数为 75.2%,负影响)、江西(变异系数为 121.4%,负影响)、湖南(变异系数为 129.1%,负影响)、安徽(变异系数为 131.0%,负影响)、山西(变异系数为 136.8%,负影响)、湖北(变异系数为 414.1%,正影响)。由此可见,该期间内,湖北对中部区域外资投资比率不平衡状况有第一大正影响,山西、安徽对中部区域外资投资比率不平衡状况分别有第一大和第

二大的负影响。

1991～2000 年期间(如表 4-8 和图 4-19 所示),中部地区外资投资比率的年均值为 4.8%。本区域 6 个省中有 3 个省外资投资比率的年均值高于该地区的整体年均水平,分别为湖南(5.0%)、河南(5.1%)、湖北(7.3%);有 3 个省外资投资比率的年均值低于该地区的整体年均水平,分别是山西(2.1%)、安徽(3.0%)、江西(4.2%);其中外资投资比率的年均值最高的湖北是外资投资比率的年均值最低的山西的 3.41 倍。根据各省 CV 值的计算结果,可以看出各省对本区域外资投资比率不平衡程度的影响情况,按照由低到高依次是:河南(变异系数为 14.1%,正影响)、江西(变异系数为 15.5%,负影响)、湖南(变异系数为 23.9%,正影响)、安徽(变异系数为 41.6%,负影响)、湖北(变异系数为 57.6%,正影响)、山西(变异系数为 67.7%,负影响)。由此可见,该期间内,湖北、湖南对中部区域外资投资比率不平衡状况分别有第一大和第二大的正影响,山西、安徽对中部区域外资投资比率不平衡状况分别有第一大和第二大的负影响。与前一期间相比,湖南成为第二大正影响力量,山西、安徽仍然为前两大负影响力量。

2001～2006 年期间(如表 4-8 和图 4-20 所示),中部地区外资投资比率的年均值为 4.3%。本区域 6 个省中有 3 个省外资投资比率的年均值低于该地区的整体年均水平,分别为山西(1.5%)、河南(2.4%)、安徽(2.6%);有 3 个省外资投资比率的年均值高于该地区的整体年均水平,分别是湖北(5.8%)、湖南(5.9%)、江西(8.6%);其中外资投资比率的年均值最高的江西是外资投资比率的年均值最低的山西的 5.73 倍。根据各省 CV 值的计算结果,可以看出各省对本区域外资投资比率不平衡程度的影响情况,按照由低到高依次是:湖北(变异系数为 27.8%,正影响)、湖南(变异系数为 31.3%,正影响)、安徽(变异系数为 32.8%,负影响)、河南(变异系数为 35.3%,负影响)、山西(变异系数为 52.4%,负影响)、江西(变异系数为 85.9%,正影响)。由此可见,该期间内,江西、湖南对中部区域外资投资比率不平衡状况分别有第一大和第二大的正影响,山西、河南对中部区域外资投资比率不平衡状况分别有第一大和第二大的负影响。与前一期间相比,河南取代安徽成为第二大负影响力量,江西取代湖北成为第一大正影响力量。

四、西部区域内部省际外资投资比率差异考察

1978～2006 年期间(如表 4 - 8 和图 4 - 17 所示),西部地区外资投资比率的年均值为 1.82%。本区域 12 个省市中有 7 个省外资投资比率的年均值低于该地区的整体年均水平,分别为新疆(0.34%)、西藏(0.47%)、甘肃(0.82%)、云南(0.87%)、内蒙古(1.06%)、四川(1.43%)、贵州(1.51%);有 5 个省市外资投资比率的年均值高于该地区的整体年均水平,分别是宁夏(2.04%)、青海(2.35%)、重庆(2.53%)、陕西(3.00%)、广西(4.05%);其中外资投资比率的年均值最高的广西是外资投资比率的年均值最低的新疆 11.82 倍。根据各省 CV 值的计算结果,可以看出各省市对本区域外资投资比率不平衡程度的影响情况,按照由低到高依次是:四川(变异系数为 45.3%,负影响)、贵州(变异系数为 58.3%,负影响)、宁夏(变异系数为 60.9%,正影响)、云南(变异系数为 73.4%,负影响)、内蒙古(变异系数为 75.3%,负影响)、甘肃(变异系数为 83.7%,负影响)、西藏(变异系数为 105.9%,负影响)、重庆(变异系数为 110.2%,正影响)、新疆(变异系数为 120.0%,负影响)、青海(变异系数为 152.1%,正影响)、陕西(变异系数为 190.8%,正影响)、广西(变异系数为 219.3%,正影响)。由此可见,该期间内,广西、陕西对西部区域外资投资比率不平衡状况分别有第一大和第二大的正影响,新疆、西藏对西部区域外资投资比率不平衡状况分别有第一大和第二大的负影响。

分不同期间进行考察:

1978～1990 年期间(如表 4 - 8 和图 4 - 18 所示),西部地区外资投资比率的年均值为 0.30%。本区域 12 个省市中有 8 个省市外资投资比率的年均值低于该地区的整体年均水平,分别为青海(0.03%)、西藏(0.05%)、内蒙古(0.06%)、甘肃(0.076%)、云南(0.078%)、四川(0.13%)、新疆(0.19%)、重庆(0.27%);有 4 个省外资投资比率的年均值高于该地区的整体年均水平,分别是贵州(0.38%)、宁夏(0.61%)、广西(0.69%)、陕西(0.85%);其中外资投资比率的年均值最高的陕西是外资投资比率的年均值最低的青海的 24.67 倍。根据各省 CV 值的计算结果,可以看出各省市对本区域外资投资比率不平衡程度的影响情况,按照由低到高依次是:重庆(变异系数为 63.5%,负影响)、四川(变异系数为 85.3%,负影响)、新疆(变异系数为 89.4%,负影

响)、云南(变异系数为112.2%,负影响)、甘肃(变异系数为125.0%,负影响)、内蒙古(变异系数为127.7%,负影响)、西藏(变异系数为130.9%,负影响)、贵州(变异系数为139.0%,正影响)、青海(变异系数为149.7%,负影响)、广西(变异系数为188.1%,正影响)、宁夏(变异系数为271.5%,正影响)、陕西(变异系数为283.8%,正影响)。由此可见,该期间内,陕西、宁夏对西部区域外资投资比率不平衡状况分别有第一大和第二大的正影响,青海、西藏对西部区域外资投资比率不平衡状况分别有第一大和第二大的负影响。

1991~2000年期间(如表4-8和图4-19所示),西部地区外资投资比率的年均值为3.34%。本区域12个省市中有8个省外资投资比率的年均值低于该地区的整体年均水平,分别为新疆(0.57%)、西藏(1.05%)、内蒙古(1.40%)、云南(1.90%)、甘肃(1.97%)、青海(2.39%)、四川(2.56%)、贵州(3.15%);有4个省市外资投资比率的年均值高于该地区的整体年均水平,分别是宁夏(3.91%)、陕西(4.16%)、重庆(5.62%)、广西(9.15%);其中外资投资比率的年均值最高的广西是外资投资比率的年均值最低的新疆的16.19倍。根据各省CV值的计算结果,可以看出各省市对本区域外资投资比率不平衡程度的影响情况,按照由低到高依次是:贵州(变异系数为33.4%,负影响)、四川(变异系数为34.3%,负影响)、宁夏(变异系数为42.4%,正影响)、云南(变异系数为48.6%,负影响)、甘肃(变异系数为52.7%,负影响)、陕西(变异系数为56.8%,正影响)、内蒙古(变异系数为62.8%,负影响)、青海(变异系数为66.8%,负影响)、西藏(变异系数为76.8%,负影响)、新疆(变异系数为91.8%,负影响)、重庆(变异系数为96.4%,正影响)、广西(变异系数为191.6%,正影响)。由此可见,该期间内,广西、重庆对西部区域外资投资比率不平衡状况分别有第一大和第二大的正影响,新疆、西藏对西部区域外资投资比率不平衡状况分别有第一大和第二大的负影响。与前一期间相比,广西、重庆取代陕西、宁夏成为前两大正影响力量,新疆取代青海成为第一大负影响力量。

2001~2006年期间(如表4-8和图4-20所示),西部地区外资投资比率的年均值为2.56%。本区域12个省市中有8个省市外资投资比率的年均值低于该地区的整体年均水平,分别为新疆(0.31%)、西藏(0.40%)、甘肃(0.53%)、云南(0.90%)、贵州(1.23%)、宁夏(2.01%)、重庆(2.26%)、四川(2.38%);有4个省外资投资比率的年均值高于该地区的整体年均水平,分别是内蒙古(2.66%)、广西(2.81%)、陕西(5.70%)、青海(7.33%);其中外资投资比率的年均值最高的青海是外资投资比率的年均值最低的新疆的23.6倍。根据各省CV值的计算结果,可以看出各省市对本区域外资投资比率不平衡程度的影响情况,按照由低到高依次是:宁夏(变异系数为25.0%,负影响)、重庆(变异系数为25.2%,负影响)、四川(变异系数为25.7%,负影响)、内蒙古(变异系数为26.5%,正影响)、广西(变异系数为48.0%,正影响)、贵州(变异系数为48.8%,负影响)、云南(变异系数为55.6%,负影响)、甘肃(变异系数为67.2%,负影响)、西藏(变异系数为70.2%,负影响)、新疆(变异系数为71.5%,负影响)、青海(变异系数为153.3%,正影响)、陕西(变异系数为206.5%,正影响)。由此可见,该期间内,陕西、青海对西部区域外资投资比率不平衡状况分别有第一大和第二大的正影响,新疆、西藏对西部区域外资投资比率不平衡状况分别有第一大和第二大的负影响。与前一期间相比,陕西、青海成为第一大和第二大正影响力量,新疆、西藏仍然为前两大负影响力量。

第六节　本章小结

本章研究分析了四大区域之间和四大区域内部省际不同所有制性质的投资占总投资比率的差别情况。

第一节研究分析了1978~2006年整个完整期间及其三个子期间不同所有制投资结构的差别情况。关于国有投资比率,1978~2006年期间,我国全国国有投资比率年均值为60.01%,标准差为14.09%,波动系数23.48%。东北和西部地区国有投资比率的均值高于全国的总体水平,中部地区国有投资比率的均值略微低于全国的总体水平,东部地区国有投资比率的均值低于全国的总体水平。其中东北地区国有投资比率的均值最高,其次为西部地区,再次为中部地区,东部地区比率最低。

关于集体投资比率。1978~2006年期间,我国全国集体投资比率年均值为13.02%,标准差为3.45%,波动系数为26.46%。东北、中部和西部地区集体投资比率的均值低于全国的总体水平,东部地区集体投资比率的均值高于全国的总体水平。其中东部地区集体投资比率的均值最高,其次为中部地区,再次为西部地区,东北地区比率最低。

关于私营投资比率。1978～2006 年期间,我国全国私营投资比率年均值为 26.97%,标准差为 14.53%,波动系数为 53.87%。中部和东部地区私营投资比率的均值高于全国的总体水平,西部地区和东北地区私营投资比率的均值低于全国的总体水平;其中中部地区私营投资比率的均值最高,其次为东部地区,再次为西部地区,东北地区比率最低。

关于外资投资比率变化的区域比较情况。1978～2006 年期间,我国全国外资投资比率年均值为 5.94%,标准差为 5.07%,波动系数为 85.40%。东部地区(均值为 8.6%)外资投资比率的年均值高于东北地区(均值为 5.2%)、中部地区(均值为 2.7%)和西部地区(均值为 1.8%)。

第二节研究分析了区域内部省际国有投资比率的差异情况。

东北区域内部:1978～2006 年期间,吉林(变异系数为 23.6%)、黑龙江(变异系数为 9.0%)对东北区域内国有投资比率的不平衡分别有第一大和次大的正影响,辽宁(变异系数为 10.2%)对东北区域内国有投资比率的不平衡有负影响。

东部区域内部:1978～2006 年期间,海南、天津对东部区域国有投资比率不平衡状况分别有第一大和第二大的正影响,浙江、江苏对东部区域国有投资比率不平衡状况分别有第一大和第二大的负影响。

中部区域内部:1978～2006 年期间,山西、湖北对中部区域国有投资比率不平衡状况分别有第一大和第二大的正影响,安徽、湖南对中部区域国有投资比率不平衡状况分别有第一大和第二大的负影响。

西部区域内部:1978～2006 年期间,西藏、新疆对西部区域国有投资比率不平衡状况分别有第一大和第二大的正影响,广西、四川对西部区域国有投资比率不平衡状况分别有第一大和第二大的负影响。

第三节研究分析了区域内部省际集体投资比率的差异情况。

东北区域内部:1978～2006 年期间,辽宁(变异系数为 40.2%)对东北区域内集体投资比率的不平衡有正影响,黑龙江(变异系数为 53.2%)、吉林(变异系数为 36.5%)对东北区域内集体投资比率的不平衡分别有第一大和次大的负影响。

东部区域内部:1978～2006 年期间,浙江、山东对东部区域集体投资比率不平衡状况分别有第一大和第二大的正影响,海南、北京对东部区域集体投资比率不平衡状况分别有第一大和第二大的负影响。

中部区域内部:1978～2006 年期间,河南、湖南对中部区域集体投资比率不平衡状况分别有第一大和第二大的正影响,山西、安徽对中部区域集体投资比率不平衡状况分别有第一大和第二大的负影响。

西部区域内部:1978～2006 年期间,重庆、四川对西部区域集体投资比率不平衡状况分别有第一大和第二大的正影响,西藏、青海对西部区域集体投资比率不平衡状况分别有第一大和第二大的负影响。

第四节研究分析了区域内部省际私营投资比率的差异情况。

东北区域内部:1978～2006 年期间,辽宁(变异系数为 24.6%)对东北区域内私营投资比率的不平衡有正影响,吉林(变异系数为 73.4%)、黑龙江(变异系数为 22.7%)对东北区域内私营投资比率的不平衡分别有第一大和次大的负影响。

东部区域内部:1978～2006 年期间,浙江、福建对东部区域私营投资比率不平衡状况分别有第一大和第二大的正影响,天津、海南对东部区域私营投资比率不平衡状况分别有第一大和第二大的负影响。

中部区域内部:1978～2006 年期间,安徽、湖南对中部区域私营投资比率不平衡状况有第一大和第二大的正影响,山西、湖北对中部区域私营投资比率不平衡状况有第一大和第二大的负影响。

西部区域内部:1978～2006 年期间,广西、贵州对西部区域私营投资比率不平衡状况分别有第一大和第二大的正影响,西藏、新疆对西部区域私营投资比率不平衡状况分别有第一大和第二大的负影响。

第五节研究分析了区域内部省际外资投资比率的差异情况。

东北区域内部:1978～2006 年期间,辽宁(变异系数为 58.5%)对东北区域内外资投资比率的不平衡状况有正影响,吉林(变异系数为 60.3%)、黑龙江(变异系数为 50.7%)对东北区域内外资投资比率的不平衡分别有第一大和次大的负影响。

东部区域内部:1978～2006 年期间,上海、广东对东部区域外资投资比率不平衡状况分别有第一大和第二大的正影响,河北、浙江对东部区域外资投资比率不平衡状况分别有第一大和第二大的负影响。

中部区域内部:1978～2006 年期间,江西、湖北对中部区域外资投资比率不平衡状况分别有第一大和第二大的正影响,山西、安徽对中部区域外资投资比率不平衡状况分别有第一大和第二大的负影响。

　　西部区域内部:1978～2006 年期间,广西、陕西对西部区域外资投资比率不平衡状况分别有第一大和第二大的正影响,新疆、西藏对西部区域外资投资比率不平衡状况分别有第一大和第二大的负影响。

第五章　区域受教育差别的深度考察

本章对四大区域之间每万人在校大学生数(代表潜在新增受教育程度较高者的劳动力比例)的差别情况,对区域之间和区域内部各省市之间大学毕业生占总人口比例的差别情况进行具体的研究分析和深度考察。

第一节　区域之间在校大学生比例的比较

一、区域之间在校大学生数(每万人在校大学生数)的差别情况(如表5-1和图5-1所示)

1978~2006年期间,四大区域中,东北地区在校大学生数年均值(50.0)最高,其次为东部地区(42.0),再次为中部地区(31.4),西部地区(26.5)最低。从四大区域在校大学生比例变化的平稳性来看,四大区域均平稳性不高;相比较而言,其中东北地区平稳性最高(波动系数为90.7%),其次为东部地区(波动系数为96.4%),再次为西部地区(波动系数为98.4%),中部地区最低(波动系数为110.0%)。

分不同时期进行考察:

1978~1990年期间,四大区域中,东北地区(均值为20.6)、东部地区(均值为16.4)的在校大学生数年均值明显高于中部地区(均值为11.7)和西部地区(均值为10.8)。对这四个区域在校大学生比例变化的平稳性进行考察,中部地区的平稳性(波动系数为24.2%)高于东北部地区(波动系数为35.7%)、东部地区(波动系数为25.8%)、西部地区(波动系数为27.8%)。

表5-1　四大区域每万人在校大学生数比较

单位:人

年份	1978～1990			1991～2000			2001～2006			1978～2006		
区域	均值	标准差	波动系数	均值	标准差	波动系数	均值	标准差	波动系数	均值	标准差	波动系数
东北地区	20.6	7.4	35.7%	40.2	10.6	26.3%	129.9	32.8	25.3%	50.0	45.3	90.7%
东部地区	16.4	4.2	25.8%	32.7	9.9	30.2%	113.1	31.9	28.2%	42.0	40.5	96.4%
中部地区	11.7	2.8	24.2%	21.3	6.7	31.4%	91.1	33.3	36.6%	31.4	34.6	110.0%
西部地区	10.8	3.0	27.8%	19.7	5.5	27.7%	72.0	22.7	31.6%	26.5	26.1	98.4%
全　国	588.4	145.3	24.7%	1029.2	263.1	25.6%	3295.7	893.4	27.1%	1300.6	1135.2	87.3%

资料来源:作者根据《新中国五十五年统计资料汇编》、《中国统计年鉴》、《中国教育统计年鉴》等资料中的原始数据分析整理、测算和自制而成。

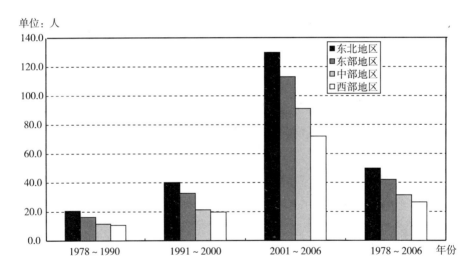

图5-1　四大区域每万人在校大学生数比较

资料来源:作者根据《新中国五十五年统计资料汇编》、《中国统计年鉴》、《中国教育统计年鉴》等资料中的原始数据分析整理、测算和自制而成。

　　1991～2000 年期间,四大区域中,东北部地区(均值为40.2)、东部地区(均值为32.7)的在校大学生年均值明显高于中部地区(均值为21.3)和西部地区(均值为19.7)。对这四个区域在校大学生比例变化的平稳性进行考察,总体来看四大区域的平稳性均较好,其中东北地区的平稳性最好,波动系数为

26.3%;中部地区平稳性最低,但波动系数也只有31.4%。

2001~2006年期间,四大区域中,东北地区(均值为129.9)、东部地区(均值113.1)的在校大学生年均值明显高于中部地区(均值91.1)和西部地区(均值72.0)。从四大区域在校大学生数比例变化的平稳性来看,东北地区平稳性最高(波动系数为25.3%),其次为东部地区(波动系数为28.2%),再次为西部地区(波动系数为31.6%),中部地区平稳性最低(波动系数为36.6%)。

二、区域之间在校大学生比例年增长率的差别情况(如表5-2和图5-2所示)

1978~2006年期间,我国全国在校大学生比例增长率年均值为9.9%,标准差为9.5%,波动系数为96.1%。四大区域中,东北地区在校大学生比例增长率年均值(17.4%)最高,其次为中部地区(11.8%),再次为西部地区(11.0%),东部地区最低(10.9%)。从四大区域在校大学生比例变化的平稳性来看,四大地区变化的平稳性不高;相比较而言,东部地区平稳性最高(波动系数87.7%),其次为西部地区(波动系数97.2%),再次为中部地区(波动系数99.1%),东北地区平稳性最低(波动系数为337.4%)。

表5-2　四大区域每万人在校大学生数年增长率比较

单位:%

年份	1978~1990			1991~2000			2001~2006			1978~2006		
区域	均值	标准差	波动系数	均值	标准差	波动系数	均值	标准差	波动系数	均值	标准差	波动系数
东北地区	24.5	90.4	369.6	8.8	8.6	97.2	17.4	13.5	77.4	17.4	58.6	337.4
东部地区	7.6	9.7	128.4	10.1	8.5	84.2	19.0	7.2	37.9	10.9	9.6	87.7
中部地区	6.8	10.1	149.4	10.4	10.8	104.1	24.3	7.3	29.8	11.8	11.7	99.1
西部地区	7.6	9.8	129.4	8.9	10.2	114.5	21.3	7.3	34.4	11.0	10.7	97.2
全　国	6.9	9.5	137.7	8.4	8.2	98.1	18.3	7.4	40.6	9.9	9.5	96.1

资料来源:作者根据《新中国五十五年统计资料汇编》、《中国统计年鉴》、《中国教育统计年鉴》等资料中的原始数据分析整理、测算和自制而成。

单位：%

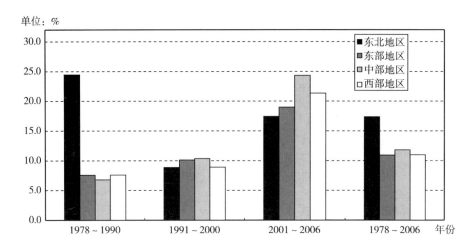

图5-2　四大区域每万人在校大学生数年增长率比较

资料来源:作者根据《新中国五十五年统计资料汇编》、《中国统计年鉴》、《中国教育统计年鉴》等资料中的原始数据分析整理、测算和自制而成。

　　分不同时期进行考察:

　　1978~1990年期间,四大区域中,东北地区(均值为24.5%)在校大学生比例增长率年均值明显高于东部地区(均值为7.6%)、中部地区(均值为6.8%)和西部地区(均值为7.6%)。对这四个区域在校大学生比例增长率的平稳性进行考察,东部地区(波动系数为128.4%)的平稳性最高,其次为西部地区(波动系数为129.4%),再次为中部地区(波动系数为149.4%),东北地区的平稳性(波动系数为369.6%)最低。

　　1991~2000年期间,我国全国在校大学生比例增长率年均值为8.4%,标准差为8.2%,波动系数为98.1%。四大区域中,中部地区(均值为10.4%)、东部地区(均值为10.1%)的在校大学生比例增长率年均值明显高于东北地区(均值为8.8%)和西部地区(均值为8.9%)。对这四个区域在校大学生比例变化的平稳性进行考察,总体来看四大区域的平稳性较差;其中东北地区的平稳性最高(波动系数为84.2%),其次为东北地区(波动系数为97.2),再次为中部地区(波动系数为104.1%),西部地区平稳性最低(波动系数为114.5%)。

　　2001~2006年期间,我国全国在校大学生比例增长率年均值为18.3%,标准差为7.4%,波动系数为40.6%。四大区域中,中部地区(均值为24.3%)和

西部地区(均值为 29.8%)在校大学生比例增长率年均值明显高于东北地区
(均值为 17.4%)和东部地区(均值为 19.0%)。从四大区域在校大学生比例
增长率的平稳性来看,中部地区平稳性最高(波动系数为 29.8%),其次为西部
地区(波动系数为 34.4%),再次为东部地区(波动系数为 37.9%),东北地区
平稳性最低(波动系数为 77.4%)。

第二节　区域之间大学毕业生占比的差别情况

一、区域之间大学毕业生占比的差别情况(如表 5-3 和图 5-3 所示)

1978~2006 年期间,四大区域中,东部地区大学毕业生占比均值(3.0%)
最高,其次为东北地区(2.9%),再次为中部地区(1.8%),西部地区最低
(1.5%)。从大学毕业生占比变化的平稳度来看,东部地区平稳性最高(波动
系数为 66.5%),其次为东北地区(波动系数为 69.7%),再次为中部地区(波
动系数为 77.6%),西部地区平稳性最低(波动系数为 94.4%)。

表 5-3　四大区域大学毕业生占比情况比较

单位:%

年份	1978~1990			1991~2000			2001~2006			1978~2006		
区域	均值	标准差	波动系数	均值	标准差	波动系数	均值	标准差	波动系数	均值	标准差	波动系数
东北地区	1.1	0.6	57.6	3.5	1.0	30.4	5.9	0.6	10.4	2.9	2.0	69.7
东部地区	1.1	0.5	46.4	3.6	0.7	20.5	5.8	0.5	9.3	3.0	2.0	66.5
中部地区	1.0	0.5	53.7	1.4	0.9	61.5	4.1	0.6	15.6	1.8	1.4	77.6
西部地区	0.7	0.3	46.6	1.2	1.1	87.2	4.0	0.6	15.2	1.5	1.4	94.4

资料来源:作者根据《新中国五十五年统计资料汇编》、《中国统计年鉴》、《中国教育统计年鉴》等资料中
　　的原始数据分析整理、测算和自制而成。

分不同时期进行考察:

1978~1990 年期间,四大区域中,东北地区(均值为 1.1%)和东部地区
(均值为 1.1%)的大学毕业生占比均值高于中部地区(均值为 1.0%)和西部

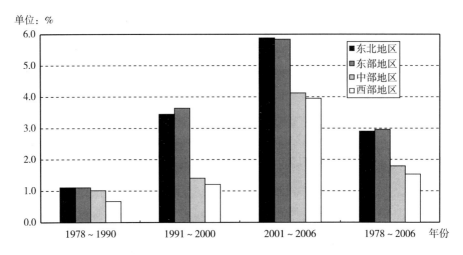

图5-3　四大区域大学毕业生占比情况比较

资料来源:作者根据《新中国五十五年统计资料汇编》、《中国统计年鉴》、《中国教育统计年鉴》等资料中的原始数据分析整理、测算和自制而成。

地区(均值为0.7%)。对这四个区域的平稳性进行考察,东北地区和中部地区的平稳性(分别为57.6%、53.7%)低于东部地区和西部地区(分别为46.4%、46.6%)。把我国四大区域本期间大学毕业生占比的情况与美国四大区域1970~1990年期间的大学毕业生占比情况作一比较,可以发现我国四大区域本期间大学毕业生占比数值明显要低得多,并且区域之间不平衡性也大得多(1990年美国西部大学毕业生占比显著高于其他三个区域,而其他三个区域即东部、中西部、南部的大学毕业生占比则基本等同)。

1991~2000年期间,四大区域中,东北地区(均值为3.5%)、东部地区(均值为3.6%)的大学毕业生占比均值明显高于中部地区(均值为1.4%)和西部地区(均值为1.2%),其中东部地区最高,其次为东北地区,再次为中部地区,最低者为西部地区。对这四个区域大学毕业生占比变化的平稳性进行考察,总体来看四大区域的平稳性较好,其中东部地区的平稳性最好(波动系数为20.5%),其次为东北地区(波动系数为30.4%),再次为中部地区(波动系数为61.5%),西部地区平稳性最低(波动系数为87.2%)。

2001~2006年期间,四大区域中,东北地区大学毕业生占比均值最高(均值为5.9%),其次为东部地区(均值为5.8%),再次为中部地区(均值为

4.1%），西部地区最低（均值为4.0%）。从四大区域大学毕业生占比变化的平稳性来看，东部地区平稳性最高（波动系数为9.3%），其次为东北地区（波动系数为10.4%），再次为西部地区（波动系数为15.2%），中部地区平稳性最低（波动系数为15.6%）。

二、区域之间大学毕业生占比年增长率的差别情况（如表5－4和图5－4所示）

1978～2006年期间，四大区域中，西部地区大学毕业生占比环比增长率均值最高（42.8%），其次为中部地区（19.3%），再次为东部地区（13.6%），东北地区最低（10.2%）。从四大区域大学毕业生占比环比增长率的平稳性来看，四大区域的平稳性均不高；相比较而言，东北地区大学毕业占比环比增长率的平稳性最高（波动系数为123.8%），其次为东部地区（波动系数为248.0%），再次为中部地区（波动系数为287.7%），西部地区平稳性最低（波动系数为409.1%）。

表5－4　四大区域大学毕业生占比年增长率比较

单位:%

年份	1978～1990			1991～2000			2001～2006			1978～2006		
区域	均值	标准差	波动系数	均值	标准差	波动系数	均值	标准差	波动系数	均值	标准差	波动系数
东北地区	14.9	15.3	102.5	8.9	7.4	83.4	2.8	11.1	401.3	10.2	12.6	123.8
东部地区	14.9	25.8	173.5	16.2	50.8	312.9	6.9	9.2	134.8	13.6	33.8	248.0
中部地区	26.4	78.7	297.9	17.3	33.5	193.8	8.2	8.8	106.6	19.3	55.4	287.7
西部地区	14.5	39.0	269.6	97.6	296.5	303.9	8.1	6.4	78.7	42.8	175.1	409.1

资料来源:作者根据《新中国五十五年统计资料汇编》、《中国统计年鉴》、《中国教育统计年鉴》等资料中的原始数据分析整理、测算和自制而成。

分不同时期进行考察:

1978～1990年期间，四大区域中，中部地区（均值为26.4%）大学毕业生占比环比增长率均值明显高于东部地区（均值为14.9%）、东北地区（均值为14.9%）和西部地区（均值为14.5%）。对这四个区域变化的平稳性进行考察，

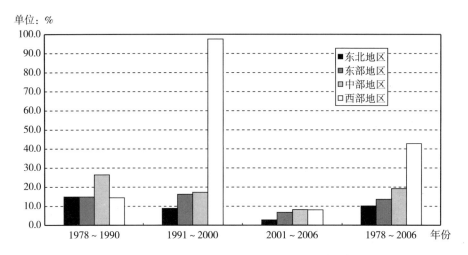

图 5-4　四大区域大学毕业生占比年增长率比较

资料来源:作者根据《新中国五十五年统计资料汇编》、《中国统计年鉴》、《中国教育统计年鉴》等资料中
的原始数据分析整理、测算和自制而成。

中部地区的平稳性(波动系数为 297.9%)和西部地区的平稳性(波动系数为
269.6%)显著低于东北地区(波动系数为 102.5%)和东部地区(波动系数
为 173.5%)。

1991~2000 年期间,四大区域中,西部地区(均值为 97.6%)的大学毕业生
占比环比增长率均值明显高于东北地区(均值为 8.9%)、东部地区(均值为
16.2%)和中部地区(均值为 17.3%)。对这四个区域的平稳性进行考察,总体
看来四大区域的平稳性相差较大,其中西部地区平稳性最低(波动系数为
303.9%),东北地区的平稳性最好(波动系数为 83.4%)。

2001~2006 年期间,四大区域中,中部地区大学毕业生占比环比增长率均
值最高(8.2%),其次为西部地区(8.1%),再次为东部地区(6.8%),东北地区
最低(2.8%)。从四大地区大学毕业生占比环比增长率均值的平稳性来看,东
北地区平稳性最低(波动系数为 401.3%),其次为东部地区(波动系数为
134.8%)、中部地区(波动系数为 106.6%),西部地区平稳性最高(波动系数
为 78.7%)。

第三节　区域内部省际大学毕业生占比比较分析

一、东北区域内部大学毕业生占比差别情况考察

1978～2006 年期间(如表 5－5 和图 5－5 所示),东北地区大学毕业生占比均值为 2.9%。本区域 3 省份中有 2 个省大学毕业生占比均值高于本区域整体水平,分别为辽宁(3.1%)、吉林(3.2%);有 1 个省即黑龙江大学毕业生占比均值(为 2.5%)低于本区域整体平均水平。辽宁、吉林(变异系数分别为 24.2%、20.3%)对东北区域内大学毕业生占比不平衡状况分别有第一大和次大正影响;黑龙江(变异系数为 28.5%)对东北区域内大学毕业生占比不平衡状况有负影响。

表 5－5　四大区域内部省际大学毕业生占比情况比较

单位:%

年份	1978～1990			1991～2000			2001～2006			1978～2006		
	均值	标准差	变异系数	均值	标准差	变异系数	均值	标准差	变异系数	均值	标准差	变异系数
辽宁	1.0	0.2	20.0	3.6	0.4	12.7	7.0	1.0	17.7	3.1	0.7	24.2
吉林	1.2	0.1	7.2	4.0	0.9	25.0	6.2	0.4	7.3	3.2	0.6	20.3
黑龙江	1.2	0.2	21.1	2.9	0.6	16.6	4.4	1.2	20.5	2.5	0.8	28.5
东北地区	1.1	0.0	0.0	3.5	0.0	0.0	5.9	0.0	0.0	2.9	0.0	0.0
北京	2.5	3.9	354.9	43.7	49.9	1369.2	20.1	11.1	190.0	20.4	31.2	1054.3
天津	1.5	2.0	176.8	22.9	25.5	698.9	12.0	4.9	83.6	11.0	15.8	534.8
河北	0.9	0.4	35.9	1.4	2.6	71.5	5.0	0.7	11.8	1.9	1.7	56.2
上海	1.9	2.5	222.6	13.9	10.5	289.5	18.0	9.6	163.6	9.4	8.3	298.1
江苏	1.1	0.2	14.0	2.0	2.5	68.6	4.2	1.2	21.4	1.7	1.7	57.5
浙江	1.0	0.3	26.5	1.6	2.4	66.5	5.9	0.3	6.0	2.2	1.5	50.8
福建	1.5	0.6	50.4	1.4	2.4	68.5	4.2	1.2	24.8	2.0	1.8	60.8
山东	1.1	0.4	38.5	1.2	2.7	74.9	4.9	0.8	13.7	1.9	1.8	59.3

续表

年份	1978～1990			1991～2000			2001～2006			1978～2006		
	均值	标准差	变异系数	均值	标准差	变异系数	均值	标准差	变异系数	均值	标准差	变异系数
广　东	0.8	0.3	31.0	1.6	2.7	74.0	4.5	1.1	19.5	1.8	1.8	60.7
海　南	0.5	0.6	58.6	4.6	1.9	51.7	4.3	1.2	20.9	2.7	1.4	48.5
东部地区	1.1	0.0	0.0	3.6	0.0	0.0	5.8	0.0	0.0	3.0	0.0	0.0
山　西	1.1	0.3	27.6	2.5	1.1	81.3	4.6	0.4	9.9	2.3	0.8	42.6
安　徽	1.5	0.6	55.4	1.1	0.4	27.7	3.7	0.5	11.7	1.8	0.5	30.3
江　西	1.1	0.1	12.6	1.1	0.4	28.3	3.9	0.6	14.3	1.7	0.4	24.6
河　南	0.9	0.2	17.0	1.2	0.3	17.8	3.7	0.5	13.2	1.6	0.4	21.3
湖　北	1.0	0.2	23.5	1.8	0.5	36.8	4.8	0.6	14.5	2.0	0.5	28.4
湖　南	0.7	0.4	35.1	1.3	0.2	11.7	4.4	0.3	6.9	1.7	0.3	17.7
中部地区	1.0	0.0	0.0	1.4	0.0	0.0	4.1	0.0	0.0	1.8	0.0	0.0
重　庆	0.0	0.7	103.4	0.9	0.6	49.7	3.5	0.4	10.1	1.1	0.7	42.4
四　川	0.7	0.4	64.5	1.2	0.2	16.8	3.4	0.5	13.7	1.4	0.5	30.1
贵　州	0.9	0.6	88.2	1.0	0.3	28.6	1.9	1.6	41.6	1.1	1.1	71.8
云　南	1.0	0.8	114.8	0.7	0.6	50.9	2.5	1.2	29.6	1.2	1.0	62.9
西　藏	0.4	0.6	90.1	0.3	1.3	103.7	0.8	2.5	63.2	0.5	1.8	114.1
陕　西	0.2	0.6	91.5	1.7	0.7	61.0	5.5	1.4	34.8	1.8	1.0	67.8
甘　肃	1.9	1.4	206.3	1.3	0.4	32.2	4.2	0.5	12.2	2.1	1.0	67.1
青　海	0.9	0.8	126.6	1.5	0.5	37.9	3.7	0.4	9.6	1.7	0.7	45.0
宁　夏	0.3	0.7	98.3	1.7	0.5	58.4	5.5	1.2	30.5	1.8	1.0	62.9
新　疆	0.6	0.2	33.1	2.7	2.2	181.4	8.8	3.8	95.8	3.0	2.7	173.8
内蒙古	0.4	0.6	94.5	1.8	0.9	76.8	5.6	1.3	31.9	1.9	1.0	68.3
广　西	0.6	0.3	39.2	0.6	0.8	64.8	4.0	0.3	7.9	1.3	0.5	35.5
西部地区	0.7	0.0	0.0	1.2	0.0	0.0	4.0	0.0	0.0	1.5	0.0	0.0

资料来源:作者根据《新中国五十五年统计资料汇编》、《中国统计年鉴》、《中国教育统计年鉴》等资料中的原始数据分析整理、测算和自制而成。

单位：%

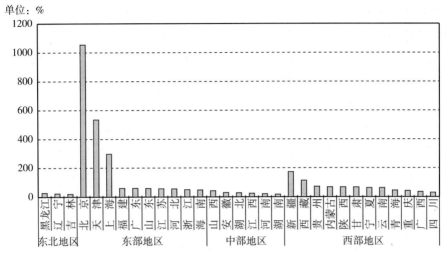

图 5-5 各省市对本区域大学毕业生占比不平衡性的影响力比较（1978～2006 年）

资料来源：作者根据《新中国五十五年统计资料汇编》、《中国统计年鉴》、《中国教育统计年鉴》等资料中
　　　　的原始数据分析整理、测算和自制而成。

　　分不同时期进行考察：

　　1978～1990 年期间（如表 5-5 和图 5-6 所示），东北地区大学毕业生占

单位：%

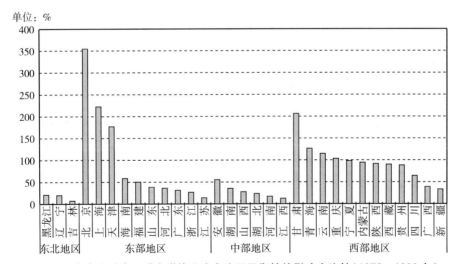

图 5-6 各省市对本区域大学毕业生占比不平衡性的影响力比较（1978～1990 年）

资料来源：作者根据《新中国五十五年统计资料汇编》、《中国统计年鉴》、《中国教育统计年鉴》等资料中
　　　　的原始数据分析整理、测算和自制而成。

比均值为1.1%。本区域3省份中,吉林大学毕业生占比均值(1.2%)和黑龙江大学毕业生占比均值(1.2%)高于本区域整体水平,辽宁省大学毕业生占比均值(1.0%)低于本区域整体平均水平。黑龙江(变异系数为21.1%)和吉林(变异系数为7.2%)对东北区域不平衡分别有第一大和次大正影响;辽宁(变异系数为20.0%)对东北区域内不平衡有负影响。

1991~2000年期间(如表5-5和图5-7所示),东北地区大学毕业生占比均值为3.5%。本区域3省份中,辽宁大学毕业生占比均值(3.6%)和吉林大学毕业生占比均值(4.0%)高于本区域整体水平,黑龙江大学毕业生占比均值(2.9%)低于本区域整体平均水平。吉林(变异系数为25.0%)、辽宁(变异系数为12.7%)对东北区域大学毕业生不平衡状况分别有第一大和次大正影响,黑龙江(变异系数为16.6%)对东北区域大学毕业生占比不平衡状况有负影响。

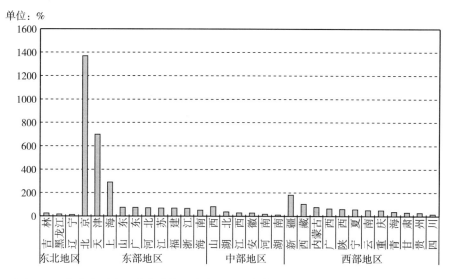

图5-7　各省市对本区域大学毕业生占比不平衡性的影响力比较(1991~2000年)

资料来源:作者根据《新中国五十五年统计资料汇编》、《中国统计年鉴》、《中国教育统计年鉴》等资料中的原始数据分析整理、测算和自制而成。

2001~2006年期间(如表5-5和图5-8所示),东北地区大学毕业生占比均值为5.9%。本区域3省份中,辽宁大学毕业生占比和吉林大学毕业生占比均值(分别为7.0%、6.2%)高于本区域整体水平,黑龙江大学毕业生占比均值(4.4%)略低于该区域整体平均水平。辽宁(变异系数为17.7%)、吉林(变

异系数为 7.3%)对东北区域大学毕业生占比不平衡状况分别有第一大和次大
正影响,黑龙江(变异系数为 20.5%)对东北区域大学毕业生占比不平衡状况
有负影响。

单位: %

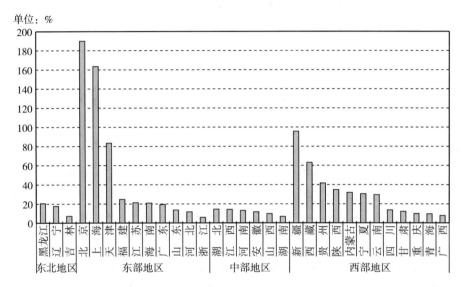

图 5-8　各省市对本区域大学毕业生占比不平衡性的影响力比较(2001~2006 年)

资料来源:作者根据《新中国五十五年统计资料汇编》、《中国统计年鉴》、《中国教育统计年鉴》等资料中
　　　　的原始数据分析整理、测算和自制而成。

二、东部区域内部大学毕业生占比差别情况考察

1978~2006 年期间(如表 5-5 和图 5-5 所示),东部地区大学毕业生占
比均值为 3.0%。本区域 10 个省市中有 3 个省市大学毕业生占比均值高于该
地区的整体年均水平,分别为北京(20.4%)、天津(11.0%)、上海(9.4%);有
7 个省大学毕业生占比均值低于该地区的整体年均水平,分别是河北(1.9%)、
江苏(2.1%)、浙江(2.2%)、福建(2.0%)、山东(1.9%)、广东(1.8%)、海南
(2.7%)。根据各省市 CV 值的计算结果,可以看出各省市对本区域不平衡程
度的影响情况,按照由低到高依次是:海南(变异系数为 48.5%,负影响)、浙江
(变异系数为 50.8%,负影响)、河北(变异系数为 56.2%,负影响)、江苏(变异
系数为 57.5%,负影响)、山东(变异系数为 59.3%,负影响)、广东(变异系数
为 60.7%,负影响)、福建(变异系数为 60.8%,负影响)、上海(变异系数为

298.1%,正影响)、天津(变异系数为534.8%,正影响)、北京(变异系数为1054.3%,正影响)。由此可见,该期间内,北京、天津对东部区域大学毕业生占比不平衡状况分别有第一大和第二大正影响,福建、广东对本区域大学毕业生占比不平衡状况分别有第一大和第二大负影响。

分不同时期进行考察:

1978～1990年期间(如表5-5和图5-6所示),东部地区大学毕业生占比均值为1.1%。本区域10个省市中有4个省市大学毕业生占比均值高于该地区的整体年均水平,分别为北京(2.5%)、天津(1.5%)、上海(1.9%)、福建(1.5%);有4个省大学毕业生占比均值低于该地区的整体年均水平,分别是河北(0.9%)、浙江(1.0%)、广东(0.8%)、海南(0.5%);其中大学毕业生占比均值最高的北京是大学毕业生占比均值最低的海南的5倍。根据各省市CV值的计算结果,可以看出各省市对本区域大学毕业生占比不平衡程度的影响情况,按照由低到高依次是:江苏(变异系数为14.0%)、浙江(变异系数为26.5%,负影响)、广东(变异系数为31.0%,负影响)、河北(变异系数为35.9%,负影响)、山东(变异系数为38.5%,负影响)、福建(变异系数为50.4%,正影响)、海南(变异系数为58.6%,负影响)、天津(变异系数为176.8%,正影响)、上海(变异系数为222.6%,正影响)、北京(变异系数为354.9%,正影响)。由此可见,该期间内,北京、上海对东部区域大学毕业生占比不平衡状况分别有第一大和第二大正影响,海南、山东对东部不平衡状况分别有第一大和第二大负影响。

1991～2000年期间(如表5-5和图5-7所示),东部地区大学毕业生占比均值为3.6%。本区域10个省市中有4个省市大学毕业生占比均值高于该地区的整体年均水平,分别为北京(43.7%)、天津(22.9%)、上海(13.9%)、海南(4.6%);有6个省大学毕业生占比均值低于该地区的整体年均水平,分别是河北(1.4%)、江苏(2.0%)、浙江(1.6%)、福建(1.4%)、山东(1.2%)、广东(1.6%);其中大学毕业生占比均值最高的天津是大学毕业生占比均值最低的山东的36.4倍。根据各省市CV值的计算结果,可以看出各省市对本区域的大学毕业生占比不平衡程度影响情况,按照由低到高依次是:海南(变异系数为51.7%,正影响)、浙江(变异系数为66.5%,负影响)、福建(变异系数为68.5%,负影响)、江苏(变异系数为68.6%,负影响)、河北(变异系数为71.5%,负影响)、广东(变异系数为74.0%,负影响)、山东(变异系数为74.9%,负影响)、上海(变异系数为289.5%,正影响)、天津(变异系数为698.9%,正影响)、北京(变异系数为1369.2%,正影响)。由此可见,该期间内,北京、天津对东部区域大学毕业生占比不平衡状况分别有第一大和第二大正影响,河北、江苏对东部区域大学毕业生占比不平衡状况分别有第一大和第二大负影响。

2001～2006年期间(如表5-5和图5-8所示),东部地区大学毕业生占比均值为5.8%。本区域10个省市中有4个省市大学毕业生占比均值高于该地区的整体年均水平,分别为北京(20.1%)、天津(12.0%)、上海(18.0%)、浙江(5.9%);有6个省市大学毕业生占比均值低于该地区的整体年均水平,分别是河北(5.0%)、江苏(4.2%)、福建(4.0%)、山东(4.9%)、广东(4.5%)、海南(4.3%);其中大学毕业生占比均值最高的北京是大学毕业生占比均值最低的福建的5.02倍。根据各省市CV值的计算结果,可以看出各省市对本区域大学毕业生占比不平衡程度的影响情况,按照由低到高依次是:浙江(变异系数为6.0%,正影响)、河北(变异系数为11.8%,负影响)、山东(变异系数为13.7%,负影响)、广东(变异系数为19.5%,负影响)、海南(变异系数为20.9%,负影响)、江苏(变异系数为21.4%,负影响)、福建(变异系数为24.8%,负影响)、天津(变异系数为83.6%,正影响)、上海(变异系数为163.6%,正影响)、北京(变异系数为190.0%,正影响)。由此可见,该期间内,北京、上海对东部区域大学毕业生占比不平衡状况分别有第一大和第二大正影响,福建、江苏对东部区域大学毕业生占比不平衡状况有第一大和第二大负影响。

三、中部区域内部大学毕业生占比差别情况考察

1978～2006年期间(如表5-5和图5-5所示),中部地区大学毕业生占比均值为1.8%。本区域6个省中有3个省大学毕业生占比均值高于该地区的整体年均水平,分别为山西(2.3%)、湖北(2.0%)、安徽(1.8%);有3个省大学毕业生占比均值低于该地区的整体年均水平,江西(1.7%)、河南(1.6%)、湖南(1.7%);其中大学毕业生占比均值最高的山西是大学毕业生占比均值最低的河南的1.44倍。根据各省CV值的计算结果,可以看出各省对本区域大学毕业生占比不平衡程度的影响情况,按照由低到高依次是:湖南(变异系数为17.7%,负影响)、河南(变异系数为21.3%,负影响)、江西(变异系数为24.6%,负影响)、湖北(变异系数为28.4%,正影响)、安徽(变异系数为30.3%,正影

响)、山西(变异系数为42.6%,正影响)。由此可见,该期间内,山西、湖北对中部区域大学毕业生占比不平衡状况分别有第一大和第二大正影响,江西、河南对中部区域大学毕业生占比不平衡状况分别有第一大和第二大负影响。

分不同时期进行考察:

1978~1990年期间(如表5-5和图5-6所示),中部地区大学毕业生占比均值为1.0%。本区域6个省中有3个省大学毕业生占比均值高于该地区的整体年均水平,分别为山西(1.1%)、安徽(1.5%)、江西(1.1%);有3个省大学毕业生占比均值低于该地区的整体年均水平,分别是河南(0.9%)、湖南(0.7%)、湖北(1.0%);其中大学毕业生占比均值最高的安徽是大学毕业生占比均值最低的湖南的2.14倍。根据各省CV值的计算结果,可以看出各省对本区域大学毕业生占比不稳定性的影响情况,按照由低到高依次是:湖南(变异系数为11.7%,负影响)、河南(变异系数为17.8%,负影响)、安徽(变异系数为27.7%,正影响)、江西(变异系数为28.3%,正影响)、湖北(变异系数为36.8%,负影响)、山西(变异系数为81.3%,正影响)。由此可见,该期间内,山西、江西对中部区域大学毕业生占比不平衡状况分别有第一大和第二大正影响,河南、湖南对中部区域大学毕业生占比不平衡状况分别有第一大和第二大负影响。

1991~2000年期间(如表5-5和图5-7所示),中部地区大学毕业生占比均值为1.4%。本区域6个省中有2个省大学毕业生占比均值高于该地区的整体年均水平,分别为山西(2.5%)、湖北(1.8%);有4个省大学毕业生占比均值低于该地区的整体年均水平,分别是安徽(1.1%)、江西(1.1%)、河南(1.2%)、湖南(1.3%);最高的山西是大学毕业生占比均值最低的安徽和江西的2.27倍。根据各省CV值的计算结果,可以看出各省对本区域大学毕业生占比不平衡程度的影响情况,按照由低到高依次是:湖南(变异系数为11.7%,负影响)、河南(变异系数为17.8%,负影响)、安徽(变异系数为27.7%,负影响)、江西(变异系数为28.3%,负影响)、湖北(变异系数为36.8%,正影响)、山西(变异系数为81.3%,正影响)。由此可见,该期间内,山西、湖北对中部区域大学毕业生占比不平衡状况分别有第一大和第二大正影响,江西、安徽对中部区域大学毕业生占比不平衡状况分别有第一大和第二大负影响。

2001~2006年期间(如表5-5和图5-8所示),中部地区大学毕业生占比均值为4.1%。本区域6个省中有3个省大学毕业生占比均值高于该地区的整体年均水平,分别为山西(4.6%)、湖北(4.8%)、湖南(4.4%);有3个省大学毕业生占比均值低于该地区的整体年均水平,分别是安徽(3.7%)、江西(3.9%)、河南(3.7%);其中大学毕业生占比均值最高的湖北是大学毕业生占比均值最低的安徽和河南的1.24倍。根据各省CV值的计算结果,可以看出各省对本区域不平衡程度的影响情况,按照由低到高依次是:湖南(变异系数为6.9%,正影响)、山西(变异系数为9.9%,正影响)、安徽(变异系数为11.7%,负影响)、河南(变异系数为13.2%,负影响)、江西(变异系数为14.3%,负影响)、湖北(变异系数为14.5%,正影响)。由此可见,该期间内,湖北、山西对中部区域大学毕业生占比不平衡状况分别有第一大和第二大正影响,江西、河南对中部区域大学毕业生占比不平衡状况分别有第一大和第二大负影响。

四、西部区域内部大学毕业生占比差别情况考察

1978～2006年期间(如表5-5和图5-5所示),西部地区大学毕业生占比均值为1.5%。本区域12个省中有6个省大学毕业生占比均值高于该地区的整体年均水平,分别为陕西(1.8%)、甘肃(2.1%)、青海(1.7%)、宁夏(1.8%)、新疆(3.0%)、内蒙古(1.9%);有6个省市大学毕业生占比均值低于该地区的整体年均水平,分别是重庆(1.1%)、四川(1.4%)、贵州(1.1%)、云南(1.2%)、西藏(0.5%)、广西(1.3%);其中大学毕业生占比均值最高的新疆是大学毕业生占比均值最低的西藏的6倍。根据各省CV值的计算结果,可以看出各省市对本区域大学毕业生占比不平衡程度的影响情况,按照由低到高依次是:四川(变异系数为30.1%,负影响)、广西(变异系数为35.5%,负影响)、重庆(变异系数为42.4%,负影响)、青海(变异系数为45.0%,正影响)、宁夏(变异系数为62.9%,正影响)、云南(变异系数为62.9%,负影响)、甘肃(变异系数为67.1%,正影响)、陕西(变异系数为67.8%,负影响)、内蒙古(变异系数为68.3%,正影响)、贵州(变异系数为71.8%,负影响)、西藏(变异系数为114.1%,负影响)、新疆(变异系数为173.8%,正影响)。由此可见,该期间内,新疆、内蒙古对西部区域大学毕业生占比不平衡状况分别有第一大和第二大正影响,西藏、贵州对西部区域大学毕业生占比不平衡状况分别有第一大和第二大负影响。

分不同时期进行考察:

1978～1990年期间(如表5-5和图5-6所示),西部地区大学毕业生占比均值为0.7%。本区域12个省市中有4个省大学毕业生占比均值高于该地区的整体年均水平,分别为贵州(0.9%)、云南(1.0%)、甘肃(1.9%)、青海(0.9%);有8个省市的大学毕业生占比均值低于该地区的整体年均水平,分别是重庆(0.0%)、四川(0.7%)、西藏(0.4%)、陕西(0.2%)、宁夏(0.3%)、新疆(0.6%)、内蒙古(0.4%)、广西(0.6%)。根据各省CV值的计算结果,可以看出各省市对本区域大学毕业生占比不平衡程度的影响情况,按照由低到高依次是:四川(变异系数为16.8%,负影响)贵州(变异系数为28.6%,正影响)、甘肃(变异系数为32.2%,正影响)、青海(变异系数为37.9%,正影响)、重庆(变异系数为49.7%,负影响)、云南(变异系数为50.9%,正影响)、宁夏(变异系数为58.4%,负影响)陕西(变异系数为61.0%,负影响)、广西(变异系数为64.8%,负影响)、内蒙古(变异系数为76.8%,负影响)、西藏(变异系数为103.7%,负影响)、新疆(变异系数为181.4%,负影响)。由此可见,该期间内,云南、青海对西部区域大学毕业生占比不平衡状况分别有第一大和第二大正影响,新疆、西藏对西部区域大学毕业生占比不平衡状况分别有第一大和第二大负影响。

1991~2000年期间(如表5-5和图5-7所示),西部地区大学毕业生占比均值为1.2%。本区域12个省中有7个省大学毕业生占比均值高于该地区的整体年均水平,分别为陕西(1.7%)、甘肃(1.3%)、青海(1.5%)、宁夏(1.7%)、新疆(2.7%)、内蒙古(1.8%)、四川(1.2%);有5个省市大学毕业生占比均值低于该地区的整体年均水平,分别是重庆(0.9%)、贵州(1.0%)、云南(0.7%)、西藏(0.3)、广西(0.6%);其中大学毕业生占比均值最高的新疆是大学毕业生占比均值最低的西藏的9倍。根据各省CV值的计算结果,可以看出各省市对本区域大学毕业生占比不平衡程度的影响情况,按照由低到高依次是:四川(变异系数为16.8%,正影响)、贵州(变异系数为28.6%,负影响)、甘肃(变异系数为32.2%,正影响)、青海(变异系数为37.9%,正影响)、重庆(变异系数为49.7%,负影响)、云南(变异系数为50.9%,负影响)、宁夏(变异系数为58.4%,负影响)陕西(变异系数为61.0%,正影响)、广西(变异系数为64.8%,负影响)、内蒙古(变异系数为76.8%,正影响)、西藏(变异系数为103.7%,负影响)、新疆(变异系数为181.4%,正影响)。由此可见,该期间内,新疆、内蒙古对西部区域大学毕业生占比不平衡状况分别有第一大和第二大正影响,西藏、广西对西部区域大学毕业生占比不平衡状况分别有第一大和第二大负影响。

2001～2006年期间(如表5-5和图5-8所示),西部地区大学毕业生占比均值为4.0%。本区域12个省中有6个省市大学毕业生占比均值高于该地区的整体年均水平,分别为陕西(5.5%)、甘肃(4.2%)、宁夏(5.5%)、新疆(8.8%)、内蒙古(5.6%)、广西(4.0%);有6个省市大学毕业生占比均值低于该地区的整体年均水平,分别是重庆(3.5%)、四川(3.4%)、贵州(1.9%)、云南(2.5%)、西藏(0.8%)、青海(3.7%);其中大学毕业生占比均值最高的新疆是大学毕业生占比均值最低的西藏的11倍。根据各省CV值的计算结果,可以看出各省市对本区域大学毕业生占比不平衡程度的影响情况,按照由低到高依次是:广西(变异系数为7.9%,正影响)、青海(变异系数为9.6%,正影响)、重庆(变异系数为10.1%,负影响)、甘肃(变异系数为12.2%,正影响)、四川(变异系数为13.7%,负影响)、云南(变异系数为29.6%,负影响)、宁夏(变异系数为30.5%,正影响)、内蒙古(变异系数为31.9%,正影响)、陕西(变异系数为34.8%,正影响)、贵州(变异系数为41.6%,负影响)、西藏(变异系数为63.2%,负影响)、新疆(变异系数为95.8%,正影响)。由此可见,该期间内,新疆、陕西对西部区域大学毕业生占比不平衡状况分别有第一大和第二大正影响,西藏、贵州对西部区域大学毕业生占比不平衡状况分别有第一大和第二大负影响。

第四节　本章小结

第一节研究分析了区域之间在校大学生比例的差别情况。

关于区域之间在校大学生数年均值(每万人在校大学生数)的差别。1978～2006年期间,东北地区每万人在校大学生数年均值最高(50.0),其次为东部地区(42.0),再次为中部地区(31.4),西部地区最低(26.5)。

关于区域之间在校大学生比例年增长率的差别。1978～2006年期间,东北地区在校大学生比例增长率年均值最高(17.4%),其次为中部地区(11.8%),再次为西部地区(11.0%),东部地区最低(10.9%)。

第二节研究分析了区域之间大学毕业生占比的差别情况。

关于区域之间大学毕业生占比的差别。1978～2006年期间,东部地区大学毕业生占比均值(3.0%)最高,其次为东北地区(2.9%),再次为中部地区(1.8%),西部地区最低(1.5%)。

关于区域之间大学毕业生占比年增长率的差别。1978~2006 年期间,西部地区大学毕业生占比环比增长率均值最高(42.8%),其次为中部地区(19.3%),再次为东部地区(13.6%),东北地区最低(10.2%)。

第三节研究分析了区域内部省际大学毕业生占比的差别情况。

东北区域内部:1978~2006 年期间,辽宁、吉林(变异系数分别为 24.2%、20.3%)对东北区域内大学毕业生占比不平衡状况分别有第一大和次大正影响;黑龙江(变异系数为 28.5%)对东北区域内大学毕业生占比不平衡状况有负影响。

东部区域内部:1978~2006 年期间,北京、天津对东部区域大学毕业生占比不平衡状况分别有第一大和第二大正影响,福建、广东对不平衡状况分别有第一大和第二大负影响。

中部区域内部:1978~2006 年期间,山西、湖北对中部区域大学毕业生占比不平衡状况分别有第一大和第二大正影响,江西、河南对中部区域大学毕业生占比不平衡状况分别有第一大和第二大负影响。

西部区域内部:1978~2006 年期间,新疆、内蒙古对西部区域大学毕业生占比不平衡状况分别有第一大和第二大正影响,西藏、贵州对西部区域大学毕业生占比不平衡状况分别有第一大和第二大负影响。

本章附件:

附表 5-1　美国四大区域大学毕业生占比的比较(1970 年和 1990 年)

指标	大都市区域				中心城市				乡村			
	东北部	中西部	南部	西部	东北部	中西部	南部	西部	东北部	中西部	南部	西部
大学毕业生百分比	1970 年											
均值	9.7	11.2	10.6	13.4	8.0	12.5	12.4	15.2	10.5	9.5	9.1	11.8
SD	2.9	5.3	3.3	6.7	3.1	8.5	4.6	5.3	3.7	3.7	4.2	4.0
CV	0.3	0.5	0.3	0.5	0.4	0.7	0.4	0.4	0.4	0.4	0.5	0.3
城市/乡村	0.8	1.3	1.4	1.3								
	1990 年											
均值	19.6	19.6	19.1	22.4	17.0	20.7	21.6	25.2	20.5	18.1	17.2	20.4
SD	5.6	6.9	5.7	6.4	7.0	10.8	6.8	9.0	6.5	5.3	6.7	6.8

续表

指标	大都市区域				中心城市				乡村			
	东北部	中西部	南部	西部	东北部	中西部	南部	西部	东北部	中西部	南部	西部
CV	0.3	0.4	0.3	0.3	0.4	0.5	0.3	0.4	0.3	0.3	0.4	0.3
城市/乡村	0.8	1.1	1.3	1.2								
1970 年和 1990 年百分比变化	102.1	75.0	80.2	67.2								

注：1. 美国的大学毕业生占比是指 25 岁以上(含 25 岁)人口中大学毕业生所占的比例。

　　2. SD 表示标准差；CV 表示波动系数。

资料来源：Janet Rothenberg Pack（2002），*Growth and Convergence in Metropolitan America*，Brookings Institute Press，Washington，D. C. 。

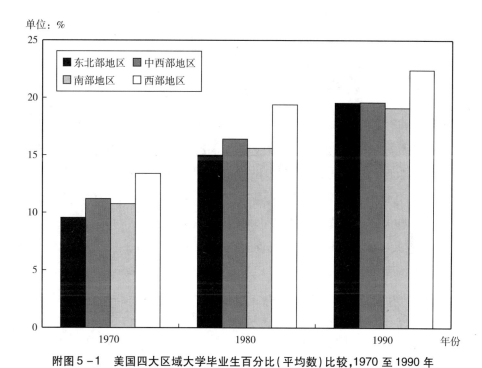

单位：%

附图 5-1　美国四大区域大学毕业生百分比(平均数)比较，1970 至 1990 年

注：美国的大学毕业生占比是指 25 岁以上(含 25 岁)人口中大学毕业生所占的比例。

资料来源：Janet Rothenberg Pack（2002），*Growth and Convergence in Metropolitan America*，Brookings Institute Press，Washington，D. C. 。

第六章　区域科技创新力差别的深度考察

本章对四大区域之间和四大区域内部各省市之间在科研人员总人口比例、研发人员占总人口比例、人均科研经费、人均研发经费、人均技术市场成交额、每百万人国外主要检索工具收录论文数、每百万人专利授权量等代表科技创新力的指标,进行全方位的研究分析和深度考察。由于我国国家统计机构仅对1990年以来的上述各指标有相关统计数据,因此,本章分析的样本期间设定为1991～2000年和2001～2006年两个期间。

第一节　区域之间科研人员占总人口比例的比较

一、区域之间科研人员占总人口比例变化的比较(如表6－1和图6－1所示)

1991～2000年期间,四大区域中,东北部地区的科研人员占总人口比例(均值为0.31%)最高,紧随其后的是东部地区(均值为0.30%),其次是西部地区(均值为0.20%),最低的是中部地区(均值为0.17%)。对这四个区域科研人员占总人口比例的变化的平稳性进行考察,西部地区平稳性最高,波动系数只有29.04%;东部地区的平稳性最低,波动系数为50.50%。

2001～2006年期间,四大区域中,东部和东北地区科研人员占总人口比例的年均值(分别为0.58%、0.47%)高于中部和西部地区科研人员占总人口比例的年均值(分别为0.27%、0.26%),其中东部地区科研人员占总人口比例的年均值最高,其次是东北地区,再次是中部地区,西部地区最低。从四大地区科研人员占总人口比例变化的平稳性来看,四大地区的平稳性相差不大,而且总的来看平稳性还比较好。其中东部地区科研人员占总人口比例的平稳性相对最高(波动系数为16.2%),其次为中部地区(波动系数为18.1%)、东北地区

（波动系数为21.0%），西部地区平稳性最低（波动系数为21.9%）。将该时期科研人员占总人口比例的变化的平稳性与前一时期即1991~2000年时期进行比较，发现2001~2006年时期的平稳性较好。

表6-1　四大区域科研人员占总人口比例比较

单位:%

年份	1991~2000			2001~2006		
区域	均值	标准差	波动系数	均值	标准差	波动系数
东北地区	0.3	0.1	36.5	0.5	0.1	21.0
东部地区	0.3	0.1	50.5	0.6	0.1	16.2
中部地区	0.2	0.1	44.6	0.3	0.0	18.1
西部地区	0.2	0.1	29.0	0.3	0.1	21.9

资料来源:作者根据《新中国五十五年统计资料汇编》、《中国统计年鉴》、《中国科技统计年鉴》等资料中的原始数据分析整理、测算和自制而成。

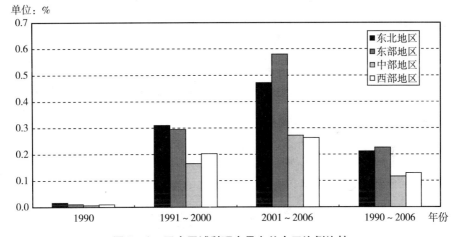

图6-1　四大区域科研人员占总人口比例比较

资料来源:作者根据《新中国五十五年统计资料汇编》、《中国统计年鉴》、《中国科技统计年鉴》等资料中的原始数据分析整理、测算和自制而成。

二、区域之间科研人员占总人口比例年环比增长率的比较（如表6-2和图6-2所示）

1991~2000年期间，四大区域中，东部地区科研人员占总人口比例环比增长率的年均值最高(16.8%),其次是中部地区(14.9%),紧随其后的是西部地区(11.3%),科研人员占总人口比例环比增长率最低的是东北地区(11.0%)。从四大地区平稳性比较来看,中部地区变化的平稳性相对最好(波动系数为95.7%),其次为东部地区(102.0%)、西部地区(147.3%),东北地区平稳性最低(151.5%)。

表6-2　四大区域科研人员占总人口比例年增长率比较

单位:%

年份	1991~2000			2001~2006		
区域	均值	标准差	波动系数	均值	标准差	波动系数
东北地区	11.0	16.7	151.5	-6.0	14.8	-245.8
东部地区	16.8	17.1	102.0	-2.1	15.9	-744.7
中部地区	14.9	14.2	95.7	-4.9	15.1	-305.8
西部地区	11.3	16.7	147.3	-7.3	12.9	-175.9

资料来源:作者根据《新中国五十五年统计资料汇编》、《中国统计年鉴》、《中国科技统计年鉴》等资料中的原始数据分析整理、测算和自制而成。

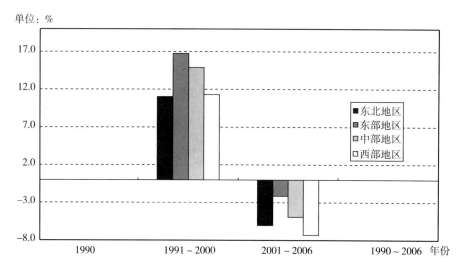

图6-2　四大区域科研人员占总人口比例年增长率比较

资料来源:作者根据《新中国五十五年统计资料汇编》、《中国统计年鉴》、《中国科技统计年鉴》等资料中的原始数据分析整理、测算和自制而成。

2001～2006 年期间,四个区域科研人员占总人口比例环比增长率的年均值均为负值,其中东部地区科研人员占总人口比例环比增长率的年均值(-2.1%)要稍好于中部地区(-4.9%)、东北地区(-6.0%)和西部地区(-7.3%)。从四大区域科研人员占总人口比例环比增长率的平稳性来看,西部地区科研人员占总人口比例环比增长率的平稳性最高(波动系数为-175.9%),其次为东北地区(波动系数为-245.8%)、中部地区(波动系数为-305.8%),东部地区平稳性最低(波动系数为-744.7%)。将该时期科研人员占总人口比例环比增长率变化的平稳性与 1991～2000 年时期进行比较,可以发现本期的平稳性大大不如前一时期。

第二节　区域内部省际科研人员占总人口比例比较分析

一、东北区域内部科研人员占总人口比例差异考察

1991～2000 年期间(如表 6-3 和图 6-3 所示),东北地区科研人员占总人口比例的年均值为 0.310%。本区域 3 省份中,辽宁省科研人员占总人口比例的年均值(0.446%)高于本区域整体平均水平,黑龙江省和吉林省科研人员占总人口比例的年均值(分别为 0.241%、0.191%)低于本区域整体水平。根据各省 CV 值的计算结果,可以看出,辽宁(变异系数为 44.9%)对东北区域内科研人员占总人口比例的不平衡有正影响,吉林(变异系数为 46.1%)、黑龙江(变异系数为 23.7%)对东北区域内科研人员占总人口比例的不平衡分别有第一大和次大负影响。

2001～2006 年期间(如表 6-3 和图 6-4 所示),东北地区科研人员占总人口比例的年均值为 0.472%。本区域 3 省份中,辽宁省科研人员占总人口比例的年均值(0.615%)高于本区域整体水平,而吉林省和黑龙江省的科研人员占总人口比例的年均值(分别为 0.371%、0.385%)则低于该区域整体平均水平。根据各省 CV 值的计算结果可知,辽宁(变异系数为 24.4%)对东北区域内科研人员占总人口比例的不平衡有正影响,吉林(变异系数为 17.8%)、黑龙江(变异系数为 14.8%)对东北区域内科研人员占总人口比例的不平衡分别有第一大和次大负影响。这一特点与前一时期即 1991～2000

年期间的特点基本类似。

表6-3　区域内部省际科研人员占总人口比例差别情况

单位:%

地区	省份	1991~2000 年			2001~2006 年		
		均值	标准差	变异系数	均值	标准差	变异系数
东北地区	辽　宁	0.4	0.1	44.9	0.6	0.1	24.4
	吉　林	0.2	0.1	46.1	0.4	0.1	17.8
	黑龙江	0.2	0.1	23.7	0.4	0.1	14.8
	东北地区	0.3	0.0	0.0	0.5	0.0	0.0
东部地区	北　京	2.0	1.7	589.7	2.7	1.7	287.2
	天　津	0.7	0.4	148.5	1.1	0.5	77.6
	河　北	0.1	0.2	60.7	0.2	0.3	45.3
	上　海	1.2	1.0	335.5	1.8	1.0	171.6
	江　苏	0.3	0.0	14.4	0.7	0.1	10.8
	浙　江	0.2	0.1	41.9	0.6	0.1	13.8
	福　建	0.1	0.2	68.7	0.3	0.2	37.5
	山　东	0.2	0.1	26.9	0.4	0.1	21.8
	广　东	0.2	0.1	45.7	0.5	0.1	13.2
	海　南	0.1	0.3	89.2	0.1	0.4	65.2
	东部地区	0.3	0.0	0.0	0.6	0.0	0.0
中部地区	山　西	0.2	0.1	35.8	0.4	0.1	37.8
	安　徽	0.1	0.0	16.6	0.2	0.0	16.0
	江　西	0.2	0.0	17.4	0.2	0.0	14.1
	河　南	0.1	0.0	14.0	0.2	0.0	12.5
	湖　北	0.2	0.1	47.1	0.4	0.1	39.4
	湖　南	0.1	0.0	16.1	0.2	0.0	11.8
	中部地区	0.2	0.0	0.0	0.3	0.0	0.0

续表

地区	省份	1991～2000 年			2001～2006 年		
		均值	标准差	变异系数	均值	标准差	变异系数
西部地区	重　庆	0.1	0.1	36.7	0.3	0.1	24.5
	四　川	0.3	0.1	32.9	0.3	0.0	16.2
	贵　州	0.1	0.1	48.1	0.1	0.1	40.3
	云　南	0.1	0.1	61.1	0.2	0.1	30.3
	西　藏	0.0	0.2	81.0	0.1	0.1	42.4
	陕　西	0.5	0.3	147.9	0.5	0.2	82.9
	甘　肃	0.3	0.1	33.1	0.3	0.1	22.0
	青　海	0.3	0.1	41.4	0.3	0.0	6.3
	宁　夏	0.2	0.0	8.9	0.3	0.0	5.4
	新　疆	0.2	0.0	23.7	0.2	0.1	21.9
	内蒙古	0.1	0.1	27.0	0.2	0.0	12.8
	广　西	0.1	0.1	57.5	0.2	0.1	33.8
	西部地区	0.2	0.0	0.0	0.3	0.0	0.0

资料来源:作者根据《新中国五十五年统计资料汇编》、《中国统计年鉴》、《中国科技统计年鉴》等资料中的原始数据分析整理、测算和自制而成。

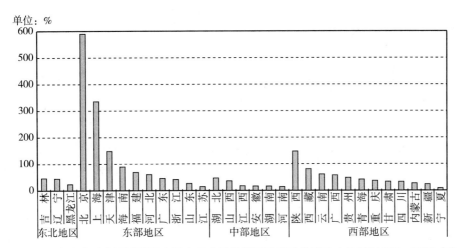

图 6 - 3　各省市对本区域科研人员占总人口比例不平衡性的影响力比较(1991～2000 年)

资料来源:作者根据《新中国五十五年统计资料汇编》、《中国统计年鉴》、《中国科技统计年鉴》等资料中的原始数据分析整理、测算和自制而成。

单位: %

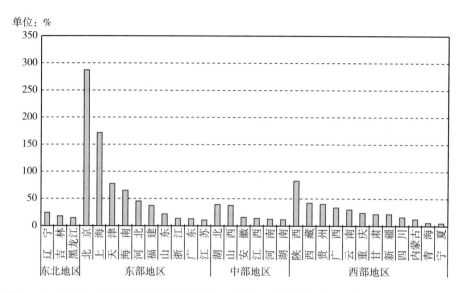

图 6 - 4　各省市对本区域科研人员占总人口比例不平衡性的影响力比较(2001～2006 年)
资料来源:作者根据《新中国五十五年统计资料汇编》、《中国统计年鉴》、《中国科技统计年鉴》等资料中
　　　　的原始数据分析整理、测算和自制而成。

二、东部区域内部科研人员占总人口比例差异考察

1991～2000 年期间(如表 6 - 3 和图 6 - 3 所示),东部地区科研人员占总
人口比例的年均值为 0.295%。本区域 10 个省市中有 4 个省市科研人员占总
人口比例的年均值高于该地区的整体年均水平,分别是北京(1.992%)、上海
(1.180 %)、天津(0.703%)、江苏(0.332%);有 6 个省科研人员占总人口比
例的年均值低于该地区的整体年均水平,分别为山东(0.222%)、浙江
(0.188%)、广东(0.162%)、河北(0.135%)、福建(0.103%)、海南
(0.055%);其中科研人员占总人口比例的年均值最高的北京是科研人员占总
人口比例的年均值最低的海南的 36.22 倍。根据各省市 CV 值的计算结果,可
知各省市对本区域科研人员占总人口比例不平衡程度的影响情况,按照由低到
高依次是:江苏(变异系数为 14.4%,正影响)、山东(变异系数为 26.9%,负影
响)、浙江(变异系数为 41.9%,负影响)、广东(变异系数为 45.7%,负影响)、
河北(变异系数为 60.7%,负影响)、福建(变异系数为 68.7%,负影响)、海南
(变异系数为 89.2%,负影响)、天津(变异系数为 148.5%,正影响)、上海(变
异系数为 335.5%,正影响)、北京(变异系数为 589.7%,正影响)。由此可见,

该期间内,北京、上海对东部区域科研人员占总人口比例不平衡状况有第一大和第二大正影响,海南、福建对东部区域科研人员占总人口比例不平衡状况有第一大和第二大负影响。

2001～2006年期间(如表6－3和图6－4所示),东部地区科研人员占总人口比例的年均值为0.580%。本区域有4个省市科研人员占总人口比例的年均值高于该地区的整体年均水平,分别是北京(2.722%)、上海(1.791%)、天津(1.149%)、江苏(0.655%);有6个省科研人员占总人口比例的年均值低于该地区的整体年均水平,分别为浙江(0.567%)、广东(0.482%)、山东(0.417%)、福建(0.305%)、河北(0.243%)、海南(0.100%);其中科研人员占总人口比例的年均值最高的北京是科研人员占总人口比例的年均值最低的海南的27.25倍。根据各省市CV值的计算结果,可以看出各省市对本区域科研人员占总人口比例不平衡程度的影响情况,按照由低到高依次是:江苏(变异系数为10.8%,正影响)、广东(变异系数为13.2%,负影响)、浙江(变异系数为13.8%,负影响)、山东(变异系数为21.8%,负影响)、福建(变异系数为37.5%,负影响)、河北(变异系数为45.3%,负影响)、海南(变异系数为65.2%,负影响)、天津(变异系数为77.6%,正影响)、上海(变异系数为171.6%,正影响)、北京(变异系数为287.2%,正影响)。由此可见,该期间内,北京、上海对东部区域科研人员占总人口比例不平衡状况有第一大和第二大正影响,海南、河北对东部区域科研人员占总人口比例不平衡状况有第一大和第二大负影响;与前一期间相比,北京、上海仍是对东部区域科研人口比例不平衡状况的前两大正影响力量,而河北取代福建成为第二大负影响力量。

三、中部区域内部科研人员占总人口比例差异考察

1991～2000年期间(如表6－3和图6－3所示),中部地区科研人员占总人口比例的年均值为0.165%。本区域6个省中有2个省科研人员占总人口比例的年均值高于该地区的整体年均水平,分别为湖北(0.226%)、山西(0.218%);有4个省科研人员占总人口比例的年均值低于该地区的整体年均水平,分别为江西(0.160%)、河南(0.145%)、湖南(0.142%)、安徽(0.138%);其中科研人员占总人口比例的年均值最高的湖北是科研人员占总

人口比例的年均值最低的安徽的 1.64 倍。根据各省 CV 值的计算结果,可以看出各省对本区域科研人员占总人口比例不平衡程度的影响情况,按照由低到高依次是:河南(变异系数为 14.0%,负影响)、湖南(变异系数为 16.1%,负影响)、安徽(变异系数为 16.6%,负影响)、江西(变异系数为 17.4%,负影响)、山西(变异系数为 35.8%,正影响)、湖北(变异系数为 47.1%,正影响);由此可见,该期间内,湖北、山西对中部区域科研人员占总人口比例不平衡状况分别有第一大和第二大正影响,江西、安徽对中部区域科研人员占总人口比例不平衡状况分别有第一大和第二大负影响。

2001~2006 年期间(如表 6 - 3 和图 6 - 4 所示),中部地区科研人员占总人口比例的年均值为 0.272%。本区域 6 个省中有 2 个省科研人员占总人口比例的年均值高于该地区的整体年均水平,分别为湖北(0.403%)、山西(0.399%);有 4 个省科研人员占总人口比例的年均值低于该地区的整体年均水平,分别是湖南(0.235%)、河南(0.229%)、江西(0.223%)、安徽(0.216%);其中科研人员占总人口比例的年均值最高的山西是科研人员占总人口比例的年均值最低的河南的 1.87 倍。根据各省 CV 值的计算结果,可以看出各省对本区域科研人员占总人口比例不平衡程度的影响情况,按照由低到高依次是:湖南(变异系数为 11.8%,负影响)、河南(变异系数为 12.5%,负影响)、江西(变异系数为 14.1%,负影响)、安徽(变异系数为 16.0%,负影响)、山西(变异系数为 37.8%,正影响)、湖北(变异系数为 39.4%,正影响)。由此可见,该期间内,湖北、山西对中部区域科研人员占总人口比例不平衡状况有第一大和第二大正影响,安徽、江西对中部区域科研人员占总人口比例不平衡状况有第一大和第二大负影响;与前一期间相比,安徽与江西互换位置,分别成为了这一时期的第一大和第二大负影响力量。

四、西部区域内部科研人员占总人口比例差异考察

1991~2000 年期间(如表 6 - 3 和图 6 - 3 所示),西部地区科研人员占总人口比例的年均值为 0.203%。本区域 12 个省市中有 4 个省科研人员占总人口比例的年均值高于该地区的整体年均水平,分别为陕西(0.495%)、青海(0.277%)、甘肃(0.267%)、四川(0.265%);有 8 个省市科研人员占总人口比

例的年均值低于该地区的整体年均水平,分别是宁夏(0.197%)、新疆(0.169%)、内蒙古(0.148%)、重庆(0.147%)、贵州(0.111%)、广西(0.087%)、云南(0.081%)、西藏(0.040%);其中科研人员占总人口比例的年均值最高的陕西是科研人员占总人口比例的年均值最低的西藏的12.38倍。根据各省CV值的计算结果,可以看出各省市对本区域科研人员占总人口比例不平衡程度的影响情况,按照由低到高依次是:宁夏(变异系数为8.9%,负影响)、新疆(变异系数为23.7%,负影响)、内蒙古(变异系数为27.0%,负影响)、四川(变异系数为32.9%,正影响)、甘肃(变异系数为33.1%,正影响)、重庆(变异系数为36.7%,负影响)、青海(变异系数为41.4%,正影响)、贵州(变异系数为48.1%,负影响)、广西(变异系数为57.5%,负影响)、云南(变异系数为61.1%,负影响)、西藏(变异系数为81.0%,负影响)、陕西(变异系数为147.9%,正影响)。由此可见,该期间内,陕西、青海对西部区域科研人员占总人口比例不平衡状况分别有第一大和第二大正影响,西藏、云南对西部区域科研人员占总人口比例不平衡状况分别有第一大和第二大负影响。

2001~2006年期间(如表6-3和图6-4所示),西部地区科研人员占总人口比例的年均值为0.263%。本区域12个省市中有5个省市科研人员占总人口比例的年均值高于该地区的整体年均水平,分别为陕西(0.518%)、重庆(0.338%)、甘肃(0.327%)、四川(0.315%)、宁夏(0.267%);有7个省科研人员占总人口比例的年均值低于该地区的整体年均水平,分别是青海(0.258%)、内蒙古(0.225%)、新疆(0.191%)、云南(0.162%)、广西(0.153%)、西藏(0.131%)、贵州(0.129%);其中科研人员占总人口比例的年均值最高的陕西是科研人员占总人口比例的年均值最低的贵州的4.02倍。根据各省CV值的计算结果,可以看出各省市对本区域科研人员占总人口比例不平衡程度的影响情况,按照由低到高依次是:宁夏(变异系数为5.4%,正影响)、青海(变异系数为6.3%,负影响)、内蒙古(变异系数为12.8%,负影响)、四川(变异系数为16.2%,正影响)、新疆(变异系数为21.9%,负影响)、甘肃(变异系数为22.0%,正影响)、重庆(变异系数为24.5%,正影响)、云南(变异系数为30.3%,负影响)、广西(变异系数为33.8%,负影响)、贵州(变异系数为40.3%,负影响)、西藏(变异系数为 42.4%,负影响)、陕西(变异系数为 82.9%,正影响)。由此可见,该期间内,陕西、重庆对西部区域科研人员占总人口比例不平衡状况分别有第一大和第二大正影响,西藏、贵州对西部区域科研人员占总人口比例不平衡状况分别有第一大和第二大负影响;与前一期间相比,重庆、宁夏成为了正影响力量,而且重庆成为了第二大正影响力量,青海变为了负影响力量,贵州取代了云南成为第二大负影响力量。

第三节　区域之间研发人员占总人口比例的比较

一、区域之间研发人员占总人口比例情况的比较

1991~2000 年期间(如表 6－4 和图 6－5 所示),四大区域中,东部地区(均值为 0.096%)的研发人员占总人口比例的均值最高,其次是东北地区(均值为 0.085%),紧随其后的是西部地区(均值为 0.064%),研发人员占总人口比例的均值最低的是中部地区(均值为 0.039%)。对这四个区域研发人员占总人口比例变化的平稳性进行考察,总体看来,四个地区的平稳性相差不大,其中东部地区平稳性最高,波动系数只有 12.4%,而西部地区的平稳性最低,波动系数为 16.7%。

表6－4　四大区域研发人员占总人口比例比较

单位:%

年份	1991~2000			2001~2006		
区域	均值	标准差	波动系数	均值	标准差	波动系数
东北地区	0.1	0.0	13.4	0.1	0.0	43.2
东部地区	0.1	0.0	12.4	0.1	0.0	41.8
中部地区	0.0	0.0	15.8	0.0	0.0	36.5
西部地区	0.1	0.0	16.7	0.1	0.0	42.6

资料来源:作者根据《新中国五十五年统计资料汇编》《中国统计年鉴》《中国科技统计年鉴》等资料中的原始数据分析整理、测算和自制而成。

单位：%

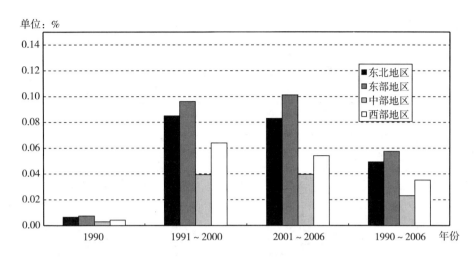

图 6-5　四大区域研发人员占总人口比例比较

资料来源：作者根据《新中国五十五年统计资料汇编》、《中国统计年鉴》、《中国科技统计年鉴》等资料中的原始数据分析整理、测算和自制而成。

2001～2006 年期间,四大区域中,东部地区(均值为 0.101%)研发人员占总人口比例的均值最高,其次为东北地区(均值为 0.083%),再次为西部地区(均值为 0.054%),中部地区最低(均值为 0.040%)。从四大地区研发人员占总人口比例变化的平稳性来看,中部地区研发人员占总人口比例的平稳性最高(波动系数为 36.5%),其次为东部地区(波动系数为 41.8%)、西部地区(波动系数为 42.6%),东北地区平稳性最低(波动系数为 43.2%)。将该时期研发人员占总人口比例的变化的平稳性与前一时期即 1991～2000 年时期进行比较,可知本期间的平稳性较低。

二、区域之间研发人员占总人口比例年环比增长率的比较

1991～2000 年期间(如表 6-5 和图 6-6 所示),四大区域中,中部地区(均值为 2.95%)的研发人员占总人口比例环比增长率的均值最高,其次是东北地区(均值为 2.15%),紧随其后的是西部地区(均值为 2.12%),研发人员占总人口比例环比增长率的均值最低的是东部地区(均值为 2.06%)。对这四个区域研发人员占总人口比例环比增长率变化的平稳性进行考察,中部地区平稳性最高,波动系数只有 503.2%;而西部地区的平稳性最低,波动

系数为967.0%。

表6–5　四大区域研发人员占总人口比例年增长率比较

单位:%

年份	1991～2000			2001～2006		
区域	均值	标准差	波动系数	均值	标准差	波动系数
东北地区	2.1	18.4	855.9	-7.7	30.0	-389.9
东部地区	2.1	18.4	889.7	-5.3	30.4	-573.3
中部地区	2.9	14.8	503.2	-8.7	24.0	-277.8
西部地区	2.1	20.5	967.0	0.7	44.5	6460.4

资料来源:作者根据《新中国五十五年统计资料汇编》、《中国统计年鉴》、《中国科技统计年鉴》等资料中的原始数据分析整理、测算和自制而成。

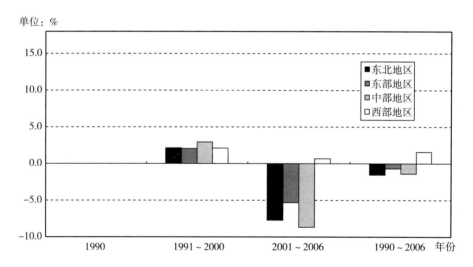

图6–6　四大区域研发人员占总人口比例年增长率比较

资料来源:作者根据《新中国五十五年统计资料汇编》、《中国统计年鉴》、《中国科技统计年鉴》等资料中的原始数据分析整理、测算和自制而成。

2001～2006年期间,四大区域中,西部地区研发人员占总人口比例环比增长率的年均值(0.69%)高于东部、东北和中部地区(均值分别为-5.31%、-7.70%、-8.65%)研发人员占总人口比例环比增长率的年均值;并且四区域中只有西部地区研发人员占总人口比例环比增长率的年均值(0.69%)为正

数,其他三个区域研发人员占总人口比例环比增长率的年均值都为负数(东部
地区为 -5.31%、东北地区为 -7.70%、中部地区为 -8.65%),其中最低的即
是中部地区。从四大区域研发人员占总人口比例环比增长率变化的平稳性来
看,中部地区研发人员占总人口比例环比增长率的平稳性相对最好(波动系数
为 -277.8%),其次为东北地区(波动系数为 -389.9%)、东部地区(波动系数
为 -573.3%),西部地区平稳性最低(波动系数为 6460.4%)。将该时期研发
人员占总人口比例环比增长率的变化的平稳性与前一时期即 1991～2000 年时
期进行比较,可知本期间的平稳性较低。

第四节　区域内部省际研发人员占总人口比例比较分析

一、东北区域内部研发人员占总人口比例差异考察

1991～2000 年期间(如表 6－6 和图 6－7 所示),东北地区研发人员占总
人口比例的年均值为 0.085%。本区域 3 省份中,辽宁省和吉林省研发人员占
总人口比例的年均值(分别为 0.107%、0.092%)高于本区域整体平均水平,黑
龙江省研发人员占总人口比例的年均值(0.056%)低于本区域整体水平。辽
宁(变异系数为 25.7%)对东北区域内研发人员占总人口比例的不平衡有第一
大正影响,吉林(变异系数为 10.1%)对东北区域内研发人员占总人口比例的
不平衡有次大正影响,黑龙江(变异系数为 34.5%)对东北区域内研发人员占
总人口比例的不平衡有唯一负影响。

2001～2006 年期间(如表 6－6 和图 6－8 所示),东北地区研发人员占
总人口比例的年均值为 0.083%。本区域 3 省份中,辽宁省研发人员占总人
口比例的年均值(0.107%)高于本区域整体水平,黑龙江和吉林研发人员占
总人口比例的年均值(分别为 0.071%、0.063%)则低于该区域整体平均水
平;其中,辽宁(变异系数为 25.7%)对东北区域研发人员占总人口比例的不
平衡有正影响,吉林(变异系数为 24.5%)、黑龙江(变异系数为 12.1%)对
东北区域内研发人员占总人口比例的不平衡分别有第一大和次大负影响。
与前一时期比较,吉林省对东北区域内研发人员占总人口比例的不平衡影响
由正影响变为了负影响。

表6-6 区域内部省际研发人员占总人口比例差别情况

单位:%

地区	省份	1991~2000			2001~2006		
		均值	标准差	变异系数	均值	标准差	变异系数
东北地区	辽 宁	0.1	0.0	25.7	0.1	0.0	25.7
	吉 林	0.1	0.0	10.1	0.1	0.0	24.5
	黑龙江	0.1	0.0	34.5	0.1	0.0	12.1
	东北地区	0.1	0.0	0.0	0.1	0.0	0.0
东部地区	北 京	1.2	1.1	1181.5	0.8	0.5	515.7
	天 津	0.3	0.2	211.6	0.2	0.1	105.8
	河 北	0.0	0.1	69.0	0.0	0.1	52.2
	上 海	0.5	0.4	441.7	0.3	0.2	187.2
	江 苏	0.1	0.0	32.4	0.1	0.0	6.5
	浙 江	0.0	0.1	63.6	0.1	0.0	23.1
	福 建	0.0	0.1	73.4	0.1	0.0	36.1
	山 东	0.0	0.1	65.0	0.1	0.0	36.5
	广 东	0.0	0.1	58.0	0.1	0.0	17.5
	海 南	0.0	0.1	57.7	0.0	0.1	72.4
	东部地区	0.1	0.0	0.0	0.1	0.0	0.0
中部地区	山 西	0.1	0.0	43.6	0.0	0.0	16.9
	安 徽	0.0	0.0	29.2	0.0	0.0	24.7
	江 西	0.0	0.0	15.1	0.0	0.0	17.1
	河 南	0.0	0.0	30.2	0.0	0.0	12.4
	湖 北	0.1	0.0	70.8	0.1	0.0	59.1
	湖 南	0.0	0.0	12.3	0.0	0.0	13.5
	中部地区	0.0	0.0	0.0	0.0	0.0	0.0

续表

地区	省份	1991~2000			2001~2006		
		均值	标准差	变异系数	均值	标准差	变异系数
西部地区	重 庆	0.0	0.0	60.5	0.1	0.0	15.7
	四 川	0.1	0.0	46.2	0.1	0.0	20.3
	贵 州	0.0	0.1	96.4	0.0	0.0	56.7
	云 南	0.0	0.0	55.1	0.0	0.0	45.8
	西 藏	0.0	0.0	56.5	0.0	0.0	59.6
	陕 西	0.2	0.1	166.0	0.1	0.1	116.6
	甘 肃	0.1	0.0	12.5	0.1	0.0	25.8
	青 海	0.1	0.0	11.1	0.0	0.0	33.3
	宁 夏	0.1	0.0	21.7	0.0	0.0	26.7
	新 疆	0.0	0.0	32.7	0.0	0.0	47.3
	内蒙古	0.1	0.0	20.9	0.0	0.0	34.6
	广 西	0.0	0.0	55.6	0.1	0.1	126.2
	西部地区	0.1	0.0	0.0	0.1	0.0	0.0

资料来源:作者根据《新中国五十五年统计资料汇编》、《中国统计年鉴》、《中国科技统计年鉴》等资料中
的原始数据分析整理、测算和自制而成。

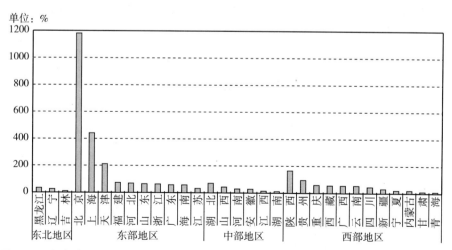

图6-7 各省市对本区域研发人员占总人口比例不平衡性的影响力比较(1991~2000年)

资料来源:作者根据《新中国五十五年统计资料汇编》、《中国统计年鉴》、《中国科技统计年鉴》等资料中
的原始数据分析整理、测算和自制而成。

单位：%

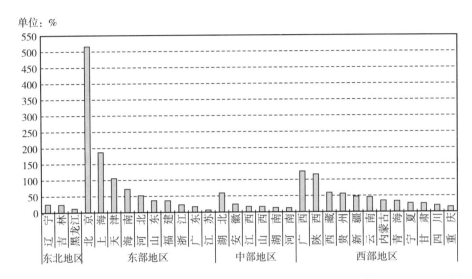

图6-8　各省市对本区域研发人员占总人口比例不平衡性的影响力比较(2001~2006年)
资料来源：作者根据《新中国五十五年统计资料汇编》、《中国统计年鉴》、《中国科技统计年鉴》等资料中的原始数据分析整理、测算和自制而成。

二、东部区域内部研发人员占总人口比例差异考察

1991~2000年期间(如表6-6和图6-7所示)，东部地区研发人员占总人口比例的年均值为0.096%。本区域10个省市中有3个省市研发人员占总人口比例的年均值高于该地区的整体年均水平，分别是北京(1.216%)、上海(0.517%)、天津(0.296%)；有7个省研发人员占总人口比例的年均值低于该地区的整体年均水平，分别为江苏(0.066%)、广东(0.043%)、海南(0.042%)、浙江(0.036%)、山东(0.034%)、河北(0.030%)、福建(0.027%)；其中研发人员占总人口比例的年均值最高的北京是研发人员占总人口比例的年均值最低的福建的45.03倍。根据各省市CV值的计算结果，可以看出各省市对本区域研发人员占总人口比例不平衡程度的影响情况，按照由低到高依次是：江苏(变异系数为32.4%，负影响)、海南(变异系数为57.7%，负影响)、广东(变异系数为58.0%，负影响)、浙江(变异系数为63.6%，负影响)、山东(变异系数为65.0%，负影响)、河北(变异系数为69.0%，负影响)、福建(变异系数为73.4%，负影响)、天津(变异系数为211.6%，正影响)、上海(变异系数为441.7%，正影响)、北京(变异系数为1181.5%，正影响)。由此

可见,该期间内,北京、上海对东部区域研发人员占总人口比例不平衡状况分别有第一大和第二大正影响,福建、河北对东部区域研发人员占总人口比例不平衡状况分别有第一大和第二大负影响。

2001～2006 年期间(如表 6－6 和图 6－8 所示),东部地区研发人员占总人口比例的年均值为 0.101%。本区域中有 3 个省市研发人员占总人口比例的年均值高于该地区的整体年均水平,分别是北京(0.769%)、上海(0.333%)、天津(0.227%);有 7 个省研发人员占总人口比例的年均值低于该地区的整体年均水平,分别为江苏(0.095%)、广东(0.082%)、浙江(0.072%)、山东(0.055%[①])、福建(0.055%[②])、河北(0.037%)、海南(0.017%);其中研发人员占总人口比例的年均值最高的北京是研发人员占总人口比例的年均值最低的海南的 44.70 倍。根据各省市 CV 值的计算结果,可以看出各省市对本区域研发人员占总人口比例不平衡程度的影响情况,按照由低到高依次是:江苏(变异系数为 6.5%,负影响)、广东(变异系数为 17.5%,负影响)、浙江(变异系数为 23.1%,负影响)、福建(变异系数为 36.1%,负影响)、山东(变异系数为 36.5%,负影响)、河北(变异系数为 52.2%,负影响)、海南(变异系数为 72.4%,负影响)、天津(变异系数为 105.8%,正影响)、上海(变异系数为 187.2%,正影响)、北京(变异系数为 515.7%,正影响)。由此可见,该期间内,北京、上海对东部区域研发人员占总人口比例不平衡状况分别有第一大和第二大正影响,海南、河北对东部区域研发人员占总人口比例不平衡状况分别有第一大和第二大负影响。与前一期间相比,海南取代福建成为第一大负影响力量。

三、中部区域内部研发人员占总人口比例差异考察

1991～2000 年期间(如表 6－6 和图 6－8 所示),中部地区研发人员占总人口比例的年均值为 0.040%。本区域 6 个省中有 2 个省研发人员占总人口比例的年均值高于该地区的整体年均水平,分别为湖北(0.067%)、山西(0.055%);有 4 个省研发人员占总人口比例的年均值低于该地区的整体年均

---

①　保留到小数点后第五位为 0.05531%。
②　保留到小数点后第五位为 0.05529%。

水平,分别为湖南(0.035%^①)、江西(0.035%^②)、河南(0.029%^③)、安徽(0.029%^④);其中研发人员占总人口比例的年均值最高的湖北是研发人员占总人口比例的年均值最低的安徽的2.34倍。根据各省CV值的计算结果,可以看出各省对本区域研发人员占总人口比例不平衡程度的影响情况,按照由低到高依次是:湖南(变异系数为12.3%,负影响)、江西(变异系数为15.1%,负影响)、安徽(变异系数为29.2%,负影响)、河南(变异系数为30.2%,负影响)、山西(变异系数为43.6%,正影响)、湖北(变异系数为70.8%,正影响)。由此可见,该期间内,湖北、山西对中部区域研发人员占总人口比例不平衡状况分别有第一大和第二大正影响,河南、安徽对中部区域研发人员占总人口比例不平衡状况分别有第一大和第二大负影响。

　　2001～2006年期间(如表6-6和图6-8所示),中部地区研发人员占总人口比例的年均值为0.040%。本区域中有2个省研发人员占总人口比例的年均值高于该地区的整体年均水平,分别为湖北(0.068%)、山西(0.047%);有4个省研发人员占总人口比例的年均值低于该地区的整体年均水平,分别是河南(0.034%)、湖南(0.033%)、江西(0.032%)、安徽(0.030%);其中研发人员占总人口比例的年均值最高的山西是研发人员占总人口比例的年均值最低的河南的2.28倍。根据各省CV值的计算结果,可以看出各省对本区域研发人员占总人口比例不平衡程度的影响情况,按照由低到高依次是:河南(变异系数为12.4%,负影响)、湖南(变异系数为13.5%,负影响)、山西(变异系数为16.9%,正影响)、江西(变异系数为17.1%,负影响)、安徽(变异系数为24.7%,负影响)、湖北(变异系数为59.1%,正影响)。由此可见,该期间内,湖北、山西对中部区域研发人员占总人口比例不平衡状况分别有第一大和第二大正影响,安徽、江西对中部区域研发人员占总人口比例不平衡状况分别有第一大和第二大负影响;与前一期间相比,江西替代安徽成为了第二大负影响力量,而安徽则成为了第一大负影响力量。

---

① 保留到万分位为0.0349%。
② 保留到万分位为0.0347%。
③ 保留到万分位为0.0290%。
④ 保留到万分位为0.0285%。

四、西部区域内部研发人员占总人口比例差异考察

1991～2000 年期间(如表 6 - 6 和图 6 - 7 所示),西部地区研发人员占总人口比例的年均值为 0.064%。本区域 12 个省市中有 4 个省研发人员占总人口比例的年均值高于该地区的整体年均水平,分别为陕西(0.169%)、四川(0.077%)、宁夏(0.073%)、甘肃(0.071%);有 8 个省市研发人员占总人口比例的年均值低于该地区的整体年均水平,分别是青海(0.064%[①])、内蒙古(0.053%)、贵州(0.045%[②])、新疆(0.045%[③])、云南(0.040%)、广西(0.029%[④])、西藏(0.029%[⑤])、重庆(0.028%);其中研发人员占总人口比例的年均值最高的陕西是研发人员占总人口比例的年均值最低的重庆的 6.03 倍。根据各省 CV 值的计算结果,可以看出各省市对本区域研发人员占总人口比例不平衡程度的影响情况,按照由低到高依次是:青海(变异系数为 11.1%,负影响)、甘肃(变异系数为 12.5%,正影响)、内蒙古(变异系数为 20.9%,负影响)、宁夏(变异系数为 21.7%,正影响)、新疆(变异系数为 32.7%,负影响)、四川(变异系数为 46.2%,正影响)、云南(变异系数为 55.1%,负影响)、广西(变异系数为 55.6%,负影响)、西藏(变异系数为 56.5%,负影响)、重庆(变异系数为 60.5%,负影响)、贵州(变异系数为 96.4%,负影响)、陕西(变异系数为 166.0%,正影响)。由此可见,该期间内,陕西、四川对西部区域研发人员占总人口比例不平衡状况有第一大和第二大正影响,贵州、重庆对西部区域研发人员占总人口比例不平衡状况有第一大和第二大负影响。

2001～2006 年期间(如表 6 - 6 和图 6 - 8 所示),西部地区研发人员占总人口比例的年均值为 0.054%。本区域 12 个省市中有 4 个省市研发人员占总人口比例的年均值高于该地区的整体年均水平,分别为陕西(0.132%)、广西(0.067%)、四川(0.058%)、重庆(0.055%);有 8 个省研发人员占总人口比例的年均值低于该地区的整体年均水平,分别是甘肃(0.052%)、宁夏

---

① 保留到万分位为 0.0638%。
② 保留到万分位为 0.0450%。
③ 保留到万分位为 0.0447%。
④ 保留到万分位为 0.0288%。
⑤ 保留到万分位为 0.0285%。

（0.039%）、青海（0.034%[①]）、内蒙古（0.034%[②]）、新疆（0.028%）、云南（0.027%）、西藏（0.022%）、贵州（0.019%）；其中研发人员占总人口比例的年均值最高的陕西是研发人员占总人口比例的年均值最低的贵州的6.78倍。根据各省CV值的计算结果，可以看出各省市对本区域研发人员占总人口比例不平衡程度的影响情况，按照由低到高依次是：重庆（变异系数为15.7%，正影响）、四川（变异系数为20.3%，正影响）、甘肃（变异系数为25.8%，负影响）、宁夏（变异系数为26.7%，负影响）、青海（变异系数为33.3%，负影响）、内蒙古（变异系数为34.6%，负影响）、云南（变异系数为45.8%，负影响）、新疆（变异系数为47.3%，负影响）、贵州（变异系数为56.7%，负影响）、西藏（变异系数为59.6%，负影响）、陕西（变异系数为116.6%，正影响）、广西（变异系数为126.2%，正影响）。由此可见，该期间内，广西、陕西对西部区域研发人员占总人口比例不平衡状况分别有第一大和第二大正影响，西藏、贵州对西部区域研发人员占总人口比例不平衡状况分别有第一大和第二大负影响。与前一期间相比，甘肃、宁夏成为了负影响力量，广西、重庆则成为了正影响力；陕西由第一大正影响力量下降为第二大正影响力量，广西则成为了第一大正影响力量，贵州由第一大负影响力量变为了第二大负影响力量，西藏成为了第一大负影响力量。

第五节　区域之间人均科研经费的比较

一、区域之间人均科研经费变化的比较（如表6－7和图6－9所示）

1991～2000年期间，四大区域中，东北部地区（均值为91.7元）和东部地区（均值为148.0元）的人均科研经费的年均值明显高于中部地区（均值为42.6元）和西部地区（均值为60.1元）。对这四大区域人均科研经费变化的平稳性进行考察，东部地区（波动系数为55.5%）和中部地区（波动系数为48.4%）人均科研经费波动系数高于东北地区（波动系数为36.4%）和西部地

---

① 保留到万分位为0.0341%。

② 保留到万分位为0.0339%。

区(波动系数为24.2%),即西部地区平稳性最优,其次是东北地区,再次是中部地区,东部地区平稳性最低。

表6-7　四大区域人均科研经费比较

单位:元

年份	1991~2000			2001~2006		
区域	均值	标准差	波动系数	均值	标准差	波动系数
东北地区	91.7	33.4	36.4%	291.8	65.1	22.3%
东部地区	148.0	82.1	55.5%	573.9	157.3	27.4%
中部地区	42.6	20.6	48.4%	152.1	50.8	33.4%
西部地区	60.1	14.5	24.2%	156.6	43.3	27.6%

资料来源:作者根据《新中国五十五年统计资料汇编》、《中国统计年鉴》、《中国科技统计年鉴》等资料中的原始数据分析整理、测算和自制而成。

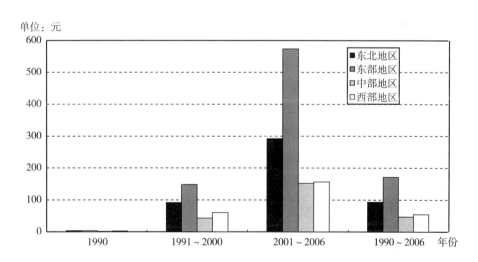

图6-9　四大区域人均科研经费比较

资料来源:作者根据《新中国五十五年统计资料汇编》、《中国统计年鉴》、《中国科技统计年鉴》等资料中的原始数据分析整理、测算和自制而成。

2001~2006年期间,四大区域中,东部地区(均值为573.9元)人均科研经费的年均值明显高于东北地区(均值为291.8元)、中部地区(均值为152.1元)和西部地区(均值为156.6元),其中东部地区人均科研经费的年均值最高,其次为东北地区,再次为西部地区,中部地区最低。从四大区域人均科研经费变化的平稳性来看,东北地区(波动系数为22.3%)人均科研经费的平稳性最优,其次为东部地区(波动系数为27.4%)、西部地区(波动系数为27.6%),中部地区(波动系数为33.4%)平稳性最低。

二、区域之间人均科研经费年环比增长率的比较(如表6-8和图6-10所示)

1991~2000年期间,四大区域中,东部地区(均值为23.6%)和中部地区(均值为20.7%)的人均科研经费环比增长率的年均值高于东北地区(均值为15.5%)和西部地区(均值为12.6%),其中东部地区人均科研经费环比增长率的均值最高,其次是中部地区,其次是东北地区,西部地区最低。对这四个区域人均科研经费环比增长率变化的平稳性进行考察,西部地区(波动系数为166.4%)人均科研经费环比增长率波动系数明显高于东北地区(波动系数为129.8%)、东部地区(波动系数为94.2%)和中部地区(波动系数为105.4%),其中东部地区平稳性最优,其次是中部地区,再次是东北地区,西部地区的平稳性最低。

2001~2006年期间,四大区域中,东部地区(均值为15.0%)、中部地区(均值为16.9%)人均科研经费环比增长率的年均值高于东北地区(均值为14.1%)和西部地区(均值为14.8%),其中中部地区人均科研经费环比增长率的年均值最高,其次为东部地区,再次为西部地区,东北地区最低。从四大区域人均科研经费环比增长率变化的平稳性来看,西部地区(波动系数为27.2%)人均科研经费环比增长率的平稳性最优,其次为东部地区(波动系数为44.9%)、中部地区(波动系数为54.6%),东北地区(波动系数为88.2%)平稳性最低。

表6-8　四大区域人均研发经费年增长率比较

单位:%

年份	1991~2000			2001~2006		
区域	均值	标准差	波动系数	均值	标准差	波动系数
东北地区	15.5	20.1	129.8	14.1	12.4	88.2
东部地区	23.6	22.2	94.2	15.0	6.7	44.9

续表

年份	1991～2000			2001～2006		
区域	均值	标准差	波动系数	均值	标准差	波动系数
中部地区	20.7	21.8	105.4	16.9	9.2	54.6
西部地区	12.6	20.9	166.4	14.8	4.0	27.2

资料来源:作者根据《新中国五十五年统计资料汇编》、《中国统计年鉴》、《中国科技统计年鉴》等资料中的原始数据分析整理、测算和自制而成。

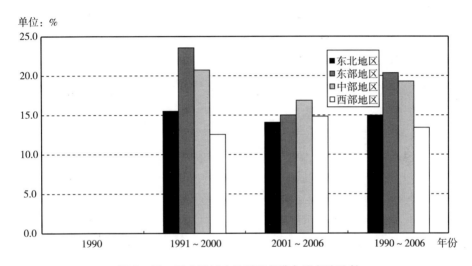

图6-10 四大区域人均科研经费年增长率比较

资料来源:作者根据《新中国五十五年统计资料汇编》、《中国统计年鉴》、《中国科技统计年鉴》等资料中的原始数据分析整理、测算和自制而成。

第六节 区域内部省际人均科研经费比较分析

一、东北地区内部人均科研经费差异考察

1991～2000年期间(如表6-9和图6-11所示),东北地区人均科研经费的年均值为91.7元。本区域3省份中,辽宁人均科研经费的年均值(为134.4元)高于本区域整体水平,吉林和黑龙江人均科研经费的年均值(分别为75.3元、55.9元)低于本区域整体平均水平。辽宁(变异系数为48.4%)对东北区域内人均科研经费的不平衡有正影响,黑龙江(变异系数为40.0%)、吉林(变异系数为

21.0%)对东北区域内人均科研经费的不平衡分别有第一大和次大负影响。

表6－9　区域内部省际人均科研经费差别情况

单位:元

地区	省份	1991～2000 年			2001～2006 年		
		均值	标准差	变异系数	均值	标准差	变异系数
东北地区	辽　宁	134.4	44.4	48.4%	411.5	95.4	32.7%
	吉　林	75.3	19.2	21.0%	252.1	35.3	12.1%
	黑龙江	55.9	36.7	40.0%	187.3	84.7	29.0%
	东北地区	91.7	0.0	0.0%	291.8	0.0	0.0%
东部地区	北　京	1346.2	1290.8	872.2%	3703.8	2452.4	427.3%
	天　津	288.9	148.5	100.4%	1175.4	495.5	86.3%
	河　北	38.8	125.1	84.6%	131.5	352.2	61.4%
	上　海	901.0	816.4	551.6%	2275.6	1322.6	230.5%
	江　苏	126.8	26.2	17.7%	603.3	53.3	9.3%
	浙　江	74.6	78.6	53.1%	521.1	52.4	9.1%
	福　建	44.9	111.0	75.0%	259.0	249.3	43.4%
	山　东	70.9	84.7	57.3%	315.2	203.2	35.4%
	广　东	105.3	44.1	29.8%	475.6	96.0	16.7%
	海　南	20.5	144.0	97.3%	72.1	398.8	69.5%
	东部地区	148.0	0.0	0.0%	573.9	0.0	0.0%
中部地区	山　西	45.6	4.9	11.4%	197.1	45.6	30.0%
	安　徽	33.2	9.9	23.2%	174.7	21.7	14.3%
	江　西	25.8	20.4	47.8%	88.1	50.7	33.4%
	河　南	32.7	12.9	30.4%	110.6	32.3	21.2%
	湖　北	79.6	42.4	99.6%	229.5	60.5	39.8%
	湖　南	41.5	5.1	12.0%	140.2	14.1	9.3%
	中部地区	42.6	0.0	0.0%	152.1	0.0	0.0%

续表

地区	省份	1991~2000年			2001~2006年		
		均值	标准差	变异系数	均值	标准差	变异系数
西部地区	重 庆	143.6	107.9	179.6%	198.7	36.0	23.0%
	四 川	71.8	22.6	37.6%	219.0	51.1	32.6%
	贵 州	18.7	42.8	71.3%	52.7	82.6	52.8%
	云 南	25.9	35.4	59.0%	79.9	61.3	39.2%
	西 藏	10.1	50.9	84.6%	43.0	90.3	57.7%
	陕 西	125.1	74.0	123.1%	374.0	170.9	109.1%
	甘 肃	54.0	11.6	19.2%	127.1	24.2	15.4%
	青 海	49.7	14.0	23.2%	151.1	18.0	11.5%
	宁 夏	54.2	12.1	20.1%	146.8	15.4	9.8%
	新 疆	40.2	21.8	36.3%	109.6	40.2	25.7%
	内蒙古	28.2	33.1	55.1%	101.2	43.3	27.6%
	广 西	26.1	34.7	57.8%	79.1	62.2	39.7%
	西部地区	60.1	0.0	0.0%	156.6	0.0	0.0%

资料来源:作者根据《新中国五十五年统计资料汇编》、《中国统计年鉴》、《中国科技统计年鉴》等资料中的原始数据分析整理、测算和自制而成。

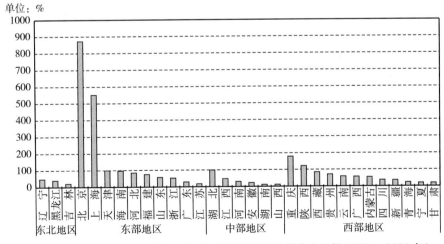

图6-11 各省市对本区域人均科研经费不平衡性的影响力比较(1991~2000年)

资料来源:作者根据《新中国五十五年统计资料汇编》、《中国统计年鉴》、《中国科技统计年鉴》等资料中的原始数据分析整理、测算和自制而成。

　　2001~2006年期间(如表6-9和图6-12所示),东北地区人均科研经费的年均值为291.8元。本区域3省份中,辽宁人均科研经费的年均值(411.5元)高于本区域整体水平,吉林和黑龙江人均科研经费的年均值(分别为252.1元、187.3元)低于本区域整体平均水平。辽宁(变异系数为32.7%)对东北区域内人均科研经费的不平衡有正影响,黑龙江(变异系数为29.0%)、吉林(变异系数为12.1%)对东北区域内人均科研经费的不平衡分别有第一大和次大负影响;与前一时期比较,辽宁对东北区域内人均科研经费的不平衡仍然是正影响力量,黑龙江、吉林仍然是负影响力量。

单位: %

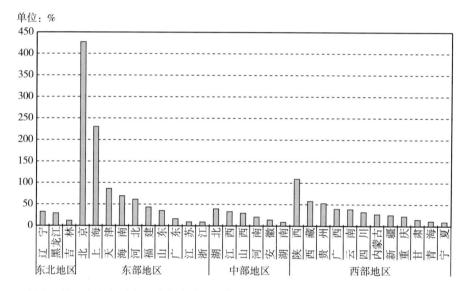

图6-12　各省市对本区域人均科研经费不平衡性的影响力比较(2001~2006年)
资料来源:作者根据《新中国五十五年统计资料汇编》、《中国统计年鉴》、《中国科技统计年鉴》等资料中的原始数据分析整理、测算和自制而成。

二、东部地区内部人均科研经费差异考察

　　1991~2000年期间(如表6-9和图6-11所示),东部地区人均科研经费年均值为148.0元。本区域10个省市中有3个省市人均科研经费年均值高于该地区的整体年均水平,分别为北京(1346.2元)、天津(288.9元)、上海(901.0元);有7个省市人均科研经费年均值低于该地区的整体年均水平,分别是河北(38.8元)、江苏(126.8元)、浙江(74.6元)、福建(44.9元)、山东

(70.9 元)、广东(105.3 元)、海南(20.5 元);其中北京的人均科研经费年均值最高,海南的人均科研经费年均值最低。根据各省市 CV 值的计算结果,可以看出各省市对本区域人均科研经费不平衡程度的影响情况,按照由低到高依次是:江苏(变异系数为 17.7%,负影响)、广东(变异系数为 29.8%,负影响)、浙江(变异系数为 53.1%,负影响)、山东(变异系数为 57.3%,负影响)、福建(变异系数为 75.0%,负影响)、河北(变异系数为 84.6%,负影响)、海南(变异系数为 97.3%,负影响)、天津(变异系数为 100.4%,正影响)、上海(变异系数为 551.6%,正影响)、北京(变异系数为 872.2%,正影响)。由此可见,该期间内,北京、上海对东部区域人均科研经费不平衡状况分别有第一大和第二大正影响,海南、河北对东部区域人均科研经费不平衡状况分别有第一大和第二大负影响。

2001~2006 年期间(如表 6-9 和图 6-12 所示),东部地区人均科研经费年均值为 573.9 元。本区域 10 个省市中有 4 个省市人均科研经费年均值高于该地区的整体年均水平,分别为北京(3703.8 元)、天津(1175.3 元)、上海(2275.6 元)、江苏(603.3 元);有 6 个省人均科研经费年均值低于该地区的整体年均水平,分别是河北(131.5 元)、浙江(521.1 元)、福建(259.0 元)、山东(315.2 元)、广东(475.6 元)、海南(72.1 元);其中北京的人均科研经费年均值最高,海南的人均科研经费年均值最低。根据各省市 CV 值的计算结果,可以看出各省市对本区域人均科研经费不平衡程度的影响情况,按照由低到高依次是:浙江(变异系数为 9.1%,负影响)、江苏(变异系数为 9.3%,正影响)、广东(变异系数为 16.7%,负影响)、山东(变异系数为 35.4%,负影响)、福建(变异系数为 43.4%,负影响)、河北(变异系数为 61.4%,负影响)、海南(变异系数为 69.5%,负影响)、天津(变异系数为 86.3%,正影响)、上海(变异系数为 230.5%,正影响)、北京(变异系数为 427.3%,正影响)。由此可见,该期间内,北京、上海对东部区域人均科研经费不平衡状况分别有第一大和第二大正影响,海南、河北对东部区域人均科研经费不平衡状况分别有第一大和第二大负影响。与前一期间相比,北京、上海对东部区域人均科研经费不平衡状况仍然是前两大正影响力量,海南、河北仍然是前两大负影响力量。

三、中部地区内部人均科研经费差异考察

1991~2000 年期间(如表 6-9 和图 6-11 所示),中部地区人均科研经费

的年均值为42.6元。本区域6个省中有2个省人均科研经费的年均值高于该
地区的整体年均水平,分别为山西(45.6元)、湖北(79.6元);有4个省人均科
研经费的年均值低于该地区的整体年均水平,分别是安徽(33.2元)、江西
(25.6元)、河南(32.7元)、湖南(41.5元);其中湖北的人均科研经费的年均
值最高,江西的人均科研经费的年均值最低。根据各省CV值的计算结果,可
以看出各省对本区域人均科研经费不平衡程度的影响情况,按照由低到高依次
是:山西(变异系数为11.4%,正影响)、湖南(变异系数为12.0%,负影响)、安徽
(变异系数为23.2%,负影响)、河南(变异系数为30.4%,负影响)、江西(变异系
数为47.8%,负影响)、湖北(变异系数为99.6%,正影响);由此可见,该期间内,
湖北、山西对中部区域人均科研经费不平衡状况分别有第一大和第二大正影响,
江西、河南对中部区域人均科研经费不平衡状况分别有第一大和第二大负影响。

2001~2006年期间(如表6-9和图6-12所示),中部地区人均科研经费
的年均值为152.1元。本区域6个省中有3个省人均科研经费的年均值高于
该地区的整体年均水平,分别为山西(197.1元)、安徽(174.7元)、湖北(229.5
元);有3个省人均科研经费的年均值低于该地区的整体年均水平,分别是江西
(88.1元)、河南(110.6元)、湖南(140.2元);其中湖北的人均科研经费的年
均值最高,江西的人均科研经费的年均值最低。根据各省CV值的计算结果,
可以看出各省对本区域人均科研经费不平衡程度的影响情况,按照由低到高依
次是:湖南(变异系数为9.3%,负影响)、安徽(变异系数为14.3%,正影响)、
河南(变异系数为21.2%,负影响)、山西(变异系数为30.0%,正影响)、江西
(变异系数为33.4%,负影响)、湖北(变异系数为39.8%,正影响)。由此可
见,该期间内,湖北、山西对中部区域人均科研经费不平衡状况有第一大和第二
大正影响,江西、河南对中部区域人均科研经费不平衡状况有第一大和第二大
负影响。与前一期间相比,湖北、山西仍是第一大和第二大正影响力量,江西、
河南仍是第一大和第二大负影响力量。

四、西部地区内部人均科研经费差异考察

1991~2000年期间(如表6-9和图6-11所示),西部地区人均科研经费
的年均值为60.1元。本区域12个省市中有3个省市人均科研经费的年均值
高于该地区的整体年均水平,分别为重庆(143.6元)、四川(71.8元)、陕西

(125.1 元);有 9 个省人均科研经费的年均值低于该地区的整体年均水平,分别是贵州(18.7 元)、云南(25.9 元)、西藏(10.1 元)、甘肃(54.0 元)、青海(49.7 元)、宁夏(54.2 元)、新疆(40.2 元)、内蒙古(28.2 元)、广西(26.1 元);其中重庆的人均科研经费的年均值最高,西藏的人均科研经费的年均值最低。根据各省 CV 值的计算结果,可以看出各省市对本区域人均科研经费不平衡程度的影响情况,按照由低到高依次是:甘肃(变异系数为 19.2% ,负影响)、宁夏(变异系数为 20.1% ,负影响)、青海(变异系数为 23.2% ,负影响)、新疆(变异系数为 36.3% ,负影响)、四川(变异系数为 37.6% ,正影响)、内蒙古(变异系数为 55.1% ,负影响)、广西(变异系数为 57.8% ,负影响)、云南(变异系数为 59.0% ,负影响)、贵州(变异系数为 71.3% ,负影响)、西藏(变异系数为 84.6% ,负影响)、陕西(变异系数为 123.1% ,正影响)、重庆(变异系数为 179.6% ,正影响)。由此可见,该期间内,重庆、陕西对西部区域人均科研经费不平衡状况分别有第一大和第二大正影响,西藏、贵州对西部区域人均科研经费不平衡状况分别有第一大和第二大负影响。

2001 ~ 2006 年期间(如表 6 - 9 和图 6 - 12 所示),西部地区人均科研经费的年均值为 156.6 元。本区域 12 个省市中有 3 个省市人均科研经费的年均值高于该地区的整体年均水平,分别为重庆(198.7 元)、四川(219.0 元)、陕西(374.0 元);有 9 个省人均科研经费的年均值低于该地区的整体年均水平,分别是贵州(52.7 元)、云南(79.9 元)、西藏(43.0 元)、甘肃(127.1 元)、青海(151.1 元)、宁夏(146.8 元)、新疆(109.6 元)、内蒙古(101.2 元)、广西(79.1 元);其中陕西的人均科研经费的年均值最高,西藏的人均科研经费的年均值最低。根据各省 CV 值的计算结果,可以看出各省市对本区域人均科研经费不平衡程度的影响情况,按照由低到高依次是:宁夏(变异系数为 9.8% ,负影响)、青海(变异系数为 11.5% ,负影响)、甘肃(变异系数为 15.4% ,负影响)、重庆(变异系数为 23.0% ,正影响)、新疆(变异系数为 25.7% ,负影响)、内蒙古(变异系数为 27.6% ,负影响)、四川(变异系数为 32.6% ,正影响)、云南(变异系数为 39.2% ,负影响)、广西(变异系数为 39.7% ,负影响)、贵州(变异系数为 52.8% ,负影响)、西藏(变异系数为 57.7% ,负影响)、陕西(变异系数为 109.1% ,正影响)。由此可见,该期间内,陕西、四川对西部区域人均科研经费不平衡状况分别有第一大和第二大正影响,西藏、贵州对西部区域人均科研经费不平衡状况分别有第一大和第二大负影响;与前一期间相比,陕西跃升为第一大正影响力量,四川成为第二大正影响力量,西藏、贵州仍然为第一大和第二大负影响力量。

第七节　区域之间人均研发经费的比较

一、区域之间人均研发经费情况的比较(如表 6 - 10 和图 6 - 13 所示)

1991 ~ 2000 年期间,四大区域中,东部地区(均值为 63.8 元)的人均研发经费的年均值明显高于东北地区(均值为 36.2 元)、中部地区(均值为 17.4 元)和西部地区(均值为 25.1 元),其中东部地区人均研发经费的年均值最高,其次是东北地区,再次是西部地区,中部地区最低。对这四大区域人均研发经费变化的平稳性进行考察,东部地区(波动系数为 44.1%)和中部地区(波动系数为 39.7%)人均研发经费波动系数高于东北地区(波动系数为 34.0%)和西部地区(波动系数为 32.4%),即西部地区平稳性最优,其次是东北地区,再次是中部地区,东部地区平稳性最低。

2001 ~ 2006 年期间,四大区域中,东部地区(均值为 183.1 元)人均研发经费的年均值明显高于东北地区(均值为 99.6 元)、中部地区(均值为 41.1 元)和西部地区(均值为 56.1 元),其中东部地区人均研发经费的年均值最高,其次为东北部地区,再次为西部地区,中部地区最低。从四大区域人均研发经费变化的平稳性来看,西部地区(波动系数为 15.8%)人均研发经费的平稳性最优,其次为中部地区(波动系数为 32.2%),再次为东部地区(波动系数为 39.8%),东北地区(波动系数为 46.8%)平稳性最低。

表 6 - 10　四大区域人均研发经费比较

单位:元

年份	1991 ~ 2000			2001 ~ 2006		
区域	均值	标准差	波动系数	均值	标准差	波动系数
东北地区	36.2	12.3	34.0%	99.6	46.6	46.8%
东部地区	63.8	28.1	44.1%	183.1	72.9	39.8%

续表

年份	1991~2000			2001~2006		
区域	均值	标准差	波动系数	均值	标准差	波动系数
中部地区	17.4	6.9	39.7%	41.1	13.2	32.2%
西部地区	25.1	8.1	32.4%	56.1	8.8	15.8%

资料来源:作者根据《新中国五十五年统计资料汇编》、《中国统计年鉴》、《中国科技统计年鉴》等资料中的原始数据分析整理、测算和自制而成。

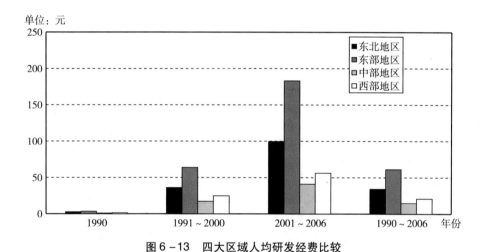

图6-13　四大区域人均研发经费比较

资料来源:作者根据《新中国五十五年统计资料汇编》、《中国统计年鉴》、《中国科技统计年鉴》等资料中的原始数据分析整理、测算和自制而成。

二、区域之间人均研发经费年环比增长率的比较(如表6-11和图6-14所示)

1991~2000年期间,四大区域中,东部地区(均值为23.6%)和中部地区(均值为20.7%)的人均研发经费环比增长率的年均值高于东北地区(均值为15.5%)和西部地区(均值为12.6%);其中东部地区人均研发经费环比增长率的均值最高,其次是中部地区,再次是东北地区,西部地区最低。对这四大区域人均研发经费环比增长率变化的平稳性进行考察,西部地区(波动系数为166.4%)人均研发经费环比增长率波动系数明显高于东北地区(波动系数为129.8%)、东部地区(波动系数为94.2%)和中部地区(波动系数为105.4%);其中东部地区平稳性最优,其次是中部地区,再次是东北地区,西部地区的平稳性最低。

表 6-11　四大区域人均研发经费年增长率比较

单位：%

年份	1991~2000			2001~2006		
区域	均值	标准差	波动系数	均值	标准差	波动系数
东北地区	16.1	21.5	133.4	6.0	38.9	652.2
东部地区	19.8	22.0	110.8	5.7	34.8	612.7
中部地区	17.9	21.2	118.4	5.8	32.7	560.9
西部地区	15.2	20.1	132.6	8.2	15.9	193.9

资料来源：作者根据《新中国五十五年统计资料汇编》、《中国统计年鉴》、《中国科技统计年鉴》等资料中的原始数据分析整理、测算和自制而成。

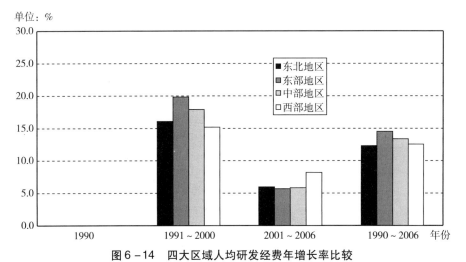

图 6-14　四大区域人均研发经费年增长率比较

资料来源：作者根据《新中国五十五年统计资料汇编》、《中国统计年鉴》、《中国科技统计年鉴》等资料中的原始数据分析整理、测算和自制而成。

　　2001~2006 年期间，四大区域中，东部地区（均值为 15.0%）、中部地区（均值为 16.9%）人均研发经费环比增长率的年均值高于东北地区（均值为 14.1%）和西部地区（均值为 14.8%）；其中中部地区人均研发经费环比增长率的年均值最高，其次为东部地区，再次为西部地区，东北地区最低。从四大地区人均研发经费环比增长率变化的平稳性来看，西部地区（波动系数为 27.2%）人均研发经费环比增长率的平稳性最优，其次为东部地区（波动系数为 44.9%）、中部地区（波动系数为 54.6%），东北地区（波动系数为 88.2%）平稳性最低。

第八节　区域内部省际人均研发经费比较分析

一、东北地区内部人均研发经费差异考察

1991~2000 年期间(如表 6-12 和图 6-15 所示),东北地区人均研发经费的年均值为 36.2 元。本区域 3 省份中,辽宁人均研发经费的年均值(52.3 元)高于本区域整体水平,吉林和黑龙江人均研发经费的年均值(分别为 35.6 元、18.9元)低于本区域整体平均水平。辽宁(变异系数为 47.6%)对东北区域内人均研发经费的不平衡有正影响,黑龙江(变异系数为 49.2%)、吉林(变异系数为14.4%)对东北区域内人均研发经费的不平衡分别有第一大和次大负影响。

表 6-12　区域内部省际人均研发经费差别情况

单位:元

地区	省份	1991~2000			2001~2006		
		均值	标准差	变异系数	均值	标准差	变异系数
东北地区	辽宁	52.3	17.2	47.6%	146.9	41.7	41.9%
	吉林	35.6	5.2	14.4%	84.6	17.1	17.2%
	黑龙江	18.9	17.8	49.2%	57.8	35.3	35.4%
	东北地区	36.2	0.0	0.0%	99.6	0.0	0.0%
东部地区	北京	912.6	883.2	1384.0%	1706.0	1195.1	652.7%
	天津	134.8	76.3	119.5%	327.4	127.8	69.8%
	河北	13.9	53.4	83.6%	44.1	115.2	62.9%
	上海	340.4	287.0	449.7%	748.5	477.7	260.9%
	江苏	40.6	24.0	37.6%	155.3	22.6	12.3%
	浙江	18.7	47.8	74.9%	112.2	55.0	30.0%
	福建	13.3	52.5	82.3%	68.4	91.3	49.9%
	山东	17.6	48.6	76.1%	79.7	81.6	44.6%
	广东	39.4	28.6	44.8%	158.1	39.1	21.4%
	海南	12.1	57.9	90.8%	20.4	136.6	74.6%
	东部地区	63.8	0.0	0.0%	183.1	0.0	0.0%

地区	省份	1991~2000			2001~2006		
		均值	标准差	变异系数	均值	标准差	变异系数
中部地区	山　西	17.9	1.5	8.6%	41.6	3.4	8.4%
	安　徽	12.2	5.9	33.8%	42.8	3.3	8.1%
	江　西	10.1	7.9	45.6%	27.5	10.8	26.2%
	河　南	12.9	4.8	27.5%	30.7	8.9	21.7%
	湖　北	34.6	18.5	106.2%	73.6	25.5	62.1%
	湖　南	17.5	2.3	13.0%	33.9	7.0	17.1%
	中部地区	17.4	0.0	0.0%	41.1	0.0	0.0%
西部地区	重　庆	11.4	14.4	57.5%	43.8	18.0	32.1%
	四　川	41.2	16.4	65.4%	87.6	25.7	45.8%
	贵　州	6.0	20.0	79.6%	15.3	32.1	57.1%
	云　南	14.4	11.9	47.4%	26.1	23.8	42.4%
	西　藏	9.4	16.9	67.4%	16.9	31.3	55.7%
	陕　西	67.2	49.7	198.1%	179.7	96.7	172.3%
	甘　肃	25.2	4.6	18.3%	43.2	10.3	18.3%
	青　海	17.5	9.0	35.9%	33.0	20.0	35.7%
	宁　夏	19.4	6.9	27.6%	31.0	21.1	37.6%
	新　疆	13.1	13.0	52.0%	22.8	26.1	46.5%
	内蒙古	13.0	13.7	54.6%	22.4	26.3	46.9%
	广　西	9.8	16.2	64.7%	18.4	29.6	52.8%
	西部地区	25.1	0.0	0.0%	56.1	0.0	0.0%

资料来源:作者根据《新中国五十五年统计资料汇编》、《中国统计年鉴》、《中国科技统计年鉴》等资料中的原始数据分析整理、测算和自制而成。

2001~2006 年期间(如表 6-12 和图 6-16 所示),东北地区人均研发经费的年均值为 99.6 元。本区域 3 省份中,辽宁人均研发经费的年均值(146.9元)高于本区域整体平均水平,吉林和黑龙江人均研发经费的年均值(分别为84.6 元、57.8 元)低于本区域整体平均水平。辽宁(变异系数为 41.9%)对东

单位：%

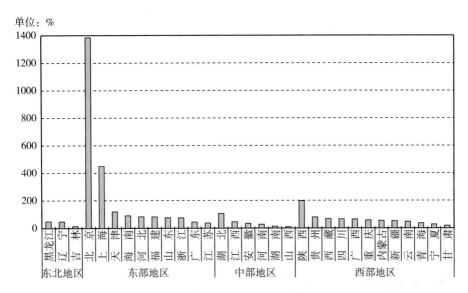

图6-15　各省市对本区域人均研发经费不平衡性的影响力比较（1991～2000年）

资料来源：作者根据《新中国五十五年统计资料汇编》、《中国统计年鉴》、《中国科技统计年鉴》等资料中的原始数据分析整理、测算和自制而成。

单位：%

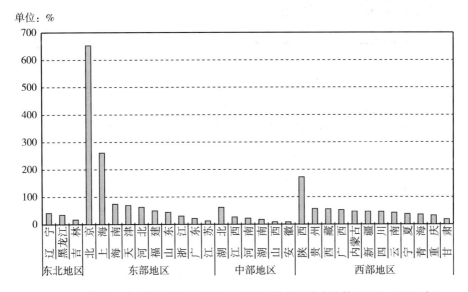

图6-16　各省市对本区域人均研发经费不平衡性的影响力比较（2001～2006年）

资料来源：作者根据《新中国五十五年统计资料汇编》、《中国统计年鉴》、《中国科技统计年鉴》等资料中的原始数据分析整理、测算和自制而成。

北区域内人均研发经费的不平衡有正影响,黑龙江(变异系数为35.4%)、吉林(变异系数为42.0%)对东北区域内人均研发经费的不平衡分别有第一大和次大负影响。与前一时期比较,辽宁对东北区域内人均研发经费的不平衡仍然是正影响力量,黑龙江、吉林仍然是负影响力量。

二、东部地区内部人均研发经费差异考察

1991~2000年期间(如表6-12和图6-15所示),东部地区人均研发经费年均值为63.8元。本区域10个省市中有3个省市人均研发经费年均值高于该地区的整体年均水平,分别为北京(912.6元)、天津(134.8元)、上海(340.4元);有7个省市人均研发经费年均值低于该地区的整体年均水平,分别是河北(13.9元)、江苏(40.6元)、浙江(18.7元)、福建(13.3元)、山东(17.6元)、广东(39.4元)、海南(12.1元);其中北京的人均研发经费年均值最高,海南的人均研发经费年均值最低。根据各省市CV值的计算结果,可以看出各省市对本区域人均研发经费不平衡程度的影响情况,按照由低到高依次为:江苏(变异系数为37.6%,负影响)、广东(变异系数为44.8%,负影响)、浙江(变异系数为74.9%,负影响)、山东(变异系数为76.1%,负影响)、福建(变异系数为82.3%,负影响)、河北(变异系数为83.6%,负影响)、海南(变异系数为90.8%,负影响)、天津(变异系数为119.5%,正影响)、上海(变异系数为449.7%,正影响)、北京(变异系数为1384.0%,正影响)。由此可见,该期间内,北京、上海对东部区域人均研发经费不平衡状况分别有第一大和第二大正影响,海南、河北对东部区域人均研发经费不平衡状况分别有第一大和第二大负影响。

2001~2006年期间(如表6-12和图6-16所示),东部地区人均研发经费年均值为183.1元。本区域10个省市中有3个省市人均研发经费年均值高于该地区的整体年均水平,分别为北京(1706.0元)、天津(327.4元)、上海(748.5元);有7个省市人均研发经费年均值低于该地区的整体年均水平,分别是河北(44.1元)、江苏(155.3元)、浙江(112.2元)、福建(68.4元)、山东(79.7元)、广东(158.1元)、海南(20.4元);其中北京的人均研发经费年均值最高,海南的人均研发经费年均值最低。根据各省市CV值的计算结果,可以看出各省市对本区域人均研发经费不平衡程度的影响情况,按照由低到高依次

是:江苏(变异系数为12.3%,负影响)、广东(变异系数为21.4%,负影响)、浙江(变异系数为30.0%,负影响)、山东(变异系数为44.6%,负影响)、福建(变异系数为49.9%,负影响)、河北(变异系数为62.9%,负影响)、天津(变异系数为69.8%,正影响)、海南(变异系数为74.6%,负影响)、上海(变异系数为260.9%,正影响)、北京(变异系数为652.7%,正影响)。由此可见,该期间内,北京、上海对东部区域人均研发经费不平衡状况分别有第一大和第二大正影响,河北、福建对东部区域人均研发经费不平衡状况分别有第一大和第二大负影响;与前一期间相比,河北跃升为第一大负影响力量,福建成为第二大负影响力量。

三、中部地区内部人均研发经费差异考察

1991~2000年期间(如表6-12和图6-15所示),中部地区人均研发经费的年均值为17.4元。本区域6个省中有3个省人均研发经费的年均值高于该地区的整体年均水平,分别为山西(17.9元)、湖北(34.6元)、湖南(17.5元);有3个省人均研发经费的年均值低于该地区的整体年均水平,分别是安徽(12.2元)、江西(10.1元)、河南(12.9元);其中湖北的人均研发经费的年均值最高,江西的人均研发经费的年均值最低。根据各省CV值的计算结果,可以看出各省对本区域人均研发经费不平衡程度的影响情况,按照由低到高依次是:山西(变异系数为8.6%,正影响)、湖南(变异系数为13.0%,正影响)、河南(变异系数为27.5%,负影响)、安徽(变异系数为33.8%,负影响)、江西(变异系数为45.6%,负影响)、湖北(变异系数为106.2%,正影响)。由此可见,该期间内,湖北、湖南对中部区域人均研发经费不平衡状况分别有第一大和第二大正影响,江西、安徽对中部区域人均研发经费不平衡状况分别有第一大和第二大负影响。

2001~2006年期间(如表6-12和图6-16所示),中部地区人均研发经费的年均值为41.1元。本区域6个省中有3个省人均研发经费的年均值高于该地区的整体年均水平,分别为山西(41.6元)、安徽(42.8元)、湖北(73.6元);有3个省人均研发经费的年均值低于该地区的整体年均水平,分别是江西(27.5元)、河南(30.7元)、湖南(33.9元);其中湖北的人均研发经费的年均值最高,江西的人均研发经费的年均值最低。根据各省CV值的计算结果,可

以看出各省对本区域人均研发经费不平衡程度的影响情况,按照由低到高依次是:安徽(变异系数为 8.1% ,正影响)、山西(变异系数为 8.4% ,正影响)、湖南(变异系数为 17.1% ,负影响)、河南(变异系数为 21.7% ,负影响)、江西(变异系数为 26.2% ,负影响)、湖北(变异系数为 62.1% ,正影响)。由此可见,该期间内,湖北、山西对中部区域人均研发经费不平衡状况分别有第一大和第二大正影响,江西、河南对中部区域人均研发经费不平衡状况分别有第一大和第二大负影响;与前一期间相比,山西成为第二大正影响力量,河南取代安徽成为第二大负影响力量。

四、西部地区内部人均研发经费差异考察

1991～2000 年期间(如表 6－12 和图 6－15 所示),西部地区人均研发经费的年均值为 25.1 元。本区域 12 个省市中有 3 个省人均研发经费的年均值高于该地区的整体年均水平,分别为四川(41.2 元)、陕西(67.2 元)、甘肃(25.2 元);有 9 个省市人均研发经费的年均值低于该地区的整体年均水平,分别是重庆(11.4 元)、贵州(6.0 元)、云南(14.4 元)、西藏(9.4 元)、青海(17.5 元)、宁夏(19.4 元)、新疆(13.1 元)、内蒙古(13.0 元)、广西(9.8 元);其中陕西的人均研发经费的年均值最高,贵州的人均研发经费的年均值最低。根据各省 CV 值的计算结果,可以看出各省市对本区域人均研发经费不平衡程度的影响情况,按照由低到高依次是:甘肃(变异系数为 18.3% ,正影响)、宁夏(变异系数为 27.6% ,负影响)、青海(变异系数为 35.9% ,负影响)、云南(变异系数为 47.4% ,负影响)、新疆(变异系数为 52.0% ,负影响)、内蒙古(变异系数为 54.6% ,负影响)、重庆(变异系数为 57.5% ,负影响)、广西(变异系数为 64.7% ,负影响)、四川(变异系数为 65.4% ,正影响)、西藏(变异系数为 67.4% ,负影响)、贵州(变异系数为 79.6% ,负影响)、陕西(变异系数为 198.1% ,正影响)。由此可见,该期间内,陕西、四川对西部区域人均研发经费不平衡状况分别有第一大和第二大正影响,贵州、西藏对西部区域人均研发经费不平衡状况分别有第一大和第二大负影响。

2001～2006 年期间(如表 6－12 和图 6－16 所示),西部地区人均研发经费的年均值为 56.1 元。本区域 12 个省市中有 2 个省人均研发经费的年均值高于该地区的整体年均水平,分别为四川(87.6 元)、陕西(179.7 元);有 10 个

省市人均研发经费的年均值低于该地区的整体年均水平,分别是重庆(43.8元)、贵州(15.3元)、云南(26.1元)、西藏(16.9元)、甘肃(43.2元)、青海(33.0元)、宁夏(31.0元)、新疆(22.8元)、内蒙古(22.4元)、广西(18.4元);其中陕西的人均研发经费的年均值最高,贵州的人均研发经费的年均值最低。根据各省CV值的计算结果,可以看出各省市对本区域人均研发经费不平衡程度的影响情况,按照由低到高依次是:甘肃(变异系数为18.3%,负影响)、宁夏(变异系数为31.0%,负影响)、重庆(变异系数为32.1%,负影响)、青海(变异系数为35.7%,负影响)、云南(变异系数为42.4%,负影响)、四川(变异系数为45.8%,正影响)、新疆(变异系数为46.5%,负影响)、内蒙古(变异系数为46.9%,负影响)、广西(变异系数为52.8%,负影响)、西藏(变异系数为55.7%,负影响)、贵州(变异系数为57.1%,负影响)、陕西(变异系数为179.7%,正影响)。由此可见,该期间内,陕西、四川对西部区域人均研发经费不平衡状况分别有第一大和第二大正影响,贵州、西藏对西部区域人均研发经费不平衡状况分别有第一大和第二大负影响;与前一期间相比,陕西、四川对西部区域人均研发经费不平衡状况仍然是前两大正影响力量,贵州、西藏仍然是前两大负影响力量。

第九节 区域之间人均技术市场成交额比较分析

一、区域之间人均技术市场成交额变化比较(如表6-13和图6-17所示)

1991~2000年期间,四大区域中,东北部地区(均值为38.5元)、东部地区(均值为45.7元)的人均技术市场成交额的年均值明显高于中部地区(均值为13.8元)和西部地区(均值为13.1元),其中东部地区最高,其次为东北地区,再次为中部地区,西部地区最低。对这四个区域人均技术市场成交额变化的平稳性进行考察,东部地区(波动系数为56.9%)和西部地区(波动系数为50.6%)人均技术市场成交额波动系数高于东北地区(波动系数为33.9%)和中部地区(波动系数为48.7%),即东北地区平稳性最优,其次是中部地区,再次是西部地区,东部地区平稳性最低。

表6-13　四大区域人均技术市场成交额比较

单位:元

年份	1991~2000			2001~2006		
区域	均值	标准差	波动系数	均值	标准差	波动系数
东北地区	38.5	13.0	33.9%	83.5	19.7	23.6%
东部地区	45.7	26.0	56.9%	196.0	63.9	32.6%
中部地区	13.8	6.8	48.7%	34.9	6.3	18.2%
西部地区	13.1	6.6	50.6%	37.1	6.7	18.0%

资料来源:作者根据《新中国五十五年统计资料汇编》、《中国统计年鉴》、《中国科技统计年鉴》等资料中的原始数据分析整理、测算和自制而成。

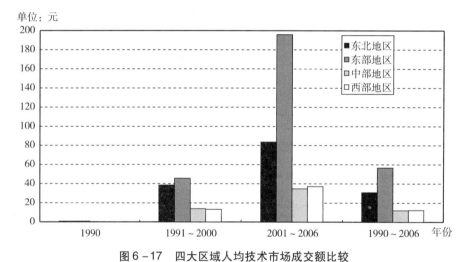

图6-17　四大区域人均技术市场成交额比较

资料来源:作者根据《新中国五十五年统计资料汇编》、《中国统计年鉴》、《中国科技统计年鉴》等资料中的原始数据分析整理、测算和自制而成。

2001~2006年期间,四大区域中,东北地区(均值为83.5元)、东部地区(均值为196.0元)人均技术市场成交额的年均值高于中部地区(均值为34.9元)和西部地区(均值为37.1元),其中东部地区人均技术市场成交额的年均值最高,其次为东北地区,再次为西部地区,中部地区最低。从四大地区人均技术市场成交额变化的平稳性来看,西部地区(波动系数为18.0%)人均技术市场成交额的平稳性最优,其次为中部地区(波动系数为18.2%),再次为东北地区(波动系数为23.6%),东部地区(波动系数为32.6%)平稳性最低。

二、区域之间人均技术市场成交额年环比增长率比较（如表 6－14 和图 6－18 所示）

1991～2000 年期间，四大区域中，东部地区（均值为 25.5%）和西部地区（均值为 25.4%）的人均技术市场成交额环比增长率的年均值高于东北地区（均值为 18.4%）和中部地区（均值为 21.5%），其中东部地区人均技术市场成交额环比增长率的均值最高，其次是西部地区，再次是中部地区，东北地区最低。对这四大区域人均技术市场成交额环比增长率变化的平稳性进行考察，西部地区（波动系数为 116.4%）人均技术市场成交额环比增长率波动系数明显高于东北地区（波动系数为 89.5%）、东部地区（波动系数为 54.9%）和中部地区（波动系数为 62.1%），其中东部地区平稳性最优，其次是中部地区，再次是东北地区，西部地区的平稳性最低。

表 6－14 四大区域人均技术市场成交额年增长率比较

单位:%

年份	1991～2000			2001～2006		
区域	均值	标准差	波动系数	均值	标准差	波动系数
东北地区	18.4	16.5	89.5	11.7	7.9	67.4
东部地区	25.5	14.0	54.9	19.3	5.5	28.7
中部地区	21.5	13.4	62.1	8.7	6.5	74.9
西部地区	25.4	29.5	116.4	10.6	13.7	129.6

资料来源:作者根据《新中国五十五年统计资料汇编》、《中国统计年鉴》、《中国科技统计年鉴》等资料中的原始数据分析整理、测算和自制而成。

2001～2006 年期间，四大区域中，东部地区（均值为 19.3%）人均技术市场成交额环比增长率的年均值高于东北地区（均值为 11.7%）、中部地区（均值为 8.7%）和西部地区（均值为 10.6%），其中东部地区人均技术市场成交额环比增长率的年均值最高，其次为东北地区，再次为西部地区，中部地区最低。从四大区域人均技术市场成交额环比增长率变化的平稳性来看，东部地区（波动系数为 28.7%）人均技术市场成交额环比增长率的平稳性最优，其次为东北地区（波动系数为 67.4%），再次为中部地区（波动系数为 74.9%），西部地区（波动系数为 129.6%）平稳性最低。

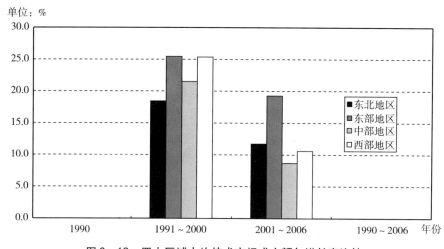

图6-18 四大区域人均技术市场成交额年增长率比较

资料来源:作者根据《新中国五十五年统计资料汇编》、《中国统计年鉴》、《中国科技统计年鉴》等资料中的原始数据分析整理、测算和自制而成。

第十节 区域内部省际人均技术市场成交额比较分析

一、东北地区内部人均技术市场成交额差异考察

1991~2000年期间(如表6-15和图6-19所示),东北地区人均技术市场成交额的年均值为38.5元。本区域3省份中,辽宁人均技术市场成交额的年均值(54.8元)高于本区域整体水平,黑龙江和吉林人均技术市场成交额的年均值(分别为25.9元、29.2元)低于本区域整体平均水平。辽宁(变异系数为44.7%)对东北区域内人均技术市场成交额的不平衡有正影响,吉林(变异系数为36.4%)、黑龙江(变异系数为24.8%)对东北区域内人均技术市场成交额的不平衡分别有第一大和次大负影响。

2001~2006年期间(如表6-15和图6-20所示),东北地区人均技术市场成交额的年均值为83.5元。本区域3省份中,辽宁人均技术市场成交额的年均值(156.3元)高于本区域整体水平,吉林和黑龙江人均技术市场成交额的年均值(分别为39.7元、34.0元)低于本区域整体平均水平。辽宁(变异系数为70.1%)对东北区域内人均技术市场成交额的不平衡有正影响,黑龙江(变异系数为47.9%)、吉林(变异系数为42.0%)对东北区域内人均技术市场成

交额的不平衡分别有第一大和次大负影响；与前一时期比较，辽宁对东北区域内人均技术市场成交额的不平衡仍然是正影响力量，黑龙江超过吉林跃升为第一大负影响力量，吉林成为次大负影响力量。

表 6 - 15　区域内部省际人均技术市场成交额差别情况

单位:元

	1991~2000 年			2001~2006 年		
	均值	标准差	变异系数	均值	标准差	变异系数
辽　宁	54.8	17.2	44.7%	156.3	58.6	70.1%
吉　林	25.9	14.0	36.4%	39.7	35.1	42.0%
黑龙江	29.2	9.6	24.8%	34.0	40.0	47.9%
东北地区	38.5	0.0	0.0%	83.5	0.0	0.0%
北　京	457.9	471.3	1031.6%	2533.7	1972.8	1006.7%
天　津	147.7	115.8	253.5%	450.1	197.6	100.9%
河　北	13.6	38.3	83.9%	12.4	148.1	75.6%
上　海	215.3	199.8	437.3%	1173.9	780.3	398.2%
江　苏	32.4	15.9	34.7%	100.5	83.0	42.4%
浙　江	26.3	21.4	46.9%	91.4	93.5	47.7%
福　建	16.2	31.9	69.9%	40.9	128.6	65.6%
山　东	21.7	29.7	64.9%	57.5	116.0	59.2%
广　东	26.9	21.0	45.9%	96.1	85.6	43.7%
海　南	51.2	18.8	41.2%	26.8	146.8	74.9%
东部地区	45.7	0.0	0.0%	196.0	0.0	0.0%
山　西	4.1	12.7	91.7%	12.7	17.5	50.0%
安　徽	4.9	9.9	71.3%	17.5	13.7	39.1%
江　西	7.2	7.1	51.6%	19.8	11.9	34.1%
河　南	14.4	1.6	11.9%	22.5	10.0	28.7%
湖　北	23.0	10.9	78.8%	71.1	28.4	81.4%
湖　南	22.1	10.1	72.7%	57.9	18.1	52.0%
中部地区	13.8	0.0	0.0%	34.9	0.0	0.0%

续表

	1991～2000 年			2001～2006 年		
	均值	标准差	变异系数	均值	标准差	变异系数
重　庆	26.9	35.3	270.3%	163.3	102.3	276.0%
四　川	18.4	10.2	78.3%	18.9	14.8	39.9%
贵　州	2.6	13.1	100.0%	2.7	27.0	72.8%
云　南	15.5	10.7	81.9%	42.7	13.8	37.2%
西　藏	0.4	14.3	109.4%	0.0	29.1	78.5%
陕　西	15.0	3.1	23.6%	41.1	6.2	16.6%
甘　肃	9.3	6.5	49.9%	42.7	17.0	45.8%
青　海	7.0	11.1	85.3%	23.1	13.0	35.1%
宁　夏	5.0	9.0	68.6%	17.1	16.4	44.4%
新　疆	14.4	4.3	33.3%	50.7	13.7	36.9%
内蒙古	9.8	4.9	37.6%	38.4	3.6	9.7%
广　西	4.2	10.4	79.8%	11.1	21.0	56.6%
西部地区	13.1	0.0	0.0%	37.1	0.0	0.0%

资料来源:作者根据《新中国五十五年统计资料汇编》、《中国统计年鉴》、《中国科技统计年鉴》等资料中
的原始数据分析整理、测算和自制而成。

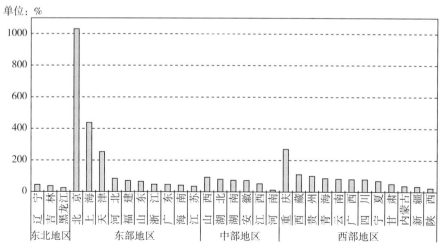

图 6 - 19　各省市对本区域人均技术市场成交额不平衡性的影响力比较(1991～2000 年)

资料来源:作者根据《新中国五十五年统计资料汇编》、《中国统计年鉴》、《中国科技统计年鉴》等资料中
的原始数据分析整理、测算和自制而成。

单位：%

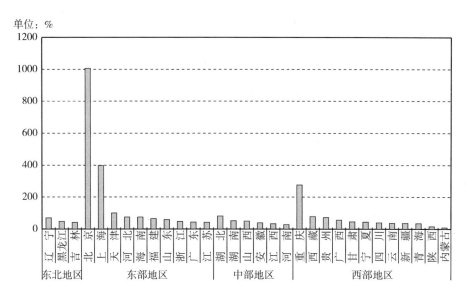

图6－20　各省市对本区域人均技术市场成交额不平衡性的影响力比较(2001～2006年)

资料来源:作者根据《新中国五十五年统计资料汇编》、《中国统计年鉴》、《中国科技统计年鉴》等资料中的原始数据分析整理、测算和自制而成。

二、东部地区内部人均技术市场成交额差异考察

1991～2000年期间(如表6－15和图6－19所示),东部地区人均技术市场成交额年均值为45.7元。本区域10个省市中有4个省市人均技术市场成交额年均值高于该地区的整体年均水平,分别为海南(51.2元)、天津(147.7元)、上海(215.3元)、北京(457.9元);有6个省市人均技术市场成交额年均值低于该地区的整体年均水平,分别是河北(13.6元)、福建(16.2元)、山东(21.7元)、浙江(26.3元)、广东(26.9元)、江苏(32.8元);其中人均技术市场成交额年均值最高的北京是人均技术市场成交额年均值最低的河北的33.67倍。根据各省市CV值的计算结果,可以看出各省市对本区域人均技术市场成交额平衡程度的影响情况,按照由低到高依次是:江苏(变异系数为34.7%,负影响)、海南(变异系数为41.2%,正影响)、广东(变异系数为45.9%,负影响)、浙江(变异系数为46.9%,负影响)、山东(变异系数为64.9%,负影响)、福建(变异系数为69.9%,负影响)、河北(变异系数为83.9%,负影响)、天津(变异系数为147.7%,正影响)、上海(变异系数为437.3%,正影响)、北京(变异系数为1031.6%,正影响)。由此可见,该期间内,北京、上海对东部区域人均技术市场成交额平衡状况分别有第一大和第二大正影响,河北、福建对东部区域人均技术市场成交额平衡状况分别有第一大和第二大负影响。

2001～2006年期间(如表6－15和图6－20所示),东部地区人均技术市场成交额年均值为196.0元。本区域10个省市中有3个省市人均技术市场成交额年均值高于该地区的整体年均水平,分别为天津(450.1元)、上海(1173.9元)、北京(2433.7元);有7个省市人均技术市场成交额年均值低于该地区的整体年均水平,分别是河北(12.4元)、海南(26.8元)、福建(40.9元)、山东(57.5元)、浙江(91.7元)、广东(96.1元)、江苏(100.5元);其中人均技术市场成交额年均值最高的北京是人均技术市场成交额年均值最低的河北的196.27倍。根据各省市CV值的计算结果,可以看出各省市对本区域人均技术市场成交额平衡程度的影响情况,按照由低到高依次是:江苏(变异系数为42.4%,负影响)、广东(变异系数为43.7%,负影响)、浙江(变异系数为47.7%,负影响)、山东(变异系数为59.2%,负影响)、福建(变异系数为65.6%,负影响)、海南(变异系数为74.9%,负影响)、河北(变异系数为75.6%,负影响)、天津(变异系数为100.9%,正影响)、上海(变异系数为398.2%,正影响)、北京(变异系数为1006.7%,正影响)。由此可见,该期间内,北京、上海对东部区域人均技术市场成交额平衡状况有第一大和第二大正影响,河北、海南对东部区域人均技术市场成交额平衡状况有第一大和第二大负影响;与前一期间相比,北京、上海仍是第一和第二大正影响力量,海南取代福建成为第二大负影响力量。

三、中部地区内部人均技术市场成交额差异考察

1991～2000年期间(如表6－15和图6－19所示),中部地区人均技术市场成交额的年均值为13.8元。本区域6个省中有3个省人均技术市场成交额的年均值高于该地区的整体年均水平,分别为河南(14.4元)、湖南(22.1元)、湖北(23.0元);有3个省人均技术市场成交额的年均值低于该地区的整体年均水平,分别是山西(4.1元)、安徽(4.9元)、江西(7.2元);其中人均技术市场成交额的年均值最高的湖北是人均技术市场成交额的年均值最低的山西的5.61倍。根据各省CV值的计算结果,可以看出各省对本区域人均技术市场成

交额不平衡程度的影响情况,按照由低到高依次是:河南(变异系数为11.9%,正影响)、江西(变异系数为51.6%,负影响)、安徽(变异系数为71.3%,负影响)、湖南(变异系数为72.7%,正影响)、湖北(变异系数为78.8%,正影响)、山西(变异系数为91.7%,负影响);由此可见,该期间内,湖北、湖南对中部区域人均技术市场成交额不平衡状况分别有第一大和第二大正影响,山西、安徽对中部区域人均技术市场成交额不平衡状况分别有第一大和第二大负影响。

2001～2006年期间(如表6－15和图6－20所示),中部地区人均技术市场成交额的年均值为34.9元。本区域6个省中有2个省人均技术市场成交额的年均值高于该地区的整体年均水平,分别为湖南(57.9元)、湖北(71.1元);有4个省人均技术市场成交额的年均值低于该地区的整体年均水平,分别是山西(12.7元)、安徽(17.5元)、江西(19.8元)、河南(22.5元);其中人均技术市场成交额的年均值最高的湖北是人均技术市场成交额的年均值最低的山西的5.60倍。根据各省CV值的计算结果,可以看出各省对本区域人均技术市场成交额不平衡程度的影响情况,按照由低到高依次是:河南(变异系数为28.7%,负影响)、江西(变异系数为34.1%,负影响)、安徽(变异系数为39.1%,负影响)、山西(变异系数为50.0%,负影响)、湖南(变异系数为52.0%,正影响)、湖北(变异系数为81.4%,正影响)。由此可见,该期间内,湖北、湖南对中部区域人均技术市场成交额不平衡状况有第一大和第二大正影响,山西、安徽对中部区域人均技术市场成交额不平衡状况有第一大和第二大负影响;与前一期间相比,湖北、湖南仍是第一大和第二大正影响力量,山西、安徽仍是第一大和第二大负影响力量。

四、西部地区内部人均技术市场成交额差异考察

1991～2000年期间(如表6－15和图6－19所示),西部地区人均技术市场成交额的年均值为13.1元。本区域12个省市中有5个省人均技术市场成交额的年均值高于该地区的整体年均水平,分别为新疆(14.4元)、陕西(15.0元)、云南(15.5元)、四川(18.4元)、重庆(26.9元);有7个省市人均技术市场成交额的年均值低于该地区的整体年均水平,分别是西藏(0.4元)、贵州(2.6元)、广西(4.2元)、宁夏(5.0元)、青海(7.0元)、甘肃(9.3元)、内蒙古(9.8元);其中人均技术市场成交额的年均值最高的重庆是人均技术市场成交

额的年均值最低的西藏的 67.25 倍。根据各省 CV 值的计算结果,可以看出各省市对本区域人均技术市场成交额不平衡程度的影响情况,按照由低到高依次是:陕西(变异系数为 23.6%,正影响)、新疆(变异系数为 33.3%,正影响)、内蒙古(变异系数为 37.6%,负影响)、甘肃(变异系数为 49.9%,负影响)、宁夏(变异系数为 68.6%,负影响)、四川(变异系数为 78.3%,正影响)、广西(变异系数为 79.8%,负影响)、云南(变异系数为 81.9%,正影响)、青海(变异系数为 85.3%,负影响)、贵州(变异系数为 100.0%,负影响)、西藏(变异系数为 109.4%,负影响)、重庆(变异系数为 270.3%,正影响)。由此可见,该期间内,重庆、云南对西部区域人均技术市场成交额不平衡状况分别有第一大和第二大正影响,西藏、贵州对西部区域人均技术市场成交额不平衡状况分别有第一大和第二大负影响。

2001~2006 年期间(如表 6-15 和图 6-20 所示),西部地区人均技术市场成交额的年均值为 37.1 元。本区域 12 个省市中有 6 个省市人均技术市场成交额的年均值高于该地区的整体年均水平,分别为内蒙古(38.4 元)、陕西(41.1 元)、云南(42.7 元)、甘肃(42.7 元)、新疆(50.7 元)、重庆(163.3 元);有 6 个省人均技术市场成交额的年均值低于该地区的整体年均水平,分别是西藏(0 元)、贵州(2.7 元)、广西(11.1 元)、宁夏(17.1 元)、四川(18.9 元)、青海(23.1 元);其中重庆的人均技术市场成交额的年均值最高,西藏的人均技术市场成交额的年均值最低。根据各省市 CV 值的计算结果,可以看出各省市对本区域人均技术市场成交额不平衡程度的影响情况按照由低到高依次是:内蒙古(变异系数为 9.7%,正影响)、陕西(变异系数为 16.6%,正影响)、青海(变异系数为 35.1%,负影响)、新疆(变异系数为 36.9%,正影响)、云南(变异系数为 37.2%,正影响)、四川(变异系数为 39.9%,负影响)、宁夏(变异系数为 44.4%,负影响)、甘肃(变异系数为 45.8%,正影响)、广西(变异系数为 56.6%,负影响)、贵州(变异系数为 72.8%,负影响)、西藏(变异系数为 78.5%,负影响)、重庆(变异系数为 276.0%,正影响)。由此可见,该期间内,重庆、甘肃对西部区域人均技术市场成交额不平衡状况分别有第一大和第二大正影响,西藏、贵州对西部区域人均技术市场成交额不平衡状况有第一大和第二大负影响;与前一期间相比,甘肃取代云南成为第二大正影响力量。

第十一节　区域之间每百万人国外主要
检索工具收录论文数比较

一、区域之间每百万人国外主要检索工具收录论文数比较（如表 6 - 16 和图 6 - 21 所示）

1991～2000 年期间,四大区域中,东北部地区(均值为 21.9 篇)、东部地区(均值为 35.3 篇)的每百万人国外主要检索工具收录论文数的年均值明显高于中部地区(均值为 8.2 篇)和西部地区(均值为 9.0 篇),其中东部地区每百万人国外主要检索工具收录论文数的年均值最高,其次是东北地区,再次是西部地区,中部地区最低。对这四大区域每百万人国外主要检索工具收录论文数变化的平稳性进行考察,西部地区(波动系数为 35.4%)每百万人国外主要检索工具收录论文数变化的平稳性最优,其次是东北地区(波动系数为 40.8%),再次是东部地区(波动系数为 43.2%),中部地区(波动系数为 45.3%)平稳性最低。

2001～2006 年期间,四大区域中,东北地区、东部地区每百万人国外主要检索工具收录论文数的年均值(分别为 71.8 篇、104.7 篇)高于中部地区(28.1 篇)和西部地区(25.3 篇);其中,东部地区每百万人国外主要检索工具收录论文数的年均值最高,其次为东北地区,再次为中部地区,西部地区最低。从四大区域每百万人国外主要检索工具收录论文数变化的平稳性来看,东部地区每百万人国外主要检索工具收录论文数的平稳性最优(波动系数为 64.7%),其次为东北地区(波动系数为 71.6%)、西部地区(波动系数为 71.7%),中部地区平稳性最低(波动系数为 74.5%)。

表 6 - 16　四大区域每百万人国外主要检索工具收录论文数比较

单位:篇

年份	1991～2000			2001～2006		
区域	均值	标准差	波动系数	均值	标准差	波动系数
东北地区	21.9	8.9	40.8%	71.8	51.4	71.6%
东部地区	35.3	15.2	43.2%	104.7	67.8	64.7%

续表

年份	1991～2000			2001～2006		
区域	均值	标准差	波动系数	均值	标准差	波动系数
中部地区	8.2	3.7	45.3%	28.1	20.9	74.5%
西部地区	9.0	3.2	35.4%	25.3	18.2	71.7%

资料来源:作者根据《新中国五十五年统计资料汇编》、《中国统计年鉴》、《中国科技统计年鉴》等资料中的原始数据分析整理、测算和自制而成。

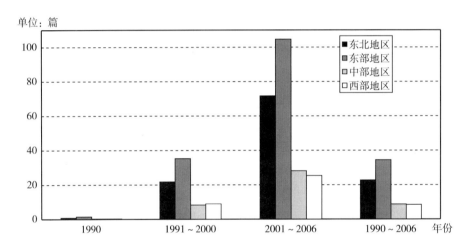

图6-21　四大区域每百万人国外主要检索工具收录论文数比较

资料来源:作者根据《新中国五十五年统计资料汇编》、《中国统计年鉴》、《中国科技统计年鉴》等资料中的原始数据分析整理、测算和自制而成。

二、区域之间每百万人国外主要检索工具收录论文数年环比增长率比较(如表6-17和图6-22所示)

1991～2000年期间,四大区域中,东北地区(均值为15.5%)、中部地区(均值为15.3%)的每百万人国外主要检索工具收录论文数环比增长率的年均值高于东部地区(均值为14.6%)和西部地区(均值为14.0%),即东北地区每百万人国外主要检索工具收录论文数环比增长率的年均值最高,其次是中部地区,东部地区,西部地区最低。对这四个区域每百万人国外主要检索工具收录论文数环比增长率变化的平稳性进行考察,其中中部地区(波动系数为128.1%)平稳性最优,其次是东部地区(波动系数为155.2%),再次是西部地区(波动系数为 181.0%),东北地区(波动系数为 181.8%)平稳性最低。

表6－17 四大区域每百万人国外主要检索工具收录论文数年增长率

单位:%

年份	1991～2000			2001～2006		
区域	均值	标准差	波动系数	均值	标准差	波动系数
东北地区	15.5	28.2	181.8	10.8	56.5	525.0
东部地区	14.6	22.6	155.2	5.6	53.2	948.5
中部地区	15.3	19.6	128.1	11.5	58.0	502.5
西部地区	14.0	25.4	181.0	10.4	56.7	543.8

资料来源:作者根据《新中国五十五年统计资料汇编》、《中国统计年鉴》、《中国科技统计年鉴》等资料中的原始数据分析整理、测算和自制而成。

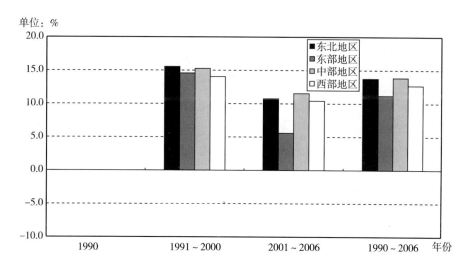

图6－22 四大区域每百万人国外主要检索工具收录论文数年增长比较

资料来源:作者根据《新中国五十五年统计资料汇编》、《中国统计年鉴》、《中国科技统计年鉴》等资料中的原始数据分析整理、测算和自制而成。

2001～2006 年期间,四大区域中,东北地区、中部地区和西部地区每百万人国外主要检索工具收录论文数环比增长率的年均值(分别为 10.8%、11.5% 和 10.4%)高于东部地区(均值为 5.6%),其中中部地区每百万人国外主要检索工具收录论文数环比增长率的年均值最高,其次为东北地区,再次为西部地区,东部地区最低。从四大区域每百万人国外主要检索工具收录论文数环比增长率变化的平稳性来看,中部地区每百万人国外主要检索工具收录论文数环比增长率的平稳性最优(波动系数为 502.5%),其次为东北地区(波动系数为525.0%)、西部地区(波动系数为 543.8%),东部地区(波动系数为 948.5%)平稳性最低。

第十二节　区域内部省际每百万人国外主要检索工具收录论文数比较分析

一、东北地区内部每百万人国外主要检索工具收录论文数变化比较

1991～2000 年期间(如表 6-18 和图 6-23 所示),东北地区每百万人国外主要检索工具收录论文数的年均值为 21.9 篇。本区域 3 省份中,辽宁省和吉林省每百万人国外主要检索工具收录论文数的年均值(分别为 23.0 篇和 32.9 篇)高于本区域整体水平,黑龙江省每百万人国外主要检索工具收录论文数的年均值(13.0 篇)低于本区域整体平均水平。吉林(变异系数为55.3%)、辽宁(变异系数为 14.9%)对东北区域内每百万人国外主要检索工具收录论文数的不平衡分别有第一大和次大正影响,黑龙江(变异系数为43.0%)对东北区域内每百万人国外主要检索工具收录论文数的不平衡有负影响。

2001～2006 年期间(如表 6-18 和图 6-24 所示),东北地区每百万人国外主要检索工具收录论文数的年均值为 71.8 篇。本区域 3 省份中,辽宁省和吉林省每百万人国外主要检索工具收录论文数的年均值(分别为 78.2 篇和 78.9 篇)高于本区域整体水平,黑龙江省每百万人国外主要检索工具收录论文数的年均值(59.6 篇)低于本区域整体平均水平。吉林(变异系数为9.2%)、辽宁(变异系数为 8.3%)对东北区域内每百万人国外主要检索工具收录论文数的不平衡分别有第一大和次大正影响,黑龙江(变异系数为14.7%)对东北区域内每百万人国外主要检索工具收录论文数的不平衡有负影响;与前一时期比较,吉林、辽宁对东北区域内每百万人国外主要检索工具

收录论文数的不平衡仍然分别是第一大和次大的正影响力量,黑龙江仍然是
负影响力量。

表6－18　区域内部省际每百万人国外主要检索工具收录论文数差别情况

单位:篇

地区	省份	1991~2000			2001~2006		
		均值	标准差	变异系数	均值	标准差	变异系数
东北地区	辽　宁	23.0	3.3	14.9%	78.2	5.9	8.3%
	吉　林	32.9	12.1	55.3%	78.9	6.6	9.2%
	黑龙江	13.0	9.4	43.0%	59.6	10.5	14.7%
	东北地区	21.9	0.0	0.0%	71.8	0.0	0.0%
东部地区	北　京	535.4	536.5	1521.2%	1264.5	1018.1	972.7%
	天　津	74.7	42.9	121.6%	261.6	145.8	139.3%
	河　北	3.4	34.3	97.3%	14.2	81.0	77.3%
	上　海	210.4	187.9	532.7%	603.8	436.2	416.7%
	江　苏	25.8	11.6	33.0%	71.6	28.8	27.5%
	浙　江	18.4	17.8	50.6%	81.4	20.2	19.3%
	福　建	10.1	27.1	76.8%	34.6	63.4	60.5%
	山　东	7.1	30.2	85.6%	28.3	68.1	65.1%
	广　东	10.3	26.8	76.0%	32.1	65.1	62.2%
	海　南	0.8	37.2	105.5%	2.6	91.7	87.6%
	东部地区	35.3	0.0	0.0%	104.7	0.0	0.0%
中部地区	山　西	5.9	2.5	30.9%	24.3	4.4	15.6%
	安　徽	13.2	5.4	65.9%	37.5	8.4	29.7%
	江　西	1.5	7.4	89.5%	4.9	21.5	76.4%
	河　南	2.4	6.3	76.0%	6.8	19.8	70.4%
	湖　北	18.3	11.0	133.8%	67.8	38.5	136.7%
	湖　南	8.2	0.6	6.9%	31.8	3.5	12.3%
	中部地区	8.2	0.0	0.0%	28.1	0.0	0.0%

续表

地区	省份	1991~2000			2001~2006		
		均值	标准差	变异系数	均值	标准差	变异系数
西部地区	重 庆	4.3	4.9	54.8%	29.3	5.8	23.0%
	四 川	11.3	2.4	26.9%	28.5	3.8	15.0%
	贵 州	1.0	8.4	93.3%	3.5	20.4	80.4%
	云 南	4.3	4.9	54.6%	10.7	14.5	57.1%
	西 藏	0.5	9.1	100.8%	0.4	23.1	91.3%
	陕 西	33.4	25.8	286.7%	97.7	66.1	260.9%
	甘 肃	20.6	12.3	136.3%	49.0	21.3	83.9%
	青 海	2.3	7.5	82.8%	5.5	18.2	71.8%
	宁 夏	1.4	8.1	89.5%	3.0	20.9	82.4%
	新 疆	2.8	6.6	73.7%	6.0	17.8	70.1%
	内蒙古	1.8	7.7	85.3%	3.7	20.0	78.8%
	广 西	1.3	8.1	90.3%	4.5	19.1	75.2%
	西部地区	9.0	0.0	0.0%	25.3	0.0	0.0%

资料来源:作者根据《新中国五十五年统计资料汇编》、《中国统计年鉴》、《中国科技统计年鉴》等资料中的原始数据分析整理、测算和自制而成。

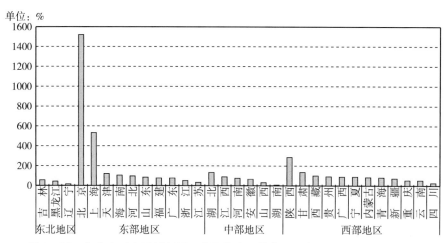

图6-23 各省市对本区域每百万人国外主要检索工具收录论文数不平衡性的
影响力比较(1991~2000年)

资料来源:作者根据《新中国五十五年统计资料汇编》、《中国统计年鉴》、《中国科技统计年鉴》等资料中的原始数据分析整理、测算和自制而成。

单位：%

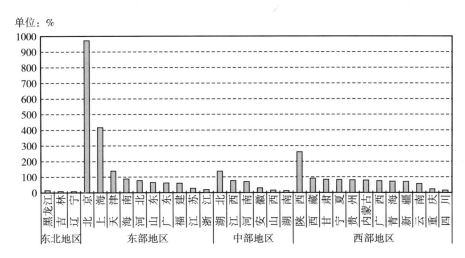

图6－24　各省市对本区域每百万人国外主要检索工具收录论文数不平衡性的
影响力比较(2001～2006 年)

资料来源:作者根据《新中国五十五年统计资料汇编》、《中国统计年鉴》、《中国科技统计年鉴》等资料中
的原始数据分析整理、测算和自制而成。

二、东部地区内部每百万人国外主要检索工具收录论文数变化比较

1991～2000 年期间(如表6－18 和图6－23 所示),东部地区每百万人国外主要检索工具收录论文数的年均值为35.3 篇。本区域10 个省市中有3 个省市每百万人国外主要检索工具收录论文数的年均值高于该地区的整体年均水平,分别为北京(535.4 篇)、天津(74.7 篇)、上海(210.4 篇);有7 个省每百万人国外主要检索工具收录论文数的年均值低于该地区的整体年均水平,分别是河北(3.4 篇)、江苏(25.8 篇)、浙江(18.4 篇)、福建(10.1 篇)、山东(7.1篇)、广东(10.3 篇)、海南(0.8 篇);其中,北京的每百万人国外主要检索工具收录论文数的年均值最高,海南的每百万人国外主要检索工具收录论文数的年均值最低。根据各省市 CV 值的计算结果,可以看出各省市对本区域每百万人国外主要检索工具收录论文数不平衡程度的影响情况,按照由低到高依次是:江苏(变异系数为33.0%,负影响)、浙江(变异系数为50.6%,负影响)、广东(变异系数为76.0%,负影响)、福建(变异系数为76.8%,负影响)、山东(变异系数为85.6%,负影响)、河北(变异系数为97.3%,负影响)、海南(变异系数为105.5%,负影响)、天津(变异系数为121.6%,正影响)、上海(变异系数为

532.7%,正影响)、北京(变异系数为1521.2%,正影响)。由此可见,该期间内,北京、上海对东部区域每百万人国外主要检索工具收录论文数不平衡状况分别有第一大和第二大正影响,海南、河北对东部区域每百万人国外主要检索工具收录论文数不平衡状况分别有第一大和第二大负影响。

　　2001~2006年期间(如表6-18和图6-24所示),东部地区每百万人国外主要检索工具收录论文数的年均值为104.7篇。本区域10个省市中有3个省市每百万人国外主要检索工具收录论文数的年均值高于该地区的整体年均水平,分别为北京(1264.5篇)、天津(261.6篇)、上海(603.8篇);有7个省每百万人国外主要检索工具收录论文数的年均值低于该地区的整体年均水平,分别是河北(14.2篇)、江苏(71.6篇)、浙江(81.4篇)、福建(34.6篇)、山东(28.3篇)、广东(32.1篇)、海南(2.6篇);其中北京的每百万人国外主要检索工具收录论文数的年均值最高,海南的每百万人国外主要检索工具收录论文数的年均值最低。根据各省市CV值的计算结果,可以看出各省市对本区域每百万人国外主要检索工具收录论文数不平衡程度的影响情况,按照由低到高依次是:浙江(变异系数为19.3%,正影响)、江苏(变异系数为27.5%,负影响)、福建(变异系数为60.5%,负影响)、广东(变异系数为62.2%,负影响)、山东(变异系数为65.1%,负影响)、河北(变异系数为77.3%,负影响)、海南(变异系数为87.6%,负影响)、天津(变异系数为139.3%,正影响)、上海(变异系数为416.7%,正影响)、北京(变异系数为972.7%,正影响)。由此可见,该期间内,北京、上海对东部区域每百万人国外主要检索工具收录论文数不平衡状况有第一大和第二大正影响,海南、河北对东部区域每百万人国外主要检索工具收录论文数不平衡状况有第一大和第二大负影响;与前一期间相比,北京、上海对东部区域每百万人国外主要检索工具收录论文数不平衡状况仍然是前两大正影响力量,海南、河北仍然是前两大负影响力量。

三、中部地区内部每百万人国外主要检索工具收录论文数变化比较

　　1991~2000年期间(如表6-18和图6-23所示),中部地区每百万人国外主要检索工具收录论文数的年均值为8.2篇。本区域6个省中有3个省每百万人国外主要检索工具收录论文数的年均值高于或等同于该地区的整体年均水平,分别为安徽(13.2篇)、湖北(18.3篇)、湖南(8.2篇);有3个省每百

万人国外主要检索工具收录论文数的年均值低于该地区的整体年均水平,分别是山西(5.9篇)、江西(1.5篇)、河南(2.4篇);其中湖北的每百万人国外主要检索工具收录论文数的年均值最高,江西的每百万人国外主要检索工具收录论文数的年均值最低。根据各省市 CV 值的计算结果,可以看出各省对本区域每百万人国外主要检索工具收录论文数不平衡程度的影响情况,按照由低到高依次是:湖南(变异系数为 6.9%,正影响)、山西(变异系数为30.9%,负影响)、安徽(变异系数为 65.9%,正影响)、河南(变异系数为76.0%,负影响)、江西(变异系数为 89.5%,负影响)、湖北(变异系数为133.8%,正影响)。由此可见,该期间内,湖北、安徽对中部区域每百万人国外主要检索工具收录论文数不平衡状况分别有第一大和第二大正影响,江西、河南对中部区域每百万人国外主要检索工具收录论文数不平衡状况分别有第一大和第二大负影响。

2001~2006 年期间(如表 6 - 18 和图 6 - 24 所示),中部地区每百万人国外主要检索工具收录论文数的年均值为28.1篇。本区域6个省中有3个省每百万人国外主要检索工具收录论文数的年均值高于该地区的整体年均水平,分别为安徽(37.5 篇)、湖北(67.8 篇)、湖南(31.8 篇);有 3 个省每百万人国外主要检索工具收录论文数的年均值低于该地区的整体年均水平,分别是山西(24.3 篇)、江西(4.9 篇)、河南(6.8 篇);其中湖北的每百万人国外主要检索工具收录论文数的年均值最高,江西的每百万人国外主要检索工具收录论文数的年均值最低。根据各省 CV 值的计算结果,可以看出各省对本区域每百万人国外主要检索工具收录论文数不平衡程度的影响情况,按照由低到高依次是:湖南(变异系数为12.3%,正影响)、山西(变异系数为 15.6%,负影响)、安徽(变异系数为29.7%,正影响)、河南(变异系数为70.4%,负影响)、江西(变异系数为76.4%,负影响)、湖北(变异系数为136.7%,正影响)。由此可见,该期间内,湖北、安徽对中部区域每百万人国外主要检索工具收录论文数不平衡状况分别有第一大和第二大正影响,江西、河南对中部区域每百万人国外主要检索工具收录论文数不平衡状况分别有第一大和第二大负影响;与前一期间相比,湖北、安徽对中部区域每百万人国外主要检索工具收录论文数不平衡状况仍然是前两大正影响力量,江西、河南仍然是前两大负影响力量。

四、西部地区内部每百万人国外主要检索工具收录论文数变化比较

1991～2000 年期间(如表 6 - 18 和图 6 - 23 所示),西部地区每百万人国外主要检索工具收录论文数的年均值为 9.0 篇。本区域 12 个省市中有 3 个省每百万人国外主要检索工具收录论文数的年均值高于该地区的整体年均水平,分别为四川(11.3 篇)、陕西(33.4 篇)、甘肃(20.6 篇);有 9 个省市每百万人国外主要检索工具收录论文数的年均值低于该地区的整体年均水平,分别是重庆(4.3 篇)、贵州(1.0 篇)、云南(4.3 篇)、西藏(0.5 篇)、青海(2.3 篇)、宁夏(1.4 篇)、新疆(2.8 篇)、内蒙古(1.8 篇)、广西(1.3 篇);其中陕西的每百万人国外主要检索工具收录论文数的年均值最高,西藏的每百万人国外主要检索工具收录论文数的年均值最低。根据各省市 CV 值的计算结果,可以看出各省市对本区域每百万人国外主要检索工具收录论文数不平衡程度的影响情况,按照由低到高依次是:四川(变异系数为 26.9%,正影响)、云南(变异系数为 54.6%,负影响)、重庆(变异系数为 54.8%,负影响)、新疆(变异系数为 73.7%,正影响)、青海(变异系数为 82.8%,负影响)、内蒙古(变异系数为 85.3%,负影响)、宁夏(变异系数为 89.5%,负影响)、广西(变异系数为 90.3%,负影响)、贵州(变异系数为 93.3%,负影响)、西藏(变异系数为 100.8%,负影响)、甘肃(变异系数为 136.3%,正影响)、陕西(变异系数为 286.7%,正影响)。由此可见,该期间内,陕西、甘肃对西部区域每百万人国外主要检索工具收录论文数不平衡状况分别有第一大和第二大正影响,西藏、贵州对西部区域每百万人国外主要检索工具收录论文数不平衡状况分别有第一大和第二大负影响。

2001～2006 年期间(如表 6 - 18 和图 6 - 24 所示),西部地区每百万人国外主要检索工具收录论文数的年均值为 25.3 篇。本区域 12 个省市中有 4 个省市每百万人国外主要检索工具收录论文数的年均值高于该地区的整体年均水平,分别为重庆(29.3 篇)、四川(28.5 篇)、陕西(97.7 篇)、甘肃(49.0 篇);有 8 个省每百万人国外主要检索工具收录论文数的年均值低于该地区的整体年均水平,分别是贵州(3.5 篇)、云南(10.7 篇)、西藏(0.4 篇)、青海(5.5 篇)、宁夏(3.0 篇)、新疆(6.0 篇)、内蒙古(3.7 篇)、广西(4.5 篇);其中陕西的每百万人国外主要检索工具收录论文数的年均值最高,西藏的每百万人国外主要检索工具收录论文数的年均值最低。根据各省市 CV 值的计算结果,可以看出各省市对本区域每百万人国外主要检索工具收录论文数不平衡程度的影响情况,按照由低到高依次是:四川(变异系数为 15.0%,正影响)、重庆(变异系数为 23.0%,正影响)、云南(变异系数为 57.1%,负影响)、新疆(变异系数为 70.1%,负影响)、青海(变异系数为 71.8%,负影响)、广西(变异系数为 75.2%,负影响)、内蒙古(变异系数为 78.8%,负影响)、贵州(变异系数为 80.4%,负影响)、宁夏(变异系数为 82.4%,负影响)、甘肃(变异系数为 83.9%,正影响)、西藏(变异系数为 91.3%,负影响)、陕西(变异系数为 260.9%,正影响)。由此可见,该期间内,陕西、甘肃对西部区域每百万人国外主要检索工具收录论文数不平衡状况分别有第一大和第二大正影响,西藏、宁夏对西部区域每百万人国外主要检索工具收录论文数不平衡状况分别有第一大和第二大负影响;与前一期间相比,陕西、甘肃仍然为前两大正影响力量,宁夏取代贵州成为第二大负影响力量。

第十三节　区域之间每百万人专利授权量比较

一、区域之间每百万人专利授权量比较(如表 6-19 和图 6-25 所示)

1991~2000 年期间,四大区域中,东北地区(均值为 55.0 项)、东部地区(均值为 68.1 项)的每百万人专利授权量的年均值明显高于中部地区(均值为 19.3 项)和西部地区(均值为 19.8 项)。对这四大区域每百万人专利授权量变化的平稳性进行考察,总体看来四大区域的平稳性较好,其中东北地区(波动系数为 33.8%)平稳性最优,其次是西部地区(波动系数为 37.0%)、中部地区(波动系数为 38.4%),东部地区(波动系数为 49.5%)平稳性最低。

2001~2006 年期间,四大区域中,东部地区(均值为 220.7 项)每百万人专利授权量的年均值明显高于东北地区(均值为 95.0 项)、西部地区(均值为 42.0 项)和中部地区(均值为 39.5 项),其中东部地区每百万人专利授权量最高,其次为东北部地区,再次为西部地区,中部地区最低。从四大区域每百万人专利授权量变化的平稳性来看,东北地区每百万人专利授权量变化的平稳性最优(波动系数为 19.6%),其次为西部地区(波动系数为 26.1%)、中部地区(波动系数为 28.3%),东部地区平稳性最低(波动系数为 30.1%)。

表 6 - 19　四大区域每百万人专利授权量比较

单位:项

年份	1991～2000			2001～2006		
区域	均值	标准差	波动系数	均值	标准差	波动系数
东北地区	55.0	18.6	33.8%	95.0	18.6	19.6%
东部地区	68.1	33.7	49.5%	220.7	66.4	30.1%
中部地区	19.3	7.4	38.4%	39.5	11.2	28.3%
西部地区	19.8	7.3	37.0%	42.0	11.0	26.1%

资料来源:作者根据《新中国五十五年统计资料汇编》、《中国统计年鉴》、《中国科技统计年鉴》等资料中的原始数据分析整理、测算和自制而成。

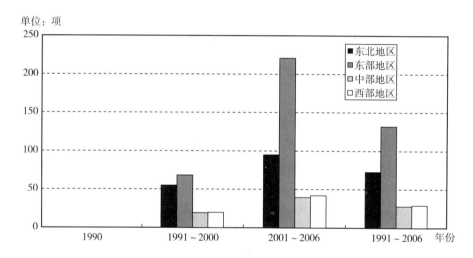

图 6 - 25　四大区域每百万人专利授权量比较

资料来源:作者根据《新中国五十五年统计资料汇编》、《中国统计年鉴》、《中国科技统计年鉴》等资料中的原始数据分析整理、测算和自制而成。

二、区域之间每百万人专利授权量年环比增长率比较(如表 6 - 20 和图 6 - 26 所示)

1991～2000 年期间,四大区域中,东部地区(均值为 22.9%)每百万人专利授权量环比增长率的年均值高于东北地区(均值为 16.2%)、中部地区(均值为

18.4%)和西部地区(均值为18.6%);其中东部地区每百万人专利授权量环比增长率的年均值最高,其次为西部地区、中部地区,东北地区均值最低。从四大区域每百万人专利授权量环比增长率变化的平稳性来看,东部地区每百万人专利授权量环比增长率变化的平稳性最优(波动系数为153.2%),其次为中部地区(波动系数为207.6%),再次为西部地区(波动系数为210.1%),东北地区平稳性最低(波动系数为221.7%)。

表6－20　四大区域每百万人专利授权量年增长率比较

单位:%

年份	1991~2000			2001~2006		
区域	均值	标准差	波动系数	均值	标准差	波动系数
东北地区	16.2	36.0	221.7	7.6	12.6	165.6
东部地区	22.9	35.1	153.2	17.8	15.3	86.2
中部地区	18.4	38.2	207.6	12.0	14.3	118.8
西部地区	18.6	39.0	210.1	12.4	14.0	112.7

资料来源:作者根据《新中国五十五年统计资料汇编》、《中国统计年鉴》、《中国科技统计年鉴》等资料中的原始数据分析整理、测算和自制而成。

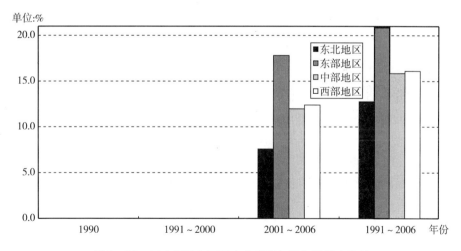

图6－26　四大区域每百万人专利授权量年增长率比较

资料来源:作者根据《新中国五十五年统计资料汇编》、《中国统计年鉴》、《中国科技统计年鉴》等资料中的原始数据分析整理、测算和自制而成。

　　2001~2006年期间,四大区域中,东部地区(均值为17.8%)每百万人专利授权量环比增长率的年均值高于东北地区(均值为7.6%)、中部地区(均值为12.0%)和西部地区(均值为12.4%);其中东部地区每百万人专利授权量环比增长率的年均值最高,其次为西部地区、中部地区,东北地区均值最低。从四大区域每百万人专利授权量环比增长率变化的平稳性来看,东部地区每百万人专利授权量环比增长率变化的平稳性最优(波动系数为86.2%),其次为西部地区(波动系数为112.7%),再次为中部地区(波动系数为118.8%),东北地区平稳性最低(波动系数为165.6%)。

第十四节　区域内部省际每百万人专利授权量比较分析

一、东北地区内部每百万人专利授权量变化比较

　　1991~2000年期间(如表6-21和图6-27所示),东北地区每百万人专利授权量的年均值为55.0项。本区域3省份中,辽宁每百万人专利授权量的年均值(为77.9项)高于本区域整体水平,吉林和黑龙江每百万人专利授权量的年均值(分别为39.0项、40.6项)低于本区域整体平均水平。辽宁(变异系数为43.6%)对东北区域内每百万人专利授权量的不平衡有正影响,吉林(变异系数为30.3%)、黑龙江(变异系数为27.7%)对东北区域内每百万人专利授权量的不平衡分别有第一大和次大负影响。

　　2001~2006年期间(如表6-21和图6-28所示),东北地区每百万人专利授权量的年均值为95.0项。本区域3省份中,辽宁每百万人专利授权量的年均值(134.2项)高于本区域整体水平,吉林和黑龙江每百万人专利授权量的年均值(分别为68.8项、70.2项)低于本区域整体平均水平。辽宁(变异系数为32.3%)对东北区域内每百万人专利授权量的不平衡有正影响,吉林(变异系数为22.2%)、黑龙江(变异系数为20.3%)对东北区域内每百万人专利授权量的不平衡分别有第一大和次大负影响;与前一时期比较,辽宁对东北区域内每百万人专利授权量的不平衡仍然是正影响力量,黑龙江、吉林仍然是负影响力量。

表6-21 区域内部省际每百万人专利授权量差别情况

单位:项

地区	省份	1991~2000 年			2001~2006 年		
		均值	标准差	变异系数	均值	标准差	变异系数
东北地区	辽 宁	77.9	23.9	43.6%	134.2	30.7	32.3%
	吉 林	39.0	167	30.3%	68.8	21.1	22.2%
	黑龙江	40.6	15.2	27.7%	70.2	19.3	20.3%
	东北地区	55.0	0.0	0.0%	95.0	0.0	0.0%
东部地区	北 京	343.6	285.6	419.3%	572.5	274.6	124.4%
	天 津	12.60	62.8	92.1%	270.8	39.5	17.9%
	河 北	28.8	45.7	67.0%	51.1	138.3	62.6%
	上 海	159.4	100.2	147.1%	759.7	457.5	207.2%
	江 苏	47.8	23.2	34.0%	151.7	54.4	24.6%
	浙 江	77.5	17.3	25.3%	341.3	114.1	51.7%
	福 建	43.0	27.0	39.7%	137.8	69.7	31.6%
	山 东	41.3	30.0	44.0%	108.0	90.5	41.0%
	广 东	96.8	44.3	65.0%	365.6	113.6	51.5%
	海 南	20.7	51.0	74.8%	31.7	154.2	69.9%
	东部地区	68.1	0.0	0.0%	220.7	0.0	0.0%
中部地区	山 西	20.5	2.2	11.3%	35.0	6.1	15.4%
	安 徽	12.9	6.5	33.9%	27.4	10.2	25.8%
	江 西	15.9	3.9	20.1%	28.7	9.8	24.7%
	河 南	16.7	3.1	16.1%	35.8	3.0	7.7%
	湖 北	22.0	3.2	16.7%	54.5	12.7	32.2%
	湖 南	28.1	9.6	49.8%	52.5	11.7	29.7%
	中部地区	19.3	0.0	0.0%	39.5	0.0	0.0%

续表

地区	省份	1991~2000 年			2001~2006 年		
		均值	标准差	变异系数	均值	标准差	变异系数
西部地区	重 庆	15.9	7.0	35.5%	104.5	54.9	130.6%
	四 川	24.8	5.4	27.2%	53.7	10.4	24.8%
	贵 州	9.7	10.6	53.6%	21.8	15.9	38.0%
	云 南	16.9	4.0	20.2%	30.2	10.9	25.9%
	西 藏	2.5	18.1	91.4%	11.8	23.5	56.1%
	陕 西	33.4	15.1	76.0%	48.9	5.7	13.5%
	甘 肃	13.7	7.0	35.1%	21.0	16.8	40.1%
	青 海	15.0	5.6	28.5%	16.3	21.5	51.2%
	宁 夏	23.5	5.6	28.0%	45.1	8.9	21.2%
	新 疆	24.4	6.9	34.7%	42.7	3.1	7.5%
	内蒙古	18.6	2.8	13.9%	34.2	7.8	18.6%
	广 西	16.5	4.0	20.1%	25.9	13.8	32.8%
	西部地区	19.8	0.0	0.0%	42.0	0.0	0.0%

资料来源:作者根据《新中国五十五年统计资料汇编》、《中国统计年鉴》、《中国科技统计年鉴》等资料中的原始数据分析整理、测算和自制而成。

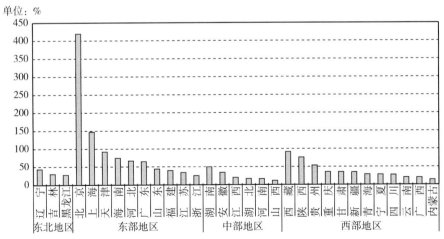

单位:%

图6-27 各省市对本区域每百万人专利授权量不平衡性的影响力比较(1991~2000 年)

资料来源:作者根据《新中国五十五年统计资料汇编》、《中国统计年鉴》、《中国科技统计年鉴》等资料中的原始数据分析整理、测算和自制而成。

单位：%

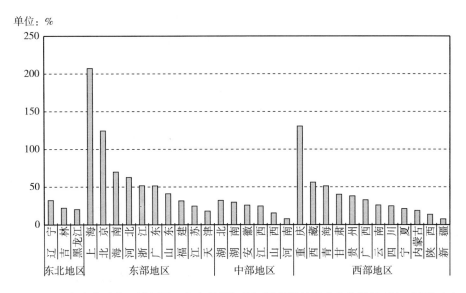

图6-28　各省市对本区域每百万人专利授权量不平衡性的影响力比较(2001~2006年)

资料来源：作者根据《新中国五十五年统计资料汇编》、《中国统计年鉴》、《中国科技统计年鉴》等资料中的原始数据分析整理、测算和自制而成。

二、东部地区内部每百万人专利授权量变化比较

1991~2000年期间(如表6-21和图6-27所示)，东部地区每百万人专利授权量的年均值为68.1项。本区域10个省市中有5个省市每百万人专利授权量的年均值高于该地区的整体年均水平,分别为北京(343.6项)、天津(126.0项)、上海(159.4项)、浙江(77.5项)、广东(96.8项);有5个省每百万人专利授权量的年均值低于该地区的整体年均水平,分别是河北(28.8项)、江苏(47.8项)、福建(43.0项)、山东(41.3项)、海南(20.7项);其中北京的每百万人专利授权量的年均值最高,海南的每百万人专利授权量的年均值最低。根据各省市CV值的计算结果,可以看出各省市对本区域每百万人专利授权量不平衡程度的影响情况,按照由低到高依次是:浙江(变异系数为25.3%,正影响)、江苏(变异系数为34.0%,负影响)、福建(变异系数为39.7%,负影响)、山东(变异系数为44.0%,负影响)、广东(变异系数为65.0%,正影响)、河北(变异系数为67.0%,负影响)、海南(变异系数为74.8%,负影响)、天津(变异系数为92.1%,正影响)、上海(变异系数为147.1%,正影响)、北京(变异系数为419.3%,正影响)。由此可见,该期间内,北京、上海对东部区域每百万人专

利授权量不平衡状况分别有第一大和第二大正影响,海南、河北对东部区域每百万人专利授权量不平衡状况有第一大和第二大负影响。

2001~2006年期间(如表6-21和图6-28所示),东部地区每百万人专利授权量的年均值为220.7项。本区域10个省市中有5个省市每百万人专利授权量的年均值高于该地区的整体年均水平,分别为北京(572.3项)、天津(270.8项)、上海(759.7项)、浙江(341.3项)、广东(365.6项);有5个省每百万人专利授权量的年均值高于该地区的整体年均水平,分别是河北(51.1项)、江苏(151.7项)、福建(137.8项)、山东(108.0项)、海南(31.7项);其中上海的每百万人专利授权量的年均值最高,海南的每百万人专利授权量的年均值最低。根据各省市CV值的计算结果,可以看出各省市对本区域每百万人专利授权量不平衡程度的影响情况,按照由低到高依次是:天津(变异系数为17.9%,正影响)、江苏(变异系数为24.6%,负影响)、福建(变异系数为31.6%,负影响)、山东(变异系数为41.0%,负影响)、广东(变异系数为51.5%,正影响)、浙江(变异系数为51.7%,正影响)、河北(变异系数为62.6%,负影响)、海南(变异系数为69.9%,负影响)、北京(变异系数为124.4%,正影响)、上海(变异系数为207.2%,正影响)。由此可见,该期间内,上海、北京对东部区域每百万人专利授权量不平衡状况分别有第一大和第二大正影响,海南、河北对东部区域每百万人专利授权量不平衡状况有第一大和第二大负影响;与前一期间相比,上海超越北京成为第一大正影响力量,海南、河北仍然为前两大负影响力量。

三、中部地区内部每百万人专利授权量变化比较

1991~2000年期间(如表6-21和图6-27所示),中部地区每百万人专利授权量的年均值为19.3项。本区域6个省中有3个省每百万人专利授权量的年均值高于该地区的整体年均水平,分别为山西(20.5项)、湖北(22.0项)、湖南(28.1项);有3个省每百万人专利授权量的年均值低于该地区的整体年均水平,分别是安徽(12.9项)、江西(15.9项)、河南(16.7项);其中湖南的每百万人专利授权量的年均值最高,安徽的每百万人专利授权量的年均值最低。根据各省CV值的计算结果,可以看出各省对本区域每百万人专利授权量不平衡程度的影响情况,按照由低到高依次是:山西(变异系数为11.3%,正影响)、

河南(变异系数为 16.1% ,负影响)、湖北(变异系数为 16.8% ,正影响)、江西(变异系数为 20.1% ,负影响)、安徽(变异系数为 33.9% ,负影响)、湖南(变异系数为 49.8% ,正影响)。由此可见,该期间内,湖南、湖北对中部区域每百万人专利授权量不平衡状况分别有第一大和第二大正影响,安徽、江西对中部区域每百万人专利授权量不平衡状况分别有第一大和第二大负影响。

2001～2006 年期间(如表 6 - 21 和图 6 - 28 所示),中部地区每百万人专利授权量的年均值为 39.5 项。本区域 6 个省中有两个省每百万人专利授权量的年均值高于该地区的整体年均水平,分别为湖北(54.5 项)、湖南(52.5 项);有 4 个省每百万人专利授权量的年均值低于该地区的整体年均水平,分别是山西(35.0 项)、安徽(27.4 项)、江西(28.7 项)、河南(35.8 项);其中湖北的每百万人专利授权量的年均值最高,安徽的每百万人专利授权量的年均值最低。根据各省 CV 值的计算结果,可以看出各省对本区域每百万人专利授权量不平衡程度的影响情况,按照由低到高依次是:河南(变异系数为 7.7% ,负影响)、山西(变异系数为 15.4% ,负影响)、江西(变异系数为 24.7% ,负影响)、安徽(变异系数为 25.8% ,负影响)、湖南(变异系数为 29.7% ,正影响)、湖北(变异系数为 32.2% ,正影响)。由此可见,该期间内,湖北、湖南对中部区域每百万人专利授权量不平衡状况分别有第一大和第二大正影响,安徽、江西对中部区域每百万人专利授权量不平衡状况分别有第一大和第二大负影响。与前一期间相比,湖北超越湖南成为第一大正影响力量,第一大和第二大负影响力量仍然是安徽和江西。

四、西部地区内部每百万人专利授权量变化比较

1991～2000 年期间(如表 6 - 21 和图 6 - 27 所示),西部地区每百万人专利授权量的年均值为 19.8 项。本区域 12 个省市中有 4 个省每百万人专利授权量的年均值高于该地区的整体年均水平,分别为四川(24.8 项)、陕西(33.4 项)、宁夏(23.5 项)、新疆(24.4 项);有 8 个省市每百万人专利授权量的年均值低于该地区的整体年均水平,分别是重庆(15.9 项)、贵州(9.7 项)、云南(16.9 项)、西藏(2.5 项)、甘肃(13.7 项)、青海(15.0 项)、内蒙古(18.6 项)、广西(16.5 项);其中陕西的每百万人专利授权量的年均值最高,西藏的每百万人专利授权量的年均值最低。根据各省市 CV 值的计算结果,可以看出各省市

对本区域每百万人专利授权量不平衡程度的影响情况,按照由低到高依次是:内蒙古(变异系数为 13.9% ,负影响)、广西(变异系数为 20.1% ,负影响)、云南(变异系数为 20.2% ,负影响)、四川(变异系数为 27.2% ,正影响)、宁夏(变异系数为 28.0% ,正影响)、青海(变异系数为 28.5% ,负影响)、新疆(变异系数为 34.7% ,正影响)、甘肃(变异系数为 35.1% ,负影响)、重庆(变异系数为 35.5% ,负影响)、贵州(变异系数为 53.6% ,负影响)、陕西(变异系数为 76.0% ,正影响)、西藏(变异系数为 91.4% ,负影响)。由此可见,该期间内,陕西、新疆对西部区域每百万人专利授权量不平衡状况分别有第一大和第二大正影响,西藏、贵州对西部区域每百万人专利授权量不平衡状况分别有第一大和第二大负影响。

2001～2006 年期间(如表 6 - 21 和图 6 - 28 所示),西部地区每百万人专利授权量的年均值为 42.0 项。本区域 12 个省市中有 5 个省市每百万人专利授权量的年均值高于该地区的整体年均水平,分别为重庆(104.5 项)、四川(53.7 项)、陕西(48.9 项)、宁夏(45.1 项)、新疆(42.7 项);有 7 个省市每百万人专利授权量的年均值低于该地区的整体年均水平,分别是贵州(21.8 项)、云南(30.2 项)、西藏(11.8 项)、甘肃(21.0 项)、青海(16.3 项)、内蒙古(34.2 项)、广西(25.9 项);其中重庆的每百万人专利授权量的年均值最高,西藏的每百万人专利授权量的年均值最低。根据各省市 CV 值的计算结果,可以看出各省市对本区域每百万人专利授权量不平衡程度的影响情况,按照由低到高依次是:新疆(变异系数为 7.5% ,正影响)、陕西(变异系数为 13.5% ,正影响)、内蒙古(变异系数为 18.6% ,负影响)、宁夏(变异系数为 21.2% ,正影响)、四川(变异系数为 24.8% ,正影响)、云南(变异系数为 25.9% ,负影响)、广西(变异系数为 32.8% ,负影响)、贵州(变异系数为 38.0% ,负影响)、甘肃(变异系数为 40.1% ,负影响)、青海(变异系数为 51.2% ,负影响)、西藏(变异系数为 56.1% ,负影响)、重庆(变异系数为 130.6% ,正影响)。由此可见,该期间内,重庆、四川对西部区域每百万人专利授权量不平衡状况分别有第一大和第二大正影响,西藏、青海对西部区域每百万人专利授权量不平衡状况分别有第一大和第二大负影响。与前一期间相比,重庆、四川取代陕西、新疆成为第一大和第二大正影响力量,青海取代贵州成为第二大负影响力量。

第十五节　本章小结

第一节研究分析了四大区域之间科研人员占总人口比例差别情况。

关于区域之间科研人员占总人口比例变化的差别。1991～2000年期间，东北地区的科研人员占总人口比例（均值为0.31%）最高，紧随其后的是东部地区（均值为0.30%），其次是西部地区（均值为0.20%），最低的是中部地区（均值为0.17%）。2001～2006年期间，东部地区的科研人员占总人口比例（0.58%）最高，其次是东北地区（0.47%），再次是中部地区（0.27%），西部地区科研人员占总人口比例的年均值（0.26%）最低。

关于区域之间科研人员占总人口比例环比增长率的差别。1991～2000年期间，东部地区科研人员占总人口比例环比增长率的年均值最高（16.8%），其次是中部地区（14.9%），紧随其后的是西部地区（11.3%），科研人员占总人口比例环比增长率最低的是东北地区（11.0%）。2001～2006年期间，四大区域的科研人员占总人口比例环比增长率的年均值均为负值，其中东部地区科研人员占总人口比例环比增长率的年均值（-2.1%）要稍好于中部地区（-4.9%）、东北地区（-6.0%）和西部地区（-7.3%）。

第二节研究分析了区域内部省际科研人员占总人口比例的差别情况。

东北区域内部：1991～2000年期间，辽宁（变异系数为44.9%）对东北区域内科研人员占总人口比例的不平衡有正影响，吉林（变异系数为46.1%）、黑龙江（变异系数为23.7%）对东北区域内科研人员占总人口比例的不平衡分别有第一大和次大负影响。2001～2006年期间，辽宁（变异系数为24.4%）对东北区域内科研人员占总人口比例的不平衡有正影响，吉林（变异系数为17.8%）、黑龙江（变异系数为14.8%）对东北区域内科研人员占总人口比例的不平衡分别有第一大和次大负影响。

东部区域内部：1991～2000年期间，北京、上海对东部区域科研人员占总人口比例不平衡状况有第一大和第二大正影响，海南、福建对东部区域科研人员占总人口比例不平衡状况有第一大和第二大负影响。2001～2006年期间，北京、上海对东部区域科研人员占总人口比例不平衡状况有第一大和第二大正影响，海南、河北对东部区域科研人员占总人口比例不平衡状况有第一大和第

二大负影响;与前一期间相比,北京、上海仍是对东部区域科研人口比例不平衡
状况的前两大正影响力量,而河北取代福建成为第二大负影响力量。

中部区域内部:1991～2000年期间,湖北、山西对中部区域科研人员占总
人口比例不平衡状况分别有第一大和第二大正影响,江西、安徽对中部区域科
研人员占总人口比例不平衡状况分别有第一大和第二大负影响。2001～2006
年期间,湖北、山西对中部区域科研人员占总人口比例不平衡状况有第一大和
第二大正影响,安徽、江西对中部区域科研人员占总人口比例不平衡状况有第
一大和第二大负影响;与前一期间相比,安徽与江西互换位置,分别成为了这一
时期的第一大和第二大负影响力量。

西部区域内部:1991～2000年期间,陕西、青海对西部区域科研人员占总
人口比例不平衡状况分别有第一大和第二大正影响,西藏、云南对西部区域科
研人员占总人口比例不平衡状况分别有第一大和第二大负影响。2001～2006
年期间,陕西、重庆对西部区域科研人员占总人口比例不平衡状况分别有第一
大和第二大正影响,西藏、贵州对西部区域科研人员占总人口比例不平衡状况
分别有第一大和第二大负影响;与前一期间相比,重庆、宁夏成为了正影响力
量,而且重庆成为了第二大正影响力量,青海变为了负影响力量,贵州取代了云
南成为第二大负影响力量。

第三节研究分析了区域之间研发人员占总人口比例的差别情况。

关于区域之间研发人员占总人口比例变化的差别。1991～2000年期间,
东部地区(均值为0.096%)的研发人员占总人口比例的均值最高,其次是东北
地区(均值为0.085%),紧随其后的是西部地区(均值为0.064%),研发人员
占总人口比例的均值最低的是中部地区(均值为0.039%)。2001～2006年期
间,东部地区(均值为0.101%)研发人员占总人口比例的均值最高,其次为东
北地区(均值为0.083%),再次为西部地区(均值为0.054%),中部地区最低
(均值为0.040%)。

关于区域之间研发人员占总人口比例环比增长率的差别。1991～2000年
期间,中部地区(均值为2.95%)的研发人员占总人口比例环比增长率的均值
最高,其次是东北地区(均值为2.15%),紧随其后的是西部地区(均值为
2.12%),研发人员占总人口比例环比增长率的均值最低的是东部地区(均值
为2.06%)。2001～2006年期间,四大区域中只有西部地区研发人员占总人口

比例环比增长率的年均值(0.69%)为正数,其他三个区域研发人员占总人口比例环比增长率的年均值都为负数(东部地区为 - 5.31%,东北地区为 - 7.70%、中部地区为 - 8.65%),其中最低的为中部地区。

第四节研究分析了区域内部省际研发人员占总人口比例的差别情况。

东北区域内部:1991~2000 年期间,辽宁(变异系数为 25.7%)和吉林(变异系数为 10.1%)对东北区域内研发人员占总人口比例的不平衡分别有第一大和次大正影响,黑龙江(变异系数为 34.5%)对东北区域内研发人员占总人口比例的不平衡有唯一的负影响。2001~2006 年期间,辽宁(变异系数为 25.7%)对东北区域研发人员占总人口比例的不平衡有正影响,吉林(变异系数为 24.5%)、黑龙江(变异系数为 12.1%)对东北区域内研发人员占总人口比例的不平衡分别有第一大和次大负影响;与前一时期比较,吉林省对东北区域内研发人员占总人口比例的不平衡影响由正影响变为了负影响。

东部区域内部:1991~2000 年期间,北京、上海对东部区域研发人员占总人口比例不平衡状况分别有第一大和第二大正影响,福建、河北对东部区域研发人员占总人口比例不平衡状况分别有第一大和第二大负影响。2001~2006 年期间,北京、上海对东部区域研发人员占总人口比例不平衡状况分别有第一大和第二大正影响,海南、河北对东部区域研发人员占总人口比例不平衡状况分别有第一大和第二大负影响;与前一期间相比,海南取代福建成为第一大负影响力量。

中部区域内部:1991~2000 年期间,湖北、山西对中部区域研发人员占总人口比例不平衡状况分别有第一大和第二大正影响,河南、安徽对中部区域研发人员占总人口比例不平衡状况分别有第一大和第二大负影响。2001~2006 年期间,湖北、山西对中部区域研发人员占总人口比例不平衡状况分别有第一大和第二大正影响,安徽、江西对中部区域研发人员占总人口比例不平衡状况分别有第一大和第二大负影响;与前一期间相比,江西替代安徽成为了第二大负影响力量,而安徽则成为了第一大负影响力量。

西部区域内部:1991~2000 年期间,陕西、四川对西部区域研发人员占总人口比例不平衡状况有第一大和第二大正影响,贵州、重庆对西部区域研发人员占总人口比例不平衡状况有第一大和第二大负影响。2001~2006 年期间,广西、陕西对西部区域研发人员占总人口比例不平衡状况分别有第一大和第二大正影响,西藏、贵州对西部区域研发人员占总人口比例不平衡状况分别有第一大和第二大负影响。

第五节研究分析了区域之间人均科研经费的差别情况。

关于区域之间人均科研经费变化的差别。1991～2000年期间,东北地区(均值为91.7元)和东部地区(均值为148.0元)的人均科研经费的年均值明显高于中部地区(均值为42.6元)和西部地区(均值为60.1元)。2001～2006年期间,东部地区(均值为573.9元)人均科研经费的年均值明显高于东北地区(均值为291.8元)、中部地区(均值为152.1元)和西部地区(均值为156.6元),其中东部地区人均科研经费的年均值最高,其次为东北地区,再次为西部地区,中部地区最低。

关于区域之间人均科研经费环比增长率的差别。1991～2000年期间,东部地区(均值为23.6%)和中部地区(均值为20.7%)的人均科研经费环比增长率的年均值高于东北地区(均值为15.5%)和西部地区(均值为12.6%),其中东部地区最高,其次是中部地区,再次是东北地区,西部地区最低。2001～2006年期间,东部地区(均值为15.0%)、中部地区(均值为16.9%)人均科研经费环比增长率的年均值高于东北地区(均值为14.1%)和西部地区(均值为14.8%),其中中部地区最高,其次为东部地区,再次为西部地区,东北地区最低。

第六节研究分析了区域内部省际人均科研经费的差别情况。

东北地区内部:1991～2000年期间,辽宁(变异系数为48.4%)对东北区域内人均科研经费的不平衡有正影响,黑龙江(变异系数为40.0%)、吉林(变异系数为21.0%)对东北区域内人均科研经费的不平衡分别有第一大和次大负影响。2001～2006年期间,辽宁对东北区域内人均科研经费的不平衡仍然是正影响力量,黑龙江、吉林仍然是负影响力量。

东部地区内部:1991～2000年期间,北京、上海对东部区域人均科研经费平衡状况分别有第一大和第二大正影响,海南、河北对东部区域人均科研经费平衡状况分别有第一大和第二大负影响。2001～2006年期间,北京、上海对东部区域人均科研经费平衡状况仍然是前两大正影响力量,海南、河北仍然是前两大负影响力量。

中部地区内部:1991～2000年期间,湖北、山西对中部区域人均科研经费不平衡状况分别有第一大和第二大正影响,江西、河南对中部区域人均科研经费不平衡状况分别有第一大和第二大负影响。2001～2006年期间,湖北、山西仍是第一大和第二大正影响力量,江西、河南仍是第一大和第二大负影响力量。

西部地区内部:1991～2000年期间,重庆、陕西对西部区域人均科研经费不平衡状况分别有第一大和第二大正影响,西藏、贵州对西部区域人均科研经费不平衡状况分别有第一大和第二大负影响。2001～2006年期间,陕西、四川对西部区域人均科研经费不平衡状况分别有第一大和第二大正影响,西藏、贵州对西部区域人均科研经费不平衡状况分别有第一大和第二大负影响;与前一期间相比,陕西跃升为第一大正影响力量,四川成为第二大正影响力量,西藏、贵州仍然为第一大和第二大负影响力量。

第七节研究分析了区域之间人均研发经费的差别情况。

关于区域之间人均研发经费变化的差别。1991～2000年期间,东部地区(均值为63.8元)的人均研发经费的年均值明显高于东北地区(均值为36.2元)、中部地区(均值为17.4元)和西部地区(均值为25.1元),其中东部地区最高,其次是东北地区,再次是西部地区,中部地区最低。2001～2006年期间,东部地区(均值为183.1元)人均研发经费的年均值明显高于东北地区(均值为99.6元)、中部地区(均值为41.1元)和西部地区(均值为56.1元),其中东部地区最高,其次为东北部地区,再次为西部地区,中部地区最低。

关于区域之间人均研发经费环比增长率的差别。1991～2000年期间,东部地区(均值为23.6%)和中部地区(均值为20.7%)的人均研发经费环比增长率的年均值高于东北地区(均值为15.5%)和西部地区(均值为12.6%);其中东部地区最高,其次是中部地区,再次是东北地区,西部地区最低。2001～2006年期间,东部地区(均值为15.0%)、中部地区(均值为16.9%)人均研发经费环比增长率的年均值高于东北地区(均值为14.1%)和西部地区(均值为14.8%);其中中部地区最高,其次为东部地区,再次为西部地区,东北地区最低。

第八节研究分析了区域内部省际人均研发经费的差别情况。

东北地区内部:1991～2000年期间,辽宁(变异系数为47.6%)对东北区域内人均研发经费的不平衡有正影响,黑龙江(变异系数为49.2%)、吉林(变异系数为14.4%)对东北区域内人均研发经费的不平衡分别有第一大和次大负影响。2001～2006 年期间,辽宁对东北区域内人均研发经费的不平衡仍然是正影响力量,黑龙江、吉林仍然是第一大和第二大负影响力量。

东部地区内部:1991～2000 年期间,北京、上海对东部区域人均研发经费不平衡状况分别有第一大和第二大正影响,海南、河北对东部区域人均研发经费不平衡状况分别有第一大和第二大负影响。2001～2006 年期间,北京、上海对东部区域人均研发经费不平衡状况分别有第一大和第二大正影响,河北、福建对东部区域人均研发经费不平衡状况分别有第一大和第二大负影响;与前一期间相比,河北跃升为第一大负影响力量,福建成为第二大负影响力量。

中部地区内部:1991～2000 年期间,湖北、湖南对中部区域人均研发经费不平衡状况分别有第一大和第二大正影响,江西、安徽对中部区域人均研发经费不平衡状况分别有第一大和第二大负影响。2001～2006 年期间,湖北、山西对中部区域人均研发经费不平衡状况分别有第一大和第二大正影响,江西、河南对中部区域人均研发经费不平衡状况分别有第一大和第二大负影响;与前一期间相比,山西成为第二大正影响力量,河南取代安徽成为第二大负影响力量。

西部地区内部:1991～2000 年期间,陕西、四川对西部区域人均研发经费不平衡状况分别有第一大和第二大正影响,贵州、西藏对西部区域人均研发经费不平衡状况分别有第一大和第二大负影响。2001～2006 年期间,陕西、四川对西部区域人均研发经费不平衡状况仍然是前两大正影响力量,贵州、西藏仍然是前两大负影响力量。

第九节研究分析了区域之间人均技术市场成交额的差别情况。

关于区域之间人均技术市场成交额的差别。1991～2000 年期间,东北部地区(均值为 38.5 元)、东部地区(均值为 45.7 元)的人均技术市场成交额的年均值明显高于中部地区(均值为 13.8 元)和西部地区(均值为 13.1 元),其中东部地区最高,其次为东北地区,再次为中部地区,西部地区最低。2001～2006 年期间,东北地区(均值为 83.5 元)、东部地区(均值为 196.0 元)人均技术市场成交额的年均值高于中部地区(均值为 34.9 元)和西部地区(均值为 37.1 元),其中东部地区最高,其次为东北部地区,再次为西部地区,中部地区最低。

关于区域之间人均技术市场成交额环比增长率的差别。1991～2000 年期间,东部地区(均值为 25.5%)和西部地区(均值为 25.4%)的人均技术市场成交额环比增长率的年均值高于东北地区(均值为 18.4%)和中部地区(均值为 21.5%),其中东部地区最高,其次是西部地区,再次是中部地区,东北地区最低。2001~2006 年期间,东部地区(均值为 19.3%)人均技术市场成交额环比增长率的年均值高于东北地区(均值为 11.7%)、中部地区(均值为 8.7%)和西部地区(均值为 10.6%),其中东部地区最高,其次为东北地区,再次为西部地区,中部地区最低。

第十节研究分析了区域内部省际人均技术市场成交额的差别情况。

东北地区内部:1991~2000 年期间,辽宁(变异系数为 44.7%)对东北区域内人均技术市场成交额的不平衡有正影响,吉林(变异系数为 36.4%)、黑龙江(变异系数为 24.8%)对东北区域内人均技术市场成交额的不平衡分别有第一大和次大负影响。2001~2006 年期间,辽宁(变异系数为 70.1%)对东北区域内人均技术市场成交额的不平衡有正影响,黑龙江(变异系数为 47.9%)、吉林(变异系数为 42.0%)对东北区域内人均技术市场成交额的不平衡分别有第一大和次大负影响;与前一时期比较,辽宁对东北区域内人均技术市场成交额的不平衡仍然是正影响力量,黑龙江超过吉林跃升为第一大负影响力量,吉林成为次大负影响力量。

东部地区内部:1991~2000 年期间,北京、上海对东部区域人均技术市场成交额平衡状况分别有第一大和第二大正影响,河北、福建对东部区域人均技术市场成交额不平衡状况分别有第一大和第二大负影响。2001~2006 年期间,北京、上海对东部区域人均技术市场成交额不平衡状况有第一大和第二大正影响,河北、海南对东部区域人均技术市场成交额不平衡状况有第一大和第二大负影响;与前一期间相比,北京、上海仍是第一大和第二大正影响力量,海南取代福建成为第二大负影响力量。

中部地区内部:1991~2000 年期间,湖北、湖南对中部区域人均技术市场成交额不平衡状况分别有第一大和第二大正影响,山西、安徽对中部区域人均技术市场成交额不平衡状况分别有第一大和第二大负影响。2001~2006 年期间,湖北、湖南仍是第一大和第二大正影响力量,山西、安徽仍是第一大和第二大负影响力量。

西部地区内部:1991~2000 年期间,重庆、云南对西部区域人均技术市场成交额不平衡状况分别有第一大和第二大正影响,西藏、贵州对西部区域人均技术市场成交额不平衡状况分别有第一大和第二大负影响。2001～2006年期间,重庆、甘肃对西部区域人均技术市场成交额不平衡状况分别有第一大和第二大正影响,西藏、贵州对西部区域人均技术市场成交额不平衡状况有第一大和第二大负影响;与前一期间相比,甘肃取代云南成为第二大正影响力量。

第十一节研究分析了区域之间每百万人国外主要检索工具收录论文数的差别情况。

关于区域之间每百万人国外主要检索工具收录论文数的差别。1991～2000年期间,东北部地区(均值为21.9篇)、东部地区(均值为35.3篇)的每百万人国外主要检索工具收录论文数的年均值明显高于中部地区(均值为8.2篇)和西部地区(均值为9.0篇),其中东部地区最高,其次是东北地区,再次是西部地区,中部地区最低。2001～2006年期间,东北地区、东部地区每百万人国外主要检索工具收录论文数的年均值(分别为71.8篇、104.7篇)高于中部地区(28.1篇)和西部地区(25.3篇);其中,东部地区最高,其次为东北地区,再次为中部地区,西部地区最低。

关于区域之间每百万人国外主要检索工具收录论文数环比增长率的差别。1991～2000年期间,东北地区(均值为15.5%)、中部地区(均值为15.3%)的每百万人国外主要检索工具收录论文数环比增长率的年均值高于东部地区(均值为14.6%)和西部地区(均值为14.0%),即东北地区最高,其次是中部地区、东部地区,西部地区最低。2001～2006年期间,东北地区、中部地区和西部地区每百万人国外主要检索工具收录论文数环比增长率的年均值(分别为10.8%、11.5%和10.4%)高于东部地区(均值为5.6%),其中中部地区最高,其次为东北地区,再次为西部地区,东部地区最低。

第十二节研究分析了区域内部省际每百万人国外主要检索工具收录论文数比较分析。

东北地区内部:1991～2000年期间,吉林(变异系数为55.3%)、辽宁(变异系数为14.9%)对东北区域内每百万人国外主要检索工具收录论文数的不平衡状况分别有第一大和次大正影响,黑龙江(变异系数为43.0%)对东北区域内每百万人国外主要检索工具收录论文数的不平衡状况有负影响。2001～2006年期间,吉林、辽宁对东北区域内每百万人国外主要检索工具收录论文数的不平衡状况仍然是第一大和次大的正影响力量,黑龙江仍然是负影响力量。

　　东部地区内部:1991~2000年期间,北京、上海对东部区域每百万人国外主要检索工具收录论文数不平衡状况分别有第一大和第二大正影响,海南、河北对东部区域每百万人国外主要检索工具收录论文数不平衡状况分别有第一大和第二大负影响。2001~2006年期间,北京、上海对东部区域每百万人国外主要检索工具收录论文数不平衡状况仍然是前两大正影响力量,海南、河北仍然是前两大负影响力量。

　　中部地区内部:1991~2000年期间,湖北、安徽对中部区域每百万人国外主要检索工具收录论文数不平衡状况分别有第一大和第二大正影响,江西、河南对中部区域每百万人国外主要检索工具收录论文数不平衡状况分别有第一大和第二大负影响。2001~2006年期间,湖北、安徽对中部区域每百万人国外主要检索工具收录论文数不平衡状况仍然是前两大正影响力量,江西、河南仍然是前两大负影响力量。

　　西部地区内部:1991~2000年期间,陕西、甘肃对西部区域每百万人国外主要检索工具收录论文数不平衡状况分别有第一大和第二大正影响,西藏、贵州对西部区域每百万人国外主要检索工具收录论文数不平衡状况分别有第一大和第二大负影响。2001~2006年期间,陕西、甘肃对西部区域每百万人国外主要检索工具收录论文数不平衡状况分别有第一大和第二大正影响,西藏、宁夏对西部区域每百万人国外主要检索工具收录论文数不平衡状况分别有第一大和第二大负影响;与前一期间相比,陕西、甘肃仍然分别为前两大正影响力量,宁夏取代贵州成为第二大负影响力量。

　　第十三节研究分析了区域之间每百万人专利授权量的差别情况。

　　关于区域之间每百万人专利授权量的差别。1991~2000年期间,东北地区(均值为55.0项)、东部地区(均值为68.1项)的每百万人专利授权量的年均值明显高于中部地区(均值为19.3项)和西部地区(均值为19.8项)。2001~2006年期间,东部地区(均值为220.7项)每百万人专利授权量的年均值明显高于东北地区(均值为95.0项)、西部地区(均值为42.0项)和中部地区(均值为39.5项),其东部地区每百万人专利授权量最高,其次为东北地区,再次为西部地区,中部地区最低。

　　关于区域之间每百万人专利授权量环比增长率的差别。1991~2000年期间,东部地区(均值为22.9%)每百万人专利授权量环比增长率的年均值高于东北地区(均值为 16.2%)、中部地区(均值为 18.4%)和西部地区(均值为 18.6%);其中东部地区每百万人专利授权量环比增长率的年均值最高,其次为西部地区、中部地区,东北地区均值最低。2001~2006 年期间,东部地区(均值为 17.8%)每百万人专利授权量环比增长率的年均值高于东北地区(均值为 7.6%)、中部地区(均值为 12.0%)和西部地区(均值为 12.4%);其中东部地区每百万人专利授权量环比增长率的年均值最高,其次为西部地区、中部地区,东北地区均值最低。

第十四节研究分析了区域内部省际每百万人专利授权量的差别情况。

东北地区内部:1991~2000 年期间,辽宁(变异系数为 43.6%)对东北区域内每百万人专利授权量的不平衡状况有正影响,吉林(变异系数为 30.3%)、黑龙江(变异系数为 27.7%)对东北区域内每百万人专利授权量的不平衡状况分别有第一大和次大负影响。2001~2006 年期间,辽宁对东北区域内每百万人专利授权量的不平衡状况仍然是正影响力量,黑龙江、吉林仍然是负影响力量。

东部地区内部:1991~2000 年期间,北京、上海对东部区域每百万人专利授权量不平衡状况分别有第一大和第二大正影响,海南、河北对东部区域每百万人专利授权量不平衡状况有第一大和第二大负影响。2001~2006 年期间,上海、北京对东部区域每百万人专利授权量不平衡状况分别有第一大和第二大正影响,海南、河北对东部区域每百万人专利授权量不平衡状况有第一大和第二大负影响;与前一期间相比,上海超越北京成为第一大正影响力量,海南、河北仍然为前两大负影响力量。

中部地区内部:1991~2000 年期间,湖南、湖北对中部区域每百万人专利授权量不平衡状况分别有第一大和第二大正影响,安徽、江西对中部区域每百万人专利授权量不平衡状况分别有第一大和第二大负影响。2001~2006 年期间,湖北、湖南对中部区域每百万人专利授权量不平衡状况分别有第一大和第二大正影响,安徽、江西对中部区域每百万人专利授权量不平衡状况分别有第一大和第二大负影响;与前一期间相比,湖北超越湖南成为第一大正影响力量,第一大和第二大负影响力量仍然是安徽和江西。

西部地区内部:1991~2000 年期间,陕西、新疆对西部区域每百万人专利授权量不平衡状况分别有第一大和第二大正影响,西藏、贵州对西部区域每百万人专利授权量不平衡状况分别有第一大和第二大负影响。2001~2006 年期间,重庆、四川对西部区域每百万人专利授权量不平衡状况分别有第一大和第二大正影响,西藏、青海对西部区域每百万人专利授权量不平衡状况分别有第一大和第二大负影响;与前一期间相比,重庆、四川取代陕西、新疆成为第一大和第二大正影响力量,青海取代贵州成为第二大负影响力量。

第七章　区域开放度差别的深度考察

本章对四大区域之间和四大区域内部各省市之间在经济开放度、人均净出口、人均货物与服务净出口等方面的差别情况进行具体的研究分析和深度考察。

第一节　区域之间开放度的差别情况

一、区域之间开放度的比较(如表7-1和图7-1所示)

1978～2006年期间,东北地区开放度的年均值为18.6%,标准差为6.4%,波动系数为34.2%;东部地区开放度的年均值为44.0%,标准差为27.0%,波动系数为61.3%;中部地区开放度的年均值为5.9%,标准差为2.8%,波动系数为47.6%;西部地区开放度的年均值为6.9%,标准差为3.8%,波动系数为

表7-1　四大区域开放度比较

单位:%

年份 区域	1978～1990			1991～2000			2001～2006			1978～2006		
	均值	标准差	波动系数	均值	标准差	波动系数	均值	标准差	波动系数	均值	标准差	波动系数
东北地区	13.2	3.9	29.7	21.1	2.6	12.2	26.1	4.6	17.8	18.6	6.4	34.2
东部地区	19.4	11.8	60.5	53.0	5.4	10.2	81.9	15.1	18.4	44.0	27.0	61.3
中部地区	3.6	2.0	54.1	7.0	1.4	20.6	8.8	2.2	25.1	5.9	2.8	47.6
西部地区	3.4	2.2	66.0	9.4	1.7	17.7	10.5	1.9	18.1	6.9	3.8	54.8

资料来源:作者根据《新中国五十五年统计资料汇编》、《中国统计年鉴》相关各期等资料中的原始数据分析整理、测算和自制而成。

单位：%

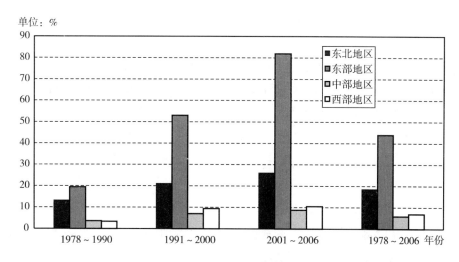

图7-1　四大区域开放度比较

资料来源：作者根据《新中国五十五年统计资料汇编》、《中国统计年鉴》相关各期等资料中的原始数据
　　　　分析整理、测算和自制而成。

54.8%。由此可见，东北和东部地区开放度的年均值高于其他两个地区，虽然东部地区的年均值最高，但标准差最大，波动也最为剧烈；年均值仅次于东部地区的是东北地区，然后是西部地区；中部地区的年均值最低，标准差也最小。从四大区域平稳性来看，东北地区变化的平稳性最高，其次为中部地区、西部地区，东部地区平稳性最低。

分不同时期进行考察：

1978～1990年期间，我国东北地区开放的年均值为13.2%，标准差为3.9%，波动系数为29.7%；东部地区开放度的年均值为19.4%，标准差为11.8%，波动系数为60.5%；中部地区开放度的年均值为3.6%，标准差为2.0%，波动系数为54.1%；西部地区开放度的年均值为3.4%，标准差为2.2%，波动系数为66.0%。由此可见，在此期间，东部地区（均值为19.4%）、东北地区（均值为13.2%）的开放度均值明显高于中部地区（均值为3.6%）和西部地区（均值为3.4%）。对这四大区域开放度变化的平稳性进行考察，东北地区的平稳性（波动系数为29.7%）远远低于东部地区（波动系数为60.5%）、中部地区（波动系数为54.1%）和西部地区（波动系数为66.0%）。

1991～2000年期间，我国东北地区开放度的均值为21.1%，标准差为

2.6%,波动系数为12.2%;东部地区开放度的均值为53.0%,标准差为5.4%,波动系数为10.2%;中部地区开放度的均值为7.0%,标准差为1.4%,波动系数为20.6%;西部地区开放度的均值为9.4%,标准差为1.7%,波动系数为17.7%。由此可见,在此期间,东北部地区(均值为21.1%)、东部地区(均值为53.0%)的开放度的均值明显高于中部地区(均值为7.0%)和西部地区(均值为9.4%)。对这四大区域开放度变化的平稳性进行考察,总体来看四大区域的平稳性较好,其中东部地区平稳性最高,波动系数只有10.2%;中部地区的平稳性最低,波动系数为20.6%。

2001~2006年期间,东北地区开放度的年均值为26.1%,标准差为4.6%,波动系数为17.8%;东部地区开放度的年均值为81.9%,标准差为15.1%,波动系数为18.4%;中部地区开放度的年均值为8.8%,标准差为2.2%,波动系数为25.1%;西部地区开放度的年均值为10.5%,标准差为1.9%,波动系数为18.1%。由此可见,在此期间,东北、中部和西部地区开放度的年均值(分别为26.1%、8.8%和10.5%)远远低于东部地区(均值为81.9%)开放度的年均值,其中东部地区(81.9%)最高,其次为东北地区(26.1%),再次为西部地区(10.5%),中部地区(8.8%)最低。从四大区域开放度的平稳性来看,四大区域的平稳性相差不大;其中东北地区开放度的平稳性相对最高(波动系数为17.8%),其次为西部地区(波动系数为18.1%)、东部地区(波动系数为18.4%),中部地区平稳性最低(波动系数为25.1%)。将该时期开放度变化的平稳性与1978~1990年时期、1991~2000年时期进行比较,发现1991~2000年时期的平稳性最好。

二、区域之间开放度环比增长率的比较(如表7-2和图7-2所示)

1978~2006年期间,东北地区开放度环比增长率的年均值为7.8%,标准差为18.2%,波动系数为234.6%;东部地区开放度环比增长率的年均值为10.2%,标准差为14.4%,波动系数为140.7%;中部地区开放度环比增长率的年均值为9.8%,标准差为17.5%,波动系数为178.0%;西部地区开放度环比增长率的年均值为9.9%,标准差为17.5%,波动系数为176.1%。由此可见,东部地区开放度环比增长率的年均值最高(7.8%),其次是西部地区(9.9%),紧随其后的是中部地区(9.8%),开放度环比增长率最低的是东北地区

（7.8%）。从四大区域平稳性来看,东部地区变化的平稳性最好,其次为西部地区、中部地区,东北地区平稳性最低。

表7-2 四大区域开放度年增长率比较

单位:%

年份	1978~1990			1991~2000			2001~2006			1978~2006		
区域	均值	标准差	波动系数	均值	标准差	波动系数	均值	标准差	波动系数	均值	标准差	波动系数
东北地区	14.4	22.9	159.3	0.6	13.3	2293.8	6.6	10.2	155.7	7.8	18.2	234.6
东部地区	16.6	15.6	94.0	4.0	13.3	334.0	7.9	10.2	129.4	10.2	14.4	140.7
中部地区	17.3	16.5	95.4	0.4	18.0	4274.5	10.7	14.6	136.2	9.8	17.5	178.0
西部地区	17.7	20.1	114.0	2.2	15.1	696.2	7.4	9.9	134.0	9.9	17.5	176.1

资料来源:作者根据《新中国五十五年统计资料汇编》、《中国统计年鉴》相关各期等资料中的原始数据分析整理、测算和自制而成。

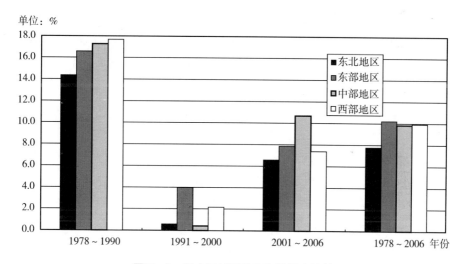

图7-2 四大区域开放度年增长率比较

资料来源:作者根据《新中国五十五年统计资料汇编》、《中国统计年鉴》相关各期等资料中的原始数据分析整理、测算和自制而成。

分不同时期进行考察:

1978~1990年期间,我国东北地区开放度环比增长率的年均值为14.4%,标准差为22.9%,波动系数为159.3%;东部地区开放度环比增长率的年均值为 16.6%,标准差为 15.6%,波动系数为 94.0%;中部地区开放度环比增长率的年均值为 17.3%,标准差为 16.5%,波动系数为 95.4%;西部地区开放度环比增长率的年均值为 17.7%,标准差为 20.1%,波动系数为 114.0%。由此可见,在此期间,四大区域开放度环比增长率的年均值都相差不大。西部地区的均值最高(17.7%),其次是中部地区(17.3%)和东部地区(16.6%),东北地区(14.4%)的开放度环比增长率的均值最低。对这四大区域开放度环比增长率的变化的平稳性进行考察,东北地区的平稳性(波动系数 159.3%)最差,相对最为平稳的是东部地区(波动系数 94.0%),介于它们之间的是西部地区(114.0%)和中部地区(95.4%)。

1991～2000 年期间,我国东北地区开放度环比增长率的均值为 0.6%,标准差为 13.3%,波动系数为 2293.8%;东部地区开放度环比增长率的均值为 4.0%,标准差为 13.3%,波动系数为 334.0%;中部地区开放度环比增长率的均值为 0.4%,标准差为 18.0%,波动系数为 4274.5%;西部地区开放度环比增长率的均值为 2.2%,标准差为 15.1%,波动系数为 696.2%。由此可见,在此期间,东部地区(均值 4.0%)、西部地区(均值为 2.2%)的开放度环比增长率的均值明显高于东北地区(均值为 0.6%)和中部地区(均值为 0.4%)。对这四大区域开放度的变化的平稳性进行考察,总体看来四大区域的波动性都比较大,其中东部地区平稳性相对最高,波动系数为 334.0%;其次是西部地区,波动系数为 696.2%;然后是东北地区,波动系数为 2293.8%;中部地区的平稳性最低,波动系数为 4274.5%。

2001～2006 年期间,东北地区开放度环比增长率的均值为 6.6%,标准差为 10.2%,波动系数为 155.7%;东部地区开放度环比增长率的年均值为 7.9%,标准差为 10.2%,波动系数为 129.4%;中部地区开放度环比增长率的年均值为 10.7%,标准差为 14.6%,波动系数为 136.2%;西部地区开放度环比增长率的年均值为 7.4%,标准差为 9.9%,波动系数为 134.0%。由此可见,在此期间,中部地区开放度环比增长率的年均值(10.7%)要高于其他 3 个地区(依次是:东部地区年均值为 7.9%、西部地区年均值为 7.4%、东北地区年均值为 6.6%)。从四大区域开放度环比增长率的平稳性来看,四大区域的平稳性相差不是很大,其中东部地区开放度环比增长率的平稳性最高(波动系数为 129.4%),其次为西部地区(波动系数为 134.0%)、中部地区(波动系数为

136.2%），东北地区平稳性最低（波动系数为155.7%）。将该时期开放度环比增长率变化的平稳性与1978～1990年时期、1991～2000年时期进行比较，可以发现1978～1990年时期的平稳性相对最好。

第二节　区域内部省际开放度比较分析

一、东北区域内部开放度差异考察

1978～2006年期间（如表7-3和图7-3所示），东北地区开放度的年均值为18.6%。其中，辽宁省开放度的年均值为28.5%，标准差为10.7%，变异系数为57.7%；吉林省开放度的年均值为11.2%，标准差为8.4%，变异系数为44.9%；黑龙江省开放度的年均值为8.6%，标准差为10.9%，变异系数为58.6%。由此可见，在此期间，本区域3省份中，有1个省即辽宁省开放度的年均值（28.5%）高于本区域整体平均水平；有2个省年开放度的年均值低于本区域整体水平，分别为吉林（11.2%）、黑龙江（8.6%）。辽宁（变异系数为57.7%）对东北区域内开放度不平衡状况有正影响，黑龙江（变异系数为58.6%）、吉林（变异系数为44.9%）对东北区域内开放度不平衡状况分别有第一大和次大负影响。

表7-3　区域内部省际开放度差别情况

单位：%

省　份	1978～1990			1991～2000			2001～2006			1978～2006		
	均值	标准差	变异系数	均值	标准差	变异系数	均值	标准差	变异系数	均值	标准差	变异系数
辽　宁	22.5	9.8	74.0	29.6	8.9	42.1	39.4	10.4	39.8	28.5	10.7	57.7
吉　林	5.7	7.8	59.3	15.2	6.6	31.1	16.3	8.1	31.0	11.2	8.4	44.9
黑龙江	4.4	9.2	69.9	12.3	9.1	43.0	11.8	11.3	43.2	8.6	10.9	58.6
东北地区	13.2	0.0	0.0	21.1	0.0	0.0	26.1	0.0	0.0	18.6	0.0	0.0
北　京	12.0	9.8	50.4	29.6	23.5	44.4	50.8	24.7	30.1	26.1	21.8	49.7

续表

省　份	1978~1990			1991~2000			2001~2006			1978~2006		
	均值	标准差	变异系数	均值	标准差	变异系数	均值	标准差	变异系数	均值	标准差	变异系数
天　津	27.4	10.8	55.4	54.5	17.0	32.0	105.3	18.2	22.2	52.9	16.9	38.4
河　北	7.6	14.7	75.6	9.8	43.5	82.0	12.0	54.9	67.0	9.3	43.8	99.7
上　海	30.6	11.5	59.1	65.1	16.8	31.7	144.3	49.7	60.7	66.0	32.9	74.9
江　苏	8.1	14.0	71.8	27.0	26.7	50.3	79.8	8.9	10.9	29.4	19.7	44.8
浙　江	6.7	14.8	76.1	25.7	27.5	51.8	59.2	18.1	22.1	24.1	22.5	51.2
福　建	15.0	5.4	27.8	50.4	7.6	14.4	58.5	18.6	22.7	36.2	12.8	29.2
山　东	12.8	11.0	56.5	20.1	33.1	62.5	32.0	39.3	48.0	19.3	32.2	73.3
广　东	46.6	41.3	212.6	146.5	94.0	177.4	161.6	62.2	76.0	104.9	74.4	169.2
海　南	11.1	11.8	60.7	45.5	18.6	35.1	26.3	44.4	54.2	26.1	30.4	69.2
东部地区	19.4	0.0	0.0	53.0	0.0	0.0	81.9	0.0	0.0	44.0	0.0	0.0
山　西	2.8	1.2	33.8	7.5	2.0	27.8	12.8	3.3	38.0	6.5	2.5	42.7
安　徽	2.8	0.9	23.7	7.9	1.4	20.0	12.2	2.7	31.1	6.5	2.0	33.5
江　西	4.3	0.8	22.5	8.0	1.2	16.6	8.2	0.9	10.3	6.4	1.1	18.1
河　南	2.9	1.0	26.4	4.7	2.4	34.8	5.7	2.5	28.9	4.1	2.2	38.3
湖　北	4.8	1.4	37.2	8.5	1.7	24.4	9.1	0.9	10.4	6.9	1.5	25.7
湖　南	4.2	0.8	23.4	7.1	1.3	18.9	7.1	1.4	16.4	5.8	1.3	22.7
中部地区	3.6	0.0	0.0	7.0	0.0	0.0	8.8	0.0	0.0	5.9	0.0	0.0
重　庆	2.5	2.4	71.9	9.8	1.3	14.0	10.1	0.6	5.4	6.6	1.9	27.4
四　川	2.3	1.2	35.9	6.0	3.5	37.6	7.8	2.3	21.9	4.7	2.7	38.9
贵　州	1.9	1.9	56.2	6.3	3.2	33.6	6.6	3.1	29.2	4.4	3.0	43.1
云　南	4.6	1.4	41.0	10.0	1.3	13.8	9.9	0.7	6.4	7.6	1.3	18.9
西　藏	3.7	1.5	44.9	15.9	14.6	155.5	6.4	3.6	33.8	8.5	9.2	132.8
陕　西	2.4	1.2	36.5	12.3	3.0	31.6	10.5	0.8	8.0	7.5	2.1	29.8
甘　肃	2.1	1.6	46.8	5.8	3.9	41.1	9.6	1.7	16.1	4.9	2.8	40.3
青　海	2.0	1.5	45.4	6.6	3.1	32.8	7.8	2.3	22.2	4.8	2.6	37.3

续表

省　份	1978～1990			1991～2000			2001～2006			1978～2006		
	均值	标准差	变异系数	均值	标准差	变异系数	均值	标准差	变异系数	均值	标准差	变异系数
宁　夏	5.4	2.4	72.2	10.7	2.6	28.1	15.0	3.6	34.2	9.2	3.2	46.2
新　疆	4.9	2.2	63.7	11.7	3.0	31.5	19.7	7.8	74.6	10.3	5.3	76.7
内蒙古	3.1	0.5	16.1	11.1	2.2	23.2	12.2	2.7	26.0	7.7	2.2	31.2
广　西	7.5	4.3	126.3	13.0	4.1	43.8	9.8	0.7	6.2	9.9	3.9	56.3
西部地区	3.4	0.0	0.0	9.4	0.0	0.0	10.5	0.0	0.0	6.9	0.0	0.0

资料来源:作者根据《新中国五十五年统计资料汇编》、《中国统计年鉴》相关各期等资料中的原始数据分析整理、测算和自制而成。

单位: %

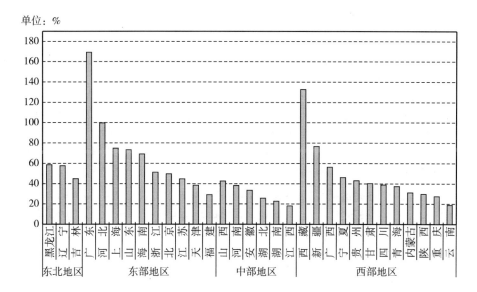

图7-3　各省市对本区域开放度不平衡性的影响力比较(1978～2006年)

资料来源:作者根据《新中国五十五年统计资料汇编》、《中国统计年鉴》相关各期等资料中的原始数据分析整理、测算和自制而成。

分不同时期进行考察:

1978～1990 年期间(如表7-3和图7-4所示),东北地区开放度的年均值为13.2%。其中,辽宁省开放度的年均值为22.5%,标准差为9.8%,变异系数为74.0%;吉林省开放度的年均值为5.7%,标准差为7.8%,变异系数为

59.3%;黑龙江省开放度的年均值为 4.4%,标准差为 9.2%,变异系数为 69.9%。由此可见,在此期间,本区域 3 省份中,辽宁省年开放度的年均值 (22.5%)高于本区域整体水平,吉林省(5.7%)和黑龙江省(4.4%)都低于本 区域整体水平。辽宁(变异系数为 22.5%)对东北区域内开放度不平衡状况有 正影响,吉林(变异系数为 5.7%)、黑龙江(变异系数为 4.4%)对东北区域内 开放度不平衡状况分别有第一大和次大的负影响。

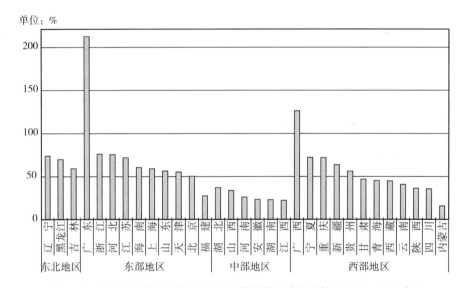

图 7-4　各省市对本区域开放度不平衡性的影响力比较(1978~1990 年)

资料来源:作者根据《新中国五十五年统计资料汇编》、《中国统计年鉴》相关各期等资料中的原始数据
　　　　分析整理、测算和自制而成。

1991~2000 年期间(如表 7-3 和图 7-5 所示),东北地区开放度的年均 值为 21.1%。其中,辽宁省开放度的年均值为 29.6%,标准差为 8.9%,变异系 数为 42.1%;吉林省开放度的年均值为 15.2%,标准差为 6.6%,变异系数为 31.1%;黑龙江省开放度的年均值为 12.3%,标准差为 9.1%,变异系数为 43.0%。由此可见,在此期间,本区域 3 省份中,吉林省和黑龙江省开放度的年 均值(分别为 15.2%、12.3%)低于本区域整体水平,辽宁省开放度的年均值 (29.6%)高于本区域整体平均水平。辽宁(变异系数为 42.1%)对东北区域内 开放度不平衡状况有正影响,黑龙江(变异系数为 43.0%)、吉林(变异系数为

31.1%)对东北区域内开放度不平衡状况分别有第一大和次大的负影响。与前一时期比较,辽宁对东北区域内开放度不平衡状况仍然是正影响力量,黑龙江由次大负影响力量变为第一大负影响力量。

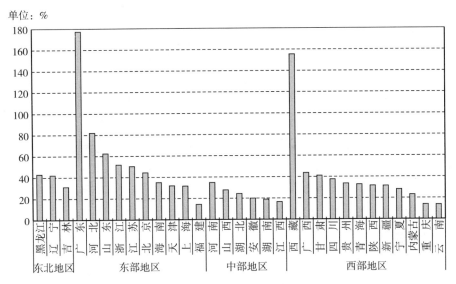

图7-5　各省市对本区域开放度不平衡性的影响力比较(1991~2000年)

资料来源:作者根据《新中国五十五年统计资料汇编》、《中国统计年鉴》相关各期等资料中的原始数据分析整理、测算和自制而成。

2001~2006年期间(如表7-3和图7-6所示),东北地区开放度的年均值为26.1%。其中,辽宁省开放的年均值为39.4%,标准差为10.4%,变异系数为39.8%;吉林省开放度的年均值为16.3%,标准差为8.1%,变异系数为31.0%;黑龙江省开放度的年均值为11.8%,标准差为11.3%,变异系数为43.2%。由此可见,在此期间,本区域3省份中,辽宁省开放度的年均值(39.4%)高于本区域整体水平,吉林省(16.3%)和黑龙江省(11.8%)都低于该区域整体平均水平。黑龙江(变异系数为43.2%)、吉林(变异系数为31.0%)对东北区域内开放度不平衡状况分别有第一大和次大负影响,辽宁(变异系数为39.8%)对东北区域内开放度不平衡状况有正影响。与前一时期比较,3省对东北区域内开放度不平衡的正负影响地位仍然没有变化。

单位：%

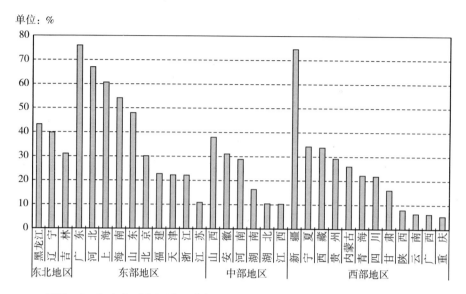

图 7 - 6　各省市对本区域开放度不平衡性的影响力比较(2001～2006 年)

资料来源：作者根据《新中国五十五年统计资料汇编》、《中国统计年鉴》相关各期等资料中的原始数据
　　　　分析整理、测算和自制而成。

二、东部区域内部开放度差异考察

1978～2006 年期间(如表 7 - 3 和图 7 - 3 所示)，东部地区开放度的年均
值为 44.0%。本区域 10 个省市中有 3 个省市开放的年均值高于该地区的整
体年均水平，分别为广东(104.9%)、上海(66.0%)、天津(52.9%)；有 7 个省
市开放度的年均值低于该地区的整体年均水平，分别是福建(36.2%)、江苏
(29.4%)、北京(26.1%[①])、海南(26.1%[②])、浙江(24.1%)、山东(19.3%)、
河北(9.3%)。根据各省市 CV 值的计算结果，可以看出各省市对本区域开放
度不平衡程度的影响情况，按照由低到高依次是：福建(变异系数为 29.2%，负
影响)、天津(变异系数为 38.4%，正影响)、江苏(变异系数为 44.8%，负影
响)、北京(变异系数为 49.7%，负影响)、浙江(变异系数为 51.2%，负影响)、
海南(变异系数为 69.2%，负影响)、山东(变异系数为 73.3%，负影响)、上海
(变异系数为 74.9%，正影响)、河北(变异系数为 99.7%，负影响)、广东(变异

① 保留到百分位时为 26.11%。
② 保留到百分位时为 26.09%。

系数为169.2%,正影响)。由此可见,该期间内,广东、上海对东部区域开放度不平衡状况分别有第一大和第二大正影响,河北、山东对东部区域开放度不平衡状况分别有第一大和第二大负影响。

分不同时期进行考察:

1978～1990年期间(如表7-3和图7-4所示),东部地区开放度的年均值为19.4%。本区域有3个省市开放度的年均值高于该地区的整体年均水平,分别是广东(46.6%)、上海(30.6%)、天津(27.4%);10个省市中有7个省市开放度的年均值低于该地区的整体年均水平,分别为福建(15.0%)、山东(12.8%)、北京(12.0%)、海南(11.1%)、江苏(8.1%)、河北(7.6%)、浙江(6.7%);其中开放度的年均值最高的广东是开放度的年均值最低的浙江的6.96倍。根据各省市CV值的计算结果,可以看出各省市对本区域开放度不平衡程度的影响情况,按照由低到高依次是:福建(变异系数为27.8%,负影响)、北京(变异系数为50.4%,负影响)、天津(变异系数为55.4%,正影响)、山东(变异系数为56.5%,负影响)、上海(变异系数为65.1%,正影响)、海南(变异系数为60.7%,负影响)、江苏(变异系数为71.8%,负影响)、河北(变异系数为75.6%,负影响)、浙江(变异系数为76.1%,负影响)、广东(变异系数为212.6%,正影响)。由此可见,该期间内,广东、上海对东部区域开放度不平衡状况分别有第一大和第二大正影响,浙江、河北对东部区域开放度不平衡状况分别有第一大和第二大负影响。

1991～2000年期间(如表7-3和图7-5所示),东部地区开放度的年均值为53.0%。本区域有3个省市开放度的年均值高于该地区的整体年均水平,分别是广东(146.5%)、上海(65.1%)、天津(54.5%);10个省市中有7个省市开放度的年均值低于该地区的整体年均水平,分别为福建(50.4%)、海南(45.5%)、北京(29.6%)、江苏(27.0%)、浙江(25.7%)、山东(20.1%)、河北(9.8%);其中开放度的年均值最高的广东是开放度的年均值最低的河北的14.95倍。根据各省市CV值的计算结果,可以看出各省市对本区域开放度不平衡程度的影响情况,按照由低到高依次是:福建(变异系数为14.4%,负影响)、上海(变异系数为31.7%,正影响)、天津(变异系数为32.0%,正影响)、海南(变异系数35.1%,负影响)、北京(变异系数为44.4%,负影响)、江苏(变异系数为50.3%,负影响)、浙江(变异系数为51.8%,负影响)、山东(变异系数为 62.5% , 负影响) 、河北(变异系数为 82.0% , 负影响) 、广东(变异系数为 177.4% , 正影响) 。由此可见, 该期间内, 广东、天津对东部区域开放度不平衡 状况分别有第一大和第二大正影响, 河北、山东对东部区域开放度不平衡状况 分别有第一大和第二大负影响。与前一时期相比, 10 大省市对东部地区的正 负影响的性质没有改变, 其中天津取代上海成为第二大正影响力量。

2001 ~ 2006 年期间(如表 7 - 3 和图 7 - 6 所示), 东部地区开放度的年均 值为 81.9% 。本区域有 3 个省市开放度的年均值高于该地区的整体年均水 平, 分别是广东(161.6%)、上海(144.3%)、天津(105.3%); 10 个省市中有 7 个省市开放度的年均值低于该地区的整体年均水平, 分别为江苏(79.8%)、浙 江(59.2%)、福建(58.5%)、北京(50.8%)、山东(32. %)、海南(26.3%)、河 北(12.0%); 其中开放度的年均值最高的广东是开放度的年均值最低的河北 的 13.47 倍。根据各省市 CV 值的计算结果, 可以看出各省市对本区域开放度 不平衡程度的影响情况, 按照由低到高依次是: 江苏(变异系数为 10.9% , 负影 响)、浙江(变异系数为 22.1% , 负影响)、天津(变异系数为 22.2% , 正影响)、 福建(变异系数为 22.7% , 负影响)、北京(变异系数为 30.1% , 负影响)、山东 (变异系数为 48.0% , 负影响)、海南(变异系数为 54.2% , 负影响)、上海(变异 系数为 60.7% , 正影响)、河北(变异系数为 67.0% , 负影响)、广东(变异系数 为 76.0% , 正影响)。由此可见, 该期间内, 广东、上海对东部区域开放度不平 衡状况分别有第一大和第二大正影响, 河北、海南对东部区域开放度不平衡状 况分别有第一大和第二大负影响。与前一期间相比, 上海取代天津重新成为第 二大正影响力量, 河南取代山东成为第二大负影响力量。

三、中部区域内部开放度差异考察

1978 ~ 2006 年期间(如表 7 - 3 和图 7 - 3 所示), 中部地区开放度的年均 值为 5.9% 。本区域 6 个省中有 4 个省开放度的年均值高于该地区的整体年均 水平, 分别为湖北(6.9%)、安徽(6.5%[①])、山西(6.5%[②])、江西(6.4%); 有 2 个省开放度的年均值低于该地区的整体年均水平, 分别是湖南(5.8%)、河南

---

① 保留到百分位时为 6.50% 。
② 保留到百分位时为 6.47% 。

（4.1%）；其中开放度的年均值最高的湖北是开放度的年均值最低的河南的
1.68倍。根据各省CV值的计算结果，可以看出各省对本区域开放度不平衡程
度的影响情况，按照由低到高依次是：江西（变异系数为18.1%，正影响）、湖南
（变异系数为22.7%，负影响）、湖北（变异系数为25.7%，正影响）、安徽（变异
系数为33.5%，正影响）、河南（变异系数为38.3%，负影响）、山西（变异系数
为42.7%，正影响）。由此可见，该期间内，山西、安徽对中部区域开放度不平
衡状况分别有第一大和第二大正影响，河南、湖南对中部区域开放度不平衡状
况分别有第一大和第二大负影响。

分不同时期进行考察：

1978~1990年期间（如表7-3和图7-4所示），中部地区开放度的年均
值为3.6%。本区域6个省中有3个省开放度的年均值高于该地区的整体年均
水平，分别为湖北（4.8%）、江西（4.3%）、湖南（4.2%）；有3个省开放度的年
均值低于该地区的整体年均水平，分别是河南（2.9%）、安徽（2.8%[①]）、山西
（2.8%[②]）；其中开放度的年均值最高的湖北是开放度的年均值最低的山西的
1.73倍。根据各省CV值的计算结果，可以看出各省对本区域开放度不平衡程
度的影响情况，按照由低到高依次是：江西（变异系数为22.5%，正影响）、湖南
（变异系数为23.4%，正影响）、安徽（变异系数为23.7%，负影响）、河南（变异
系数为26.4%，负影响）、山西（变异系数为33.8%，负影响）、湖北（变异系数
为37.2%，正影响）。由此可见，该期间内，湖北、湖南对中部区域开放度不平
衡状况分别有第一大和第二大正影响，山西、河南对中部区域开放度不平衡状
况分别有第一大和第二大负影响。

1991~2000年期间（如表7-3和图7-5所示），中部地区开放度的年均
值为7.0%。本区域6个省中有5个省开放度的年均值高于该地区的整体年均
水平，分别为湖北（8.5%）、江西（8.0%）、安徽（7.9%）、山西（7.5%）、湖南
（7.1%）；只有1个省开放度的年均值低于该地区的整体年均水平，那就是河
南（4.7%）；其中开放度的年均值最高的湖北是开放度的年均值最低的河南的
1.81倍。根据各省市CV值的计算结果，可以看出各省对本区域开放度不平衡

---

① 保留到百分位时为2.80%。

② 保留到百分位时为2.77%。

程度的影响情况,按照由低到高依次是:江西(变异系数为 16.6% ,正影响)、湖南(变异系数为 18.9% ,正影响)、安徽(变异系数为 20.0% ,正影响)、湖北(变异系数为 24.4% ,正影响)、山西(变异系数为 27.8% ,正影响)、河南(变异系数为 34.8% ,负影响)。由此可见,该期间内,山西、湖北对中部区域开放度不平衡状况分别有第一大和第二大正影响,河南对中部区域开放度不平衡状况有唯一的负影响;与前一期间相比,山西由第一大负影响力量变为第一大正影响力量。

2001~2006 年期间(如表 7 – 3 和图 7 – 6 所示),中部地区开放度的年均值为 8.8% 。本区域 6 个省中有 3 个省开放度的年均值高于该地区的整体年均水平,分别为山西(12.8%)、安徽(12.2%)、湖北(9.1%);有 3 个省开放度的年均值低于该地区的整体年均水平,分别是江西(8.2%)、湖南(7.1%)、河南(5.7%);其中开放度的年均值最高的山西是开放度的年均值最低的河南的 2.25 倍。根据各省市 CV 值的计算结果,可以看出各省对本区域开放度不平衡程度的影响情况,按照由低到高依次是:江西(变异系数为 10.3% ,负影响)、湖北(变异系数为 10.4% ,正影响)、湖南(变异系数为 16.4% ,负影响)、河南(变异系数为 28.9% ,负影响)、安徽(变异系数为 31.1% ,正影响)、山西(变异系数为 38.0% ,正影响)。由此可见,该期间内,山西、安徽对中部区域开放度不平衡状况分别有第一大和第二大正影响,河南、湖南对中部区域开放度不平衡状况分别有第一大和第二大负影响;与前一期间相比湖南由正影响力量成为了负影响力量。

四、西部区域内部开放度差异考察

1978~2006 年期间(如表 7 – 3 和图 7 – 3 所示),西部地区开放度的年均值为 6.9% 。本区域 12 个省市中有 7 个省开放度的年均值高于该地区的整体年均水平,分别为新疆(10.3%)、广西(9.9%)、宁夏(9.2%)、西藏(8.5%)、内蒙古(7.7%)、云南(7.6%)、陕西(7.5%);有 5 个省市开放度的年均值低于该地区的整体年均水平,分别是重庆(6.6%)、甘肃(4.9%)、青海(4.8%)、四川(4.7%)、贵州(4.4%);其中开放度的年均值最高的新疆是开放度的年均值最低的贵州的 2.34 倍。根据各省市 CV 值的计算结果,可以看出各省市对本区域开放度不平衡程度的影响情况,按照由低到高依次是:云南(变异系数为 18.9% ,正影响)、重庆(变异系数为 27.4% ,负影响)、陕西(变异系数为

29.8%,正影响)、内蒙古(变异系数为31.2%,正影响)、青海(变异系数为37.3%,负影响)、四川(变异系数为38.9%,负影响)、甘肃(变异系数为40.3%,负影响)、贵州(变异系数为43.1%,负影响)、宁夏(变异系数为46.2%,正影响)、广西(变异系数为56.3%,正影响)、新疆(变异系数为76.7%,正影响)、西藏(变异系数为132.8%,正影响)。由此可见,该期间内,西藏、新疆对西部区域开放度不平衡状况分别有第一大和第二大正影响,贵州、甘肃对西部区域开放度不平衡状况分别有第一大和第二大负影响。

分不同时期进行考察:

1978~1990年期间(如表7-3和图7-4所示),西部地区开放度的年均值为3.4%。本区域12个省市中有5个省开放度的年均值高于该地区的整体年均水平,分别为广西(7.5%)、宁夏(5.4%)、新疆(4.9%)、云南(4.6%)、西藏(3.7%);有7个省市开放度的年均值低于该地区的整体年均水平,分别是内蒙古(3.1%)、重庆(2.5%)、陕西(2.4%)、四川(2.3%)、甘肃(2.1%)、青海(2.0%)、贵州(1.9%);其中开放度的年均值最高的西藏是开放度的年均值最低的广西的1.27倍。根据各省市CV值的计算结果,可以看出各省市对本区域开放度不平衡程度的影响情况,按照由低到高依次是:内蒙古(变异系数为16.1%,负影响)、四川(变异系数35.9%,负影响)、陕西(变异系数为36.5%,负影响)、云南(变异系数为41.0%,正影响)、西藏(变异系数为44.9%,正影响)、青海(变异系数为45.4%,负影响)、甘肃(变异系数为46.8%,负影响)、贵州(变异系数为56.2%,负影响)、新疆(变异系数为63.7%,正影响)、重庆(变异系数为71.9%,负影响)、宁夏(变异系数为72.2%,正影响)、广西(变异系数为126.3%,正影响)。由此可见,该期间内,广西、宁夏对西部区域开放度不平衡状况分别有第一大和第二大正影响,重庆、贵州对西部区域开放度不平衡状况分别有第一大和第二大负影响。

1991~2000年期间(如表7-3和图7-5所示),西部地区开放度的年均值为9.4%。本区域12个省市中有8个省市开放度的年均值高于该地区的整体年均水平,分别为西藏(15.9%)、广西(13.0%)、陕西(12.3%)、新疆(11.7%)、内蒙古(11.1%)、宁夏(10.7%)、云南(10.0%)、重庆(9.8%);有4个省开放度的年均值低于该地区的整体年均水平,分别是青海(6.6%)、贵州(6.3%)、四川(6.0%)、甘肃(5.8%);其中开放度的年均值最高的西藏是开放度的年均值最低的甘肃的 2.74 倍。根据各省市 CV 值的计算结果，可以看出各省市对本区域开放度不平衡程度的影响情况，按照由低到高依次是：云南（变异系数为 13.8%，正影响）、重庆（变异系数为 14.0%，正影响）、内蒙古（变异系数为 23.2%，正影响）、宁夏（变异系数为 28.1%，正影响）、新疆（变异系数为 31.5%，正影响）、陕西（变异系数为 31.6%，正影响）、青海（变异系数为 32.8%，负影响）、贵州（变异系数为 33.6%，负影响）、四川（变异系数为 37.6%，负影响）、甘肃（变异系数为 41.1%，负影响）、广西（变异系数为 43.8%，正影响）、西藏（变异系数为 155.5%，正影响）。由此可见，该期间内，西藏、广西对西部区域开放度不平衡状况分别有第一大和第二大正影响，甘肃、四川对西部区域开放度不平衡状况分别有第一大和第二大负影响；与前一期间相比，甘肃、四川取代了重庆、贵州的位置成为了第一大和第二大负影响力量。

2001～2006 年期间（如表 7-3 和图 7-6 所示），西部地区开放度的年均值为 10.5%。本区域 12 个省市中有 4 个省开放度的年均值高于该地区的整体年均水平，分别为新疆（19.7%）、宁夏（15.0%）、内蒙古（12.2%）、陕西（10.5%[①]）；有 8 个省市开放度的年均值低于该地区的整体年均水平，分别是重庆（10.1%）、云南（9.9%）、广西（9.8%）、甘肃（9.6%）、四川（7.8%[②]）、青海（7.8%[③]）、贵州（6.6%）、西藏（6.4%）；其中开放度的年均值最高的新疆是开放度的年均值最低的西藏的 3.08 倍。根据各省市 CV 值的计算结果，可以看出各省市对本区域开放度不平衡程度的影响情况，按照由低到高依次是：重庆（变异系数为 5.4%，负影响）、广西（变异系数为 6.2%，负影响）、云南（变异系数为 6.4%，负影响）、陕西（变异系数为 8.0%，正影响）、甘肃（变异系数为 16.1%，负影响）、四川（变异系数为 21.9%，负影响）、青海（变异系数为 22.2%，负影响）、内蒙古（变异系数为 26.0%，正影响）、贵州（变异系数为 29.2%，负影响）、西藏（变异系数为 33.8%，负影响）、宁夏（变异系数为 34.2%，正影响）、新疆（变异系数为 74.6%，正影响）。由此可见，该期间内，新疆、宁夏对西部区域开放度不平衡状况分别有第一大和第二大正影响，西藏、贵

---

① 保留到百分位为 10.53%，西部地区开放度的年均值保留到百分位为 10.52%。

② 保留到百分位为 7.85%。

③ 保留到百分位为 7.75%。

州对西部区域开放度不平衡状况分别有第一大和第二大负影响；与前一期间相比，新疆、宁夏取代西藏、广西成为第一、第二大正影响力量，而西藏、贵州取代了甘肃、四川成为第一、第二大负影响力量。

第三节　区域之间人均净出口的差别情况

一、区域之间人均净出口的比较（如表7-4和图7-7所示）

1978～2006年期间，东北地区人均净出口的年均值为38.9（单位：美元，下同），标准差为16.3，波动系数为42.0%；东部地区人均净出口的年均值为69.0，标准差为74.1，波动系数为107.4%；中部地区人均净出口的年均值为9.6，标准差为6.0，波动系数为62.4%；西部地区人均净出口的年均值为7.1，标准差为4.4，波动系数为61.4%。由此可见，东北和东部地区人均净出口的年均值高于其他两个地区，虽然东部地区的年均值最高，但标准差最大，波动也最为剧烈；年均值仅次于东部地区的是东北地区，然后是中部地区；西部地区的年均值最低，标准差也最小。从四大区域平稳性来看，东北地区变化的平稳性最高，其次为中部地区、西部地区，东部地区平稳性最低。

表7-4　四大区域人均净出口比较

单位：美元

年份	1978～1990			1991～2000			2001～2006			1978～2006		
区域	均值	标准差	波动系数	均值	标准差	波动系数	均值	标准差	波动系数	均值	标准差	波动系数
东北地区	44.9	11.8	26.2%	44.6	14.2	31.9%	16.1	4.1	25.7%	38.9	16.3	42.0%
东部地区	25.8	6.7	26.0%	59.6	33.0	55.4%	178.2	96.5	54.2%	69.0	74.1	107.4%
中部地区	5.5	2.7	49.8%	10.3	2.6	24.8%	17.1	7.6	44.3%	9.6	6.0	62.4%
西部地区	3.5	2.3	64.0%	9.3	2.6	27.6%	11.4	4.4	38.4%	7.1	4.4	61.4%

资料来源：作者根据《新中国五十五年统计资料汇编》、《中国统计年鉴》相关各期等资料中的原始数据分析整理、测算和自制而成。

单位：%

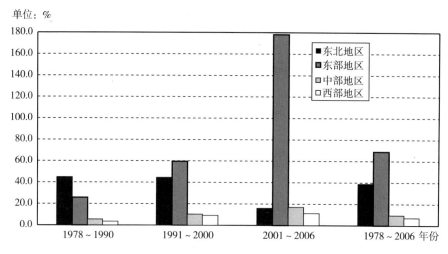

图7-7 四大区域人均净出口比较

资料来源:作者根据《新中国五十五年统计资料汇编》、《中国统计年鉴》相关各期等资料中的原始数据
分析整理、测算和自制而成。

分不同时期进行考察:

1978~1990年期间,我国东北地区人均净出口的年均值为44.9,标准差为
11.8,波动系数为26.2%;东部地区人均净出口的年均值为25.8,标准差为
6.7,波动系数为26.0%;中部地区人均净出口的年均值为5.5,标准差为2.7,
波动系数为49.8%;西部地区人均净出口的年均值为3.5,标准差为2.3,波动
系数为64.0%。由此可见,在此期间,东北地区(均值为44.9)、东部地区(均
值25.8)的人均净出口的均值明显高于中部地区(均值为5.5)和西部地区
(均值为3.5)。对这四大区域人均净出口的变化的平稳性进行考察,东部地区
的平稳性(波动系数为26.0%)略高于东北地区(波动系数为26.2%),但远远
低于中部地区(波动系数为49.8%)和西部地区(波动系数为64.0%)。

1991~2000年期间,我国东北地区人均净出口的年均值为44.6,标准差为
14.2,波动系数为31.9%;东部地区人均净出口的年均值为59.6,标准差为
33.0,波动系数为55.4%;中部地区人均净出口的年均值为10.3,标准差为
2.6,波动系数为24.8%;西部地区人均净出口的年均值为9.3,标准差为2.6,
波动系数为27.6%。由此可见,在此期间,东北地区(均值为44.6)、东部地区
(均值为59.6)的人均净出口的均值明显高于中部地区(均值为10.3)和西部

地区(均值为9.3)。对这四大区域人均净出口变化的平稳性进行考察,总体来看,中部地区平稳性最高,波动系数只有24.8%;东部地区的平稳性最低,波动系数为55.4%。

2001～2006年期间,东北地区人均净出口的年均值为16.1,标准差为4.1,波动系数为25.7%;东部地区人均净出口的年均值为178.2,标准差为96.5,波动系数为54.2%;中部地区人均净出口的年均值为17.1,标准差为7.6,波动系数为44.3%;西部地区人均净出口的年均值为11.4,标准差为4.4,波动系数为38.4%。由此可见,在此期间,东北、中部和西部地区人均净出口的年均值(分别为16.1、17.1和11.4)远远低于东部地区(均值为178.2)人均净出口的年均值,其中西部地区人均净出口的年均值(11.4)最低,其次为东北地区(16.1),再次为中部地区(17.1),东部地区(178.2)最高。从四大区域人均净出口的平稳性来看,东北地区人均净出口的平稳性相对最高(波动系数为25.7%),其次为西部地区(波动系数为38.4%)、中部地区(波动系数为44.3%),东部地区平稳性最低(波动系数为54.2%)。将该时期人均净出口变化的平稳性与1978～1990年时期、1991～2000年时期进行比较,发现1991～2000年时期的平稳性最好。

二、区域之间人均净出口环比增长率的比较(如表7－5和图7－8所示)

1978～2006年期间,东北地区人均净出口环比增长率的年均值为3.3%,标准差为25.9%,波动系数为790.9%;东部地区人均净出口环比增长率的年均值为38.3%,标准差为142.1%,波动系数为370.9%;中部地区人均净出口环比增长率的年均值为16.5%,标准差为34.4%,波动系数为208.7%;西部地区人均净出口环比增长率的年均值为18.0%,标准差为40.2%,波动系数为223.3%。由此可见,东部地区人均净出口环比增长率的年均值最高(38.3%),其次是西部地区(18.0%),紧随其后的是中部地区(16.5%),人均净出口环比增长率最低的是东北地区(3.3%)。从四大区域平稳性来看,中部地区(波动系数为208.7%)变化的平稳性最好,其次为西部地区(波动系数为223.3%)、东部地区(波动系数为370.9%),东北地区(波动系数为790.9%)平稳性最低。

表7－5　四大区域人均净出口年增长率比较

单位:%

年份	1978～1990			1991～2000			2001～2006			1978～2006		
区域	均值	标准差	波动系数	均值	标准差	波动系数	均值	标准差	波动系数	均值	标准差	波动系数
东北地区	14.3	27.2	190.4	－7.1	19.2	－271.2	－1.5	28.5	－1893.9	3.3	25.9	790.9
东部地区	9.9	30.3	307.3	75.9	239.4	315.5	32.6	51.7	158.6	38.3	142.1	370.9
中部地区	19.1	22.5	117.5	10.2	41.4	407.0	21.8	47.1	216.3	16.5	34.4	208.7
西部地区	19.9	18.4	92.2	11.9	50.0	418.3	24.2	60.2	248.7	18.0	40.2	223.3

资料来源:作者根据《新中国五十五年统计资料汇编》、《中国统计年鉴》相关各期等资料中的原始数据
　　　　分析整理、测算和自制而成。

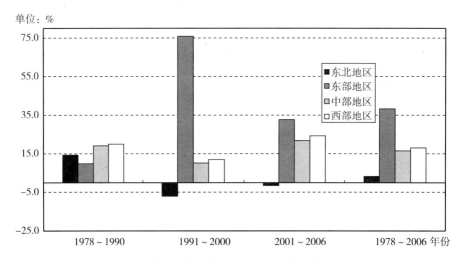

图7－8　四大区域人均净出口年增长率比较

资料来源:作者根据《新中国五十五年统计资料汇编》、《中国统计年鉴》相关各期等资料中的原始数据
　　　　分析整理、测算和自制而成。

分不同时期进行考察:

1978～1990 年期间,我国东北地区人均净出口环比增长率的年均值为
14.3%,标准差为27.2%,波动系数为190.4%;东部地区人均净出口环比增长
率的年均值为9.9%,标准差为30.3%,波动系数为307.3%;中部地区人均净
出口环比增长率的年均值为19.1%,标准差为22.5%,波动系数为117.5%;西

部地区人均净出口环比增长率的年均值为 19.9%,标准差为 18.4%,波动系数为 92.2%。由此可见,在此期间,西部地区的均值最高(19.9%),其次是中部地区(19.1%)和东北地区(14.3%),东部地区(9.9%)的人均净出口环比增长率的均值最低。对这四大区域人均净出口环比增长率的变化的平稳性进行考察,东部地区的平稳性(波动系数为 307.3%)最低,相对最为平稳的是西部地区(波动系数为 94.0%),介于它们之间的是东北地区(波动系数为 190.4%)和中部地区(波动系数为 117.5%)。

1991~2000 年期间,我国东北地区人均净出口环比增长率的均值为 -7.1%,标准差为 19.2%,波动系数为 -271.2%;东部地区人均净出口环比增长率的均值为 75.9%,标准差为 239.4%,波动系数为 315.5%;中部地区人均净出口环比增长率的均值为 10.2%,标准差为 41.4%,波动系数为 407.0%;西部地区人均净出口环比增长率的均值为 11.9%,标准差为 50.0%,波动系数为 418.3%。由此可见,在此期间,东部地区(均值为 75.9%)的人均净出口环比增长率的均值明显高于西部地区(均值为 11.9%)、中部地区(均值为 10.2%)和东北地区(均值为 -7.1%)。对这四大区域人均净出口的变化的平稳性进行考察,总体来看四大区域的波动性都比较大,其中东北地区平稳性相对最高,波动系数为 -271.2%;其次是东部地区,波动系数为 315.5%;然后是中部地区,波动系数为 407.0%;西部地区的平稳性最低,波动系数为 418.3%。

2001~2006 年期间,东北地区人均净出口环比增长率的均值为 -1.5%,标准差为 28.5%,波动系数为 -1893.9%;东部地区人均净出口环比增长率的年均值为 32.6%,标准差为 51.7%,波动系数为 158.6%;中部地区人均净出口环比增长率的年均值为 21.8%,标准差为 47.1%,波动系数为 216.3%;西部地区人均净出口环比增长率的年均值为 24.2%,标准差为 60.2%,波动系数为 248.7%。由此可见,在此期间,东北地区人均净出口环比增长率的年均值(-1.5%)远远低于其他 3 个地区(依次是:东部地区 32.6%,西部地区 24.2%,中部地区 21.8%)。从四大区域人均净出口环比增长率的平稳性来看,东部地区人均净出口环比增长率的平稳性最高(波动系数为 158.6%),其次为中部地区(波动系数为 216.3%)、西部地区(波动系数为 248.7%),东北地区平稳性最低(波动系数为 -1893.9%)。将该时期人均净出口环比增长率变化的平稳性与 1978~1990 年时期、1991~2000 年时期进行比较,可以发现

1978～1990 年时期的平稳性相对最好。

第四节 区域内部省际人均净出口比较分析

一、东北区域内部人均净出口差异考察

1978～2006 年期间(如表 7－6 和图 7－9 所示),东北地区人均净出口的
年均值为 38.9。其中,辽宁省人均净出口的年均值为 94.8,标准差为 60.1,变
异系数为 154.5%;吉林省人均净出口的年均值为 －8.4,标准差为 55.9,变异
系数为 143.8%;黑龙江省人均净出口的年均值为 9.4,标准差为 34.3,变异系
数为 88.3%。由此可见,在此期间,本区域 3 省份中只有 1 个省即辽宁(94.8)
的年人均净出口的年均值高于本区域整体水平;而黑龙江人均净出口的年均值
(9.4)和吉林人均净出口的年均值(－8.4)均低于本区域整体平均水平。吉林
(变异系数为 143.8%)、黑龙江(变异系数为 88.3%)对东北区域内人均净出
口的不平衡分别有第一大和次大的负影响,辽宁(变异系数为 154.5%)对东北
区域内人均净出口的不平衡有正影响。

表 7－6 区域内部省际人均净出口差别情况

单位:美元

省 份	1978～1990 年			1991～2000 年			2001～2006 年			1978～2006 年		
	均值	标准差	变异系数	均值	标准差	变异系数	均值	标准差	变异系数	均值	标准差	变异系数
辽 宁	99.7	57.0	126.8%	102.7	59.5	133.4%	71.1	44.5	275.6%	94.8	60.1	154.5%
吉 林	9.1	37.2	82.7%	0.3	46.3	103.8%	－60.8	67.0	415.1%	－8.4	55.9	143.8%
黑龙江	9.4	37.0	82.4%	10.9	34.5	77.3%	6.6	14.5	90.0%	9.4	34.3	88.3%
东北地区	44.9	0.0	0.0%	44.6	0.0	0.0%	16.1	0.0	0.0%	38.9	0.0	0.0%
北 京	27.2	26.3	102.1%	－84.7	159.3	267.3%	－593.1	718.7	403.4%	－139.7	448.4	650.0%
天 津	138.8	115.1	445.8%	53.5	98.4	165.1%	－65.4	237.5	133.3%	67.1	175.6	254.6%
河 北	16.4	13.2	51.3%	27.0	42.0	70.5%	59.6	104.4	58.6%	29.0	69.1	100.2%

续表

省　份	1978～1990 年			1991～2000 年			2001～2006 年			1978～2006 年		
	均值	标准差	变异系数	均值	标准差	变异系数	均值	标准差	变异系数	均值	标准差	变异系数
上　海	233.4	216.4	838.4%	152.1	231.2	388.1%	-647.0	677.7	380.4%	23.2	461.0	668.2%
江　苏	18.1	10.8	41.7%	43.1	19.6	32.9%	132.9	59.2	33.2%	50.5	38.7	56.1%
浙　江	17.0	14.6	56.7%	107.7	62.5	104.9%	613.6	370.7	208.1%	171.7	229.0	332.0%
福　建	-0.1	27.6	106.9%	54.1	21.1	35.4%	298.4	105.4	59.2%	80.4	68.2	98.8%
山　东	15.6	11.8	45.9%	34.7	31.2	52.3%	93.6	90.7	50.9%	38.3	58.9	85.4%
广　东	19.3	15.6	60.6%	127.0	104.0	174.5%	371.4	173.2	97.2%	129.3	123.4	178.9%
海　南	-6.4	35.4	137.1%	-34.3	105.1	176.5%	-76.7	223.0	125.2%	-30.5	152.1	220.4%
东部地区	25.8	0.0	0.0%	59.6	0.0	0.0%	178.2	0.0	0.0%	69.0	0.0	0.0%
山　西	4.1	2.7	48.6%	17.0	9.6	93.2%	65.6	42.8	250.0%	21.2	26.7	279.5%
安　徽	4.1	1.6	30.0%	11.4	2.6	25.1%	11.9	6.5	37.8%	8.2	4.4	45.9%
江　西	6.0	1.1	19.6%	12.7	4.8	46.8%	11.3	6.6	38.4%	9.4	5.0	52.5%
河　南	4.5	1.2	21.7%	6.0	4.8	46.2%	17.9	3.3	19.2%	7.8	3.6	37.8%
湖　北	8.4	3.2	58.5%	9.0	3.1	29.5%	-4.3	20.0	117.2%	6.0	12.5	131.1%
湖　南	6.0	1.6	28.8%	12.1	2.3	22.0%	15.2	4.5	26.1%	10.0	3.2	33.9%
中部地区	5.5	0.0	0.0%	10.3	0.0	0.0%	17.1	0.0	0.0%	9.6	0.0	0.0%
重　庆	0.7	3.8	108.3%	0.5	10.4	112.5%	18.3	6.5	56.7%	4.3	7.9	111.0%
四　川	2.4	1.2	34.4%	4.7	5.2	55.8%	7.5	3.9	34.3%	4.2	4.0	56.5%
贵　州	1.2	2.7	76.5%	4.9	5.0	53.7%	6.6	4.3	37.5%	3.6	4.4	61.7%
云　南	3.7	0.9	26.1%	10.1	2.2	23.3%	9.2	7.4	80.9%	6.8	5.8	81.2%
西　藏	-2.6	6.6	188.0%	-9.6	37.4	403.8%	30.2	18.9	165.8%	1.8	25.9	363.2%
陕　西	3.0	1.4	39.2%	15.7	8.5	91.5%	26.6	15.5	136.2%	12.3	10.8	151.4%
甘　肃	3.2	0.6	18.2%	8.3	3.3	36.0%	-6.1	24.0	210.9%	3.0	14.8	206.9%
青　海	4.0	2.8	80.2%	16.6	7.9	84.9%	30.0	18.9	165.9%	13.7	12.6	176.7%
宁　夏	8.6	5.5	156.0%	30.3	23.0	248.5%	60.9	41.0	359.7%	26.9	28.9	404.3%
新　疆	6.9	4.9	139.2%	4.9	10.9	118.2%	47.0	59.1	518.5%	14.5	36.7	514.5%

续表

省 份	1978～1990 年			1991～2000 年			2001～2006 年			1978～2006 年		
	均值	标准差	变异系数	均值	标准差	变异系数	均值	标准差	变异系数	均值	标准差	变异系数
内蒙古	4.2	2.0	56.4%	6.8	4.8	51.5%	-20.3	26.2	230.4%	0.1	16.3	228.3%
广　西	8.2	5.1	143.3%	22.1	15.1	163.0%	8.8	6.9	60.8%	13.1	10.7	150.0%
西部地区	3.5	0.0	0.0%	9.3	0.0	0.0%	11.4	0.0	0.0%	7.1	0.0	0.0%

资料来源:作者根据《新中国五十五年统计资料汇编》、《中国统计年鉴》相关各期等资料中的原始数据
　　　　分析整理、测算和自制而成。

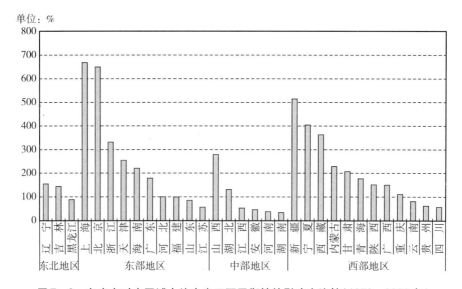

图7-9　各省市对本区域人均净出口不平衡性的影响力比较(1978～2006 年)

资料来源:作者根据《新中国五十五年统计资料汇编》、《中国统计年鉴》相关各期等资料中的原始数据
　　　　分析整理、测算和自制而成。

分不同时期进行考察:

1978～1990 年期间(如表7-6 和图7-10 所示),东北地区人均净出口
的年均值为 44.9。其中,辽宁省人均净出口的年均值为 99.7,标准差为
57.0,变异系数为 126.8%;吉林省人均净出口的年均值为 9.1,标准差为
37.2,变异系数为 82.7%;黑龙江省人均净出口的年均值为 9.4,标准差为
37.0,变异系数为 82.4%。由此可见,在此期间,本区域 3 省份中,辽宁省人

均净出口的年均值(99.7)高于本区域整体水平,吉林省人均净出口的年均值(9.1)低于本区域整体水平,黑龙江省人均净出口的年均值(9.4)也低于本区域整体平均水平。辽宁(变异系数为126.8%)对东北区域内人均净出口的不平衡有正影响,吉林(变异系数为82.7%)、黑龙江(变异系数为82.4%)对东北区域内人均净出口的不平衡分别有第一大和次大负影响。

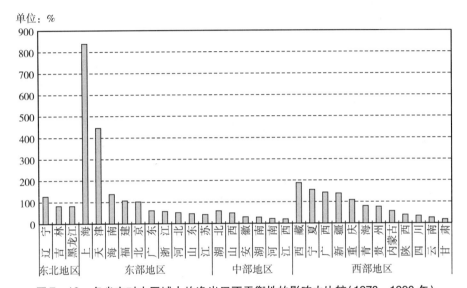

图7-10　各省市对本区域人均净出口不平衡性的影响力比较(1978~1990年)

资料来源:作者根据《新中国五十五年统计资料汇编》、《中国统计年鉴》相关各期等资料中的原始数据
　　　　分析整理、测算和自制而成。

1991~2000年期间(如表7-6和图7-11所示),东北地区人均净出口的年均值为44.6。其中,辽宁省人均净出口的年均值为102.7,标准差为59.5,变异系数为133.4%;吉林省人均净出口的年均值为0.3,标准差为46.3,变异系数为103.8%;黑龙江省人均净出口的年均值为10.9,标准差为34.5,变异系数为77.3%。由此可见,在此期间,本区域3省份中,吉林省和黑龙江省人均净出口的年均值(分别为0.3、10.9)低于本区域整体水平,辽宁省人均净出口的年均值(102.7)远远高于本区域整体平均水平。辽宁(变异系数为133.4%)对东北区域内人均净出口的不平衡有正影响,吉林(变异系数为103.8%)、黑龙江(变异系数为77.3%)对东北区域内人均净出口的不平衡分别有第一大和次

大负影响。与前一时期比较,3省对东北区域内人均净出口不平衡的正负影响地位没有变化。

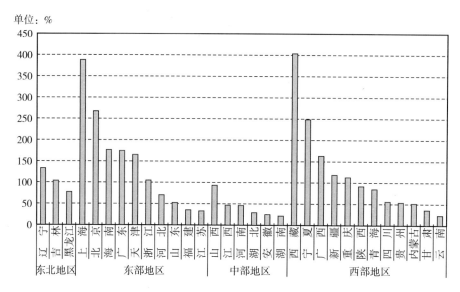

图7－11　各省市对本区域人均净出口不平衡性的影响力比较(1991～2000年)

资料来源:作者根据《新中国五十五年统计资料汇编》、《中国统计年鉴》相关各期等资料中的原始数据
　　　　分析整理、测算和自制而成。

　　2001～2006年期间(如表7－6和图7－12所示),东北地区人均净出口的
年均值为26.1。其中,辽宁省人均净出口的年均值为39.4,标准差为10.4,变
异系数为39.8%;吉林省人均净出口的年均值为16.3,标准差为8.1,变异系数
为31.0%;黑龙江省人均净出口的年均值为11.8,标准差为11.3,变异系数为
43.2%。由此可见,在此期间,本区域3省份中,辽宁省人均净出口的年均值
(39.4)高于本区域整体水平,吉林省人均净出口的年均值(16.3)则低于该区
域整体平均水平,黑龙江省人均净出口的年均值(11.8)也低于本区域整体平
均水平。黑龙江(变异系数为43.2%)、吉林(变异系数为31.0%)对东北区域
内人均净出口的不平衡分别有第一大和次大负影响,辽宁(变异系数为
39.8%)对东北区域内人均净出口的不平衡有正影响。与前一时期比较,3省
对东北区域内人均净出口的不平衡正负影响的性质仍然没有变化。

单位：%

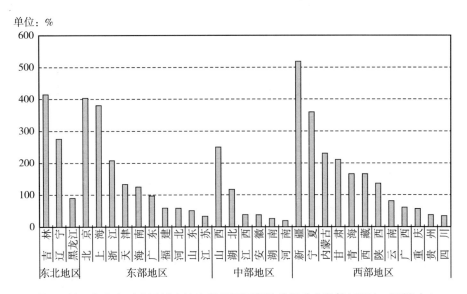

图 7 - 12　各省市对本区域人均净出口不平衡性的影响力比较（2001～2006 年）

资料来源：作者根据《新中国五十五年统计资料汇编》、《中国统计年鉴》相关各期等资料中的原始数据
　　　　分析整理、测算和自制而成。

二、东部区域内部人均净出口差异考察

1978～2006 年期间（如表 7 - 6 和图 7 - 9 所示），东部地区人均净出口的
年均值为 69.0。本区域 10 个省市中有 3 个省人均净出口的年均值高于本地区
的整体年均水平，分别为浙江（171.7）、广东（129.3）、福建（80.4）；有 7 个省市
人均净出口的年均值低于本地区的整体年均水平，分别是天津（67.1）、江苏
（50.5）、山东（38.3）、河北（29.0）、上海（23.2）、海南（ - 30.5）、北京
（ - 139.7）。根据各省市 CV 值的计算结果，可以看出各省市对本区域人均净
出口不平衡程度的影响情况，按照由低到高依次是：江苏（变异系数为 56.1%，
负影响）、山东（变异系数为 85.4%，负影响）、福建（变异系数为 98.8%，正影
响）、河北（变异系数为 100.2%，负影响）、广东（变异系数为 178.9%，正影
响）、海南（变异系数为 220.4%，负影响）、天津（变异系数为 254.6%，负影
响）、浙江（变异系数为 332.0%，正影响）、北京（变异系数为 650.0%，负影
响）、上海（变异系数为 668.2%，负影响）。由此可见，该期间内，浙江、广东对
东部区域人均净出口不平衡状况分别有第一大和第二大正影响，上海、北京对
东部区域人均净出口不平衡状况分别有第一大和第二大负影响。

分不同时期进行考察：

1978～1990年期间（如表7-6和图7-10所示），东部地区人均净出口的年均值为25.8。本区域有3个省市人均净出口的年均值高于本地区的整体年均水平，分别是上海（233.4）、天津（138.8）、北京（27.2）；有7个省人均净出口的年均值低于本地区的整体年均水平，分别为广东（19.3）、江苏（18.1）、浙江（17.0）、河北（16.4）、江苏（8.1）、福建（-0.1）、海南（-6.4）。根据各省市CV值的计算结果，可以看出各省市对本区域人均净出口不平衡程度的影响情况，按照由低到高依次是：江苏（变异系为41.7%，负影响）、山东（变异系数为45.9%，负影响）、河北（变异系数为51.3%，负影响）、浙江（变异系数为56.7%，负影响）、广东（变异系数为60.6%，负影响）、北京（变异系数为102.1%，正影响）、福建（变异系数为106.9%，负影响）、海南（变异系数为137.1%，负影响）、天津（变异系数为445.8%，正影响）、上海（变异系数为838.4%，正影响）。由此可见，该期间内，上海、天津对东部区域人均净出口不平衡状况有第一大和第二大正影响，海南、福建对东部区域人均净出口不平衡状况有第一大和第二大负影响。

1991～2000年期间（如表7-6和图7-11所示），东部地区人均净出口的年均值为59.6。本区域有3个省市人均净出口的年均值高于本地区的整体年均水平，分别是上海（152.1）、广东（127.0）、浙江（107.7）；有7个省市人均净出口的年均值低于本地区的整体年均水平，分别为福建（54.1）、天津（53.5）、江苏（43.1）、山东（34.7）、河北（27.0）、海南（-34.3）、北京（-84.7）。根据各省市CV值的计算结果，可以看出各省市对本区域人均净出口不平衡程度的影响情况，按照由低到高依次是：江苏（变异系数为32.9%，负影响）、福建（变异系数为35.4%，负影响）、山东（变异系数为52.3%，负影响）、河北（变异系数为70.5%，正影响）、浙江（变异系数为104.9%，正影响）、天津（变异系数为165.1%，负影响）、广东（变异系数为174.5%，正影响）、海南（变异系数为176.5%，负影响）、北京（变异系数为267.3%，负影响）、上海（变异系数为388.1%，正影响）。由此可见，该期间内，上海、广东对东部区域人均净出口不平衡状况分别有第一大和第二大正影响，北京、海南对东部区域人均净出口不平衡状况分别有第一大和第二大负影响。与前一时期相比，广东由负的变为正的影响力量，并取代了天津成为第二大正影响力量。

2001~2006 年期间(如表 7 - 6 和图 7 - 12 所示),东部地区人均净出口的年均值为 178.2。本区域有 3 个省人均净出口的年均值高于本地区的整体年均水平,分别是浙江(613.6)、广东(371.4)、福建(298.4);有 7 个省市人均净出口的年均值低于本地区的整体年均水平,分别为江苏(132.9)、山东(93.6)、河北(59.6)、天津(-65.4)、海南(-76.7)、北京(-593.1)、上海(-647.0)。根据各省市 CV 值的计算结果,可以看出各省市对本区域人均净出口不平衡程度的影响情况,按照由低到高依次是:江苏(变异系数为 33.2%,负影响)、山东(变异系数为 50.9%,负影响)、河北(变异系数为 58.6%,负影响)、福建(变异系数为 59.2%,正影响)、广东(变异系数为 97.2%,正影响)、海南(变异系数为 125.2%,负影响)、天津(变异系数为 133.3%,负影响)、浙江(变异系数为 208.1%,正影响)、上海(变异系数为 380.4%,负影响)、北京(变异系数为 403.4%,负影响)。由此可见,该期间内,浙江、广东对东部区域人均净出口不平衡状况分别有第一大和第二大正影响,北京、上海对东部区域人均净出口不平衡状况分别有第一大和第二大负影响。与前一期间相比,上海由正变为负的影响力量,并且,浙江取代上海成为第一大正影响力量,而上海取代海南成为第二大负影响力量。

三、中部区域内部人均净出口差异考察

1978~2006 年期间(如表 7 - 6 和图 7 - 9 所示),中部地区人均净出口的年均值为 9.6。本区域 6 个省中有 2 个省人均净出口的年均值高于该地区的整体年均水平,分别为山西(21.2)、湖南(10.0);有 4 个省人均净出口的年均值低于该地区的整体年均水平,分别是江西(9.4)、安徽(8.2)、河南(7.8)、湖北(6.0);其中人均净出口的年均值最高的山西是人均净出口的年均值最低的湖北的 3.53 倍。根据各省 CV 值的计算结果,可以看出各省对本区域人均净出口不平衡程度的影响情况,按照由低到高依次是:湖南(变异系数为 33.9%,正影响)、河南(变异系数为 37.8%,负影响)、安徽(变异系数为 45.9%,负影响)、江西(变异系数为 52.5%,负影响)、湖北(变异系数为 131.1%,负影响)、山西(变异系数为 279.5%,正影响)。由此可见,该期间内,山西、湖南对中部区域人均净出口不平衡状况分别有第一大和第二大正影响,湖北、江西对中部区域人均净出口不平衡状况分别有第一大和第二大负影响。

分不同时期进行考察：

1978～1990 年期间（如表 7-6 和图 7-10 所示），中部地区人均净出口的年均值为 5.5。本区域 6 个省中有 3 个省人均净出口的年均值高于该地区的整体年均水平，分别为湖北（8.4）、江西（6.0①）、湖南（6.0②）；有 3 个省人均净出口的年均值低于该地区的整体年均水平，分别是河南（4.5）、安徽（4.1③）、山西（4.1④）；其中人均净出口的年均值最高的湖北是人均净出口的年均值最低的山西的 2.07 倍。根据各省 CV 值的计算结果，可以看出各省对本区域人均净出口不平衡程度的影响情况，按照由低到高依次是：江西（变异系数为 19.6%，正影响）、河南（变异系数为 21.7%，负影响）、湖南（变异系数为 28.8%，正影响）、安徽（变异系数为 30.0%，负影响）、山西（变异系数为 48.6%，负影响）、湖北（变异系数为 58.5%，正影响）。由此可见，该期间内，湖北、湖南对中部区域人均净出口不平衡状况分别有第一大和第二大正影响，山西、安徽对中部区域人均净出口不平衡状况分别有第一大和第二大负影响。

1991～2000 年期间（如表 7-6 和图 7-11 所示），中部地区人均净出口的年均值为 10.3。本区域 6 个省中有 4 个省人均净出口的年均值高于该地区的整体年均水平，分别为山西（17.0）、江西（12.7）、湖南（12.1）、安徽（11.4）；有 2 个省人均净出口的年均值低于该地区的整体年均水平，分别是湖北（9.0）、河南（6.0）；其中人均净出口的年均值最高的山西是人均净出口的年均值最低的河南的 2.83 倍。根据各省 CV 值的计算结果，可以看出各省对本区域人均净出口不平衡程度的影响情况，按照由低到高依次是：湖南（变异系数为 22.0%，正影响）、安徽（变异系数为 25.1%，正影响）、湖北（变异系数为 29.5%，负影响）、河南（变异系数为 46.2%，负影响）、江西（变异系数为 46.8%，正影响）、山西（变异系数为 93.2%，正影响）。由此可见，该期间内，山西、江西对中部区域人均净出口不平衡状况分别有第一大和第二大正影响，河南、湖北对中部区域人均净出口不平衡状况分别有第一大和第二大负影响；与前一期间相比，湖北由第一大正影响力量变为了第二大负影响力量，山西由第一大负影响力量变

---

① 保留到千分位是 6.003。
② 保留到千分位是 5.999。
③ 保留到百分位是 4.08。
④ 保留到百分位是 4.06。

为第一大正影响力量。

2001~2006年期间(如表7-6和图7-12所示),中部地区人均净出口的年均值为17.1。本区域6个省中有2个省人均净出口的年均值高于该地区的整体年均水平,分别为山西(65.6)、河南(17.9);有4个省人均净出口的年均值低于该地区的整体年均水平,分别是湖南(15.2)、安徽(11.9)、江西(11.3)、湖北(-4.3)。根据各省CV值的计算结果,可以看出各省对本区域人均净出口不平衡程度的影响情况,按照由低到高依次是:河南(变异系数为19.2%,正影响)、湖南(变异系数为26.1%,负影响)、安徽(变异系数为37.8%,负影响)、江西(变异系数为38.4%,负影响)、湖北(变异系数为117.2%,负影响)、山西(变异系数为250.0%,正影响)。由此可见,该期间内,山西、河南对中部区域人均净出口不平衡状况分别有第一大和第二大正影响,湖北、江西对中部区域人均净出口不平衡状况分别有第一大和第二大负影响;与前一期间相比,河南由第一大负影响力量成为了第二大正影响力量。

四、西部区域内部人均净出口差异考察

1978~2006年期间(如表7-6和图7-9所示),西部地区人均净出口的年均值为7.1。本区域12个省市中有5个省人均净出口的年均值高于该地区的整体年均水平,分别为宁夏(26.9)、新疆(14.5)、青海(13.7)、广西(13.1)、陕西(12.3);有7个省市人均净出口的年均值低于该地区的整体年均水平,分别是云南(6.8)、重庆(4.3)、四川(4.2)、贵州(3.6)、甘肃(3.0)、西藏(1.8)、内蒙古(0.1);其中人均净出口的年均值最高的宁夏是人均净出口的年均值最低的内蒙古的407.44倍。根据各省市CV值的计算结果,可以看出各省市对本区域人均净出口不平衡程度的影响情况,按照由低到高依次是:四川(变异系数为56.5%,负影响)、贵州(变异系数为61.7%,负影响)、云南(变异系数为81.2%,负影响)、重庆(变异系数为111.0%,负影响)、广西(变异系数为150.0%,正影响)、陕西(变异系数为151.4%,正影响)、青海(变异系数为176.7%,正影响)、甘肃(变异系数为206.9%,负影响)、内蒙古(变异系数为228.3%,负影响)、西藏(变异系数为363.2%,负影响)、宁夏(变异系数为404.3%,正影响)、新疆(变异系数为514.5%,正影响)。由此可见,该期间内,新疆、宁夏对西部区域人均净出口不平衡状况分别有第一大和第二大正影响,西藏、

内蒙古对西部区域人均净出口不平衡状况分别有第一大和第二大负影响。

分不同时期进行考察：

1978～1990 年期间（如表 7－6 和图 7－10 所示），西部地区人均净出口的年均值为 3.5。本区域 12 个省市中有 6 个省人均净出口的年均值高于该地区的整体年均水平，分别为宁夏（8.6）、广西（8.2）、新疆（6.9）、内蒙古（4.2）、青海（4.0）、云南（3.7）；另外 6 个省市人均净出口的年均值低于该地区的整体年均水平，分别是甘肃（3.2）、陕西（3.0）、四川（2.4）、贵州（1.2）、重庆（0.7）、西藏（－2.6）。根据各省市 CV 值的计算结果，可以看出各省市对本区域人均净出口不平衡程度的影响情况，按照由低到高依次是：甘肃（变异系数为 18.2%，负影响）、云南（变异系数为 26.1%，正影响）、四川（变异系数为 34.4%，负影响）、陕西（变异系数为 39.2%，负影响）、内蒙古（变异系数为 56.4%，正影响）、贵州（变异系数为 76.5%，负影响）、青海（变异系数为 80.2%，正影响）、重庆（变异系数为 108.3%，负影响）、新疆（变异系数为 139.2%，正影响）、广西（变异系数为 143.3%，正影响）、宁夏（变异系数为 156.0%，正影响）、西藏（变异系数为 188.0%，负影响）。由此可见，该期间内，宁夏、广西对西部区域人均净出口不平衡状况分别有第一大和第二大正影响，西藏、重庆对西部区域人均净出口不平衡状况分别有第一大和第二大负影响。

1991～2000 年期间（如表 7－6 和图 7－11 所示），西部地区人均净出口的年均值为 9.3。本区域 12 个省市中有 5 个省人均净出口的年均值高于该地区的整体年均水平，分别为宁夏（30.3）、广西（22.1）、青海（16.6）、陕西（15.7）、云南（10.1）；有 7 个省市人均净出口的年均值低于该地区的整体年均水平，分别是甘肃（8.3）、内蒙古（6.8）、贵州（4.9①）、新疆（4.9②）、四川（4.7）、重庆（0.5）、西藏（－9.6）。根据各省市 CV 值的计算结果，可以看出各省市对本区域人均净出口不平衡程度的影响情况，按照由低到高依次是：云南（变异系数为 23.3%，正影响）、甘肃（变异系数为 36.0%，负影响）、内蒙古（变异系数为 51.5%，负影响）、贵州（变异系数为 53.7%，负影响）、四川（变异系数为 55.8%，负影响）、青海（变异系数为 84.9%，正影响）、陕西（变异系数为

---

① 保留到百分位为 4.94。

② 保留到百分位为 4.90。

91.5%,正影响)、重庆(变异系数为112.5%,负影响)、新疆(变异系数为118.2%,负影响)、广西(变异系数为163.0%,正影响)、宁夏(变异系数为248.5%,正影响)、西藏(变异系数为403.8%,负影响)。由此可见,该期间内,宁夏、广西对西部区域人均净出口不平衡状况有第一大和第二大正影响,西藏、新疆对西部区域人均净出口不平衡状况有第一大和第二大负影响;与前一期间相比,新疆取代了重庆的位置成为了第二大负影响力量。

2001～2006年期间(如表7-6和图7-12所示),西部地区人均净出口的年均值为11.4。本区域12个省市中有6个省市人均净出口的年均值高于该地区的整体年均水平,分别为宁夏(60.9)、新疆(47.0)、西藏(30.2)、青海(30.0)、陕西(26.6)、重庆(18.3);有6个省人均净出口的年均值低于该地区的整体年均水平,分别是广西(8.8)、云南(8.0)、四川(7.5)、贵州(6.6)、甘肃(-6.1)、内蒙古(-20.3)。根据各省市CV值的计算结果,可以看出各省市对本区域人均净出口不平衡程度的影响情况,按照由低到高依次是:四川(变异系数为34.3%,负影响)、贵州(变异系数为37.5%,负影响)、重庆(变异系数为56.7%,正影响)、广西(变异系数为60.8%,负影响)、云南(变异系数为80.9%,负影响)、陕西(变异系数为136.2%,正影响)、西藏(变异系数为165.8%,正影响)、青海(变异系数为165.9%,正影响)、甘肃(变异系数为210.9%,负影响)、内蒙古(变异系数为230.4%,负影响)、宁夏(变异系数为359.7%,正影响)、新疆(变异系数为518.5%,正影响)。由此可见,该期间内,新疆、宁夏对西部区域人均净出口不平衡状况分别有第一大和第二大正影响,内蒙古、甘肃对西部区域人均净出口不平衡状况分别有第一大和第二大负影响;与前一期间相比,内蒙古、甘肃取代了西藏、新疆成为第一大和第二大负影响力量。

第五节　区域之间人均货物与服务净出口的差别情况

一、区域之间人均货物与服务净出口的比较(如表7-7和图7-13所示)

1978～2006年期间,东北地区人均货物与服务净出口均值为263.9美元,标准差为278.5美元,波动系数为105.6%;东部地区人均货物与服务净出口均值为 286.1 美元,标准差为 265.4 美元,波动系数为 92.8%;中部地区人均货物与服务净出口均值为 36.3 美元,标准差为 30.5 美元,波动系数为 84.0%;西部地区人均货物与服务净出口均值为 - 132.8 美元,标准差为 142.3 美元,波动系数为 - 107.2%。由此可见,东北地区(263.9 美元)、东部地区(286.1 美元)和中部地区(36.3 美元)人均货物与服务净出口均值大于 0,即东北地区、东部地区和中部地区人均货物与服务的出口高于进口;西部地区(- 132.8 美元)人均货物与服务净出口均值小于 0,即西部地区人均货物与服务的进口高于出口;相比较而言,东部地区人均货物与服务净出口均值最高,其次是东北地区,再次是中部地区,西部地区人均货物与服务净出口均值最低。从各区域人均货物与服务净出口标准差而言,东北地区(278.5 美元)人均货物与服务净出口标准差最高,其次是东部地区(265.4 美元),再次是西部地区(142.3 美元),中部地区(30.5 美元)人均货物与服务净出口标准差最低。从各区域人均货物与服务净出口稳定性而言,西部地区(波动系数为 107.2%,负值)人均货物与服务净出口波动系数高于东北地区(波动系数为 105.6%)、中部地区(波动系数为 92.8%)和中部地区(波动系数为 84.0%),即中部地区平稳性最优,其次是东部地区,再次是东北地区,西部地区平稳性最低。

表 7 - 7　四大区域人均货物与服务净出口比较

单位:美元

年份	1978～1990			1991～2000			2001～2006			1978～2006		
区域	均值	标准差	波动系数	均值	标准差	波动系数	均值	标准差	波动系数	均值	标准差	波动系数
东北地区	86.8	16.3	18.8%	396.5	280.7	70.8%	426.5	378.8	88.8%	263.9	278.5	105.6%
东部地区	91.4	30.4	33.3%	352.7	218.1	61.8%	596.7	288.7	48.4%	286.1	265.4	92.8%
中部地区	14.2	14.1	99.5%	52.2	27.6	52.8%	58.0	32.1	55.5%	36.3	30.5	84.0%
西部地区	- 44.0	21.4	- 48.7%	- 168.0	64.8	- 38.6%	- 266.6	245.5	- 92.1%	- 132.8	142.3	- 107.2%

资料来源:作者根据《新中国五十五年统计资料汇编》、《中国统计年鉴》相关各期等资料中的原始数据分析整理、测算和自制而成。

单位：美元

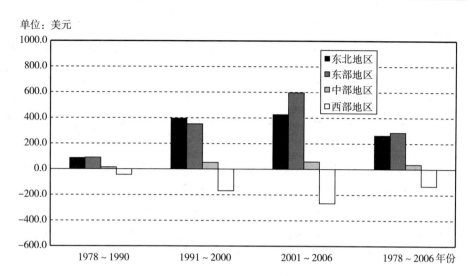

图 7-13　四大区域人均货物与服务净出口比较

资料来源：作者根据《新中国五十五年统计资料汇编》、《中国统计年鉴》相关各期等资料中的原始数据
　　　　分析整理、测算和自制而成。

分不同时期进行考察：

1978～1990 年期间，东北地区人均货物与服务净出口均值为 86.8 美元，
标准差为 16.3 美元，波动系数为 18.8%；东部地区人均货物与服务净出口均
值为 91.4 美元，标准差为 30.4 美元，波动系数为 33.3%；中部地区人均货物与
服务净出口均值为 14.2 美元，标准差为 14.1 美元，波动系数为 99.5%；西部地
区人均货物与服务净出口均值为 -44.0 美元，标准差为 21.4 美元，波动系数
为 -48.7%。由此可见，东北地区（86.8 美元）、东部地区（91.4 美元）和中部
地区（14.2 美元）人均货物与服务净出口均值大于 0，即东北地区、东部地区和
中部地区人均货物与服务出口高于进口；西部地区（-44.0 美元）人均货物与
服务净出口均值小于 0，即西部地区人均货物与服务进口高于出口，其中东部
地区人均货物与服务净出口均值最高，其次是东北地区，再次是中部地区，西部
地区最低。从各区域人均货物与服务净出口标准差而言，东部地区（30.4 美
元）人均货物与服务净出口标准差最高，其次是西部地区（21.4 美元），再次是
东北地区（16.3 美元），中部地区（14.1 美元）人均货物与服务净出口标准差最
低。从各区域人均货物与服务净出口稳定性而言，中部地区（波动系数为
99.5%）人均货物与服务净出口波动系数明显高于东北地区（波动系数为

18.8%）、东部地区（波动系数为33.3%）和西部地区（波动系数为48.7%,负值），其中东部地区平稳性最优,其次是东北地区,再次是西部地区,中部地区平稳性最低。

1991～2000年期间,东北地区人均货物与服务净出口均值为396.5美元,标准差为280.7美元,波动系数为70.8%;东部地区人均货物与服务净出口均值为352.7美元,标准差为218.1美元,波动系数为61.8%;中部地区人均货物与服务净出口均值为52.2美元,标准差为27.6美元,波动系数为52.8%;西部地区人均货物与服务净出口均值为－168.0美元,标准差为64.8美元,波动系数为－38.6%。由此可见,东北地区（396.5美元）、东部地区（352.7美元）和中部地区（52.2美元）人均货物与服务净出口的均值大于0,即东北地区、东部地区和中部地区人均货物与服务出口高于进口;西部地区（－168美元）人均货物与服务净出口的均值小于0,即西部地区的进口高于出口,其中东北地区人均货物与服务净出口均值最高,其次是东部地区,再次是中部地区,西部地区人均货物与服务净出口均值最低。从各区域人均货物与服务净出口标准差而言,东北地区（280.7美元）人均货物与服务净出口标准差最高,其次是东部地区（218.1美元）,再次是西部地区（64.8美元）,中部地区（27.6美元）人均货物与服务净出口标准差最低。从各区域人均货物与服务净出口稳定性而言,西部地区（波动系数为38.6%,负值）平稳性最优,其次是中部地区（波动系数为52.8%）和东北地区（波动系数为61.8%）,东部地区（波动系数为70.8%）平稳性最低。

2001～2006年期间,东北地区人均货物与服务净出口均值为426.5美元,标准差为378.8美元,波动系数为88.8%;东部地区人均货物与服务净出口均值为596.7美元,标准差为288.7美元,波动系数为48.4%;中部地区人均货物与服务净出口均值为58.0美元,标准差为32.1美元,波动系数为55.5%;西部地区人均货物与服务净出口均值为－266.6美元,标准差为245.5美元,波动系数为－92.1%。由此可见,东北地区（426.5美元）、东部地区（596.7美元）和中部地区（58.0美元）人均货物与服务净出口均值大于0,即东北地区、东部地区和中部地区人均货物与服务出口高于进口;西部地区（－266.6美元）人均货物与服务净出口均值小于0,即西部地区人均货物与服务进口高于出口,其中东部地区人均货物与服务净出口均值最高,其次是东北地区,再次是中部地区,西部地区人均货物与服务净出口均值最低。从各区域人均货物与服务净出口标准差而言,东北地区(378.8美元)人均货物与服务净出口标准差最高,其次是东部地区(288.7美元)和西部地区(245.5美元),中部地区(32.1美元)最低。从各区域人均货物与服务净出口稳定性而言,西部地区(波动系数为92.1%,负值)人均货物与服务净出口波动系数最高,其次是东北地区(波动系数为88.8%),再次是中部地区(波动系数为55.5%),东部地区(波动系数为48.4%)最低,即东部地区平稳性最优,其次是中部地区、东北地区,西部地区平稳性最低。

二、区域之间人均货物与服务净出口环比增长率的比较(如表7－8和图7－14所示)

　　1978～2006年期间,东北地区人均货物与服务净出口环比增长率均值为6.0%,标准差为37.4%,波动系数为629.0%;东部地区人均货物与服务净出口环比增长率均值为10.3%,标准差为33.7%,波动系数为325.8%;中部地区人均货物与服务净出口环比增长率均值为－31.7%,标准差为166.8%,波动系数为－525.7%;西部地区人均货物与服务净出口环比增长率均值为11.4%,标准差为37.8%,波动系数为333.0%。由此可见,东北地区(6.0%)、东部地区(10.3%)和西部地区(11.4%)人均货物与服务净出口环比增长率均值大于0,即东北地区、东部地区和西部地区人均货物与服务出口高于进口;而中部地区(－31.7%)人均货物与服务净出口环比增长率均值小于0,即中部地区人均货物与服务进口高于出口;相比较而言,西部地区人均货物与服务净出口均值最高,其次是东部地区、东北地区,中部地区最低。从各区域人均货物与服务净出口环比增长率标准差而言,中部地区(166.8%)人均货物与服务净出口环比增长率标准差明显高于东北地区(37.4%)、东部地区(33.7%)和西部地区(37.8%),其中部地区人均货物与服务净出口环比增长率标准差最高,其次是西部地区、东北地区,东部地区最低。从各区域人均货物与服务净出口环比增长率稳定性而言,东北地区(波动系数为629.0%)、中部地区(波动系数为525.7%,负值)明显高于东部地区(波动系数为325.8%)、西部地区(波动系数为333.0%),其中东部地区的平稳性最优,其次是西部地区,再次是中部地区,东北地区的平稳性最低。

表7-8　四大区域人均货物与服务净出口年增长率比较

单位:%

年份	1978~1990			1991~2000			2001~2006			1978~2006		
区域	均值	标准差	波动系数	均值	标准差	波动系数	均值	标准差	波动系数	均值	标准差	波动系数
东北地区	0.1	24.1	17953.5	32.7	30.6	93.5	-27.0	44.2	-164.0	6.0	37.4	629.0
东部地区	8.3	33.0	400.3	21.2	25.1	118.7	-3.6	45.9	-1283.3	10.3	33.7	325.8
中部地区	-105.8	207.1	-195.7	39.1	124.3	317.9	-1.6	50.1	-3206.6	-31.7	166.8	-525.7
西部地区	10.6	28.9	272.4	19.4	20.2	104.1	-0.6	70.5	-12364.1	11.4	37.8	333.0

资料来源:作者根据《新中国五十五年统计资料汇编》、《中国统计年鉴》相关各期等资料中的原始数据
　　　　分析整理、测算和自制而成。

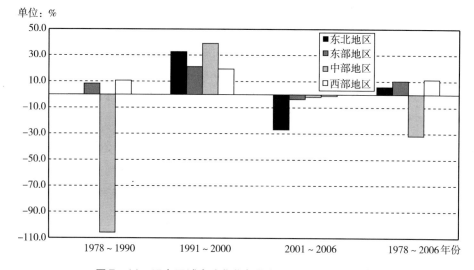

图7-14　四大区域人均货物与服务净出口年增长率比较

资料来源:作者根据《新中国五十五年统计资料汇编》、《中国统计年鉴》相关各期等资料中的原始数据分
　　　　析整理、测算和自制而成。

分不同时期进行考察:

1978~1990年期间,东北地区人均货物与服务净出口环比增长率均值为

0.1%,标准差为24.1%,波动系数为17953.5%;东部地区人均货物与服务净出口环比增长率均值为8.3%,标准差为33.0%,波动系数为400.3%;中部地区的人均货物与服务净出口环比增长率均值为-105.8%,标准差为207.1%,波动系数为-195.7%;西部地区人均货物与服务净出口环比增长率均值为10.6%,标准差为28.9%,波动系数为272.4%。由此可见,东北地区(0.1%)、东部地区(8.3%)和西部地区(10.6%)人均货物与服务净出口环比增长率均值大于0,即东北地区、东部地区和西部地区人均货物与服务出口高于进口;中部地区(-105.8%)人均货物与服务净出口环比增长率均值小于0,即中部地区进口高于出口,其中西部地区人均货物与服务净出口环比增长率均值最高,其次是东部地区,再次是东北地区,中部地区最低。从各区域人均货物与服务净出口环比增长率标准差而言,中部地区(207.1%)人均货物与服务净出口环比增长率标准差最高,其次是东部地区(33.0%),再次是西部地区(28.9%),东北地区(24.1%)最小。从各区域人均货物与服务净出口环比增长率稳定性而言,东北地区(波动系数为17953.5%)人均货物与服务净出口环比增长率波动系数明显高于东部地区(波动系数为400.3%)、中部地区(波动系数为195.7%,负值)和西部地区(波动系数为272.4%),其中中部地区平稳性最优,其次是西部地区,再次是东部地区,东北地区平稳性最低。

1991~2000年期间,东北地区人均货物与服务净出口环比增长率均值为32.7%,标准差为30.6%,波动系数为93.5%;东部地区人均货物与服务净出口环比增长率均值为21.2%,标准差为25.1%,波动系数为118.7%;中部地区人均货物与服务净出口环比增长率均值为39.1%,标准差为124.3%,波动系数为317.9%;西部地区人均货物与服务净出口环比增长率均值为19.4%,标准差为20.2%,波动系数为104.1%。由此可见,四大区域的人均货物与服务净出口环比增长率均值都大于0,即四大区域的人均货物与服务的出口高于进口,其中中部地区(39.1%)人均货物与服务净出口环比增长率均值最高,其次是东北地区(32.7%),再次是东部地区(21.2%),西部地区(19.4%)人均货物与服务净出口环比增长率均值最低。从各区域人均货物与服务净出口环比增长率标准差而言,中部地区(124.3%)人均货物与服务净出口环比增长率标准差最高,其次是东北地区(30.6%),再次是东部地区(25.1%),西部地区(20.2%)最低。从各区域人均货物与服务净出口环比增长率稳定性而言,中部地区(波动系数为317.9%)人均货物与服务净出口环比增长率波动系数明显高于东北地区(波动系数为93.5%)、东部地区(波动系数为118.7%)和西部地区(波动系数为104.1%),即东北地区平稳性最优,其次是西部地区、东部地区,中部地区平稳性最低。

2001～2006年期间,东北地区人均货物与服务净出口环比增长率均值为-27.0%,标准差为44.2%,波动系数为-164.0%;东部地区人均货物与服务净出口环比增长率均值为-3.6%,标准差为45.9%,波动系数为-1283.3%;中部地区人均货物与服务净出口环比增长率均值为-1.6%,标准差为50.1%,波动系数为-3206.6%;西部地区人均货物与服务净出口环比增长率均值为-0.6%,标准差为70.5%,波动系数为-12364.1%。由此可知,四大区域的人均货物与服务净出口环比增长率均值都小于0,即四大区域的人均货物与服务进口高于出口,其中西部地区(-0.6%)人均货物与服务净出口环比增长率均值最高,其次是中部地区(-1.6%),再次是东部地区(-3.6%),东北地区(-27.0%)最低。从各区域人均货物与服务净出口环比增长率标准差而言,西部地区(70.5%)人均货物与服务净出口环比增长率标准差最高,其次是中部地区(50.1%),再次是东部地区(45.9%),东北地区(44.2%)最低。从各区域人均货物与服务净出口环比增长率稳定性而言,四大区域的稳定性都较差,其中西部地区(波动系数为12364.1%,负值)人均货物与服务净出口增长率波动系数明显高于东北地区(波动系数为164.0%,负值)、东部地区(波动系数为1283.3%,负值)和中部地区(波动系数为3206.6%,负值),即东北地区平稳性相对最优,其次是东部地区和中部地区,西部地区平稳性最低。

第六节　区域内部省际人均货物与服务净出口差额比较分析

一、东北地区内部人均货物与服务净出口差额比较

1978～2006年期间(如表7-9和图7-15所示),东北地区人均货物与服务净出口均值为263.9美元。其中,辽宁的人均货物与服务净出口均值为544.2美元,标准差为369.0美元,变异系数为139.8%;吉林的人均货物与服务净出口均值为-98.1美元,标准差为511.3美元,变异系数为193.8%;黑龙

江人均货物与服务净出口均值为 248.4 美元,标准差为 227.9 美元,变异系数为 86.4% 。由此可见,在此期间,本区域 3 省份中有 2 个省人均货物与服务净出口年均值低于本区域整体平均水平,分别为吉林(-98.1 美元)、黑龙江(248.4 美元);有 1 个省即辽宁人均货物与服务净出口年均值(544.2 美元)高于本区域整体平均水平。辽宁(变异系数为 139.8%)对东北区域内人均货物与服务净出口不平衡有正影响,吉林(变异系数为 193.8%)、黑龙江(变异系数为 86.4%)对东北区域内人均货物与服务净出口不平衡分别有第一大和次大负影响。

表 7 - 9　区域内部省际人均货物与服务净出口差别情况

单位:美元

省份	1978 ~ 1990			1991 ~ 2000			2001 ~ 2006			1978 ~ 2006		
	均值	标准差	变异系数	均值	标准差	变异系数	均值	标准差	变异系数	均值	标准差	变异系数
辽宁	199.5	118.9	137.0%	815.2	456.8	115.2%	839.1	374.9	87.9%	544.2	369.0	139.8%
吉林	-58.6	149.0	171.6%	-84.5	542.3	136.8%	-206.4	618.8	145.1%	-98.1	511.3	193.8%
黑龙江	62.4	37.2	42.8%	266.1	154.3	38.9%	622.2	338.5	79.4%	248.4	227.9	86.4%
东北地区	86.8	0.0	0.0%	396.5	0.0	0.0%	426.5	0.0	0.0%	263.9	0.0	0.0%
北京	155.6	324.0	354.4%	-1106.3	1811.7	513.7%	-2913.7	2963.7	496.7%	-914.6	2125.9	743.2%
天津	297.3	258.2	282.4%	-61.4	455.9	129.2%	-92.5	548.7	92.0%	93.0	469.7	164.2%
河北	57.0	40.6	44.4%	428.5	138.9	39.4%	769.0	363.3	60.9%	332.4	238.4	83.3%
上海	1097.9	1076.8	1177.8%	674.9	1639.7	464.9%	2566.4	2092.2	350.6%	1255.9	1781.9	622.9%
江苏	83.3	53.7	58.7%	662.3	383.6	108.8%	897.6	301.3	50.5%	451.4	299.2	104.6%
浙江	70.4	43.1	47.2%	705.6	383.6	108.8%	1138.4	497.7	83.4%	510.4	383.6	134.1%
福建	-26.6	120.8	132.1%	31.9	355.8	100.9%	317.6	370.4	62.1%	64.8	323.6	113.1%
山东	50.6	60.8	66.5%	162.5	250.7	71.1%	550.3	271.3	45.5%	192.6	228.7	80.0%
广东	18.7	82.5	90.3%	428.5	146.8	41.6%	974.8	311.2	52.2%	357.8	217.1	75.9%
海南	-17.5	112.6	123.2%	-78.2	485.8	137.7%	-52.9	540.8	90.6%	-45.7	449.3	157.1%
东部地区	91.4	0.0	0.0%	352.7	0.0	0.0%	596.7	0.0	0.0%	286.1	0.0	0.0%

续表

省份	1978~1990			1991~2000			2001~2006			1978~2006		
	均值	标准差	变异系数	均值	标准差	变异系数	均值	标准差	变异系数	均值	标准差	变异系数
山西	-0.7	56.9	401.3%	-80.8	148.9	285.4%	-92.8	176.4	304.3%	-47.4	145.9	401.6%
安徽	2.0	23.4	165.3%	-2.3	62.0	118.8%	1.3	52.8	91.1%	0.4	52.2	143.5%
江西	-31.3	48.8	344.1%	-39.1	93.6	179.4%	-28.0	81.8	141.1%	-33.3	82.9	228.1%
河南	22.2	24.3	171.7%	181.4	139.9	268.1%	153.0	93.0	160.4%	104.2	103.6	285.1%
湖北	56.0	48.0	338.6%	100.8	70.2	134.5%	179.2	133.7	230.7%	97.0	97.8	269.0%
湖南	12.3	10.6	75.1%	-3.5	58.9	112.8%	24.6	42.2	72.7%	9.4	44.7	123.0%
中部地区	14.2	0.0	0.0%	52.2	0.0	0.0%	58.0	0.0	0.0%	36.3	0.0	0.0%
重庆	0.5	49.2	-111.9%	-37.9	144.3	-85.9%	-691.5	543.9	-204.0%	-155.9	344.1	-259.1%
四川	0.1	47.3	-107.7%	-0.8	178.3	-106.2%	6.2	273.1	-102.4%	1.1	201.2	-151.5%
贵州	-48.0	18.7	-42.6%	-323.4	249.7	-148.6%	-609.1	335.9	-126.0%	-259.1	255.0	-192.0%
云南	-10.7	54.8	-124.7%	-154.1	145.9	-86.8%	-432.5	221.9	-83.2%	-147.4	166.0	-125.0%
西藏	0.0	48.5	-110.4%	0.0	178.9	-106.5%	15.9	270.2	-101.3%	3.3	200.1	-150.7%
陕西	-105.4	90.0	-204.8%	-336.1	191.5	-114.0%	-370.8	188.5	-70.7%	-239.9	175.0	-131.8%
甘肃	-73.4	40.1	-91.2%	-169.7	89.4	-53.2%	-156.0	159.0	-59.7%	-123.7	114.5	-86.2%
青海	-213.2	182.7	-415.4%	-666.8	581.0	-345.9%	-1730.2	1411.3	-529.3%	-683.5	937.4	-705.9%
宁夏	-282.4	262.6	-597.3%	-704.1	609.4	-362.8%	-2163.5	1887.1	-707.8%	-817.0	1220.6	-919.1%
新疆	-211.9	187.5	-426.4%	-644.6	591.7	-352.3%	-768.2	569.1	-213.4%	-476.2	516.3	-388.8%
内蒙古	0.0	48.5	-110.4%	0.0	178.9	-106.5%	-10.1	270.4	-101.4%	-2.1	200.2	-150.7%
广西	-45.8	19.7	-44.9%	-116.6	96.2	-57.3%	-174.5	110.9	-41.6%	-96.8	90.4	-68.1%
西部地区	-44.0	0.0	0.0%	-168.0	0.0	0.0%	-266.6	0.0	0.0%	-132.8	0.0	0.0%

资料来源:作者根据《新中国五十五年统计资料汇编》、《中国统计年鉴》相关各期等资料中的原始数据分析整理、测算和自制而成。

单位：%

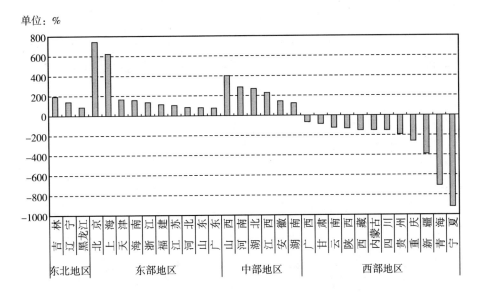

图7－15 各省市对本区域人均货物与服务净出口不平衡性的影响力比较（1978～2006年）

资料来源：作者根据《新中国五十五年统计资料汇编》《中国统计年鉴》相关各期等资料中的原始数据分析整理、测算和自制而成。

分不同时期进行考察：

1978～1990年期间（如表7－9和图7－16所示），东北地区人均货物与服务净出口均值为86.8美元。其中，辽宁的人均货物与服务净出口均值为199.5美元，标准差为118.9美元，变异系数为137.0%；吉林的人均货物与服务净出口均值为－58.6美元，标准差为149.0美元，变异系数为171.6%；黑龙江人均货物与服务净出口均值为62.4美元，标准差为37.2美元，变异系数为42.8%。由此可见，在此期间，本区域3省份中，辽宁省人均货物与服务净出口年均值（199.5美元）高于本区域整体水平，黑龙江省人均货物与服务净出口年均值（62.4美元）略低于本区域整体平均水平，吉林省人均货物与服务净出口年均值（－58.6美元）低于本区域整体平均水平；辽宁（变异系数为137.0%）对东北区域内人均货物与服务净出口不平衡有正影响，吉林（变异系数为171.6%）、黑龙江（变异系数为42.8%）对东北区域内人均货物与服务净出口不平衡有第一大和次大负影响。

单位：%

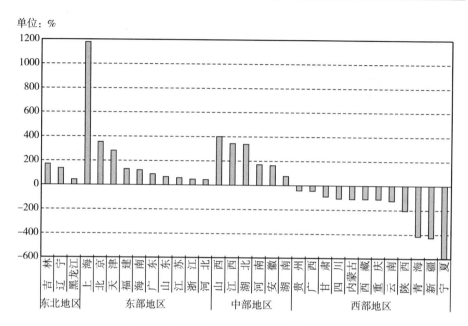

图 7 - 16　各省市对本区域人均货物与服务净出口不平衡性的影响力比较(1978~1990年)

资料来源:作者根据《新中国五十五年统计资料汇编》、《中国统计年鉴》相关各期等资料中的原始数据
　　　　分析整理、测算和自制而成。

1991~2000 年期间(如表 7-9 和图 7-17 所示),东北地区人均货物与服
务净出口均值为 396.5 美元,辽宁的人均货物与服务净出口均值为 815.2 美
元,标准差为 456.8 美元,变异系数为 115.2% ;吉林的人均货物与服务净出口
均值为 -84.5 美元,标准差为 542.3 美元,变异系数为 136.8% ;黑龙江的人均
货物与服务净出口均值为 266.1 美元,标准差为 154.3 美元,变异系数为
38.9% 。由此可见,在此期间,本区域 3 省份中,辽宁省人均货物与服务净出口
年均值(815.2 美元)高于本区域整体平均水平,吉林省和黑龙江省人均货物与
服务净出口年均值(分别为 -84.5 美元、266.1 美元)低于本区域整体平均水
平。辽宁(变异系数为 115.2%)对东北区域内人均货物与服务净出口不平衡
有正影响,吉林(变异系数为 136.8%)、黑龙江(变异系数为 38.9%)对东北区
域内人均货物与服务净出口不平衡分别有第一大和次大负影响;与前一时期比
较,辽宁对东北区域内人均货物与服务净出口不平衡仍然是正影响力量,吉林、
黑龙江对东北区域内人均货物与服务净出口不平衡仍然是负影响力量。

单位：%

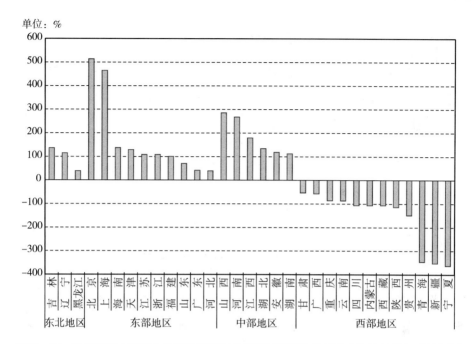

图7－17 各省市对本区域人均货物与服务净出口不平衡性的影响力比较(1991～2000年)
资料来源:作者根据《新中国五十五年统计资料汇编》、《中国统计年鉴》相关各期等资料中的原始数据
　　　分析整理、测算和自制而成。

2001～2006年期间(如表7－9和图7－18所示),东北地区人均货物与服务净出口均值为426.5美元。其中,辽宁的人均货物与服务净出口均值为839.1美元,标准差为374.9美元,变异系数为87.9%;吉林的人均货物与服务净出口均值为－206.4美元,标准差为618.8美元,变异系数为145.1%;黑龙江人均货物与服务净出口均值为622.2美元,标准差为338.5美元,变异系数为79.4%。由此可见,在此期间,本区域3省份中,辽宁省人均货物与服务净出口年均值(839.1美元)高于本区域整体平均水平,黑龙江省人均货物与服务净出口年均值(622.2美元)略高于本区域整体平均水平,吉林省人均货物与服务净出口年均值(－206.4美元)低于本区域整体平均水平。辽宁(变异系数为87.9%)、黑龙江(变异系数为79.4%)对东北区域内人均货物与服务净出口不平衡分别有第一大和第二大正影响,吉林(变异系数为145.1%)对东北区域内人均货物与服务净出口不平衡有负影响;与前一时期比较,黑龙江由负影响力量变为正影响力量。

单位: %

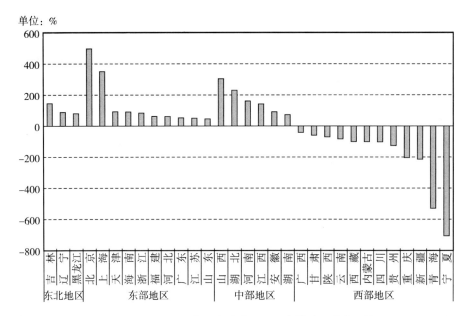

图 7 - 18　各省市对本区域人均货物与服务净出口不平衡性的影响力比较(2001 ~ 2006 年)

资料来源:作者根据《新中国五十五年统计资料汇编》、《中国统计年鉴》相关各期等资料中的原始数据
　　　　分析整理、测算和自制而成。

二、东部地区内部人均货物与服务净出口差额比较

　　1978 ~ 2006 年期间(如表 7 - 9 和图 7 - 15 所示),东部地区人均货物与服
务净出口均值为 286.1 美元。本区域 10 个省市中有 5 个省市人均货物与服务
净出口年均值高于本地区的整体年均水平,分别为河北(332.4 美元)、上海
(1255.9 美元)、江苏(451.4 美元)、浙江(510.4 美元)、广东(357.8 美元);有
5 个省市人均货物与服务净出口年均值低于本地区的整体年均水平,分别是北
京(- 914.6 美元)、天津(93.0 美元)、福建(64.8 美元)、山东(192.6 美元)海
南(- 45.7 美元);其中上海的人均货物与服务净出口年均值最高,北京的人均
货物与服务净出口年均值最低。根据各省市 CV 值的计算结果,可以看出各省
市对本区域人均货物与服务净出口不平衡程度的影响情况,按照由低到高依次
是:广东(变异系数为 75.9% ,正影响)、山东(变异系数为 80.0% ,负影响)、河
北(变异系数为 83.3% ,正影响)、江苏(变异系数为 104.6% ,正影响)、福建
(变异系数为 113.1% ,负影响)、浙江(变异系数为 134.1% ,正影响)、海南(变
异系数为 157.1% ,负影响)、天津(变异系数为 164.2% ,负影响)、上海(变异

系数为622.9%,正影响)、北京(变异系数为743.2%,负影响)。由此可见,该期间内,上海、浙江对东部区域人均货物与服务净出口不平衡状况分别有第一大和第二大正影响,北京、天津对东部区域人均货物与服务净出口不平衡状况分别有第一大和第二大负影响。

分不同时期进行考察:

1978～1990年期间(如表7-9和图7-16所示),东部地区人均货物与服务净出口均值为91.4美元。本区域10个省市中有3个省市人均货物与服务净出口年均值高于本地区的整体年均水平,分别为北京(155.6美元)、天津(297.3美元)、上海(1097.9美元);有7个省人均货物与服务净出口年均值低于本地区的整体年均水平,分别是河北(57.0美元)、江苏(83.3美元)、浙江(70.4美元)、福建(-26.6美元)、山东(50.6美元)、广东(18.7美元)、海南(-17.5美元);其中上海的人均货物与服务净出口年均值最高,福建的人均货物与服务净出口年均值最低。根据各省市CV值的计算结果,可以看出各省市对本区域人均货物与服务净出口不平衡程度的影响情况,按照由低到高依次是:河北(变异系数为44.4%,负影响)、浙江(变异系数为47.2%,负影响)、江苏(变异系数为58.7%,负影响)、山东(变异系数为66.5%,负影响)、广东(变异系数为90.3%,负影响)、海南(变异系数为-123.2%,负影响)、福建(变异系数132.1%,负影响)、天津(变异系数为282.4%,正影响)、北京(变异系数为354.4%,正影响)、上海(变异系数为1177.8%,正影响)。由此可见,该期间内,上海、北京对东部区域人均货物与服务净出口不平衡状况分别有第一大和第二大正影响,福建、海南对东部区域人均货物与服务净出口不平衡状况分别有第一大和第二大负影响。

1991～2000年期间(如表7-9和图7-17所示),东部地区人均货物与服务净出口均值为352.7美元。本区域10个省市中有5个省市人均货物与服务净出口年均值高于本地区的整体年均水平,分别为河北(428.5美元)、上海(674.9美元)、江苏(662.3美元)、浙江(705.6美元)、广东(428.5美元);有5个省市人均货物与服务净出口年均值低于该地区的整体年均水平,分别是北京(-1106.3美元)、天津(-61.4美元)、福建(31.9美元)、山东(162.5美元)、海南(-78.2美元);其中浙江的人均货物与服务净出口年均值最高,北京的人均货物与服务净出口年均值最低。根据各省市CV值的计算结果,可以看出各省市对本区域人均货物与服务净出口不平衡程度的影响情况,按照由低到高依次是:河北(变异系数为39.4%,正影响)、广东(变异系数为41.6%,正影响)、山东(变异系数为71.1%,负影响)、福建(变异系数为100.9%,负影响)、浙江(变异系数为108.8%,正影响)、江苏(变异系数为108.8%,正影响)、天津(变异系数为129.2%,负影响)、海南(变异系数为137.7%,负影响)、上海(变异系数为464.9%,正影响)、北京(变异系数为513.7%,负影响)。由此可见,该期间内,上海、江苏和浙江对东部区域人均货物与服务净出口不平衡状况分别有第一大和第二大正影响,北京、海南对东部区域人均货物与服务净出口不平衡状况分别有第一大和第二大负影响;与前一时期相比,北京由第二大正影响力量变成第一大负影响力量,江苏和浙江成为第二大正影响力量。

　　2001~2006年期间(如表7-9和图7-18所示),东部地区人均货物与服务净出口均值为596.7美元。本区域10个省市中有5个省市人均货物与服务净出口年均值高于本地区的整体年均水平,分别为河北(769.0美元)、上海(2566.4美元)、江苏(897.6美元)、浙江(1138.4美元)、广东(974.8美元);有5个省市人均货物与服务净出口年均值低于本地区的整体年均水平,分别是北京(-2913.7美元)、天津(-92.5美元)、福建(317.6美元)、山东(550.3美元)、海南(-52.9美元);其中上海的人均货物与服务净出口年均值最高,北京的人均货物与服务净出口年均值最低。根据各省市CV值的计算结果,可以看出各省市对本区域人均货物与服务净出口不平衡程度的影响情况,按照由低到高依次是:山东(变异系数为45.5%,负影响)、江苏(变异系数为50.5%,正影响)、广东(变异系数为52.2%,正影响)、河北(变异系数为60.9%,正影响)、福建(变异系数为62.1%,负影响)、浙江(变异系数为83.4%,正影响)、海南(变异系数为90.6%,负影响)、天津(变异系数为92.0%,负影响)、上海(变异系数为350.6%,正影响)、北京(变异系数为496.7%,负影响)。由此可见,该期间内,上海、浙江对东部区域人均货物与服务净出口不平衡状况分别有第一大和第二大正影响,北京、天津对东部区域人均货物与服务净出口不平衡状况分别有第一大和第二大负影响;与前一期间相比,上海、浙江对东部区域人均货物与服务净出口不平衡状况仍然是正影响力量,天津取代海南成为第二大负影响力量。

三、中部地区内部人均货物与服务净出口差额比较

从 1978～2004 年期间(如表 7-9 和图 7-15 所示),中部地区人均货物与服务净出口的均值为 36.3 美元。本区域 6 个省中有 2 个省的人均货物与服务净出口年均值高于本地区的整体年均水平,分别为河南(104.2 美元)、湖北(97.0 美元);有 4 个省的人均货物与服务净出口年均值低于本地区的整体年均水平,分别是山西(-47.4 美元)、安徽(0.4 美元)、江西(-33.3 美元)、湖南(9.4 美元);其中河南的人均货物与服务净出口年均值最高,山西的人均货物与服务净出口年均值最低。根据各省 CV 值的计算结果,可以看出各省对本区域人均货物与服务净出口不平衡程度的影响情况,按照由低到高依次是:湖南(变异系数为 123.0%,负影响)、安徽(变异系数为 143.5%,负影响)、江西(变异系数为 228.1%,负影响)、湖北(变异系数为 269.0%,正影响)、河南(变异系数为 285.1%,正影响)、山西(变异系数为 401.6%,负影响)。由此可见,该期间内,河南、湖北对中部区域人均货物与服务净出口不平衡状况分别有第一大和第二大正影响,山西、江西对中部区域人均货物与服务净出口不平衡状况分别有第一大和第二大负影响。

分不同时期进行考察:

1978～1990 年期间(如表 7-9 和图 7-16 所示),中部地区人均货物与服务净出口均值为 14.2 美元。本区域 6 个省中有 2 个省的人均货物与服务净出口年均值高于本地区的整体年均水平,分别为河南(22.2 美元)、湖北(56.0 美元);有 4 个省的人均货物与服务净出口年均值低于本地区的整体年均水平,分别是山西(-0.7 美元)、安徽(2.0 美元)、江西(-31.3 美元)、湖南(12.3 美元);其中湖北的人均货物与服务净出口年均值最高,江西的人均货物与服务净出口年均值最低。根据各省 CV 值的计算结果,可以看出各省对本区域人均货物与服务净出口不平衡程度的影响情况,按照由低到高依次是:湖南(变异系数为 75.1%,负影响)、安徽(变异系数为 165.3%,负影响)、河南(变异系数为 171.7%,正影响)、湖北(变异系数为 338.6%,正影响)、江西(变异系数为 344.1%,负影响)、山西(变异系数为 401.3%,负影响)。由此可见,该期间内,湖北、河南对中部区域人均货物与服务净出口不平衡状况分别有第一大和第二大正影响,山西、江西对中部区域人均货物与服务净出口不平衡状况分别有第

一大和第二大负影响。

1991～2000 年期间(如表 7 - 9 和图 7 - 17 所示),中部地区人均货物与服务净出口均值为 52.2 美元。本区域 6 个省中有 2 个省的人均货物与服务净出口年均值高于本地区的整体年均水平,分别为河南(181.4 美元)、湖北(100.8 美元);有 4 个省的人均货物与服务净出口年均值低于本地区的整体年均水平,分别是山西(- 80.8 美元)、安徽(- 2.3 美元)、江西(- 39.1 美元)、湖南(- 3.5 美元);其中河南的人均货物与服务净出口年均值最高,山西的人均货物与服务净出口年均值最低。根据各省 CV 值的计算结果,可以看出各省对本区域人均货物与服务净出口不平衡程度的影响情况,按照由低到高依次是:湖南(变异系数为 112.8% ,负影响)、安徽(变异系数为 118.8% ,负影响)、湖北(变异系数为 134.5% ,正影响)、江西(变异系数为 179.4% ,负影响)、河南(变异系数为 268.1% ,正影响)、山西(变异系数为 285.4% ,负影响)。由此可见,该期间内,河南、湖北对中部区域人均货物与服务净出口不平衡状况分别有第一大和第二大正影响,山西、江西对中部区域人均货物与服务净出口不平衡状况分别有第一大和第二大负影响;与前一期间相比,河南超越湖北成为第一大正影响力量,山西、江西对中部区域人均货物与服务净出口不平衡状况仍然分别有第一大和次大负影响力量。

2001～2006 年期间(如表 7 - 9 和图 7 - 18 所示),中部地区人均货物与服务净出口均值为 58.0 美元。本区域 6 个省中有 2 个省的人均货物与服务净出口年均值高于本地区的整体年均水平,分别为河南(153.0 美元)、湖北(179.2 美元);有 4 个省的人均货物与服务净出口年均值低于该地区的整体年均水平,分别是山西(- 92.8 美元)、安徽(1.3 美元)、江西(- 28.0 美元)、湖南(24.6 美元);其中湖北的人均货物与服务净出口年均值最高,山西的人均货物与服务净出口年均值最低。根据各省 CV 值的计算结果,可以看出各省对本区域人均货物与服务净出口不平衡程度的影响情况,按照由低到高依次是:湖南(变异系数为 72.7% ,负影响)、安徽(变异系数为 91.1% ,负影响)、江西(变异系数为 141.1% ,负影响)、河南(变异系数为 160.4% ,正影响)、湖北(变异系数为 230.7% ,正影响)、山西(变异系数为 304.3% ,负影响),由此可见,该期间内,湖北、河南对中部区域人均货物与服务净出口不平衡状况分别有第一大和第二大正影响,山西、江西对中部区域人均货物与服务净出口不平衡状况分别有第一大和第二大负影响;与前一期间相比,湖北超越河南成为第一大正影响力量,山西、江西仍然为负影响力量。

四、西部地区内部人均货物与服务净出口差额比较

从1978~2006年期间(如表7-9和图7-15所示),西部地区人均货物与服务净出口均值为-132.8美元。本区域12个省中有5个省人均货物与服务净出口年均值高于本地区的整体年均水平,分别为四川(1.1美元)、西藏(3.3美元)、甘肃(-123.7美元)、内蒙古(-2.1美元)、广西(-96.8美元);有7个省市人均货物与服务净出口年均值低于本地区的整体年均水平,分别是重庆(-155.9美元)、贵州(-259.1美元)、云南(-147.4美元)、陕西(-239.9美元)、青海(-683.5美元)、宁夏(-817.0美元)、新疆(-476.2美元);其中西藏的人均货物与服务净出口年均值最高,宁夏的人均货物与服务净出口年均值最低。根据各省市CV值的计算结果,可以看出各省市对本区域人均货物与服务净出口不平衡程度的影响情况,按照由低到高依次是:广西(变异系数为-68.1%,正影响)、甘肃(变异系数为-86.2%,正影响)、云南(变异系数为-125.0%,负影响)、陕西(变异系数为-131.8%,负影响)、内蒙古(变异系数为-150.7%,正影响)、西藏(变异系数为-150.7%,正影响)、四川(变异系数为-151.5%,正影响)、贵州(变异系数为-192.0%,负影响)、重庆(变异系数为-259.1%,负影响)、新疆(变异系数为-388.8%,负影响)、青海(变异系数为-705.9%,负影响)、宁夏(变异系数为-919.1%,负影响)。由此可见,该期间内,四川、西藏对西部区域人均货物与服务净出口不平衡状况分别有第一大和第二大正影响,宁夏、青海对西部区域人均货物与服务净出口不平衡状况分别有第一大和第二大负影响。

分不同时期进行考察:

1978~1990年期间(如表7-9和图7-16所示),西部地区人均货物与服务净出口均值为-44.0美元。本区域12个省市中有5个省市人均货物与服务净出口年均值高于本地区的整体年均水平,分别为重庆(0.5美元)、四川(0.1美元)、云南(-10.7美元)、西藏(0.0美元);有7个省人均货物与服务净出口年均值低于本地区的整体年均水平,分别是贵州(-48.0美元)、陕西(-105.4美元)、甘肃(-73.4美元)、青海(-213.2美元)、宁夏(-282.4美

元)、新疆(-211. 9 美元)、广西(-45. 8 美元);其中重庆的人均货物与服务净出口年均值最高,宁夏的人均货物与服务净出口年均值最低。根据各省市 CV 值的计算结果,可以看出各省市对本区域人均货物与服务净出口不平衡程度的影响情况,按照由低到高依次是:贵州(变异系数为 -42. 6% ,负影响)、广西(变异系数为 -44. 9% ,负影响)、甘肃(变异系数为 -91. 2% ,负影响)、四川(变异系数为 -107. 7% ,正影响)、内蒙古(变异系数为 -110. 4% ,正影响)、西藏(变异系数为 -110. 4% ,正影响)、重庆(变异系数为 -111. 9% ,正影响)、云南(变异系数为 -124. 7% ,正影响)、陕西(变异系数为 -204. 8% ,负影响)、青海(变异系数为 -415. 4% ,负影响)、新疆(变异系数为 -426. 4% ,负影响)、宁夏(变异系数为 -597. 3% ,负影响)。由此可见,该期间内,云南、西藏对西部区域人均货物与服务净出口不平衡状况分别有第一大和第二大正影响,宁夏、新疆对西部区域人均货物与服务净出口不平衡状况分别有第一大和第二大负影响。

1991 ~ 2000 年期间(如表 7 - 9 和图 7 - 17 所示),西部地区人均货物与服务净出口均值为 -168. 0 美元。本区域 12 个省市中有 6 个省人均货物与服务净出口年均值高于本地区的整体年均水平,分别为重庆(-37. 9 美元)、四川(-0. 8 美元)、云南(-154. 1 美元)、西藏(0. 0 美元)、内蒙古(0. 0 美元)、广西(-116. 6 美元);有 6 个省人均货物与服务净出口年均值低于本地区的整体年均水平,分别是贵州(-323. 4 美元)、陕西(-336. 1 美元)、甘肃(-169. 7 美元)、青海(-666. 8 美元)、宁夏(-704. 1 美元)、新疆(-644. 6 美元);其中西藏和内蒙古人均货物与服务净出口年均值最高,宁夏的人均货物与服务净出口年均值最低。根据各省市 CV 值的计算结果,可以看出各省市对本区域人均货物与服务净出口不平衡程度的影响情况,依次是:甘肃(变异系数为 -53. 2% ,负影响)、广西(变异系数为 -57. 3% ,正影响)、重庆(变异系数为 -85. 9% ,正影响)、云南(变异系数为 -86. 8% ,正影响)、四川(变异系数为 -106. 2% ,正影响)、内蒙古(变异系数为 -106. 5% ,正影响)、西藏(变异系数为 -106. 5% ,正影响)、陕西(变异系数为 -114. 0% ,负影响)、贵州(变异系数为 -148. 6% ,负影响)、青海(变异系数为 -345. 9% ,负影响)、新疆(变异系数为 -352. 3% ,负影响)、宁夏(变异系数为 -362. 8% ,负影响)。由此可见,该期间内,西藏、内蒙古对西部区域人均货物与服务净出口不平衡状况有第一大和第二大正影响,宁夏、新疆对西部区域人均货物与服务净出口不平衡状况有第一大和第二大负影响；与前一期间相比，西藏成为第一大正影响力量，内蒙古成为第二大影响力量，宁夏、新疆仍然为前两大负影响力量。

2001～2006 年期间（如表 7－9 和图 7－18 所示），西部地区人均货物与服务净出口均值为－266.6 美元。本区域 12 个省市中有 5 个省市人均货物与服务净出口年均值高于本地区的整体年均水平，分别为四川（6.2 美元）、西藏（15.9 美元）、甘肃（－156.0 美元）、内蒙古（－10.1 美元）、广西（－174.5 美元）；有 7 个省市人均货物与服务净出口年均值低于本地区的整体年均水平，分别是重庆（－691.5 美元）、贵州（－609.1 美元）、云南（－432.5 美元）、陕西（－370.8 美元）、青海（－1730.2 美元）、宁夏（－2163.5 美元）、新疆（－768.2 美元）；其中西藏的人均货物与服务净出口年均值最高，宁夏的人均货物与服务净出口年均值最低。根据各省市 CV 值的计算结果，可以看出各省市对本区域人均货物与服务净出口不平衡程度的影响情况，依次是：广西（变异系数为－41.6%，正影响）、甘肃（变异系数为－59.7%，正影响）、陕西（变异系数为－70.7%，负影响）、云南（变异系数为－83.2%，负影响）、西藏（变异系数为－101.3%，正影响）、内蒙古（变异系数为－101.4%，正影响）、四川（变异系数为－102.4%，正影响）、贵州（变异系数为－126.0%，负影响）、重庆（变异系数为－204.0%，负影响）、新疆（变异系数为－213.4%，负影响）、青海（变异系数为－529.3%，负影响）、宁夏（变异系数为－707.8%，负影响）。由此可见，该期间内，四川、内蒙古对西部区域人均货物与服务净出口不平衡状况分别有第一大和第二大正影响，宁夏、青海对西部区域人均货物与服务净出口不平衡状况分别有第一大和第二大负影响；与前一期间相比，四川取代西藏成为第一大正影响力量，青海取代新疆成为第二大负影响力量。

第七节　本章小结

第一节研究分析了四大区域之间开放度的差别情况。

关于区域之间开放度的差别。1978～2006 年期间，四大区域开放度按由高到低依次为东部地区为 44.0%，东北地区为 18.6%，西部地区为 6.9%，中部地区为 5.9%。

关于区域之间开放度年增长率的差别。1978～2006 年期间，东部地区开放度年环比增长率均值最高(10.2%),其次是西部地区(9.9%),紧随其后的是中部地区(9.8%),开放度环比增长率最低的是东北地区(7.8%)。

第二节研究分析了区域内部省际开放度的差别情况。

东北区域内部:1978～2006年期间,辽宁(变异系数为57.7%)对东北区域内开放度不平衡状况有正影响,黑龙江(变异系数为58.6%)、吉林(变异系数为44.9%)对东北区域内开放度不平衡状况分别有第一大和次大负影响。

东部区域内部:1978～2006年期间,广东、上海对东部区域开放度不平衡状况分别有第一大和第二大正影响,河北、山东对东部区域开放度不平衡状况分别有第一大和第二大负影响。

中部区域内部:1978～2006年期间,山西、安徽对中部区域开放度不平衡状况分别有第一大和第二大正影响,河南、湖南对中部区域开放度不平衡状况分别有第一大和第二大负影响。

西部区域内部:1978～2006年期间,西藏、新疆对西部区域开放度不平衡状况分别有第一大和第二大正影响,贵州、甘肃对西部区域开放度不平衡状况分别有第一大和第二大负影响。

第三节研究分析了四大区域之间人均净出口的差别情况。

关于区域之间人均净出口的差别。1978～2006年期间,四大区域人均净出口额(美元)按由高到低排列依次为东部地区为69.0,东北地区为38.9,中部地区为9.6,西部地区为7.1。

关于区域之间人均净出口年环比增长率的差别。1978～2006年期间,东部地区人均净出口环比增长率的年均值最高(38.3%),其次是西部地区(18.0%),紧随其后的是中部地区(16.5%),人均净出口环比增长率最低的是东北地区(3.3%)。

第四节研究分析了区域内部省际人均净出口的差别情况。

东北区域内部:1978～2006年期间,吉林(变异系数为143.8%)、黑龙江(变异系数为88.3%)对东北区域内人均净出口的不平衡分别有第一大和次大负影响,辽宁(变异系数为154.5%)对东北区域内人均净出口的不平衡有正影响。

东部区域内部:1978～2006年期间,浙江、广东对东部区域人均净出口不平衡状况分别有第一大和第二大正影响,上海、北京对东部区域人均净出口不平衡状况分别有第一大和第二大负影响。

中部区域内部:1978～2006年期间,山西、湖南对中部区域人均净出口不平衡状况分别有第一大和第二大正影响,湖北、江西对中部区域人均净出口不平衡状况分别有第一大和第二大负影响。

西部区域内部:1978～2006年期间,新疆、宁夏对西部区域人均净出口不平衡状况分别有第一大和第二大正影响,西藏、内蒙古对西部区域人均净出口不平衡状况分别有第一大和第二大负影响。

第五节研究分析了区域之间人均货物与服务净出口的差别情况。

关于区域之间人均货物与服务净出口的差别。1978～2006年期间,东北地区(263.9美元)、东部地区(286.1美元)和中部地区(36.3美元)人均货物与服务净出口均值大于0,即东北地区、东部地区和中部地区人均货物与服务的出口高于进口;西部地区(－132.8美元)人均货物与服务净出口均值小于0,即西部地区人均货物与服务的进口高于出口;相比较而言,东部地区人均货物与服务净出口均值最高,其次是东北地区,再次是中部地区,西部地区人均货物与服务净出口均值最低。

关于区域之间人均货物与服务净出口年环比增长率的差别。1978～2006年期间,东北地区(6.0%)、东部地区(10.3%)和西部地区(11.4%)人均货物与服务净出口环比增长率均值大于0,即东北地区、东部地区和西部地区人均货物与服务出口高于进口;而中部地区(－31.7%)人均货物与服务净出口环比增长率均值小于0,即中部地区人均货物与服务进口高于出口;相比较而言,西部地区人均货物与服务净出口均值最高,其次是东部地区、东北地区,中部地区最低。

第六节研究分析了区域内部省际人均货物与服务净出口的差别情况。

东北地区内部:1978～2006年期间,辽宁(变异系数为139.8%)对东北区域内人均货物与服务净出口不平衡有正影响,吉林(变异系数为193.8%)、黑龙江(变异系数为86.4%)对东北区域内人均货物与服务净出口不平衡分别有第一大和次大负影响。

东部地区内部:1978～2006年期间,上海、浙江对东部区域人均货物与服务净出口不平衡状况分别有第一大和第二大正影响,北京、天津对东部区域人均货物与服务净出口不平衡状况分别有第一大和第二大负影响。

　　中部地区内部:1978～2006 年期间,河南、湖北对中部区域人均货物与服务净出口不平衡状况分别有第一大和第二大正影响,山西、江西对中部区域人均货物与服务净出口不平衡状况分别有第一大和第二大负影响。

　　西部地区内部:1978～2006 年期间,四川、西藏对西部区域人均货物与服务净出口不平衡状况分别有第一大和第二大正影响,宁夏、青海对西部区域人均货物与服务净出口不平衡状况分别有第一大和第二大负影响。

第八章 区域失业率差别的深度考察

本章对四大区域之间和四大区域内部各省市之间城镇登记失业率（以下简称"失业率"）的差别状况进行了具体深入的研究分析。

第一节 区域之间失业率的差别情况

一、1978～2006 年期间四大区域之间失业率的差别情况（如表 8－1 和图 8－1 所示）

1978～2006 年期间，我国全国总体失业率年均值为 3.1%，标准差为 0.7%，波动系数为 21.6%。其中东北地区失业率年均值为 3.3%，标准差为 1.0%，波动系数为 31.6%；东部地区失业率年均值为 2.4%，标准差为 0.8%，波动系数为 32.7%；中部地区失业率年均值为 2.7%，标准差为 0.7%，波动系数为 27.1%；西部地区失业率年均值为 3.9%，标准差为 0.7%，波动系数为 19.1%。由此可见，东北地区和西部地区失业率均值高于全国的总体水平，中部地区失业率均值略微低于全国的总体水平，东部地区失业率均值低于全国的总体水平。其中西部地区失业率均值最高，其次为东北地区，再次为中部地区，东部地区失业率最低。从四大区域失业率变化的平稳性来看，四大区域均有较好的平稳性；其中，西部地区变化的平稳性最高（波动系数为 19.1%），其次为中部地区（波动系数为 27.1%），再次为东部地区（波动系数为 32.7%），东北部地区平稳性最低（波动系数为 31.6%）。

表 8 – 1　四大区域失业率情况比较

单位:%

年份	1978 ~ 1990			1991 ~ 2000			2001 ~ 2006			1978 ~ 2006		
区域	均值	标准差	波动系数	均值	标准差	波动系数	均值	标准差	波动系数	均值	标准差	波动系数
东北地区	3.0	0.9	30.9	2.8	0.5	16.9	4.8	0.3	7.2	3.3	1.0	31.6
东部地区	2.0	0.8	40.2	2.3	0.3	13.9	3.4	0.2	6.7	2.4	0.8	32.7
中部地区	2.3	0.7	29.4	2.6	0.3	11.1	3.7	0.2	4.5	2.7	0.7	27.1
西部地区	4.1	1.0	24.7	3.5	0.2	4.9	3.9	0.1	3.5	3.9	0.7	19.1
全国	3.0	0.8	28.2	2.9	0.2	7.7	3.8	0.1	3.8	3.1	0.7	21.6

资料来源:作者根据《新中国五十五年统计资料汇编》、《中国统计年鉴》相关各期等资料中的原始数据分析整理、测算和自制而成。

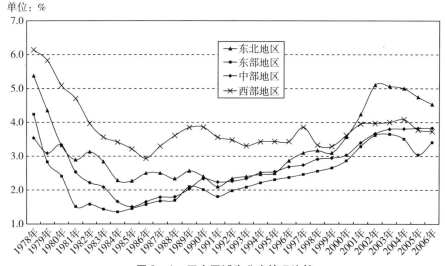

图 8 – 1　四大区域失业率情况比较

资料来源:作者根据《新中国五十五年统计资料汇编》、《中国统计年鉴》相关各期等资料中的原始数据分析整理、测算和自制而成。

二、四大区域之间在三个不同时期失业率的差别情况(如表 8 – 1 和图 8 – 1 所示)

分三个不同时期(即 1978 ~ 1990 年,1991 ~ 2000 年,2001 ~ 2006 年三个子期间)进行考察:

1978 ~ 1990 年期间,我国全国失业率年均值为 3.0%,标准差为 0.8%,波动系数为28.2%。其中东北地区失业率年均值为3.0%,标准差为0.9%,波动系数为30.9%;东部地区失业率年均值为2.0%,标准差为0.8%,波动系数为40.2%;中部地区失业率年均值为2.3%,标准差为0.7%,波动系数为29.4%;西部地区失业率年均值为4.1%,标准差为1.0%,波动系数为24.7%。由此可见,在此期间,东北部地区(均值为3.0%)、西部地区(均值为4.1%)的失业率的年均值明显高于中部地区(均值为2.3%)和东部地区(均值为2.0%)。对这四大区域失业率变化的平稳性进行考察,东部地区的平稳性(波动系数为40.2%)明显低于东北部地区(波动系数为30.9%)、中部地区(波动系数为29.4%)、西部地区(波动系数为24.7%)。把上述我国本期间四大区域失业率(指城镇登记失业率)的情况与美国1970～1990年期间的失业率情况(见本章附件中的附表8-1和附图8-1)作一比较,可以发现我国本期间四大区域的失业率普遍比美国的城市失业率低。这在一定程度上反映了我们在本期间市场经济尚不够发达,减员增效程度较小,另外也与我国当时的失业统计方法与美国的失业统计方法有所不同有关。

1991～2000年期间,我国全国失业率年均值为2.9%,标准差为0.2%,波动系数为7.7%,其中东北地区失业率年均值为2.8%,标准差为0.5%,波动系数为16.9%;东部地区失业率年均值为2.3%,标准差为0.3%,波动系数为13.9%;中部地区失业率年均值为2.6%,标准差为0.3%,波动系数为11.1%;西部地区失业率年均值为3.5%,标准差为0.2%,波动系数为7.7%。由此可见,在此期间,东北部地区(均值2.8%)、西部地区(均值为3.5%)的失业率的年均值明显高于中部地区(均值为2.6%)和东部地区(均值为2.3%)。对这四大区域失业率变化的平稳性进行考察,总体来看四大区域的平稳性较好,其中东北地区平稳性最低,但波动系数也只有16.9%;西部地区的平稳性最高,波动系数为4.9%。

2001～2006年期间,我国全国失业率年均值为3.8%,标准差为0.1%,波动系数为3.8%。其中东北地区失业率年均值为4.8%,标准差为0.3%,波动系数为7.2%;东部地区失业率年均值为3.4%,标准差为0.2%,波动系数为6.7%;中部地区失业率年均值为3.7%,标准差为0.2%,波动系数为4.5%;西部地区失业率年均值为3.9%,标准差为0.1%,波动系数为3.8%。由此可见,在此期间东北地区和西部地区失业率的年均值(分别为4.8%、3.9%)高于全国的总体水平(3.8%),东部地区和中部地区(分别为3.4%、3.7%)失业率的年均值低于全国的总体水平,其中东北地区失业率的年均值(4.8%)最高。从四大区域失业率的平稳性来看,西部地区平稳性最高(波动系数为3.5%),其次为中部地区(波动系数为4.5%)、东部地区(波动系数为6.7%),东北地区平稳性最低(波动系数为7.2%)。将该时期失业率变化的平稳性与1978~1990年时期、1991~2000年时期进行比较,发现2001~2006年时期的平稳性最好。

第二节 区域内部省际失业率差别情况的具体考察

一、东北区域内部失业率差异考察

1978~2006年期间(如表8-2和图8-2所示),东北地区失业率的年均值为3.3%。其中,辽宁省失业率的年均值为3.1%,标准差为1.4%,变异系数为41.8%;吉林省失业率的年均值为3.6%,标准差为1.8%,变异系数为55.7%;黑龙江省失业率的年均值为3.1%,标准差为0.7%,变异系数为21.1%。由此可见,在此期间,本区域3省份中有2个省失业率的年均值低于本区域整体平均水平,分别为辽宁(3.1%)、黑龙江(3.1%);吉林失业率的年均值(3.6%)高于本区域整体平均水平。辽宁(变异系数为41.8%)、黑龙江(变异系数为21.1%)对东北区域失业率不平衡状况分别有第一大和次大负影响,吉林(变异系数为55.7%)对东北区域失业率不平衡状况有正影响。

表8-2 区域内部省际失业率差别情况

单位:%

省份	1978~1990年			1991~2000年			2001~2006年			1978~2006年		
	均值	标准差	变异系数	均值	标准差	变异系数	均值	标准差	变异系数	均值	标准差	变异系数
辽宁	1.9	1.8	59.4	3.0	0.3	12.5	5.9	0.9	19.5	3.1	1.4	41.8
吉林	4.3	2.5	85.4	2.6	0.2	9.0	4.0	0.7	14.7	3.6	1.8	55.7
黑龙江	2.8	0.9	30.6	2.6	0.3	9.2	4.5	0.4	7.9	3.1	0.7	21.1
东北地区	3.0	0.0	0.0	2.8	0.0	0.0	4.8	0.0	0.0	3.3	0.0	0.0
北京	0.9	1.3	64.8	0.6	1.8	76.9	0.9	1.9	57.3	0.8	1.6	70.2

续表

省　份	1978~1990 年			1991~2000 年			2001~2006 年			1978~2006 年		
	均值	标准差	变异系数	均值	标准差	变异系数	均值	标准差	变异系数	均值	标准差	变异系数
天　津	1.2	1.2	60.1	2.4	0.1	6.4	3.2	0.4	12.6	2.0	0.8	35.9
河　北	1.5	1.0	51.5	2.3	0.4	15.3	3.7	0.4	12.3	2.2	0.8	32.1
上　海	1.0	1.1	57.4	2.6	0.4	18.0	4.4	0.8	25.5	2.3	0.9	40.0
江　苏	2.4	1.3	64.7	2.4	0.2	10.1	3.4	1.0	30.0	2.6	0.9	39.3
浙　江	2.3	0.9	46.5	2.8	0.5	21.7	3.8	0.4	13.0	2.8	0.7	31.5
福　建	2.1	1.0	48.1	2.1	0.4	16.2	3.9	0.5	14.5	2.4	0.7	31.2
山　东	2.8	1.5	77.4	3.0	0.7	30.4	3.6	0.5	14.6	3.0	1.2	49.2
广　东	3.0	2.0	98.5	2.2	0.2	9.6	3.0	0.5	13.9	2.7	1.4	59.3
海　南	2.7	1.1	56.3	3.2	0.8	36.3	3.1	0.2	5.2	3.0	0.9	39.9
东部地区	2.0	0.0	0.0	2.3	0.0	0.0	3.3	0.0	0.0	2.3	0.0	0.0
山　西	0.7	1.8	78.7	1.7	0.9	35.5	2.0	1.5	41.8	1.3	1.4	53.3
安　徽	2.0	1.0	44.8	2.9	0.3	11.9	3.7	0.2	6.2	2.7	0.7	28.5
江　西	3.3	1.7	75.4	2.2	0.5	19.6	3.8	0.5	15.7	3.0	1.2	47.2
河　南	3.1	1.0	43.2	2.4	0.5	17.5	3.2	0.4	12.8	2.9	0.8	29.7
湖　北	2.0	0.4	19.7	2.9	0.5	18.3	4.0	0.4	10.8	2.7	0.5	18.2
湖　南	2.5	0.6	26.4	3.6	1.0	38.4	4.2	0.6	18.1	3.2	0.8	29.6
中部地区	2.3	0.0	0.0	2.6	0.0	0.0	3.5	0.0	0.0	2.6	0.0	0.0
重　庆	2.2	2.3	54.8	3.2	0.3	10.0	2.7	1.5	40.1	2.7	1.6	40.9
四　川	4.0	1.5	36.4	3.6	0.3	8.1	4.3	0.4	10.2	3.9	1.1	27.6
贵　州	2.3	2.1	51.5	3.4	0.4	12.4	4.2	0.5	13.5	3.1	1.5	38.7
云　南	2.5	1.8	43.5	2.4	1.1	30.9	4.0	0.4	10.4	2.8	1.4	36.5
西　藏	4.3	1.3	32.7	5.2	2.1	59.1	4.8	1.1	29.3	4.7	1.7	43.7
陕　西	3.9	1.1	26.5	3.1	0.5	13.8	2.3	1.6	41.1	3.3	0.8	21.7
甘　肃	4.3	1.0	25.0	3.3	0.5	13.7	3.5	0.6	15.9	3.8	0.8	21.6
青　海	6.3	3.0	72.2	2.6	1.1	31.8	3.6	0.2	5.8	4.6	2.2	56.3

续表

省　份	1978～1990 年			1991～2000 年			2001～2006 年			1978～2006 年		
	均值	标准差	变异系数	均值	标准差	变异系数	均值	标准差	变异系数	均值	标准差	变异系数
宁　夏	4.6	1.1	25.7	4.7	1.3	36.6	4.3	0.4	9.2	4.6	1.1	28.0
新　疆	3.7	1.3	32.6	3.8	0.3	10.0	4.0	0.5	12.7	3.8	1.0	24.9
内蒙古	7.6	5.1	124.7	3.1	0.4	12.8	4.1	0.3	8.7	5.3	3.6	92.5
广　西	3.6	0.8	18.6	3.3	1.0	28.0	3.9	0.4	10.6	3.6	0.8	20.9
西部地区	4.1	0.0	0.0	3.5	0.0	0.0	3.8	0.0	0.0	3.9	0.0	0.0

资料来源：作者根据《新中国五十五年统计资料汇编》、《中国统计年鉴》相关各期等资料中的原始数据
　　　　分析整理、测算和自制而成。

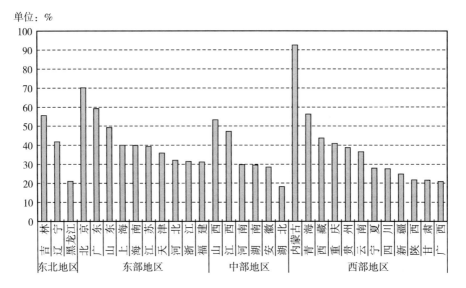

单位：%

图 8-2　各省市对本区域失业率不平衡性的影响力比较(1978～2006 年)

资料来源：作者根据《新中国五十五年统计资料汇编》、《中国统计年鉴》相关各期等资料中的原始数据
　　　　分析整理、测算和自制而成。

分不同时期进行考察：

1978～1990 年期间(如表 8-2 和图 8-3 所示)，东北地区失业率的年均
值为 3.0%。其中，辽宁省失业率的年均值为 1.9%，标准差为 1.8%，变异系数
为 59.4%；吉林省失业率的年均值为 4.3%，标准差为 2.5%，变异系数为

85.4%;黑龙江省失业率的年均值为 2.8%,标准差为 0.9%,变异系数为
30.6%。由此可见,在此期间,本区域 3 省份中,吉林省失业率的年均值
(4.3%)最高,其次为黑龙江省(2.8%),辽宁省最低(1.9%)。吉林省(变异
系数为 85.4%)对东北区域失业率不平衡状况有正影响,辽宁(变异系数为
59.4%)、黑龙江省(变异系数为 30.9%)对东北区域失业率不平衡状况分别有
第一大和次大负影响。

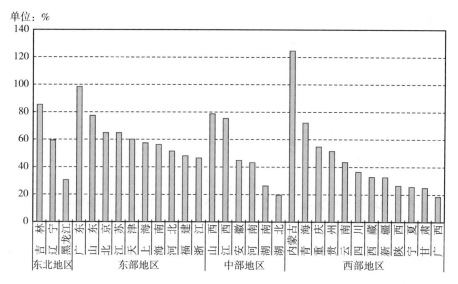

图 8 - 3　各省市对本区域失业率不平衡性的影响力比较(1978 ~ 1990 年)

资料来源:作者根据《新中国五十五年统计资料汇编》、《中国统计年鉴》相关各期等资料中的原始数据
　　　　分析整理、测算和自制而成。

1991 ~ 2000 年期间(如表 8 - 2 和图 8 - 4 所示),东北地区失业率的年均
值为 2.8%。其中,辽宁省失业率的年均值为 3.0%,标准差为 0.3%,变异系数
为 12.5%;吉林省失业率的年均值为 2.6%,标准差为 0.2%,变异系数为
9.0%;黑龙江省失业率的年均值为 2.6%,标准差为 0.3%,变异系数为 9.2%。
由此可见,在此期间,本区域 3 省份中,辽宁失业率的年均值最高,其次为吉林,
黑龙江最低。辽宁省对东北区域失业率不平衡状况有正影响,黑龙江省(变异
系数为 9.2%)和吉林省(变异系数为 9.0%)对东北区域失业率不平衡状况分
别有第一大和次大负影响。

单位：%

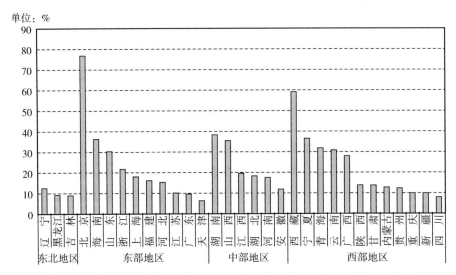

图 8 - 4　各省市对本区域失业率不平衡性的影响力比较（1991 ~ 2000 年）

资料来源：作者根据《新中国五十五年统计资料汇编》、《中国统计年鉴》相关各期等资料中的原始数据
　　　　分析整理、测算和自制而成。

2001 ~ 2006 年期间（如表 8 - 2 和图 8 - 5 所示），东北地区失业率的年均值为
4.8%。其中，辽宁省失业率的年均值为 5.9%，标准差为 0.9%，变异系数为 19.5%；

单位：%

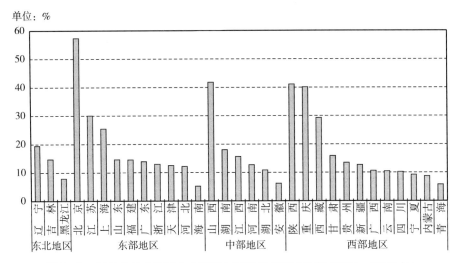

图 8 - 5　各省市对本区域失业率不平衡性的影响力比较（2001 ~ 2006 年）

资料来源：作者根据《新中国五十五年统计资料汇编》、《中国统计年鉴》相关各期等资料中的原始数据
　　　　分析整理、测算和自制而成。

吉林省失业率的年均值为4.0%,标准差为0.7%,变异系数为14.7%;黑龙江省失业率的年均值为4.5%,标准差为0.4%,变异系数为7.9%。由此可见,在此期间,本区域3省份中,辽宁省失业率的年均值(5.9%)最高,其次为黑龙江省(4.5%),吉林省最低(4.0%)。辽宁省对东北地区失业率不平衡状况具有正影响,吉林省和黑龙江省对东北区域失业率不平衡状况分别具有第一大和次大负影响。

二、东部区域内部失业率差异考察

1978~2006年期间(如表8-2和图8-2所示),东部地区失业率的年均值为2.3%。本区域10个省市中有6个省市失业率的年均值高于本地区的整体年均水平,分别为海南(3.0%)、广东(2.7%)、山东(3.0%)、福建(2.4%)、浙江(2.8%)、江苏(2.6%);有4个省市失业率的年均值低于本地区的整体年均水平,分别是北京(0.8%)、河北(2.2%)、天津(2.0%)、上海(2.3%)。根据各省市CV值的计算结果,可以看出各省市对本区域失业率不平衡程度的影响情况,按照由低到高依次是:福建(变异系数为31.2%)、浙江(变异系数为31.5%,正影响)、河北(变异系数为32.1%,负影响)、天津(变异系数为35.9%,负影响)、江苏(变异系数为39.3%,正影响)、海南(变异系数39.9%,正影响)、上海(变异系数为40.0%,负影响)、山东(变异系数为49.9%,正影响)、广东(变异系数为59.3%,正影响)、北京(变异系数为70.2%,负影响)。由此可见,该期间内,广东、山东对东部区域失业率不平衡状况分别有第一大和第二大正影响,北京、上海对东部区域失业率不平衡状况分别有第一大和第二大负影响。

分不同时期进行考察:

1978~1990年期间(如表8-2和图8-3所示),东部地区失业率的年均值为2.0%。本区域10个省市中有6个省失业率的年均值高于该地区的整体年均水平,分别为江苏(2.4%)、浙江(2.3%)、福建(2.1%)、山东(2.8%)、广东(3.0%)、海南(2.7%);有4个省市失业率的年均值低于该地区的整体年均水平,分别是北京(0.9%)、天津(1.2%)、河北(1.5%)、上海(1.0%);其中失业率的年均值最高的广东是失业率的年均值最低的北京的3.33倍。根据各省市CV值的计算结果,可以看出各省市对本区域失业率不平衡程度的影响情况,按照由低到高依次是:浙江(变异系数为46.5%,正影响)、福建(变异系数为48.1%,正影响)、河北(变异系数为51.2%,负影响)、海南(变异系数为56.3%,正影响)、上海(变异系数为57.4%,负影响)、天津(变异系数为60.1%,负影响)、江苏(变异系数为64.7%,正影响)、北京(变异系数为64.8%,负影响)、山东(变异系数为77.4%,正影响)、广东(变异系数为98.5%,正影响)。由此可见,该期间内,广东、山东对东部区域失业率不平衡状况分别有第一大和第二大正影响,北京、天津对东部区域失业率不平衡状况分别有第一大和第二大负影响。

1991~2000年期间(如表8-2和图8-4所示),东部地区失业率的年均值为2.3%。本区域10个省市中有6个省市失业率的年均值高于本地区的整体年均水平,分别为天津(2.4%)、上海(2.6%)、江苏(2.4%)、浙江(2.8%)、山东(3.0%)、海南(3.2%);有4个省失业率的年均值低于或等同于本地区的整体年均水平,分别是北京(0.6%)、福建(2.1%)、广东(2.2%)、河北(2.3%);其中失业率的年均值最高的海南是失业率的年均值最低的北京的5.33倍。根据各省市CV值的计算结果,可以看出各省市对本区域失业率不平衡程度的影响情况,按照由低到高依次是:天津(变异系数为6.4%,正影响)、广东(变异系数为9.6%,负影响)、江苏(变异系数为10.1%,正影响)、河北(变异系数为15.3%,负影响)、福建(变异系数为16.2%,负影响)、上海(变异系数为18.0%,正影响)、浙江(变异系数为21.7%,正影响)、山东(变异系数为30.4%,正影响)、海南(变异系数为36.3%,正影响)、北京(变异系数为76.9%,负影响)。由此可见,该期间内,海南、山东对东部区域失业率不平衡状况分别有第一大和第二大正影响,北京、福建对东部区域失业率不平衡状况分别有第一大和第二大负影响;与前一时期相比,在本期间海南取代广东成为第一大正影响力量。

2001~2006年期间(如表8-2和图8-5所示),东部地区失业率的年均值为3.3%。本区域10个省市中有6个省市失业率的年均值高于该地区的整体年均水平,分别为河北(3.7%)、上海(4.4%)、江苏(3.4%)、浙江(3.8%)、福建(3.9%)、山东(3.6%);有4个省市失业率的年均值低于本地区的整体年均水平,分别是北京(0.9%)、天津(3.2%)、广东(3.0%)、海南(3.1%);其中失业率的年均值最高的上海是失业率的年均值最低的北京的4.89倍。根据各省市CV值的计算结果,可以看出各省市对本区域失业率不平衡程度的影响情况,按照由低到高依次是:海南(变异系数为5.2%,负影响)、河北(变异系数为12.3%,正影响)、天津(变异系数为12.6%,负影响)、浙江(变异系数为13.0%,正影响)、广东(变异系数为13.9%,负影响)、福建(变异系数为14.5%,正影

响)、山东(变异系数为 14.6%,正影响)、上海(变异系数为 25.5%,正影响)、江
苏(变异系数为 30.0%,正影响)、北京(变异系数为 57.3%,负影响)。由此可见,
该期间内,江苏、上海对东部区域失业率不平衡状况有第一大和第二大正影响,北
京、广东对东部区域失业率不平衡状况有第一大和第二大负影响。

三、中部区域内部失业率差异考察

1978~2006 年期间(如表 8-2 和图 8-2 所示),中部地区失业率的年均
值为 2.7%。本区域 6 个省中有 3 个省失业率的年均值高于本地区的整体年均
水平,分别为湖南(3.2%)、江西(3.0%)、河南(2.9%);另有 3 个省失业率的
年均值等于或低于本地区的整体年均水平,分别是湖北(2.7%)、安徽
(2.7%)、山西(1.3%)。其中失业率的年均值最高的湖南是失业率的年均值
最低的山西的 2.3 倍。根据各省 CV 值的计算结果,可以看出各省对本区域失
业率不平衡程度的影响情况,按照由低到高依次是:湖北(变异系数为 18.2%,
负影响)、安徽(变异系数为 28.5%,负影响)、湖南(变异系数为 29.6%,正影
响)、河南(变异系数 29.7%,正影响)、江西(变异系数为 47.2%,正影响)、山
西(变异系数为 53.5%,负影响)。由此可见,该期间内,江西、湖南对中部区域
失业率不平衡状况分别有第一大和第二大正影响,山西、河南对中部区域失业
率不平衡状况分别有第一大和第二大负影响。

分不同时期进行考察:

1978~1990 年期间(如表 8-2 和图 8-3 所示),中部地区失业率的年均
值为 2.3%。本区域 6 个省中有 3 个省失业率的年均值高于该地区的整体年均
水平,分别为江西(3.3%)、河南(3.1%)、湖南(2.5%);有 3 个省失业率的年
均值低于本地区的整体年均水平,分别是山西(0.7%)、安徽(2.0%)、湖北
(2.0%);其中失业率的年均值最高的江西是失业率的年均值最低的山西的
4.7 倍。根据各省 CV 值的计算结果,可以看出各省对本区域失业率不平衡程
度的影响情况,按照由低到高依次是:湖北(变异系数为 19.7%,负影响)、湖南
(变异系数为 26.4%,正影响)、河南(变异系数为 43.2%,正影响)、安徽(变异
系数为 44.8%,负影响)、江西(变异系数为 75.4%,正影响)、山西(变异系数
为 78.7%,负影响)。由此可见,该期间内,江西、河南对中部区域失业率不平
衡状况分别有第一大和第二大正影响,山西、安徽对中部区域失业率不平衡状

况分别有第一大和第二大负影响。

1991~2000年期间(如表8-2和图8-4所示),中部地区失业率的年均值为2.6%。本区域6个省中有3个省失业率的年均值高于或等同于本地区的整体年均水平,分别为安徽(2.6%)、湖北(2.9%)、湖南(3.6%);有3个省失业率的年均值低于本地区的整体年均水平,分别是山西(1.7%)、江西(2.2%)、湖南(2.4%);失业率的年均值最高的湖南是失业率的年均值最低的山西的2.1倍。根据各省CV值的计算结果,可以看出各省对本区域失业率不平衡程度的影响情况,按照由低到高依次是:安徽(变异系数为11.9%,正影响)、河南(变异系数为17.5%,负影响)、湖北(变异系数为18.3%,正影响)、江西(变异系数为19.6%,负影响)、山西(变异系数为35.5%,负影响)、湖南(变异系数为38.4%,正影响)。由此可见,该期间内,湖南、湖北对中部区域失业率不平衡状况分别有第一大和第二大正影响,山西、江西对中部区域失业率不平衡状况分别有第一大和第二大负影响。

2001~2006年期间(如表8-2和图8-5所示),中部地区失业率的年均值为3.5%。本区域6个省中有4个省失业率的年均值高于该地区的整体年均水平,分别为安徽(3.7%)、江西(3.8%)、湖北(4.0%)、湖南(4.2%);有2个省失业率的年均值低于该地区的整体年均水平,分别是山西(2.0%)、河南(3.2%);其中失业率的年均值最高的湖南是失业率的年均值最低的山西的2.1倍。根据各省CV值的计算结果,可以看出各省对本区域失业率不平衡程度的影响情况,按照由低到高依次是:安徽(变异系数为6.2%,正影响)、湖北(变异系数为10.8%,正影响)、河南(变异系数为12.8%,负影响)、江西(变异系数为15.7%,正影响)、湖南(变异系数为18.1%,正影响)、山西(变异系数为41.8%,负影响)。由此可见,该期间内,湖南、江西对中部区域失业率不平衡状况分别有第一大和第二大正影响,山西、河南对中部区域失业率不平衡状况分别有第一大和第二大负影响。

四、西部区域内部失业率差异考察

1978~2006年期间(如表8-2和图8-2所示),西部地区失业率的年均值为3.9%。本区域12个省市中有5个省失业率的年均值高于或等同于本地区的整体年均水平,分别为西藏(4.7%)、青海(4.6%)、宁夏(4.6%)、内蒙古

(5.3%)、四川(3.9%);有 7 个省市失业率的年均值低于本地区的整体年均水平,分别是重庆(2.7%)、贵州(3.1%)、云南(2.8%)、陕西(3.3%)、甘肃(3.8%)、新疆(3.8%)、广西(3.6%);其中失业率的年均值最高的内蒙古是失业率的年均值最低的重庆的 1.96 倍。根据各省市 CV 值的计算结果,可以看出各省市对本区域失业率不平衡程度的影响情况,按照由低到高依次是:广西(变异系数为 20.9%,负影响)、甘肃(变异系数为 21.6%,负影响)、陕西(变异系数为 21.7%,负影响)、新疆(变异系数为 24.9%,负影响)、四川(变异系数为 27.6%,正影响)、宁夏(变异系数为 28.0%,正影响)、云南(变异系数为 36.5%,负影响)、贵州(变异系数为 38.7%,负影响)、重庆(变异系数为 40.9%,负影响)、西藏(变异系数为 43.7%,正影响)、青海(变异系数为 56.3%,正影响)、内蒙古(变异系数为 92.5%,正影响)。由此可见,该期间内,内蒙古、青海对西部区域失业率不平衡状况分别有第一大和第二大正影响,重庆、贵州对西部区域失业率不平衡状况分别有第一大和第二大负影响。

分不同时期进行考察:

1978～1990 年期间(如表 8-2 和图 8-3 所示),西部地区失业率的年均值为 4.1%。本区域 12 个省市中有 5 个省失业率的年均值高于本地区的整体年均水平,分别为西藏(4.3%)、甘肃(4.3%)、青海(6.3%)、宁夏(4.6%)、内蒙古(7.6%);有 7 个省市失业率的年均值低于本地区的整体年均水平,分别是重庆(2.2%)、四川(4.0%)、贵州(2.3%)、云南(2.5%)、陕西(3.9%)、新疆(3.7%)、广西(3.6%);其中失业率的年均值最高的内蒙古是失业率的年均值最低的重庆的 3.45 倍。根据各省市 CV 值的计算结果,可以看出各省市对本区域失业率不平衡程度的影响情况,按照由低到高依次是:广西(变异系数为 18.6%,负影响)、甘肃(变异系数为 25.0%,正影响)、宁夏(变异系数为 25.7%,正影响)、陕西(变异系数为 26.5%,负影响)、新疆(变异系数为 32.6%,负影响)、西藏(变异系数为 32.7%,正影响)、四川(变异系数为 36.4%,负影响)、云南(变异系数为 43.5%,负影响)、贵州(变异系数为 51.5%,负影响)、重庆(变异系数为 54.8%,负影响)、青海(变异系数为 72.2%,正影响)、内蒙古(变异系数为 124.4%,正影响)。由此可见,该期间内,内蒙古、青海对西部区域失业率不平衡状况分别有第一大和第二大正影响,重庆、贵州对西部区域失业率不平衡状况分别有第一大和第二大负影响。

1991～2000 年期间(如表 8-2 和图 8-4 所示),西部地区失业率的年均值为 3.5%。本区域 12 个省市中有 4 个省失业率的年均值高于本地区的整体年均水平，分别为四川（3.6%）、西藏（5.2%）、宁夏（4.7%）、新疆（3.8%）；有 8 个省市失业率的年均值低于本地区的整体年均水平，分别是重庆（3.2%）、贵州（3.4%）、云南（2.4%）、陕西（3.1%）、甘肃（3.3%）、青海（2.6%）、内蒙古（3.1%）、广西（3.3%）；其中失业率的年均值最高的西藏是失业率的年均值最低的云南的 2.17 倍。根据各省市 CV 值的计算结果，可以看出各省市对本区域失业率不平衡程度的影响情况，按照由低到高依次是：四川（变异系数为 8.1%，正影响）、重庆（变异系数为 10.0%，负影响）、新疆（变异系数为 10.0%，正影响）、贵州（变异系数为 12.4%，负影响）、内蒙古（变异系数为 12.8%，负影响）、甘肃（变异系数为 13.7%，负影响）、陕西（变异系数为 13.8%，负影响）、广西（变异系数为 28.0%，负影响）、云南（变异系数为 30.9%，负影响）、青海（变异系数为 31.8%，负影响）、宁夏（变异系数为 36.6%，正影响）、西藏（变异系数为 59.1%，正影响）。由此可见，该期间内，西藏、宁夏对西部区域失业率不平衡状况分别有第一大和第二大正影响，青海、云南对西部区域失业率不平衡状况分别有第一大和第二大负影响。

2001～2006 年期间（如表 8-2 和图 8-5 所示），西部地区失业率的年均值为 3.8%。本区域 12 个省市中有 8 个省失业率的年均值高于本地区的整体年均水平，分别为四川（4.3%）、贵州（4.2%）、云南（4.0%）、西藏（4.8%）、宁夏（4.3%）、新疆（4.0%）、内蒙古（4.1%）、广西（3.9%）；有 4 个省市失业率的年均值低于本地区的整体年均水平，分别是重庆（2.7%）、陕西（2.3%）、甘肃（3.5%）、宁夏（3.6%）；其中失业率的年均值最高的西藏是失业率的年均值最低的陕西的 2.09 倍。根据各省市 CV 值的计算结果，可以看出各省市对本区域失业率不平衡程度的影响情况，按照由低到高依次是：青海（变异系数为 5.8%，负影响）、内蒙古（变异系数为 8.7%，正影响）、宁夏（变异系数为 9.2%，正影响）、四川（变异系数为 10.2%，正影响）、云南（变异系数为 10.4%，正影响）、广西（变异系数为 10.6%，正影响）、内蒙古（变异系数为 12.7%，正影响）、贵州（变异系数为 13.5%，正影响）、甘肃（变异系数为 15.9%，负影响）、西藏（变异系数为 29.3%，正影响）、重庆（变异系数为 40.1%，负影响）、陕西（变异系数为 41.1%，负影响）。由此可见，该期间内，西藏、贵州对西部区域失业率不平衡状况分别有第一大和第二大正影响，陕西、重庆对西部区域失业率不平衡状况分别有第一大和第二大负影响。

第三节　本章小结

第一节研究分析了四大区域之间失业率的差别情况。

1978～2006年期间,西部地区失业率均值最高(3.9%),其次为东北地区(3.3%),再次为中部地区(2.7%),东部地区失业率最低(2.4%)。

第二节研究分析了区域内部省际失业率的差别情况。

东北区域内部:1978～2006年期间,辽宁(变异系数为41.8%)、黑龙江(变异系数为21.1%)对东北区域内失业率的不平衡状况分别有第一大和次大负影响,吉林(变异系数为55.7%)对东北区域内失业率的不平衡状况有正影响。

东部区域内部:1978～2006年期间,广东、山东对东部区域失业率不平衡状况分别有第一大和第二大正影响,北京、上海对东部区域失业率不平衡状况分别有第一大和第二大负影响。

中部区域内部:1978～2006年期间,江西、湖南对中部区域失业率不平衡状况分别有第一大和第二大正影响,山西、河南对中部区域失业率不平衡状况分别有第一大和第二大负影响。

西部区域内部:1978～2006年期间,内蒙古、青海对西部区域失业率不平衡状况分别有第一大和第二大正影响,重庆、贵州对西部区域失业率不平衡状况分别有第一大和第二大负影响。

本章附件:

附表8-1　美国四大区域失业率(平均数)比较(1970～1990年)

单位:%

变量	大都市区域				中心城市				乡村			
	东北部	中西部	南部	西部	东北部	中西部	南部	西部	东北部	中西部	南部	西部
1970年												
失业率												
均　值	3.9	4.2	3.9	6.0	4.6	4.5	4.0	6.2	3.7	3.8	3.6	5.7
SD	1.0	1.0	1.1	1.5	1.2	1.2	1.1	1.4	1.0	1.2	1.3	1.7

续表

变量	大都市区域				中心城市				乡村			
	东北部	中西部	南部	西部	东北部	中西部	南部	西部	东北部	中西部	南部	西部
CV	0.2	0.2	0.3	0.2	0.3	0.3	0.3	0.2	0.3	0.3	0.4	0.3
城市/乡村	1.2	1.2	1.1	1.1								
1990 年												
均　值	6.1	5.8	6.5	6.3	8.9	7.6	7.7	6.8	5.3	4.9	5.9	6.1
SD	1.3	1.6	2.0	1.6	2.0	3.6	2.2	1.7	1.3	1.5	2.2	1.9
CV	0.2	0.3	0.3	0.3	0.2	0.5	0.3	0.2	0.2	0.3	0.4	0.3
城市/乡村	1.7	1.6	1.3	1.1								
百分比变化（1970~1990 年）	56.4	38.1	66.7	5.0								

资料来源：Janet Rothenberg Pack（2002），*Growth and Convergence in Metropolitan America*，Brookings Institute Press，Washington，D. C.。

单位：%

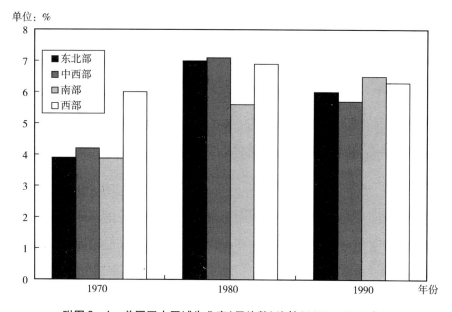

附图 8-1　美国四大区域失业率（平均数）比较（1970~1990 年）

资料来源：Janet Rothenberg Pack（2002），*Growth and Convergence in Metropolitan America*，Brookings Institute Press，Washington，D. C.。

第九章 区域财政转移度差别的深度考察

本章对四大区域之间和四大区域内部各省市之间在财政转移度方面的差别情况进行具体和深入的分析考察。

第一节 区域之间财政转移度比较分析

一、区域之间财政转移度比较(如表 9-1 和图 9-1 所示)

财政转移度,即财政支出与财政收入的差额同财政支出的比值。

1978~2006 年期间,东北地区财政转移度均值为 4.8%,标准差为 45.2%,波动系数为 949.4%;东部地区财政转移度均值为 -32.5%,标准差为 66.4%,波动系数为 -204.1%;中部地区财政转移度均值为 18.4%,标准差为 25.5%,波动系数为 138.6%;西部地区财政转移度均值为 43.9%,标准差为 12.3%,波动系数为 27.9%。由此可见,东北地区(4.8%)、中部地区(18.4%)和西部地区(43.9%)财政转移度均值大于 0,东部地区(32.5%,负值)财政转移度均值小于 0,即东部地区财政收入向东北地区、中部地区和西部地区转移,其中西部地区财政转移度均值最大,其次是中部地区、东北地区,东部地区财政转移度均值最小。从各区域财政转移度标准差而言,东部地区(66.4%)财政转移度标准差最大,其次是东北地区,再次是中部地区,西部地区转移度标准差最小。从各区域财政转移度稳定性而言,东北地区(波动系数为 949.4%)财政转移度波动系数明显高于东部地区(波动系数为 204.1%,负值)、中部地区(波动系数为 138.6%)和西部地区(波动系数为 27.9%),其中西部地区平稳性最优,其次是中部地区、东部地区,东北地区平稳性最低。

表 9 – 1　四大区域财政转移度比较

单位:%

年份 区域	1978~1990			1991~2000			2001~2006			1978~2006		
	均值	标准差	波动系数	均值	标准差	波动系数	均值	标准差	波动系数	均值	标准差	波动系数
东北地区	-29.6	40.4	-136.4	30.6	17.2	56.3	51.7	1.6	3.0	4.8	45.2	949.4
东部地区	-86.3	56.5	-65.5	14.1	19.8	140.6	25.6	1.4	5.6	-32.5	66.4	-204.1
中部地区	-2.6	14.5	-558.5	31.8	14.9	46.8	53.4	1.5	2.7	18.4	25.5	138.6
西部地区	38.1	5.4	14.0	43.9	13.8	31.3	62.7	1.6	2.6	43.9	12.3	27.9

资料来源:作者根据《新中国五十五年统计资料汇编》、《中国统计年鉴》相关各期等资料中的原始数据
　　　　分析整理、测算和自制而成。

单位:元

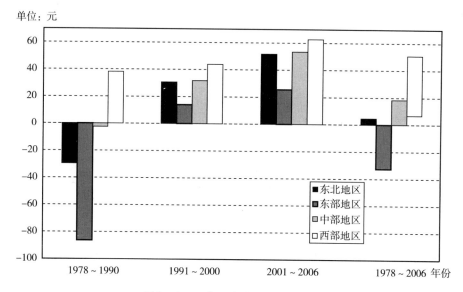

图 9 – 1　四大区域财政转移度比较

资料来源:作者根据《新中国五十五年统计资料汇编》、《中国统计年鉴》相关各期等资料中的原始数据
　　　　分析整理、测算和自制而成。

　　分不同时期进行考察:

　　1978~1990 年期间,东北地区财政转移度均值为 - 29.6%,标准差为
40.4%,波动系数为 - 136.4%;东部地区的财政转移度均值为 - 86.3%,标准
差为 56.5%,波动系数为 - 65.5%;中部地区财政转移度均值为 - 2.6%,标准

差为14.5%,波动系数为-558.5%;西部地区财政转移度均值为38.1%,标准差为5.4%,波动系数为14.0%。由此可见,东北地区(29.6%,负值)、东部地区(86.3%,负值)和中部地区(2.6%,负值)财政转移度均值小于0,西部地区(38.1%)财政转移度均值大于0,即东北地区、东部地区和中部地区财政收入向西部地区流入,其中东部地区财政转移度均值最大,其次是东北地区,再次是中部地区,西部地区财政转移度均值最小。从各区域财政转移度标准差而言,东部地区(56.5%)财政转移度标准差最高,其次是东北地区(40.4%),再次是中部地区(14.5%),西部地区财政转移度标准差最低。从各区域财政转移度稳定性而言,中部地区(波动系数为558.5%,负值)财政转移度波动系数明显高于东北地区(波动系数为136.4%,负值)、东部地区(波动系数为65.5%,负值)和西部地区(波动系数为14.0%,正值),即西部地区财政转移度平稳性最优,其次是东部地区,再次是东北地区,中部地区平稳性最低。

　　1991～2000年期间,东北地区财政转移度均值为30.6%,标准差为17.2%,波动系数为56.3%;东部地区财政转移度均值为14.1%,标准差为19.8%,波动系数为140.6%;中部地区财政转移度均值为31.8%,标准差为14.9%,波动系数为46.8%;西部地区财政转移度均值为43.9%,标准差为13.8%,波动系数为31.3%。由此可见,四大区域的财政转移度均值都大于0,即四大区域的财政收入由中央转移支付,其中东北地区(30.6%)、中部地区(31.8%)和西部地区(43.9%)财政转移度均值高于东部地区(14.1%),其中西部地区财政转移度均值最高,其次是东北地区、中部地区,东部地区财政转移度均值最低。从财政转移度标准差而言,东部地区(19.8%)财政转移度标准差最高,其次是东北地区(17.2%),再次是中部地区(14.9%),西部地区(13.8%)财政转移度标准差最低。从各区域财政转移度稳定性而言,东部地区(波动系数为140.6%)财政转移度波动系数明显高于东北地区(波动系数为56.3%)、中部地区(波动系数为46.8%)和西部地区(波动系数为31.3%),其中西部地区平稳性最优,其次是中部地区,再次是东北地区,东部地区平稳性最低。

　　2001～2006年期间,东北地区财政转移度均值为51.7%,标准差为1.6%,波动系数为3.0%;东部地区财政转移度均值为25.6%,标准差为1.4%,波动系数为5.6%;中部地区财政转移度均值为53.4%,标准差为1.5%,波动系数为2.7%;西部地区财政转移度均值为62.7%,标准差为1.6%,波动系数为

2.6%。由此可见,四大区域的财政转移度均值都大于0,即四大区域的财政收入由中央转移支付,其中东北地区(51.7%)、中部地区(53.4%)和西部地区(62.7%)财政转移度均值高于东部地区(25.6%),其中西部地区财政转移度均值最大,其次是中部地区、东北地区,东部地区最小。从各区域财政转移度标准差而言,四大区域财政转移度标准差相近,其中东北地区、东部地区、中部地区和西部地区,分别为1.6%、1.4%、1.5%和1.6%。从各区域财政转移度稳定性而言,东部地区(波动系数为5.6%)财政转移度波动系数高于东北地区(波动系数为3.0%)、中部地区(波动系数为2.7%)和西部地区(波动系数为2.6%),即西部地区财政转移度平稳性最优,其次是中部地区、东北地区,东部地区平稳性最低。

二、区域之间财政转移度年环比增长率比较(如表9-2和图9-2所示)

1978~2006年期间,东北地区财政转移度环比增长率均值为142.1%,标准差为547.1%,波动系数为385.0%;东部地区财政转移度环比增长率均值为-16.7%,标准差为54.5%,波动系数为-327.5%;中部地区财政转移度环比增长率均值为32.4%,标准差为178.3%,波动系数为550.7%;西部地区财政转移度环比增长率均值为7.1%,标准差为40.0%,波动系数为562.6%。由此可见,东北地区(142.1%)、中部地区(32.4%)和西部地区(7.1%)财政转移度环比增长率均值大于0,东部地区(26.7%,负值)财政转移度环比增长率均值小于0,即东部地区财政收入向东北地区、中部地区和西部地区转移,其中东北地区财政转移度环比增长率均值最大,其次是中部地区,西部地区,东部地区财政转移度环比增长率均值最小。从各区域财政转移度环比增长率标准差而言,东北地区(547.1%)财政转移度环比增长率标准差明显高于中部地区(178.3%)、东部地区(54.5%)和西部地区(40.0%),即东北地区财政转移度环比增长率标准差最高,其次是中部地区,再次是东部地区,西部地区最低。从各区域财政转移度环比增长率稳定性而言,中部地区(波动系数为550.7%)和西部地区(波动系数为562.6%)财政转移度环比增长率波动系数高于东北地区(波动系数为385.0%)和东部地区(波动系数为-327.5%,负值),即东部地区财政转移度环比增长率平稳性最优,其次是东北地区,再次是中部地区,西部地区平稳性最低。

表 9 - 2　四大区域财政转移度年增长率比较

单位:%

年份	1978~1990			1991~2000			2001~2006			1978~2006		
区域	均值	标准差	波动系数	均值	标准差	波动系数	均值	标准差	波动系数	均值	标准差	波动系数
东北地区	142.6	583.1	408.9	197.5	631.9	319.9	2.1	2.5	119.5	142.1	547.1	385.0
东部地区	-15.3	22.2	-145.4	-26.6	87.3	-328.3	4.1	3.6	87.5	-16.7	54.5	-327.5
中部地区	6.2	141.1	2267.4	75.2	248.7	330.6	3.7	6.8	183.3	32.4	178.3	550.7
西部地区	1.7	14.3	853.4	15.6	64.8	413.9	2.0	6.1	300.6	7.1	40.0	562.6

资料来源:作者根据《新中国五十五年统计资料汇编》、《中国统计年鉴》相关各期等资料中的原始数据
　　　　分析整理、测算和自制而成。

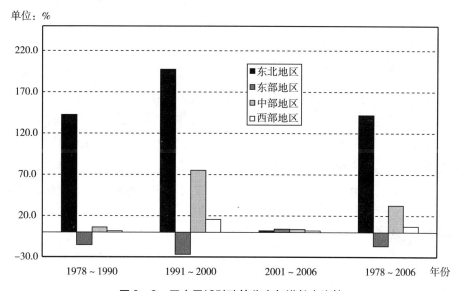

图 9 - 2　四大区域财政转移度年增长率比较

资料来源:作者根据《新中国五十五年统计资料汇编》、《中国统计年鉴》相关各期等资料中的原始数据
　　　　分析整理、测算和自制而成。

分不同时期进行考察:

1978~1990 年期间,东北地区财政转移度环比增长率均值为 142.6%,标准差为 583.1%,波动系数为 408.9%;东部地区财政转移度环比增长率均值为 -15.3%,标准差为 22.2%,波动系数为 -145.4%;中部地区财政转移环比增

长率度均值为 6.2%,标准差为 141.1%,波动系数为 2267.4%;西部地区财政转移度环比增长率均值为 1.7%,标准差为 14.3%,波动系数为 853.4%。由此可见,东北地区(142.6%)、中部地区(6.2%)和西部地区(1.7%)财政转移度环比增长率均值大于 0,东部地区(15.3%,负值)财政转移度环比增长率均值小于 0,即东部地区财政收入向东北地区、中部地区和西部地区转移,其中东北地区财政转移度环比增长率均值最大,其次是中部地区、西部地区,东部地区财政转移度环比增长率均值最小。从财政转移度环比增长率标准差而言,东北地区(583.1%)财政转移度环比增长率标准差最高,其次是中部地区,再次是东部地区,西部地区最小。从各区域财政转移度环比增长率稳定性而言,中部地区(波动系数为 2267.4%)财政转移度环比增长率波动系数明显高于东北地区(波动系数为 408.9%)、东部地区(波动系数为 145.4%,负值)和西部地区(波动系数为 853.4%),其中东部地区财政转移度环比增长率平稳性最优,其次是东北地区,再次是西部地区,中部地区平稳性最低。

1991~2000 年期间,东北地区财政转移度环比增长率均值为 197.5%,标准差为 631.9%,波动系数为 319.9%;东部地区财政转移度环比增长率均值为 −26.6%,标准差为 87.3%,波动系数为 −328.3%;中部地区财政转移度环比增长率均值为 75.2%,标准差为 248.7%,波动系数为 330.6%;西部地区财政转移度环比增长率为 15.6%,标准差为 64.8%,波动系数为 413.9%。由此可见,东北地区(197.5%)、中部地区(75.2%)和西部地区(15.6%)财政转移度环比增长率均值大于 0,东部地区(26.6%,负值)财政转移度环比增长率均值小于 0,即东部地区财政收入向东北地区、中部地区和西部地区转移,其中东北地区财政转移度环比增长率均值最大,其次是中部地区,再次是西部地区,东部地区财政转移度环比增长率均值最小。从各区域财政转移度环比增长率标准差而言,东北地区(631.9%)财政转移度环比增长率标准差最高,其次是中部地区(248.7%),再次是东部地区(87.3%),西部地区财政转移度环比增长率标准差最低。从各区域财政转移度环比增长率稳定性而言,西部地区(波动系数为 413.9%)财政转移度环比增长率波动系数高于东北地区(波动系数为 319.9%)、东部地区(波动系数为 328.3%,负值)和中部地区(330.6%),其中东北地区财政转移度环比增长率平稳性最优,其次是东部地区,再次是东部地区,西部地区平稳性最低。

2001~2006 年期间,东北地区财政转移度环比增长率均值为 2.1%,标准

差为 2.5% ,波动系数为 119.5% ;东部地区财政转移度环比增长率均值为
4.1% ,标准差为 3.6% ,波动系数为 87.5% ;中部地区财政转移度环比增长率
均值为 3.7% ,标准差为 6.8% ,波动系数为 183.3% ;西部地区财政转移度环比
增长率均值为 2.0% ,标准差为 6.1% ,波动系数为 300.6% 。由此可见,四大区
域的财政转移度均值都大于 0,即四大区域的财政收入由中央转移支付,东部
地区(4.1%)和中部地区(3.7%)财政转移度环比增长率均值高于东北地区
(2.1%)和西部地区(2.0%),其中东部地区财政转移度环比增长率均值最高,
其次是中部地区,再次是东北地区,西部地区最低。从各区域财政转移度环比
增长率标准差而言,中部地区(6.8%)和西部地区(6.1%)财政转移度环比增
长率标准差高于东北地区(2.5%)和东部地区(3.6%),其中中部地区财政转
移度环比增长率标准差最高,东北地区最低。从各区域财政转移度环比增长率
稳定性而言,西部地区(波动系数为 300.6%)财政转移度环比增长率波动系数
明显高于东北地区(波动系数为 119.5%)、东部地区(波动系数为 87.5%)和
中部地区(波动系数为 183.3%),其中东部地区财政转移度环比增长率平稳性
最优,其次是东北地区,再次是中部地区,西部地区平稳性最低。

第二节　区域内部省际财政转移度比较分析

一、东北地区内部财政转移度差异考察

1978～2006 年期间(如表 9 - 3 和图 9 - 3 所示),东北地区财政转移度均
值为 4.8% 。其中,辽宁的财政转移度均值为 - 30.7% ,标准差为 52.0% ,变异
系数为 1092.1% ;吉林的财政转移度均值为 39.2% ,标准差为 47.0% ,变异系
数为 987.6% ;黑龙江财政转移度均值为 23.8% ,标准差为 33.4% ,变异系数为
701.9% 。由此可见,在此期间,本区域 3 省份,其中有 2 个省财政收支差额年
均值高于本区域整体水平,分别为吉林(39.2%)、黑龙江(23.8%);辽宁
(- 30.7%)财政转移度年均值低于本区域整体水平。吉林(变异系数为
987.6%)、黑龙江省(变异系数为 701.9%)对东北区域内财政转移度不平衡分
别有第一大和次大正影响力量,辽宁(变异系数为 1092.1%)对东北区域内财
政转移度不平衡有负影响。

表 9-3　区域内部省际财政转移度差别情况

单位:%

省份	1978~1990 年			1991~2000 年			2001~2006 年			1978~2006 年		
	均值	标准差	变异系数	均值	标准差	变异系数	均值	标准差	变异系数	均值	标准差	变异系数
辽宁	-93.5	74.2	-250.7	21.7	10.1	32.9	42.5	5.9	11.3	-30.7	52.0	1092.1
吉林	28.0	66.3	-224.2	43.7	13.5	44.1	64.1	7.8	15.2	39.2	47.0	987.6
黑龙江	6.2	47.9	-161.8	34.0	5.2	16.8	55.4	2.5	4.7	23.8	33.4	701.9
东北地区	-29.6	0.0	0.0	30.6	0.0	0.0	51.7	0.0	0.0	4.8	0.0	0.0
北京	-99.7	33.6	-39.0	10.3	10.8	76.3	17.6	5.3	20.7	-41.6	24.5	-75.2
天津	-94.8	27.2	-31.5	10.4	12.4	87.7	33.6	5.1	19.9	-36.8	20.5	-63.1
河北	-14.9	81.5	-94.3	25.2	11.7	82.7	47.1	13.6	53.3	9.2	57.6	-176.9
上海	-429.3	395.1	-457.7	-16.8	45.5	322.3	20.0	4.1	16.1	-210.0	275.6	-846.6
江苏	-90.3	21.6	-25.1	13.7	6.8	48.4	24.0	1.1	4.3	-34.8	15.6	-47.9
浙江	-58.5	45.0	-52.1	13.9	9.1	64.5	25.0	2.7	10.6	-19.3	31.7	-97.5
福建	-4.9	94.7	-109.7	23.2	15.8	112.0	31.5	3.9	15.4	10.9	66.4	-204.1
山东	-37.5	52.5	-60.9	21.7	9.8	69.3	28.2	1.8	7.2	-5.8	37.0	-113.6
广东	-12.9	82.1	-95.1	15.6	8.3	59.0	19.8	4.2	16.5	2.5	57.2	-175.8
海南	46.0	141.4	-163.7	36.9	33.1	234.4	46.5	13.3	52.0	42.7	100.5	-308.6
东部地区	-86.3	0.0	0.0	14.1	0.0	0.0	25.6	0.0	0.0	-32.5	0.0	0.0
山西	7.8	13.3	-511.3	29.7	3.1	9.8	53.7	19	2.2	22.7	9.5	51.3
安徽	-4.0	6.5	-250.1	33.2	9.6	30.3	54.9	1.0	1.9	18.5	7.4	40.3
江西	24.3	29.0	-1114.6	38.9	8.4	26.4	55.7	1.6	3.0	34.4	20.8	112.8
河南	-6.2	6.0	-229.5	30.0	3.2	10.1	51.1	1.6	3.1	15.7	4.7	25.4
湖北	-17.8	18.2	-698.9	28.9	4.8	14.9	52.1	1.1	2.1	9.8	13.0	70.4
湖南	-8.5	8.0	-307.3	31.9	3.7	11.7	54.4	1.0	1.9	15.8	6.0	32.7
中部地区	-2.6	0.0	0.0	31.8	0.0	0.0	53.4	0.0	0.0	18.4	0.0	0.0
重庆	4.3	36.7	96.1	37.2	12.5	28.5	54.0	5.7	9.1	23.9	26.8	61.0
四川	14.8	25.3	66.3	34.0	9.9	22.7	55.9	4.4	7.0	28.0	18.7	42.7

续表

省份	1978～1990 年			1991～2000 年			2001～2006 年			1978～2006 年		
	均值	标准差	变异系数	均值	标准差	变异系数	均值	标准差	变异系数	均值	标准差	变异系数
贵州	419	9.4	24.6	43.5	3.5	8.0	64.1	1.1	1.7	45.5	6.9	15.7
云南	28.3	12.9	33.8	40.2	10.7	24.5	60.9	1.5	2.3	37.5	11.1	25.3
西藏	105.3	67.4	176.8	93.4	51.4	117.1	93.9	19.8	31.5	99.2	57.6	131.1
陕西	20.7	18.9	49.6	39.8	4.7	10.6	60.0	1.9	3.0	33.6	13.5	30.7
甘肃	10.3	37.5	98.4	47.8	5.7	13.0	71.0	5.3	8.4	33.2	26.5	60.3
青海	70.4	32.9	86.4	66.2	22.7	51.7	80.8	11.5	18.3	70.4	27.6	62.9
宁夏	64.3	26.8	70.4	58.0	16.3	37.2	72.1	6.0	9.6	63.1	914	48.8
新疆	67.2	30.1	79.0	55.1	14.3	32.6	65.0	1.5	2.3	62.4	22.7	51.6
内蒙古	64.6	28.1	73.6	53.2	10.5	23.8	69.6	4.6	7.3	61.1	20.7	47.1
广西	32.1	8.3	21.8	35.6	8.7	19.9	53.0	6.3	10.0	36.5	8.7	19.9
西部地区	38.1	0.0	0.0	43.9	0.0	0.0	62.7	0.0	0.0	43.9	0.0	0.0

资料来源:作者根据《新中国五十五年统计资料汇编》、《中国统计年鉴》相关各期等资料中的原始数据分析整理、测算和自制而成。

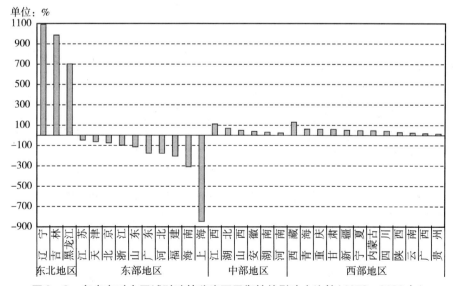

图9-3 各省市对本区域财政转移度不平衡性的影响力比较(1978～2006年)

资料来源:作者根据《新中国五十五年统计资料汇编》、《中国统计年鉴》相关各期等资料中的原始数据分析整理、测算和自制而成。

　　分不同时期进行考察：

　　1978～1990年期间(如表9－3和图9－4所示)，东北地区财政转移度均
值为－29.6%。其中，辽宁的财政转移度均值为－93.5%，标准差为74.2%，
变异系数为－250.7；吉林的财政转移度均值为28.0%，标准差为66.3%，变
异系数为－224.2%；黑龙江财政转移度均值为6.2%，标准差为47.9%，变异
系数为－161.8%。由此可见，在此期间，本区域3省份中，吉林、黑龙江(分别
为28.0%、6.2%)财政转移度年均值高于本区域整体平均水平，辽宁
(－93.5%)财政转移度年均值低于本区域整体水平。吉林(变异系数为
224.2%，负值)、黑龙江(变异系数为161.8%，负值)对东北区域内财政转移度
不平衡状况分别有第一大和次大正影响，辽宁(变异系数为－250.7%)对东北
区域内财政转移度不平衡状况有负影响。

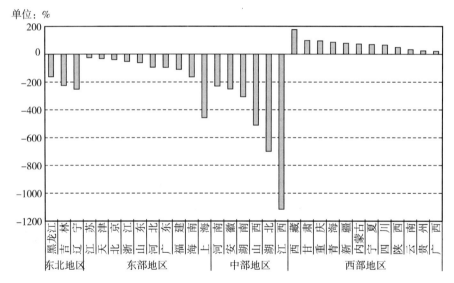

图9－4　各省市对本区域财政转移度不平衡性的影响力比较(1978～1990年)

资料来源：作者根据《新中国五十五年统计资料汇编》、《中国统计年鉴》相关各期等资料中的原始数据
　　　　分析整理、测算和自制而成。

　　1991～2000年期间(如表9－3和图9－5所示)，东北地区财政转移度均
值为30.6%。其中，辽宁的财政转移度均值为21.7%，标准差为10.1%，变异
系数为32.9；吉林的财政转移度均值为43.7%，标准差为13.5%，变异系数

为44.1%;黑龙江财政转移度均值为34.0%,标准差为5.2%,变异系数为16.8%。由此可见,在此期间,本区域3省份中,吉林和黑龙江财政转移度年均值(分别为43.7%、34.0%)高于本区域整体水平,辽宁财政转移度年均值(21.7%)低于本区域整体平均水平。吉林(变异系数为44.1%)、黑龙江(变异系数为16.8%)对东北区域内财政转移度不平衡分别有第一大和次大正影响,辽宁(变异系数为32.9%)对东北区域内财政转移度不平衡有负影响;与前一时期比较,吉林、黑龙江对东北区域财政转移度不平衡仍然是第一大和次大正影响力量,辽宁仍然是负影响力量。

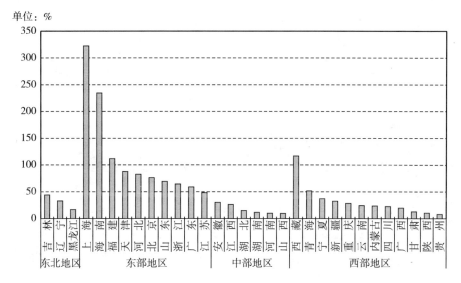

图9-5 各省市对本区域财政转移度不平衡性的影响力比较(1991~2000年)
资料来源:作者根据《新中国五十五年统计资料汇编》、《中国统计年鉴》相关各期等资料中的原始数据分析整理、测算和自制而成。

2001~2006年期间(如表9-3和图9-6所示),东北地区财政转移度均值为51.7%。其中,辽宁的财政转移度均值为42.5%,标准差为5.9%,变异系数为11.3%;吉林的财政转移度均值为64.1%,标准差为7.8%,变异系数为15.2%;黑龙江财政转移度均值为55.4%,标准差为2.5%,变异系数为4.7%。由此可见,在此期间,本区域3省份中,吉林和黑龙江财政转移度年均值(分别为64.1%、55.4%)高于本区域整体平均水平,辽宁财政转移度年均值

（42.5％）低于本区域整体水平。吉林（变异系数为15.2％）、黑龙江（变异系数为4.7％）对东北区域内财政转移度不平衡分别有第一大和次大正影响,辽宁（变异系数为11.3％）对东北区域内财政转移度不平衡有负影响;与前一时期比较,吉林、黑龙江对东北区域财政转移度不平衡仍然是正影响力量,辽宁仍然是负影响力量。

单位:％

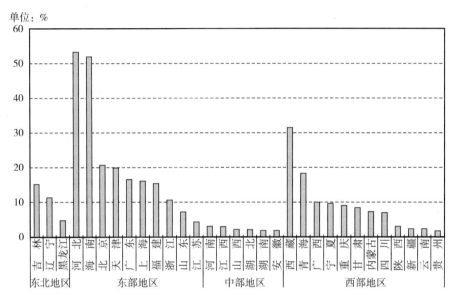

图9-6　各省市对本区域财政转移度不平衡性的影响力比较（2001～2006年）

资料来源:作者根据《新中国五十五年统计资料汇编》、《中国统计年鉴》相关各期等资料中的原始数据分析整理、测算和自制而成。

二、东部地区内部财政转移度差异考察

1978～2006年期间（如表9-3和图9-3所示）,东部地区财政转移度均值为-32.5％。本区域10个省市中有4个省市财政转移度年均值低于本地区的整体年均水平,分别是江苏（-34.8％）、天津（-36.8％）、北京（-41.6％）、上海（-210.0％）;有6个省市财政转移度年均值高于本地区的整体年均水平,分别为广东（2.5％）、山东（-5.8％）、河北（9.2％）、浙江（-19.3％）、福建（10.9％）;海南（42.7％）其中福建的财政转移度年均值最高,上海的财政转移度年均值最低。根据各省市CV值的计算结果,可以看出各省市对本区域财政转移度不平衡程度的影响情况,按照由低到高依次是:江苏（变异系数为

-47.9%,负影响)、天津(变异系数为 -63.1%,负影响)、北京(变异系数为 -75.2%,负影响)、浙江(变异系数为 -97.5%,正影响)、山东(变异系数为 -113.6%,正影响)、广东(变异系数为 -175.8%,正影响)、河北(变异系数为 -176.9%,正影响)、福建(变异系数为 -204.1%,正影响)、海南(变异系数为 -308.6%,负影响)、上海(变异系数为 -846.6%,负影响)。由此可见,该期间内,福建、河北对东部区域财政转移度不平衡状况分别有第一大和第二大正影响,上海、海南对东部区域财政转移度不平衡状况分别有第一大和第二大负影响。

分不同时期进行考察:

1978~1990 年期间(如表9-3 和图9-4 所示),东部地区财政转移度均值为 -86.3%。本区域 10 个省市中有 4 个省市财政转移度年均值低于本地区的整体年均水平,分别为江苏(-90.3%)、天津(-94.8%)、北京(-99.7%)、上海(-429.3%);有 6 个省财政转移度年均值高于本地区的整体年均水平,分别是福建(-4.9%)、广东(-12.9)、河北(14.9%)、山东(-37.5%)、海南(46.0%)、浙江(-58.5%);其中海南的财政转移度年均值最高,上海的财政转移度年均值最低。根据各省市 CV 值的计算结果,可以看出各省市对本区域财政转移度不平衡程度的影响情况,按照由低到高依次是:江苏(变异系数为 -25.1%,负影响)、天津(变异系数为 -31.5%,负影响)、北京(变异系数为 -39.0%,负影响)、浙江(变异系数为 -52.1%,正影响)、山东(变异系数为 -60.9%,正影响)、河北(变异系数为 -94.3%,正影响)、广东(变异系数为 -95.1%,正影响)、福建(变异系数为 -109.7%,正影响)、海南(变异系数为 -163.7%,正影响)、上海(变异系数为 -457.7%,负影响)。由此可见,该期间内,海南、福建对东部区域财政转移度不平衡状况分别有第一大和第二大正影响,上海、北京对东部区域财政转移度不平衡状况分别有第一大和第二大负影响。

1991~2000 年期间(如表9-3 和图9-5 所示),东部地区财政转移度均值为 14.1%。本区域 10 个省市中有 5 个省财政转移度年均值高于本地区的整体年均水平,分别为广东(15.6%)、山东(21.7%)、福建(23.2%)、河北(25.2%)、海南(36.9%);有 5 个省市财政转移度年均值低于本地区的整体年均水平,分别是北京(10.3%)、天津(10.4%)、江苏(13.7%)、浙江(13.9%)、上海(-16.8%);其中海南的财政转移度年均值最高,上海的财政转移度年均值最低。根据各省市 CV 值的计算结果,可以看出各省市对本区域财政转移度不平衡程度的影响情况,按照由低到高依次是:江苏(变异系数为48.4%,负影响)、广东(变异系数为59.0%,正影响)、浙江(变异系数为64.5%,负影响)、山东(变异系数为69.3%,正影响)、北京(变异系数为76.3%,负影响)、河北(变异系数为82.7%,正影响)、天津(变异系数为87.7%,负影响)、福建(变异系数为112.0%,正影响)、海南(变异系数为234.4%,正影响)、上海(变异系数为322.3%,负影响)。由此可见,该期间内,海南、福建对东部区域财政转移度不平衡状况分别有第一大和第二大正影响,上海、天津对东部区域财政转移度不平衡状况分别有第一大和第二大负影响。与前一期间相比,海南、福建对东部区域财政转移度不平衡状况仍然是第一大和第二大正影响力量,天津取代北京成为第二大负影响力量。

　　2001~2006年期间(如表9-3和图9-6所示),东部地区财政转移度均值为25.6%。本区域10个省市中有5个省市财政转移度年均值高于本地区的整体年均水平,分别为山东(28.2%)、福建(31.5%)、天津(33.6%)、海南(46.5%)、河北(47.1%);另有5个省市财政转移度年均值低于本地区的整体年均水平,分别是天津(17.6%)、广东(19.8%)、上海(20.0%)、江苏(24.0%)、浙江(25.0%);其中财政转移度年均值最高的河北是财政转移度年均值最低的天津的2.64倍。根据各省市 CV 值的计算结果,可以看出各省市对本区域财政转移度不平衡程度的影响情况,按照由低到高依次是:江苏(变异系数为4.3%,负影响)、山东(变异系数为7.2%,正影响)、浙江(变异系数为10.6%,负影响)、福建(变异系数为15.4%,正影响)、上海(变异系数为16.1%,负影响)、广东(变异系数为16.5%,负影响)、天津(变异系数为19.9%,正影响)、北京(变异系数为20.7%,负影响)、海南(变异系数为52.0%,正影响)、河北(变异系数为53.3%,正影响)。由此可见,该期间内,河北、海南对东部区域财政转移度不平衡状况分别有第一大和第二大正影响,北京、广东对东部区域财政转移度不平衡状况分别有第一大和第二大负影响。与前一期间相比,河北跃升为第一大正影响力量,海南成为第二大正影响力量,北京、广东取代上海、天津成为第一大和第二大负影响力量。

三、中部地区内部财政转移度差异考察

1978～2006 年期间(如表 9 - 3 和图 9 - 3 所示),中部地区财政转移度均值为 18.4%。本区域 6 个省中有 3 个省财政转移度年均值高于本地区的整体年均水平,分别为安徽(18.5%)、山西(22.7%)、江西(34.4%);有 3 个省财政转移度年均值低于本地区的整体年均水平,分别是湖北(9.8%)、河南(15.7%)、湖南(15.8%);其中财政转移度年均值最高的江西是财政转移度年均值最低的湖北的 3.51 倍。根据各省市 CV 值的计算结果,可以看出各省市对本区域财政转移度不平衡程度的影响情况,按照由低到高依次是:河南(变异系数为 25.4%,负影响)、湖南(变异系数为 32.7%,负影响)、安徽(变异系数为 40.3%,正影响)、山西(变异系数为 51.3%,正影响)、湖北(变异系数为 70.4%,负影响)、江西(变异系数为 112.8%,正影响)。由此可见,该期间内,江西、山西对中部区域财政转移度不平衡状况分别有第一大和第二大正影响,湖北、湖南对中部区域财政转移度不平衡状况分别有第一大和第二大负影响。

分不同时期进行考察:

1978～1990 年期间(如表 9 - 3 和图 9 - 4 所示),中部地区财政转移度均值为 - 2.6%。本区域 6 个省中有 2 个省财政转移度年均值均高于本地区的整体年均水平,分别为山西(7.8%)、江西(24.3%),4 个省财政转移度年均值低于本地区的整体年均水平,分别为安徽(- 4.0%)、河南(- 6.2%)、湖南(- 8.5%)、湖北(- 17.8%);其中江西的财政转移度年均值最高,湖北的财政转移度年均值最低。根据各省 CV 值的计算结果,可以看出各省对本区域财政转移度不平衡程度的影响情况,按照由低到高依次是:河南(变异系数为 - 229.5%,负影响)、安徽(变异系数为 - 250.1%,负影响)、湖南(变异系数为 - 307.3%,负影响)、山西(变异系数为 - 511.3%,正影响)、湖北(变异系数为 - 689.9%,负影响)、江西(变异系数为 - 1114.6%,正影响)。由此可见,该期间内,江西、山西对中部区域财政转移度不平衡状况分别有第一大和第二大正影响,湖北、湖南对中部地区财政转移度不平衡状况分别有第一大和第二大负影响。

1991～2000 年期间(如表 9 - 3 和图 9 - 5 所示),中部地区财政转移度均值为 31.8%。本区域 6 个省中有 3 个省财政转移度年均值高于本地区的整体

年均水平,分别为湖南(31.9%)、安徽(33.2%)、江西(38.9%);有3个省财政转移度年均值低于本地区的整体年均水平,分别是湖北(28.9%)、山西(29.7%)、河南(30.0%);其中财政转移度年均值最高的江西是财政转移度年均值最低的湖北的1.35倍。根据各省CV值的计算结果,可以看出各省对本区域财政转移度不平衡程度的影响情况,按照由低到高依次是:山西(变异系数为9.8%,负影响)、河南(变异系数为10.1%,负影响)、湖南(变异系数为11.7%,正影响)、湖北(变异系数为14.9%,负影响)、江西(变异系数为26.4%,正影响)、安徽(变异系数为30.3%,正影响)。由此可见,该期间内,安徽、江西对中部区域财政转移度不平衡状况分别有第一大和第二大正影响,湖北、河南对中部区域财政转移度不平衡状况分别有第一大和第二大负影响。与前一期间相比,安徽跃升为第一大正影响力量,江西成为第二大正影响力量,湖北、湖南仍然为第一大和第二大负影响力量。

2001～2006年期间(如表9-3和图9-6所示),中部地区财政转移度均值为53.4%。本区域6个省中有4个省财政转移度年均值高于本地区的整体年均水平,分别为山西(53.7%)、湖南(54.4%)、安徽(54.9%)、江西(55.7%);有2个省财政转移度年均值低于本地区的整体年均水平,分别是河南(51.1%)、湖北(52.1%);其中财政转移度年均值最高的江西是财政转移度年均值最低的河南的1.09倍。根据各省CV值的计算结果,可以看出各省对本区域财政转移度不平衡程度的影响情况,按照由低到高依次是:湖南(变异系数为1.9%,正影响)、安徽(变异系数为1.9%,正影响)、湖北(变异系数为2.1%,负影响)、山西(变异系数为2.2%,正影响)、江西(变异系数为3.0%,正影响)、河南(变异系数为3.1%,负影响)。由此可见,该期间内,江西、山西对中部区域财政转移度不平衡状况分别有第一大和第二大正影响,河南、湖北对中部区域财政转移度不平衡状况分别有第一大和第二大负影响。与前一期间相比,江西由第二大正影响力量成为第一大正影响力量,河南跃升为第一大负影响力量。

四、西部地区内部财政转移度差异考察

1978～2006年期间(如表9-3和图9-3所示),西部地区财政转移度均值为43.9%。本区域12个省市中有6个省财政转移度年均值高于本地区的整

体年均水平,分别为贵州(45.5%)、内蒙古(61.1%)、新疆(62.4%)、宁夏
(63.1%)、青海(70.4%)、西藏(99.2%);有6个省市财政转移度年均值低于
本地区的整体年均水平,分别是重庆(23.9%)、四川(28.0%)、甘肃(33.2%)、
陕西(33.6%)、广西(36.5%)、云南(37.5%);其中财政转移度年均值最高的
西藏是财政转移度年均值最低的重庆的4.15倍。根据各省市 CV 值的计算结
果,可以看出各省市对本区域财政转移度不平衡程度的影响情况,按照由低到
高依次是:贵州(变异系数为15.7%,正影响)、广西(变异系数为19.9%,负影
响)、云南(变异系数为25.3%,负影响)、陕西(变异系数为30.7%,负影响)、
四川(变异系数为42.7%,负影响)、内蒙古(变异系数为47.1%,正影响)、宁
夏(变异系数为48.8%,正影响)、新疆(变异系数为51.6%,正影响)、甘肃(变
异系数为60.3%,负影响)、重庆(变异系数为61.0%,负影响)、青海(变异系
数为62.9%,正影响)、西藏(变异系数为131.1%,正影响)。由此可见,该期间
内,西藏、青海对西部区域财政转移度不平衡状况分别有第一大和第二大正影响,
重庆、甘肃对西部区域财政转移度不平衡状况分别有第一大和第二大负影响。

　　分不同时期进行考察:

　　1978~1990年期间(如表9-3和图9-4所示),西部地区财政转移度均
值为38.1%。本区域12个省市中有6个省财政转移度年均值高于本地区的整
体年均水平,分别为贵州(41.2%)、西藏(105.3%)、青海(70.4%)、宁夏
(64.3%)、新疆(67.2%)、内蒙古(64.6%);有6个省市财政转移度年均值低
于本地区的整体年均水平,分别是重庆(4.3%)、四川(14.8%)、云南
(28.3%)、陕西(20.7%)、甘肃(10.3%)、广西(32.1%);其中财政转移度年
均值最高的西藏是财政转移度年均值最低的重庆的24.49倍。根据各省市 CV
值的计算结果,可以看出各省市对本区域财政转移度不平衡程度的影响情况,
按照由低到高依次是:广西(变异系数为21.8%,负影响)、贵州(变异系数为
24.6%,正影响)、云南(变异系数为33.8%,负影响)、陕西(变异系数为
49.6%,负影响)、四川(变异系数为66.3%,负影响)、宁夏(变异系数为
70.4%,正影响)、内蒙古(变异系数为73.6%,正影响)、新疆(变异系数为
79.0%,正影响)、青海(变异系数为86.4%,正影响)、重庆(变异系数为
96.1%,负影响)、甘肃(变异系数为98.4%,负影响)、西藏(变异系数为
176.8%,正影响)。由此可见,该期间内,西藏、青海对西部区域财政转移度不

平衡状况分别有第一大和第二大正影响,甘肃、重庆对西部区域财政转移度不平衡状况分别有第一大和第二大负影响。

1991～2000年期间(如表9-3和图9-5所示),西部地区财政转移度均值为43.9%。本区域12个省市中有6个省财政转移度年均值高于本地区的整体年均水平,分别为甘肃(47.8%)、内蒙古(53.2%)、新疆(55.1%)、宁夏(58.0%)、青海(66.2%)、西藏(93.4%);有6个省市财政转移度年均值低于本地区的整体年均水平,分别是四川(34.0%)、广西(35.6%)、重庆(37.2%)、陕西(39.8%)、云南(40.2%)、贵州(43.5%);其中财政转移度年均值最高的西藏是财政转移度年均值最低的四川的2.75倍。根据各省市CV值的计算结果,可以看出各省市对本区域财政转移度不平衡程度的影响情况,按照由低到高依次是:贵州(变异系数为8.0%,负影响)、陕西(变异系数为10.6%,负影响)、甘肃(变异系数为13.0%,正影响)、广西(变异系数为19.9%,负影响)、四川(变异系数为22.7%,负影响)、内蒙古(变异系数为23.8%,正影响)、云南(变异系数为24.5%,负影响)、重庆(变异系数为28.5%,负影响)、新疆(变异系数为32.6%,正影响)、宁夏(变异系数为37.2%,正影响)、青海(变异系数为51.7%,正影响)、西藏(变异系数为117.1%,正影响)。由此可见,该期间内,西藏、青海对西部区域财政转移度不平衡状况分别有第一大和第二大正影响,重庆、云南对西部区域财政转移度不平衡状况分别有第一大和第二大负影响。与前一期间相比,西藏、青海仍然为第一大和次大正影响力量,重庆跃升为第一大负影响力量,云南成为次大负影响力量。

2001～2006年期间(如表9-3和图9-6所示),西部地区财政转移均值为62.7%。本区域12个省市中有7个省市财政转移度年均值高于本地区的整体年均水平,分别为贵州(64.1%)、新疆(65.0%)、内蒙古(69.6%)、甘肃(71.0%)、宁夏(72.1%)、青海(80.8%)、西藏(93.9%);有5个省财政转移度年均值低于本地区的整体年均水平,分别是广西(53.0%)、重庆(54.0%)、四川(55.9%)、陕西(60.0%)、云南(60.9%);其中财政转移度年均值最高的西藏是财政转移度年均值最低的广西的1.77倍。根据各省市CV值的计算结果,可以看出各省市对本区域财政转移度不平衡程度的影响情况,按照由低到高依次是:贵州(变异系数为1.7%,正影响)、云南(变异系数为2.3%,负影响)、新疆(变异系数为2.3%,正影响)、陕西(变异系数为3.0%,负影响)、四川（变异系数为7.0%，负影响）、内蒙古（变异系数为7.3%，正影响）、甘肃（变异系数为8.4%，正影响）、重庆（变异系数为9.1%，负影响）、宁夏（变异系数为9.6%，正影响）、广西（变异系数为10.0%，负影响）、青海（变异系数为18.3%，正影响）、西藏（变异系数为31.5%，正影响）。由此可见，该期间内，西藏、青海对西部区域财政转移度不平衡状况分别有第一大和第二大正影响，广西、重庆对西部区域财政转移度不平衡状况分别有第一大和第二大负影响。与前一期间相比，西藏、青海仍然为第一大和次大正影响力量，广西跃升为第一大负影响力量，重庆成为次大负影响力量。

第三节　本章小结

第一节研究分析了四大区域之间在财政转移度、财政转移度年环比增长率方面的差别情况。

关于财政转移度差别。1978～2006年期间，东北地区（4.8%）、中部地区（18.4%）和西部地区（43.9%）财政转移度均值大于0，东部地区（32.5%，负值）财政转移度均值小于0，即东部地区财政收入向东北地区、中部地区和西部地区转移，其中西部地区财政转移度均值最大，其次是中部地区、东北地区最小，东部地区财政转移度均值最小。

关于财政转移度年环比增长率的差别。1978～2006年期间，东北地区（142.1%）、中部地区（32.4%）和西部地区（7.1%）财政转移度环比增长率均值大于0，东部地区（26.7%，负值）财政转移度环比增长率均值小于0，即东部地区财政收入向东北地区、中部地区和西部地区转移，其中东北地区财政转移度环比增长率均值最大，其次是中部地区、西部地区，东部地区财政转移度环比增长率均值最小。

第二节研究分析了各区域内部省际财政转移度的差别情况。

东北地区内部：1978～2006年期间，吉林（变异系数为987.6%）、黑龙江省（变异系数为701.9%）对东北区域内财政转移度不平衡状况分别有第一大和次大正影响，辽宁（变异系数为1092.1%）对东北区域内财政转移度不平衡有负影响。

东部地区内部：1978～2006年期间，福建、河北对东部区域财政转移度不平衡状况分别有第一大和第二大正影响,上海、海南对东部区域财政转移度不平衡状况分别有第一大和第二大负影响。

中部地区内部:1978～2006年期间,江西、山西对中部区域财政转移度不平衡状况分别有第一大和第二大正影响,湖北、湖南对中部区域财政转移度不平衡状况分别有第一大和第二大负影响。

西部地区内部:1978～2006年期间,西藏、青海对西部区域财政转移度不平衡状况分别有第一大和第二大正影响,重庆、甘肃对西部区域财政转移度不平衡状况分别有第一大和第二大负影响。

第十章　哲学观指导下的区域共同繁荣之路

马克思主义唯物辩证法,是我们科学认识和解决包括经济发展问题在内的所有事物的矛盾问题的哲学思想基础和根本方法。作为马克思主义哲学与当今时代特征最新结合成果的哲学观即科学发展观,是我们科学认识和解决包括区域经济差别问题在内的各种经济发展问题的理论和行动指南。

本章运用马克思主义辩证法基本原理和科学发展观的基本观点,研究、分析和解答关于我国区域发展和区域人均收入不平衡问题的指导思想、原则和路径。

第一节　科学发展观关于区域发展的指导思想

马克思主义唯物辩证法的思想,最集中地见之于毛泽东同志的著名哲学著作《矛盾论》中。在该著作中,毛泽东指出:"事物的矛盾法则,即对立统一的法则,是唯物辩证法的最根本的法则。列宁说:'就本来的意义讲,辩证法是研究对象的本质自身中的矛盾。'列宁常称这个法则为辩证法的本质,又称之为辩证法的核心。因此,我们在研究这个法则时,不得不涉及广泛的方面,不得不涉及许多的哲学问题。如果我们将这些问题都弄清楚了,我们就在根本上懂得了唯物辩证法。这些问题是:两种宇宙观;矛盾的普遍性;矛盾的特殊性;主要的矛盾和主要的矛盾方面;矛盾诸方面的同一性和斗争性;对抗在矛盾中的地位。"

科学发展观是中国共产党提出的关于指导发展的世界观和方法论的集中体现,是运用马克思主义的立场、观点、方法认识和分析社会主义现代化建设的丰富实践,深化对经济社会发展一般规律认识的成果。科学发展观,第一要义是发展,核心是以人为本,基本要求是全面协调可持续,根本方法是统筹兼顾。

胡锦涛同志指出,科学发展观是我们推进经济建设、政治建设、文化建设、社会建设必须长期坚持的根本指导方针。①

王伟光同志关于科学发展观的深入研究认为:科学发展观是辩证的发展观,是唯物史观的发展观,是尊重规律的发展观;辩证的发展观是对立统一的发展观,是全面的发展观,是协调的发展观,是可持续的发展观。② 本节运用马克思主义唯物辩证法的基本原理和科学发展观的基本观点为指导,提出和回答关于如何科学认识和正确处理区域发展和区域收入不平衡问题的几个核心问题。

一、如何看待区域收入不平衡问题,解决区域收入不平衡的目标是什么

1. 区域收入不平衡是绝对的、永远的,平衡是相对的、暂时的。这一特点源于物质的运动和静止的关系,马克思主义唯物辩证法认为,运动是绝对的、永恒的;静止是相对的、暂时的,是运动的特殊表现形式。毛泽东在《矛盾论》中指出,矛盾存在于一切事物之中并贯穿于事物发展的全过程。以此唯物辩证法哲学眼光看待区域收入不平衡问题,我们可以认识到,区域收入不平衡是绝对的、永远的,而平衡只可能是某种相对的、暂时的现象。

2. 区域收入暂时的不平衡是为了长远的相对较好的平衡;一些地区人民先富起来是带动全国各区域全体人民共同富裕的必要条件。关于这一点,党的第二代领导集体和第三代领导集体对此都有科学和深入的认识。邓小平同志在 1992 年的讲话中指出:"走社会主义道路,就是要逐步实现共同富裕。共同富裕的构想是这样提出的:一部分地区有条件先发展起来,一部分地区发展慢点,先发展起来的地区带动后发展的地区,最终达到共同富裕。如果富的愈来愈富,穷的愈来愈穷,两极分化就会产生,而社会主义制度就应该而且能够避免两极分化。解决的办法之一,就是先富起来的地区多交点利税,支持贫困地区的发展。当然,太早这样办也不行,现在不能削弱发达地区的活力,也不能鼓励吃'大锅饭'。什么时候突出地提出和解决这个问题,在什么基础上提出和解

---

① 参见胡锦涛:《高举中国特色社会主义伟大旗帜 为夺取全面建设小康社会新胜利而奋斗》,载《中国共产党第十七次全国代表大会文件汇编》,人民出版社 2007 年版,第 24 页。

② 参见王伟光:《正确指导发展的马克思主义世界观和方法论的集中体现》,载《科学发展观的研究与实践》,中共中央党校出版社 2006 年版,第 181~197 页。

决这个问题,要研究。"①而江泽民同志1995年在阐述关于正确处理社会主义现代化建设中的若干重大关系时也指出:"实现共同富裕是社会主义的根本原则和本质特征,绝不能动摇。要用历史的辩证的观点认识和处理地区差距问题。一是要看到各个地区发展不平衡是一个长期的历史的现象。二是要高度重视和采取有效措施正确解决地区差距问题。三是要解决地区差距问题需要一个过程。应该把缩小地区差距作为一条长期坚持的重要方针。"②

在我国经济哲学学术界,王伟光同志是比较早和比较深入地运用马克思主义唯物辩证法研究我国区域经济发展和收入不平衡问题的学者。早在1996年,王伟光同志在《正视差距、重视差距,选择协调均衡发展战略,推进中西部的发展,逐步缩小地区差距》③的研究中指出:地区经济差距不仅有消极后果,也还有一定的积极作用;应促进中西部地区尽快发展,逐步缩小地区差距,最终走向共同富裕。他认为:一方面,应正视差距,重视差距,采取适当政策和措施,以推动发达地区发展,带动落后地区发展,而不是用抑制发达地区发展的办法来逐步消灭差距;另一方面,应把差距保持在一定合理的限度内,既不无限制地扩大,又不无原则地消除它,以积极态度,以支持中西部地区尽快发展起来的办法,来逐步缩小差距,最终达到共同富裕。王伟光在2004年关于统筹区域发展问题的进一步研究中认为:"统筹区域发展的实质是实现区域共同发展。实现区域共同发展要讲两个大局。鼓励沿海地区先发展起来并继续发挥优势,这是一个大局。东部沿海地区率先发展,各省、区内部也都有一部分市、县率先发展,带动全国的发展,是当前和今后相当长时期全国经济增长的重要战略支撑,这个战略方向要坚持。支持和帮助中、西部欠发达地区、落后地区的发展,实现区域协调发展和共同富裕,这也是一个大局。统筹区域发展,绝不能用压低发达地区的发展速度的办法来解决中西部,特别是西部发展相对落后的状况,但又必须更多地关注和支持经济落后地区的发展,加快实施西部大开发战略。"④

3. 应进一步允许、鼓励和推动有条件的区域、有条件的省市发展得更快一

---

① 《邓小平文选》第三卷,人民出版社1993年版,第373~374页。
② 《江泽民文选》第一卷,人民出版社2006年版,第466页。
③ 参见王伟光:《利益论》,人民出版社2001年版。
④ 王伟光:《树立和落实科学发展观,坚持"五个统筹"》,载《科学发展观的研究与实践》,中共中央党校出版社2006年版,第62页。

些,从而使其先富和更富,并使其具备更大地带动次发达地区和欠发达地区富强的能力。不能以削弱先富地区人民的发展能力为代价而增加欠发达地区人民的福利;同样地不能以牺牲欠发达地区人民的生存与发展权益为代价而促进先富地区人民的发展。我国各区域之间、各省市之间尽管有竞争的一面,但更多的是相互依存、相互合作和共同发展繁荣的关系。本世纪初以来,随着国家西部大开发和中部崛起战略的实施,国家大大加强了通过财政转移方式重点支持欠发达地区和次发达地区发展的力度,而这些财政转移的资金主要就是来源于东部发达地区上交中央政府的财政税收,体现了先富起来的东部地区帮助后富起来的西部和中部等地区。

二、什么是解决区域收入不平衡问题的根本途径

解决区域收入不平衡问题的方法是,以市场机制为根本动力,高度重视国家区域调控政策的运用,综合地运用市场机制和国家区域调控政策。

1. 国家区域调控政策(区域政策、行政手段、经济手段等):用以解决欠发达地区公共设施问题、社会保障问题,保障欠发达地区和次发达地区人民生存和发展的基础条件。

2. 市场机制:这是根本的手段,运用市场机制优化配置资源,使先发达地区先行发展,并带动次发达和欠发达地区的跟进发展和共同富裕。

3. 国家区域调控政策与市场机制的有机结合。一方面经由市场机制(经由区际分工与合作、产业转移、技术转移等方式)使生产要素自动向次发达或欠发达地区流动和转移,另一方面先发达地区的经济力量经由国家税收和财政转移等渠道用以支持次发达地区和欠发达地区的发展和提高其人均收入水平。

三、是区域地域繁荣还是区域人民繁荣

关于区域地域繁荣(Place Prosperity)还是区域人民繁荣(People Prosperity)在海外经济学界也存在着激烈的争论。关于这两种观点争论可参见 Winnick(1966)、Bolton(1992)等人的研究成果。

"区域地域繁荣"和"区域人民繁荣"何者为先,这一问题反映的实质是人与地域何者为先的问题。

科学发展观指出,以人为本是我们发展的一切工作的出发点和归宿。人是

发展的目的、出发点和主体,因此人的发展、人均收入的提高是首要的;由此决定了只要能有效提高人均收入水平和提高人民福利水平,一切合理有效的途径都可以灵活采用,而不要拘泥于某一地域空间的限制。因此"区域人民繁荣"应优先于"区域地域繁荣"。例如,以先行繁荣起来的东部地区吸纳中部和西部地区的劳动力流动,因此,这样既可满足东部地区经济发展需要的劳动力资源,又可以有助于提高这些中部和西部地区的劳动力人口及其家庭提高收入水平。

但从另一方面看,区域人民的发展和收入的提高在相当程度上又受制于区域地域空间的限制,受制于其他区域吸纳能力的限制。因此,"以人为本"、"区域人民繁荣"优于"区域地域繁荣"并不意味着可以完全忽视区域地域发展的方面。事实上,如果本区域或本地域地理和经济发展条件具备,应优先考虑就地或就近吸纳主要劳动力,这样不仅可以降低劳动力长距离流动的成本和提高收入水平,而且可以直接促进当地经济发展、促进当地城乡经济融合、促进本地域经济社会稳定繁荣。

四、如何运用促进区域人均收入增长的方法

在促进各区域经济发展和人均收入增长时,有一些经济要素(生产力要素等)在所有区域都是适用的;但是由于各个区域面临的自然和经济要素条件不一样,这些要素在量度和质的规定性上则有或大或小的差别,并且这些要素在组合方式上也有或大或小的差别,因此所产生的区域经济增长效果和人均收入水平的增长程度上也存在着或大或小的差别。这就是哲学上矛盾的普遍性与特殊性关系的原理在区域经济发展问题上的应用。

马克思主义政治经济学的观点则认为生产力的基本要素包括生产工具、劳动对象、劳动力等。西方经济学的观点认为生产力要素包括劳动力、资本、土地。在本书前面的研究中,影响经济增长和人均收入增长的基本因素主要有以下各个变量:受教育程度、科技能力(因时间序列数据不全的原因,该变量未放入本书第二章所述的区域人均收入增长决定方程中作为一个独立的解释变量)、第二产业劳动力比重、第三产业劳动力比重、失业率、国有投资比例、私营投资比例、外资投资比例、人均货物与服务净出口、财政转移度等。上述各个解释变量是影响所有四大区域经济增长和人均收入增长的共有因素,但这些解释

变量影响各个区域经济增长和人均收入增长的效应则各有所不同。因此这就决定了,我们要充分有效地促进区域经济增长和区域人均收入水平的提高,就必须在运用各解释变量的量度、质的规定性、组合方式上必须各有所差别。关于这一主题,本章第二节就此进行了具体和深入的研究。

五、区域城市与乡村的关系

王伟光的研究(2006)指出,"区域差别问题说到底,还是城乡差别问题"①。这一观点抓住了区域经济不平衡问题的实质和关键。应用毛泽东同志关于矛盾论的哲学观点对这一问题进行分析,在城乡差别这一对矛盾中,城市是矛盾的主要方面。因此解决这一矛盾,着力点应用在中心城市上。具体地说正确的做法是:发挥中心城市的功能,通过工业化、城镇化,以城市带动乡村,以工业反哺农业,吸纳农村剩余劳动力,推进农业工业化。

从本书前面的实证研究中可以发现,区域之间、同一区域不同省份之间在人均收入的差别来源上,很大程度上是由于城乡差别、工业化的不同程度的差别而造成的。因此解决区域差别问题,主要途径之一就是在提高次发达地区和欠发达地区的工业化程度上。当然,如前述所说的,某些区域或地域由于当地地理经济条件的限制,无法或难以通过本地域的大规模工业化来推进经济发展和提高农村人均收入水平,那么在该种情况下,只有通过本区域内其他地域或其他区域的工业化来吸纳其劳动力人口的流动,从而提高这些劳动力人口及其家庭的人均收入水平。

作为国际参考经验,本书作者在观察和研究美国数十年来区域人均收入差别的变化情况时发现,美国在过去的数十年里,其各大区域人均收入水平之间、各区域内部城乡人均收入之间两者呈现越来越一致化的趋势;在许多MSN(大都市区),其城乡人均收入水平甚至已基本接近。这种现象,究其根本原因,在于美国已实行了长达近百年的大规模工业化,特别是近数十年来的大规模现代工业化和信息化,而促使这种城乡人均收入差别日益缩小甚至基本消失。而我国就目前东部和东北部的大部分地区而言,基本上还处于工业化中后期和信息

---

① 王伟光:《关于全面落实科学发展观》,载《科学发展观的研究与实践》,中共中央党校出版社2006年版,第224页。

化初期,而在中部和西部的大部分地区基本上还处于工业化初期或前半期的阶段,因此我国各大区域还将经历很长时间的工业化过程,只有在工业化阶段基本完成的时候,我国各大区域的城乡人均收入差别问题才可能基本消失。

综上所述,我们一方面要充分认识到我国区域城乡差别从而区域差别这一问题将长期存在,不要急于求成超越经济发展规律而试图在很短时间内消除这种区域城乡收入差别和区域人均收入差别;另一方面,我们也要充分认识到,只有充分发挥市场机制的作用和国家区域调控政策的作用,加快加大工业化、城镇化进程,逐步提高各主要区域的工业化水平,我们才能从根本上提高农村人均收入水平和区域城乡整体人均收入水平,降低或消除城乡人均收入差距,促使城乡人均收入的一致化。

六、中心城市群与区域经济圈

区域中心城市群与区域经济圈的关系,事实上就是扩大了的"区域中心城市与乡村的关系"。区域中心城市群与其周边乡村地域(含中小城市)的关系,从哲学层次说上,仍然反映的是矛盾的主要方面与非主要方面的关系。显然,区域中心城市(国际大都市、超大城市、大城市)群处于矛盾的主要方面,而区域中心城市群周边的乡村和中小城市相对而言就是矛盾的次要方面。因此,如果我们抓住了区域中心城市群这个"重点"也就抓住了大区域发展的中心环节,以区域中心城市群带动周边地域,促使整个区域经济圈得到重大发展和突破,这样可使我们在大区域发展上达到"牵一发而动全身"的事半功倍的效果。

在自然地理和经济条件优越,拥有两三个具有地理接近性特点的国际性大都市或超大城市的区域,建立组合城市经济融合机制、合作机制和管理体制创新,建立城乡经济融合机制和管理体制创新,推动大规模的现代工业化、信息化、高技术化,形成空间范围较大的城乡融合的经济区,构成充满超强经济增长吸引力和扩散力的超大经济增长区域。目前我国有几大经济区符合这一特点,包括长三角经济区、深港和珠三角经济区、京津冀和环渤海经济区。今后,对这类经济增长中心,应作为国家经济发展的重中之重,给予重大政策支持和赋予更高的发展任务。这几大经济区将继续是中国东部地区率先赶超世界先进水平的先行区域,而且是支持和带动我国中部地区、西部地区和东北地区共同发展的经济根据地。

在自然条件和经济条件虽不如前者优越但相关条件良好的区域,应建立依托于两三个以上以大城市为核心的区域经济区,同样地推行有效的管理创新、技术创新,加强产业结构合作,强化城市间合作、强化城乡一体化,以大大加快推进本城市经济带或经济区域内的工业化、城市化、信息化进程。充分发挥若干大中城市之间合作而构成的城市组合所产生的更大的城市功能,更大的城市带动乡村发展的能力。目前,符合这类特征的主要城市经济带或经济圈有海峡西岸城市经济带(海西经济区的轴心)、中原城市经济带、成渝经济带、北部湾经济圈等。今后的任务仍然是建立更多的符合这类特点的城市经济带,并做大做强这些区域经济增长中心,进一步发挥组合城市具有的更大城市功能和城市带动乡村发展的功能,以推动这些区域的经济增长和人民人均收入水平的提高。

当然,在一些区域空间内自然地理和经济条件不具优越性同时也不具备若干个地理空间接近性的大中城市的区域,由于这些区域不具备建立中心城市群即组合城市功能,因此应依托于若干个独立或基本独立的大中城市,围绕这一个或两个中心城市,做大做强城市带动乡村发展的能力,扩大其带动周边中小城市和乡村发展的能力,其发展主题应是进一步提高工业化、城镇化,以增加吸收更多的农业劳动力转化为产业工人,减少农业劳动力比重,促进地域内城乡经济的共同发展和城乡人民的较快和较大程度的共同富裕。目前在中国的四大区域内部,特别在中部、西部、东北部区域中,存在着众多这样的比较单一的大中城市中心(如西部的乌鲁木齐、拉萨、包头,中部的太原,东北部的哈尔滨等)。因此,在这些目前甚至将来条件不具备建立组合城市中心区或中心地带的区域空间,应强调和特别重视做大做强中心城市。

第二节　区域共同繁荣的基本途径

本节对本书第二章所述及的影响区域人均收入增长的各主要经济因素(解释变量),根据四大区域的相关自然地理和经济资源条件的差别状况,提出了我国中央政府和地方政府今后如何差别化地运用这些经济变量,以尽可能充分有效地促进区域经济增长和人均收入水平的提高。

一、教育因素

受教育水平因素不论在哪一个区域的经济增长和人均收入增长中都具有重要的作用。但是在不同的区域和地域，由于受教育水平、不同经济发展条件的差异，受教育水平因素在不同区域具有不同的影响作用。

在东部地区，大学毕业以上受教育者在劳动力人口中所占的比例最高。我们知道这一比例越高，代表本区域劳动力平均素质越高，其推动生产力发展的程度也就越大。而在中部和西部等次发达或欠发达地区，劳动力人口中大学以上受教育者所占的比例则比较低，因此其推动本区域生产力发展的作用也就较小。根据目前我国四大区域受教育者的状况，我们有必要在不同的区域适用有差别的教育和就业政策：

1. 在东部、东北等发达区域：除了保持较好较普及的大学本专科高等教育水平外，要特别重视硕士、博士生等研究生教育，并从海外吸收具备较高受教育水平者，充实到其主要企业、主要研发中心，尤其是充实到引领或代表未来产业发展方向的现代工业、现代服务业、现代农业等高新技术产业部门中去，为这些地区经济的进一步率先飞跃发展、产业结构升级、赶超世界先进水平，而起到新的生力军或甚至在某些领域担当起主力军的作用。

2. 在中部、西部等次发达或欠发达地区；或各个区域内部的次发达或欠发达地区：在这一区域内部所有地区，要首先普及适龄人口的九年义务制教育或高中教育；在主要中心城市和其他有条件的地域，要推进和实现大学本专科高等教育的大众化，留用和吸收国内外同等或类似受教育程度者加入到本地区主要企业中去；在个别具备条件的特大中心城市（如武汉、重庆、成都等）可比照东部或东北部区域的大城市的做法，大力发展硕士、博士以上高层次教育，同时采取措施吸引国内发达地区或海外具备类似受教育水平的人才加入到本城市或本区域高新技术产业部门中去；在本区域的所有地区，要根据相关产业和企业的实际业务需要，大量培养实用的高中初级技能职业人才，及时充实到企业第一线生产和业务活动中去。

3. 国家的相关区域支持政策：可在中部和西部地区支持增设符合必要条件的高等学校，扩大吸纳中部和西部地区生源的录取率，鼓励和支持本地高校学生毕业后主要留在中部或西部区域内的主要城市或乡村工作，尤其是到乡村工作;支持和鼓励东部和东北部区域的高校毕业生到中部或西部区域的主要城市或乡村工作。

二、科技因素

科学技术越来越成为促进经济增长和人均收入水平提高的重要源泉。本书关于美国数十年来区域经济发展和人均收入水平变化的情况充分证明了这一点,关于我国近30年来的实证研究也印证了这一点。因此,不论在哪个区域我们都要高度重视科学技术在推动本区域经济发展和提升人民收入水平中的重要作用。当然,由于各地自然条件、资本条件、人力资源条件等方面的差异,就使得在不同区域运用科学技术能够发挥作用的程度和方式各有所不同。这就要求我们对于不同区域实行有差别的区域科技政策。

1. 对于东部区域的若干科研和创新条件较好的地区,对于东北部和中部、西部的少数科研和创新条件较好的地区:进一步加强和发挥其作为我国科技中心、创新研发中心、基础研究中心和应用研究中心的地位及其作用;较大程度地进一步提升科研人员占总人口的比例、研发人员占总人口的比例;特别是通过国内外培养和从海外引进等方式,较大提高高科技创新人员在科研人员总体中所占的比例;提高科研和创新活动的人均科研经费水平和创新研发经费水平;加大与海外世界一流大学和科研机构的交流合作,学习和吸收其先进科技思想、科技成果、科技资源和人力资源等;加大我国若干所高校建设成为世界一流大学的力度,使这些高校成为我国重大科技基础研究和应用研究的主要研发基地;提高科技成果转化为现实生产力的速度和规模。

2. 在中部、西部、东北部区域的大部分欠发达地区,在东部区域中的若干欠发达地区:根据当地经济发展需要和国家及地方财力量力而行的原则,进一步提高科研人员在总人口中的比例和提高人均科研经费的规模,但在科研人员和科研经费的使用方向上,应着重提高国内外已有科研成果的应用上,着重于把国内外已有科研成果转化为本区域的现实生产力;但在这些区域由于通常不具备进行高新技术创新的基础条件(包括研发创新的人才智力条件和其他生产力的必要要素等),因此在这些地区应不安排或较少安排研发人员和研发经费。

三、国有投资、私营投资、外资投资

对于我国全国所有区域而言,进一步深化改革开放,进一步提高市场化、法制化和适应经济全球化的竞争能力,都是必不可少的;但是正如从本书前文的研究分析中所知的,我国四大区域中,中部和西部的市场化程度、开放程度均较低,尤其是私人投资、外资投资比重较低,其对区域经济增长和人均收入增长的贡献度不明显,因此对于这些欠发达和次发达地区来说,在客观自然条件和经济条件允许的前提下,积极主动地加快面向市场化、法制化、国际化进行经济体制改革和企业管理机制创新,促进民营经济发展、外资企业发展,提高私营投资、外资投资的比重,就是一项十分紧迫的任务;而对于东部地区,尤其是对于北京、上海、天津、深圳、广州等超大城市及其周边经济圈来说,应根据赶超世界先进水平、强化在全球范围的竞争能力的需要,参考世界先进城市和区域经济的发展经验,进一步深化自身的体制创新、管理创新和技术创新,建立市场化、国际化、法制化程度更高的发展机制、体制和人力资源体系。这些做法,是推动我国四大区域的进一步市场化、国际化,提高参与国际竞争能力或全球竞争能力,从而促进区域经济协调发展和提高区域人民收入水平的必由之路。

四、产业结构

如本书第三章的研究,四大区域在产业结构上事实上存在着显著差异。科学地讲,不存在着通用于四大区域的一种产业结构模式。经济理论和世界各国的区域经济发展的历史和现实证明,各区域在产业结构上的差别不仅是消除不了的,而且这种差异也是区域经济、本国经济甚至是国际经济发展的必不可少的条件。因为,区域经济产业结构之间的关系应该是对立统一的关系,对于一些地理空间范围较小的区域来说,其产业结构可能存在着更多的同一性、相似性和一体性,而对于一些地理空间范围较大的区域来说,其产业结构则更多地存在着差异性、对立性和相互补充性。因此,小区域产业结构上的同一性和大区域产业结构上的差异性决定了区域之间的相互依赖性,从而产生了区域贸易的必要性,借以推动区域经济发展。一个区域的产业结构是否合理,关键是看它是不是具备了发展某种产业的比较优势(相对优势或绝对优势),是否能够有效和充分地利用和发挥生产力诸基本要素的产出效率。

对于我国四大区域来说,产业结构上不能求同;对于四大区域内部的各省市来说,也同样地不能在产业结构上求同一致。中共中央国务院制定的《关于国民经济和社会发展第十一个五年规划》中对我国今后将重点发展的产业进行了规划,这些产业规划有待于根据我国四大区域和区域内部各经济区、各省市的自然和经济现实条件的实际情况进行有差别的战略部署和具体分析,赋予各大区域、各经济区和各省市等小区域以不同的产业结构构建上的基本指导原则和重点任务。例如,对于具有重大自主性创新、技术创新特征和重大资本投资推动的重点高新技术产业和行业(如现代装备制造业、信息产业、新能源产业、新材料产业、宇航产业、生物科技产业、国际金融业、文化创意产业等),应优先和较多地布局于长三角、珠三角和京津冀和环渤海等这些现有资本、技术、人力资源、土地资源等生产要素资源丰厚的东部重点经济发展经济圈,其次布局于东北部、中部、西部等区域内部少数具备创新能力和产业化潜力的重点大城市或重点城市经济带(如大连—沈阳城市经济带、长春、武汉、成渝城市带等);对于若干非主要依赖于高新技术、高智力人力资源,而主要依靠当地土地资源和劳动力资源的劳动密集型的中低端产业(包括若干传统制造业和服务业),则可以优先和较多地布局于中部和西部等地区,其次也布局于东部和东北部区域内部的若干不具备重大技术创新能力但具有普通劳动力和特定土地资源优势的小区域。

五、开放度

改革开放30年来的今天,中国已呈现出全国各区域全面对外开放的局面,可以说在目前的中国,各区域在对外开放的政策机会方面已处于基本均等的局面。只是由于全国四大区域、各区域内部各省市自身在自然资源、地理条件、经济基础、人力资源、技术创新能力等方面存在着或大或小的差别,由此在参与国际贸易、国际投资、国际生产等国际经济分工的程度有所不同,其获得的经济发展成果和提高区域人民收入等方面也就有所不同,甚至有重大的差异。对于各大区域来说,并不是对外开放度越高就好,当然反过来说也不是对外开放度越低越好。一个区域的对外开放度是否适宜,关键是看其参与国际商品和服务贸易、国际投资、国际生产等国际活动是否充分有效地(最大化地)利用和发挥了本区域内劳动力、资本、土地、技术等生产力要素的产出效率,从而是否充分有效地(最大化地)促进了本区域经济发展和人民收入水平的提高。

六、就业率、失业率

科学发展观的核心是以人为本,因此,有别于西方资本主义国家的经济发展目标(西方国家政府经济目标中尽管有充分就业目标,但由于其政府代表资产阶级政党要求,因此不论在政策上还是在现实结果上都难以真正做到充分就业),我国在经济发展包括区域发展问题上,应更大限度地着力解决广大人民群众的失业问题和社会保障问题。党中央提出的"保增长、保民生、保稳定"的目标,体现了作为马克思主义政党的中国共产党执政为民、立党为公的政治要求,和科学发展观以人为本的核心要求。在我国区域经济发展和提高区域人均收入水平过程中,在产业结构布局和调整的过程中,应在坚持有利于促进生产力发展和提高劳动生产率的原则下,尽可能解决各区域人民的就业问题,降低失业率和贫困率,以使最广大的人民群众共同分享我国各区域经济发展的成果。这一做法也有助于限制区域人均收入不平衡问题的进一步扩大。

七、财政转移

正如本书第二章的计量模型和第九章的财政转移变量数据分析中所提示的情况,财政转移在我国中部和西部等次发达和欠发达地区的区域经济发展和区域人均收入增长中具有重要的作用。

从财政移动的量度上看,鉴于在未来相当长的时期里,我国四大区域之间在人力、资本、技术等生产力要素上的差别将长期存在并会呈现进一步扩大的趋势,因此我国四大区域在依靠自身力量推进区域经济发展和提高人均收入方面还将存在着显著差异,因此,未来我国中央政府在财政收入不断壮大的同时,可以更大规模地加大财政转移的力度,进一步运用公共财政的力量支持中部和西部等次发达和欠发达地区的经济发展;同时,我国中央政府和各省市区地方政府也应加大运用财政转移方式,支持各省市或本省市小区域内欠发达和次发达地区的经济发展和人均收入水平的提高。

从财政转移的资金投向上看,不论中央政府或是各级地方政府的财政转移资金,都应主要投向于消除贫困、基础教育、公共设施、医疗保障、促进就业等领域,为各大区域或各小区域人民的生存和发展提供经济和物质基石,并增加有效发展的机会。

第三节　本章小结

第一节运用马克思主义唯物辩证法的基本原理和科学发展观的基本观点为指导,提出和回答了如何科学认识和正确处理区域发展和区域收入不平衡问题的几个核心问题。

关于如何看待区域收入不平衡问题和解决区域收入不平衡的目标问题。研究认为,区域收入不平衡是绝对的、永远的,平衡是相对的、暂时的;区域收入暂时的不平衡是为了长远的相对较好的平衡,一些地区人民先富起来是带动全国各区域全体人民共同富裕的必要条件;应进一步允许、鼓励和推动有条件的区域、有条件的省市发展得更快一些,从而使其先富和更富,并使其具备更大地带动次发达地区和欠发达地区富强的能力;不能以削弱先富地区人民的发展能力为代价而增加欠发达地区人民的福利;同样地不能以牺牲欠发达地区人民的生存与发展权益为代价而促进先富地区人民的发展。

关于什么是解决区域收入不平衡问题的根本途径。研究认为,解决区域收入不平衡问题的根本途径是,以市场机制为根本动力,高度重视国家区域调控政策的运用,综合地运用市场机制和国家区域调控政策。

关于区域地域繁荣和区域人民繁荣何者为先问题。本书认为,一般地,"区域人民繁荣"应优先于"区域地域繁荣",只要能有效提高人均收入水平和提高人民福利水平,一切合理有效的途径都可以灵活采用,而不要拘泥于某一地域空间的限制。但从另一方面看,由于区域人民的发展和收入的提高在相当程度上又受制于区域地域空间的限制,受制于其他区域吸纳能力的限制,因此,"区域人民繁荣"优于"区域地域繁荣"并不意味着可以完全忽视区域地域发展的方面。

关于如何运用促进区域人均收入增长的方法。研究认为,在促进各区域经济发展和人均收入增长时,有一些经济要素(生产力要素等)在所有区域都是适用的;但是由于各个区域面临的自然和经济要素条件不一样,这些要素在量度和质的规定性上则有或大或小的差别,并且这些要素在组合方式上也有或大或小的差别,因此所产生的区域经济增长效果和人均收入水平的增长程度上也存在着或大或小的差别。因此这就决定了,我们要充分有效地促进区域经济增长和区域人均收入水平的提高，就必须在运用各解释变量的量度、质的规定性、组合方式上必须各有所差别。

关于区域城市与乡村的关系。研究认为，区域城乡关系中，城市是矛盾的主要方面，因此应做大做强中心城市，并推进农村地区的城镇化、城市化。我们只有充分发挥市场机制的作用和国家区域调控政策的作用，加快加大工业化、城镇化进程，逐步提高各主要区域的工业化水平，才能从根本上提高农村人均收入水平和区域城乡整体人均收入水平，降低或消除城乡人均收入差距，促使城乡人均收入的一致化。

关于中心地市与区域经济圈问题。研究认为，区域中心城市群与区域经济圈的关系，事实上就是扩大了的"区域中心城市与乡村的关系"。如果我们抓住了区域中心城市群这个"重点"也就抓住了大区域发展的中心环节，以区域中心城市群带动周边地域，促使整个区域经济圈得到重大发展和突破，这样可使我们在大区域发展上达到"牵一发而动全身"的事半功倍的效果。可分别在我国自然条件和经济条件优越的地域建立以一两个国际性大都市为核心的超大经济增长区域；在自然条件和经济条件良好的地域，建立以数个大城市为主干或核心的大型城市带和经济增长区域；在自然条件和经济条件不具优越性和不具备符合数个地理接近性的大城市（即中心城市群）的地域，应依托于某一两个大中城市做大做强中心城市，提高其带动周边乡村发展的能力。

第二节研究提出了我国中央政府和地方政府今后如何差别化地运用各个影响区域人均收入增长的变量，以尽可能充分有效地促进区域经济增长和人均收入水平的提高。

关于教育因素。研究指出，有必要在不同的区域适用有差别的教育和就业政策。（1）在东部、东北等发达区域，除了保持较好较普及的大学本专科高等教育水平外，要特别重视硕士、博士生等研究生教育，并从海外吸收具备较高受教育水平者，充实到其主要企业、主要研发中心，尤其是充实到引领或代表未来产业发展方向的现代工业、现代服务业、现代农业等高新技术产业部门中去。（2）在中部、西部等次发达或欠发达地区，或各个区域内部的次发达或欠发达地区：要首先普及适龄人口的九年义务制教育或高中教育；在主要中心城市和其他有条件的地域，要推进和实现大学本专科高等教育的大众化，留用和吸收国内外同等或类似受教育程度者加入到本地区主要企业中去。（3）国家的相关区域支持政策:可在中部和西部地区支持增设符合必要条件的高等学校,扩大吸纳中部和西部地区生源的录取率,鼓励和支持本地高校学生毕业后主要留在中部或西部区域内的主要城市或乡村工作,尤其是到乡村工作;支持和鼓励东部和东北部区域的高校毕业生到中部或西部区域的主要城市或乡村工作。

关于科技因素。研究指出,应对不同区域实行有差别的区域科技政策。(1)对于东部区域的若干科研和创新条件较好的地区,对于东北部和中部、西部的少数科研和创新条件较好的地区:在科研人员、科研经费、研发人员、研发经费等上应给予重大或重点支持,进一步加强和发挥其作为我国科技中心、创新研发中心、基础研究中心和应用研究中心的地位及其作用。(2)在中部、西部、东北部地区的大部分欠发达地区和在东部区域中的若干欠发达地区:在科研人员和科研经费的使用方向上,应着重提高国内外已有科研成果的应用,着重于把国内外已有科研成果转化为本区域的现实生产力;但在这些区域由于通常不具备进行高新技术创新的基础条件(包括研发创新的人才智力条件和其他生产力的必要要素等),因此在这些地区应不安排或较少安排研发人员和研发经费。

关于国有投资、私营投资、外资投资因素。研究指出,对于欠发达和次发达地区来说,应积极主动地加快面向市场化、法制化、国际化进行经济体制改革和企业管理机制创新,促进民营经济发展、外资企业发展,提高私营投资、外资投资的比重;对于东部地区,尤其是对于北京、上海、天津、深圳、广州等超大城市及其周边经济圈来说,应根据赶超世界先进水平、强化在全球范围的竞争能力的需要,参考世界先进城市和区域经济的发展经验,进一步深化自身的体制创新、管理创新和技术创新,建立市场化、国际化、法制化程度更高的发展机制、体制和人力资源体系。

关于产业结构。研究指出,一个区域产业结构是否合理,关键是看它是不是具备了发展某种产业的比较优势(相对优势或绝对优势),是否能够有效和充分地利用和发挥生产力诸基本要素的产出效率。对于我国四大区域来说,产业结构上不能求同;对于四大区域内部的各省市来说,也同样地不能在产业结构上求同一致。例如,对于具有重大自主性创新和技术创新特征和重大资本投资推动的重点高新技术产业和行业(如现代装备制造业、信息产业、新能源产业、新材料产业、宇航产业、生物科技产业、国际金融业、文化创意产业等),应优先和较多地布局于长三角、珠三角和京津冀和环渤海等这些现有资本、技术、人力资源、土地资源等生产要素资源丰厚的东部重点经济发展经济圈,其次布局于东北部、中部、西部等区域内部少数具备创新能力和产业化潜力的重点大城市或重点城市经济带(如大连—沈阳城市经济带、长春、武汉、成渝城市带等);对于若干非主要依赖于高新技术、高智力人力资源,而主要依靠当地土地资源和劳动力资源的劳动密集型的中低端产业(包括若干传统制造业和服务业),则可以优先和较多地布局于中部和西部等地区,其次也应布局于东部和东北部区域内部的若干不具备重大技术创新能力但具有普通劳动力和特定土地资源优势的小区域。

关于开放度。研究指出,对于各大区域来说,并不是对外开放度越高就好,当然反过来说也不是对外开放度越低越好。一个区域的对外开放度是否适宜,关键是看其参与国际商品和服务贸易、国际投资、国际生产等国际活动是否充分有效地(最大化地)利用和发挥了本区域在劳动力、资本、土地、技术等生产力要素的产出效率,从而是否充分有效地(最大化地)促进了本区域经济发展和人民收入水平的提高。

关于就业率、失业率。研究指出,科学发展观的核心是以人为本,因此我们在进行产业结构布局和调整的过程中,应在坚持有利于促进生产力发展和提高劳动生产率的原则下,尽可能解决各区域人民的就业问题,降低失业率和贫困率,以使最广大的人民群众共同分享我国各区域经济发展的成果。这一做法也有助于限制区域人均收入不平衡问题的进一步扩大。

关于财政转移。研究指出,未来我国中央政府在财政收入不断增长的同时,可以更大规模地加大财政转移的力度,进一步运用公共财政的力量支持中部和西部等次发达和欠发达地区的经济发展;同时我国中央政府和各省市区地方政府也应加大运用财政转移方式,支持各省市或本省市小区域内欠发达和次发达地区的经济发展和人均收入水平的提高。从财政转移的资金投向上看,不论中央政府或是各级地方政府的财政转移资金,都应主要投向于消除贫困、基础教育、公共设施、医疗保障、促进就业等领域,为各大区域或各小区域人民的生存和发展提供经济和物质基石,并增加有效发展的机会。

参 考 文 献

1. Aghion, P. , Caroli, E. and Garcia-Penalosa, C. (1999), Inequality and Economic Growth: The Perspective of the New Growth Theories, *Journal of Economic Literature*, 37(4).

2. Andersen, Lykke E. (2001), Social Mobility in Latin America, Institute for Socio-Economic Research, *Universidad Católica Boliviana*, *Working Paper* No. 03/2000.

3. Anderson, Larz T. (1995), Guidelines for Preparing Urban Plans, *American Planning Association*, Chicago.

4. Andres, Rodriguez-Pose; Andrés, Rodríguez-Pose; Vassilis, Tselios (2008), Mapping Regional Personal Income Distribution in Western Europe: Income per Capita and Inequality, *Economic and Social Research Institute (ESRI)/Working Papers*.

5. Andrés, Rodríguez-Pose; Andres , Rodriguez-Pose; Vassilis, Tselios(2008) Inequalities in Income and Education and Regional Economic Growth in Western Europe, *Economic and Social Research Institute (ESRI)/Working Papers*.

6. Andres, Solimano; Aristides, Torche(2008) , Income Distribution In Chile, 1987-2006: Analysis and Policy Considerations, *Central Bank of Chile/Working Papers Central Bank of Chile*.

7. Atkinson, A. B. and Brandolini, A. (2001), Promise and Pitfalls in the Use of Secondary Datasets: Income Inequality in OECD Countries as a Case Study, *Journal of Economic Literature*, 39 (3).

8. Aurel, Iancu (2007), Economic Convergence Applications-Second Part, *Journal for Economic Forecasting*.

9. Aurel, Iancu(2007), The Question of Economic Convergence-First Part, *Journal for Economic Forecasting*.

10. Aurel, Iancu(2008), Real Convergence and Integration, *Journal for Economic Forecasting*.

11. Aurel, Iancu (2009), Real Economic Convergence, *National Institute of Economic Research (INCE)/Working Papers of National Institute of Economic*.

12. Axel, Dreher; Justina A. V. , Fischer; Christian, Bjornskov(2007) , The Bigger the

Better? Evidence of the Effect of Government Size on Life Satisfaction Around the World, *Public Choice*.

13. Balisacan, A. M. and Fuwa, N. (2003), Growth, Inequality and Politics Revisited: A Developing Country Case, *Economics Letters*, 79.

14. Birdsall, N. and Londono, J. L. (1997), Asset Inequality Matters: An Assessment of the World Banks Approach to Poverty Reduction, *American Economic Review*, *Papers and Proceedings*, 87 (2).

15. Bolton, Roger. (1992), Place Prosperity VS. People Prosperity Revisited: An Old Issue with a New Angle, *Urban Studies 29*.

16. Bourguignon, F. (2004), The Poverty-Growth-Inequality Triangle, Mimeo, *Paper Presented at the Indian Council for Research on International Economic Relations*, *New Delhi*.

17. Brock, W. A. and Durlauf, S. N. (2001), Growth Empirics and Reality, *World Bank Economic Review*, 15 (2).

18. Caselli, F. , Esquivel, G. and Lefort, F. (1996), Reopening the Convergence Debate: A New Look at Cross-Country Growth Empirics, *Journal of Economic Growth.*

19. Cecilia, Garcia-Pealosa; Cecilia, Garcia-Penalosa(2008), Inequality and Growth: Goal Conflict or Necessary Prerequisite, *Oesterreichische Nationalbank (Austrian National Bank)/Working Papers*.

20. Cesar, Calderon; Alberto, Chong (2009), Labor Market Institutions and Income Inequality: An Empirical Exploration, *Public Choice*.

21. Chris, Mouratidis; Laszlo, Konya(2006), An Empirical Analysis of the Relationship Between Income Inequality and Growth Volatility in 70 Countries for 1960-2002, *Applied Econometric and International Development*.

22. Christian, Bjornskov(2007), Social Trust and the Growth of Schooling, *Aarhus School of Business*, *Department of Economics/Working Papers*.

23. Christopher, Gerry; Tomasz, Mickiewicz(2006), Inequality, Fiscal Capacity and the Political Regime: Lessons from the Post-Communist Transition, *William Davidson Institute at the University of Michigan Business School/William Davidson Institute Working Papers Series*.

24. Claudia, Biancotti(2006), A Polarization of Inequality? The Distribution of National Gini Coefficients 1970-1996, *Journal of Economic Inequality*.

25. Cristina, Cattaneo(2008), International Migration, the Brain Drain and Poverty: A Cross Country Analysis, *CESPRI, Centre for Research on Innovation and Internationalisation Processes*, *Universita'Bocconi*, *Milano*, *Italy/CESPRI Working Papers*.

26. Dana, Hájková; Jan, Hanousek; Randall, Filer; Dana, Hajkova (2007), A Rise By Any Other Name? Sensitivity of Growth Regressions to Data Source, *William Davidson Institute at the University of Michigan Business School/William Davidson Institute Working Papers Series*.

27. Danielle, Resnick; Regina, Birner (2006), Does Good Governance Contribute to Pro-poor Growth? A Review of the Evidence from Cross-Country Studies, *International Food Policy Research Institute (IFPRI)/Working Papers*.

28. David, Fielding; Sebastian, Torres; Sebastián, Torres Ledezma (2006), A Simultaneous Equation Model of Economic Development and Income Inequality, *Journal of Economic Inequality*.

29. Dawood, Mamoon (2007), How May International Trade Affect Poverty in a Developing Country Setup? The Inequality Channel, *University Library of Munich, Germany/MPRA Paper*.

30. Deininger, K. and Okidi, J. (2003), Growth and Poverty Reduction in Uganda, 1999-2000: Panel Data Evidence, *Development Policy Review*, 21(4).

31. Dietrich, Vollrath (2008), Wealth Distribution and the Provision of Public Goods: Evidence from the United States, *Department of Economics, University of Houston/Working Papers*.

32. Dwayne, Benjamin; John, Giles; Loren, Brandt (2006), Inequality and Growth in Rural China: Does Higher Inequality Impede Growth?, *University of Toronto, Department of Economics/ Working Papers*.

33. Eiji, Yamamura (2007), Heterogeneity, Trust, Human Capital and Productivity Growth: Decomposition Analysis., *University Library of Munich, Germany/MPRA Paper*.

34. Elbers, C. and Gunning, J. W. (2004), Transitional Growth and Income Inequality: Anything Goes, Mimeo, *Vrije Universiteit, Amsterdam*.

35. Elbers, C., Lanjouw, J. O. and Lanjouw, P. (2003), Micro-Level Estimation of Poverty and Inequality, *Econometrica*, 71(1).

36. Elbers, C., Lanjouw, J. O. and Lanjouw, P. (2005), Imputed Welfare Estimates in Regression Analysis, *Journal of Economic Geography*.

37. Elena, Meschi; Marco, Vivarelli (2007), Globalization and Income Inequality, *Institute for the Study of Labor (IZA)/IZA Discussion Papers*.

38. Fabio, Privileggi; Guido, Cozzi (2007), The Fractal Nature of Inequality in a Fast Growing World, *Department of Economics, University of Glasgow/Working Papers*.

39. Felix, Roth; Dana, Schuler (2006), Trust and Economic Growth: Conflicting Results between Cross-Sectional and Panel Analysis, *The Ratio Institute/Ratio Working Papers*.

40. Florence, Jaumotte; Chris, Papageorgiou; Subir, Lall (2008), Rising Income Inequality: Technology, or Trade and Financial Globalization?, *International Monetary Fund/IMF Working*

Papers.

41. Forbes, K. J. (2000), A Reassessment of the Relationship between Inequality and Growth, *American Economic Review*, 90 (4).

42. Francisco, Ferreira; François, Bourguignon; Phillippe, Leite (2008), Beyond OaxacaâBlinder: Accounting for Differences in Household Income Distributions, *Journal of Economic Inequality*.

43. Frank, Cowell(2007), Income Distribution and Inequality, *Suntory and Toyota International Centres for Economics and Related Disciplines*, LSE/STICERD-Distributional Analysis Research Programme Papers.

44. Franois, Facchini (2007), Inequalities and Growth: Are There Good and Bad Inequalities, *HAL/UniversitÃ© Paris1 PanthÃ©on-Sorbonne*.

45. Friso, Schlitte; TIIU, PAAS (2006), Regional Income Inequality and Convergence Processes in the EU-25, *European Regional Science Association/ERSA Conference Papers*.

46. Galor, O. (2000), Income Distribution and the Process of Development, *European Economic Review*, 44.

47. Genevieve, Verdier; Juan, Cordoba (2007), Lucas VS. Lucas: On Inequality and Growth, *International Monetary Fund/IMF Working Papers*.

48. Geraint, Johnes (2006), Education and Economic Growth, *Lancaster University Management School, Economics Department/Working Papers*.

49. Gerardo, Angeles-Castro (2006), The Relationship Between Economic Growth and Inequality: Evidence from the Age of Market Liberalism, *Department of Economics, University of Kent/Studies in Economics*.

50. Giovanni, D'Alessio; Claudia, Biancotti (2008), Values, Inequality and Happiness, *Bank of Italy, Economic Research Department/Temi di discussione(Economic Working Papers)*.

51. Gregorio, Gimenez; J., Sanau(2009), Investment, Human Capital and Institutions: A Multi-Equational Approach for the Study of Economic Growth, 1985-2000, *Applied Econometric and International Development*.

52. Guang Hua, Wan; Guanghua, Wan; Ming, Lu; Zhao, Chen(2006), Globalization and Regional Income Inequality: Empirical Evidence from within China, *World Institute for Development Economic Research (UNU-WIDER)/Working Papers*.

53. Gudrun, Biffl(2007), The Employment of Women in the European Union, *WIFO/WIFO Working Papers*.

54. Guido, Cozzi(2008), Why the Rich should Like R&D Less, *Department of Economics,*

University of Glasgow/Working Papers.

55. Hall, Peter(1996), Cities of Tomorrow, *Blackwell, London, Updated Edition.*

56. Hassler, John & J05 ~ V. Rodriguez Mora (1998), IQ, Social Mobility and Growth. *Seminar Papers* No. 635, *Institute for International Economic Studies, Stockholm University.*

57. Henrik, Jordahl; Magnus, Gustavsson(2006), Inequality and Trust in Sweden: Some Inequalities are More Harmful than Others, *The Research Institute of Industrial Economics/IUI Working Paper Series.*

58. Hentschel, J., Lanjouw, J. O., Lanjouw, P. and Poggi, J. (2000), Combining Censusand Survey Data to Trace the Spatial Dimensions of Poverty: A Case Study of Ecuador, *World Bank Economic Review*, 14 (1).

59. Holger, Gorg; Holger, Görg; Paolo, Figini(2007), Does Foreign Direct Investment Affect Wage Inequality? An Empirical Investigation, *IIIS/The Institute for International Integration Studies Discussion Paper Series.*

60. Hugo, Rojas-Romagosa; Joseph, Francois(2008), Reassessing the Relationship between Inequality and Development, *CPB Netherlands Bureau for Economic Policy Analysis/CPB Discussion Papers.*

61. Humberto, Lopez; Guillermo, Perry (2008), Inequality in Latin America: Determinants and Consequences, *The World Bank/Policy Research Working Paper Series.*

62. Inyong, SHIN; Eiji, Yamamura(2008), Effects of Income Inequality on Growth through Efficiency Improvement and Capital Accumulation, *University Library of Munich, Germany/MPRA Paper.*

63. Jaime, de Melo; Nicolas, Maystre; Julien, Gourdon(2006), Openness, Inequality, and Poverty : Endowments Matter, *The World Bank/Policy Research Working Paper Series.*

64. James, Galbraith(2009), Inequality, Unemployment and Growth: New Measures for Old Controversies, *Journal of Economic Inequality.*

65. Janet Rothenberg Pack (2002), Growth and Convergence in Metropolitan America, *Brookings Institute Press, Washington, D. C..*

66. Jarvis, S. and Jenkins S. P. (1996), Changing Places: Income Mobility and Poverty Dynamics in Britain, *University of Essex Paper* Number 96-19, Processed.

67. Jérémie, Gignoux; Francisco, Ferreira (2008), The Measurement of Inequality of Opportunity : Theory and an Application to Latin America, *The World Bank/Policy Research Working Paper Series.*

68. John, Golden (2008), A Simple Geometric Approach to Approximating the Gini

Coefficient, *Journal of Economic Education.*

69. Jordi, Guilera; Ester Gomes, da Silva; Pedro, Lains(2008), Are Dictatorships More Unequal? Economic Growth and Wage Inequality During Portugals estado novo, 1944-1974, *Universidad Carlos III, Departamento de Historia Económica e Instituciones/Economics History and Institutions Working Papers.*

70. Jr-Tsung, Huang(2007), Labor Force Participation and Juvenile Delinquency in Taiwan: a Time Series Analysis, *Journal of Family and Economic Issues.*

71. Julien, Gourdon; Sylvain, Chabe-Ferret; Tancrede, Voituriez; Mohamed, Marouani. (2007), Trade-Induced Changes in Economic Inequality: Assessment Issues and Policy Implications for Developing Countries, *DIAL (Développement, Institutions & Analyses de Long terme)/Working Papers.*

72. Kirill, Borissov; Stéphane, Lambrecht(2009), Growth and Distribution in an AK-Model with Endogenous Impatience, *Economic Theory.*

73. Krugman, P. (1992), The Rich, the Right, and the Facts, *The American Prospect.*

74. Lewis, Davis(2007), Explaining the Evidence on Inequality and Growth: Informality and Redistribution, *Contributions to Macroeconomics.*

75. Liesbeth, Colen; Miet, Maertens; Johan, Swinnen. (2008), Globalization and Poverty in Senegal: A Worst Case Scenario, *LICOS-Centre for Institutions and Economic Performance, K. U. Leuven/LICOS Discussion Papers.*

76. Luca, Tiberti; Stefano, Rosignoli; Giovanni, Cornia(2008), Globalization and Health: Impact Pathways and Recent Evidence, *World Institute for Development Economic Research (UNU-WIDER)/Working Papers.*

77. Luis, Serven; Cesar, Calderon; Luis, Servén (2008), Infrastructure and Economic Development in Sub-Saharan Africa, *The World Bank/Policy Research Working Paper Series.*

78. Lundberg, M. and Squire, L. (2003), The Simultaneous Evolution of Growth and Inequality, *Economic Journal*, 113 (April).

79. Magne, Mogstad (2007), Measuring Income Inequality under Restricted Interpersonal Comparability, *Research Department of Statistics Norway/Discussion Papers.*

80. Manoel, Bittencourt (2007), Financial Development and Inequality: Brazil 1985-1994, *Ibero-America Institute for Economic Research/IAI Discussion Papers.*

81. Manoj, Atolia; Santanu, Chatterjee; Stephen J, Turnovsky (2009), Growth and Inequality: Dependence of the Time Path of Productivity Increases (and other Structural Changes), *Department of Economics, Florida State University/Working Papers.*

82. Mohamed, Abdel-Ghany (2008), Problematic Progress in Asia: Growing Older and Apart, *Journal of Family and Economic Issues.*

83. Murphy, Kevin M. , Andrei Scheifer and Robert W. Vishny(1991), The Allocation of Talent: Implications for Growth, *Quarterly Journal of Economics*, 106(2).

84. Nancy, Birdsall (2006), Stormy Days on an Open Field: Asymmetries in the Global Economy, *World Institute for Development Economic Research (UNU-WIDER)/Working Papers.*

85. Nancy, Birdsall(2007), Income Distribution: Effects on Growth and Development, *Center for Global Development/Working Papers.*

86. Nathan, Ashby; Russell, Sobel(2008), Income Inequality and Economic Freedom in the U. S. States, *Public Choice.*

87. Otter, Th. (2006), Micro Level Estimation of Welfare in Paraguay: Household Income Estimates at District Level 1992 and 2002, *Mimeo.*

88. Ozan, Hatipoglu(2007), Inequality and Growth, Where Are We Headed? A Survey, *Bogazici University, Department of Economics/Working Papers.*

89. Ozan, Hatipoglu (2008), An Empirical Analysis of the Relationship Between Inequality and Innovation in a Schumpeterian Framework, *University Library of Munich, Germany.*

90. Ozan, Hatipoglu(2008), Patent, Inequality and Innovation-Driven Growth, *University Library of Munich, Germany/MPRA Paper.*

91. Paola, Profeta; Michele, Bernasconi (2007), Redistribution or Education? The Political Economy of the Social Race, *CESifo GmbH/CESifo Working Paper Series.*

92. Patricia, Crifo; Raouf, Boucekkine(2008), Human Capital Accumulation and the Transition from Specialization to Multi-Tasking, *HAL/Post-Print.*

93. Paul, Shaffer (2008), New Thinking on Poverty: Implications for Globalisation and Poverty Reduction Strategies, *United Nations, Department of Economics and Social Affairs.*

94. Peter, Werner; Ben, Greiner; Axel, Ockenfels (2007), The Dynamic Interplay of Inequality and Trust-An Experimental Study, *Harvard Business School/Working Papers.*

95. Quoc-Anh, Do; Filipe, Campante (2007), Inequality, Redistribution, and Population, *Harvard University, John F. Kennedy School of Government/Working Paper Series.*

96. Rafael, Domenech; Amparo, Castello-Climent (2006), Human Capital Inequality, Life Expectancy and Economic Growth, *Institute of International Economics, University of Valencia/ Working Papers.*

97. Raut, Lakshmi K. (1996), Signalling Equilibrium, Intergenerational Mobility and Long-Run Growth, *University of Hawaii-Manoa, Draft.*

98. Ravallion, M. (1997), Can High-Inequality Developing Countries Escape Absolute Poverty? *Economics Letters*, 56.

99. Ravallion, M. (1998), Does Aggregation Hide the Harmful Effects of Inequality on Growth? *Economics Letters*, 61.

100. Reto, Foellmi (2008), Inequality and Aggregate Savings in the Neoclassical Growth Model, *Institute for Empirical Research in Economics-IEW/IEW-Working Papers*.

101. Ricardo Arguello, Cuervo; Ricardo, Arguello (2006), Revisiting the Relationship between Income Inequality and Economic Growth, *Lecturas de EconomÃa*.

102. Ruth-Aida, Nahum(2005), Income Inequality and Growth: A Panel Study of Swedish Counties 1960-2000, *Institute for Futures Studies/Arbetsrapport*.

103. Schipper, Y. and Hoogeveen, J. (2004), Does Inequality Harm Growth? An Assessment on the Growth Impact of Expenditure and Education Inequality In Uganda, *Mimeo*.

104. Shonocks, A. F. (1978), Income Inequality and Income Mobility, *Journal of Economic Theory*, 19.

105. Shubham, Chaudhuri; Martin, Ravallion(2006), Partially Awakened Giants : Uneven Growth in China and India, *The World Bank/Policy Research Working Paper Series*.

106. Slemrod, J. (1992), Taxation and Inequality: A Time-Exposure Perspective, J. M. Poterba, ed., *Tax Policy and the Economy*, Vol. 6 (Cambridge, MA: MIT Press for the NBER) 105127.

107. Sommarat, Chantarat; Christopher, Barrett(2007), Social Network Capital, Economic Mobility and Poverty Traps, *University Library of Munich, Germany/MPRA Paper*.

108. Sommarat, Chantarat; Christopher, Barrett(2008), Social Network Capital, Economic Mobility and Poverty Traps, *University Library of Munich, Germany/MPRA Paper*.

109. Spyros, Arvanitis(2005), Computerization, Workplace Organization, Skilled Labour and Firm Productivity: Evidence for the Swiss Business Sector, *Economics of Innovation and New Technology*.

110. Stein, Jay M., ed., *Classic Readings in Urban Planning: An Introduction*, McGraw-Hill, Inc., New York, 1995.

111. Stephan, Klasen; Francesca, Lamanna(2008), The Impact of Gender Inequality in Education and Employment on Economic Growth in Developing Countries: Updates and Extensions, *Ibero-America Institute for Economic Research/IAI Discussion Papers*.

112. Stephan, Klasen(2006), Economic Growth and Poverty Reduction: Measurement Issues Using Income and Non-Income Indicators, *Ibero-America Institute for Economic Research/IAI Dis-*

cussion Papers.

113. Stephanie, Seguino(2005), All Types of Inequality are Not Created Equal: Divergent Impacts of Inequality on Economic Growth, *Levy Economics Institute, The Economics Working Paper Archive.*

114. Stephen J, Turnovsky; Yu-chin, Chen (2008), Growth and Inequality Tradeoffs in a Small Open Economy, *University of Washington, Department of Economics/Working Papers.*

115. Stephen, Knowles (2005), Inequality and Economic Growth: The Empirical Relationship Reconsidered in the Light of Comparable Data, *The Journal of Development Studies.*

116. Tasso, Adamopoulos(2008), Land Inequality and the Transition to Modern Growth, *Review of Economic Dynamics.*

117. Tatyana, Koreshkova; Andres, Erosa; Diego, Restuccia(2006), On the Aggregate and Distributional Implications of Productivity Differences Across Countries, *Federal Reserve Bank of Richmond/Working Paper.*

118. Thomas, Otter (2007), Does Inequality Harm Income Mobility and Growth? An Assessment of the Growth Impact of Income and Education Inequality in Paraguay 1992 – 2002, *Verein fÃ1/4r Socialpolitik, Research Committee Development Economics/Proceedings of the German.*

119. Thomas, Otter (2009), Does Inequality Harm Income Mobility and Growth? An Assessment of the Growth Impact of Income and Education Inequality in Paraguay 1992-2002, *Ibero-America Institute for Economic Research/IAI Discussion Papers.*

120. Thomas, Piketty; Jean-Laurent, Rosenthal; Gilles, Postel-Vinay(2006), Wealth Concentration in a Developing Economy: Paris and France, 1807 – 1994, *American Economic Review.*

121. Thomas, Schelkle; Edgar, Vogel; Alexander, Ludwig(2007), Demographic Change, Human Capital and Endogenous Growth, *Mannheim Research Institute for the Economics of Aging* (*MEA*), *University of Mannheim/MEA Discussion Paper Series.*

122. Thorsten, Koeppl; Erwan, Quintin; Cyril, Monnet(2008), Efficient Institutions, *Federal Reserve Bank of Philadelphia/Working Papers.*

123. Timothy M. , Smeeding; Andrea, Brandolini (2007), Inequality Patterns in Western-Type Democracies: Cross-Country Differences and Time Changes, *Child-Centre for Household, Income, Labour and Demographic Economics-ITALY/CHILD Working Papers.*

124. Winnick, Louis(1966), *Place Prosperity VS. People Prosperity: Welfare Considerations in the Geographic Redistribution of Economic Activity*, In Essays in Urban Land Economics in Honor of the 65th Birthday of Leo Grebler, Real Estate Research Program, University of California at Los An-

geles.

125. Xueli，Tang；Debasis，Bandyopadhyay（2008），Understanding Economic Dynamics Behind Growth-Inequality Relationships，*Deakin University*，*Faculty of Business and Law*，*School of Accounting*，*Economics and Finance/Economics Series*.

126. Yo Chul，Choi；David，Hummels；Chong，Xiang（2006），Explaining Import Variety and Quality：The Role of the Income Distribution.，*National Bureau of Economic Research*，*Inc* . / *NBER Working Papers*.

127. Yoshiaki，Sugimoto（2005），Inequality，Growth，and Overtaking，*Economics Working Paper Archive at WUSTL/Development and Comp Systems*.

128. 胡锦涛:《高举中国特色社会主义伟大旗帜　为夺取全面建设小康社会新胜利而奋斗》,《中国共产党第十七次全国代表大会文件汇编》,人民出版社 2007 年版。

129. 中共中央文献研究室:《科学发展观重要论述摘编》,中央文献出版社、党建读物出版社 2008 年版。

130. 中共中央文献研究室:《毛泽东、邓小平、江泽民论科学发展》,中央文献出版社、党建读物出版社 2008 年版。

131. 中共中央、国务院:《国家中长期科学和技术发展规划纲要（2006~2020）》。

132. 中共中央、国务院:《关于国民经济和社会发展的第十一个五年规划纲要》。

133. 党的十七大、十六大、十五大及各次中央全会等重要文件。

134.《马克思恩格斯选集》,人民出版社 1995 年版。

135.《列宁选集》,人民出版社 1995 年版。

136.《毛泽东选集》,人民出版社 1991 年版。

137.《毛泽东著作选读》,人民出版社 1986 年版。

138.《邓小平文选》第 3 卷,人民出版社 1993 年版。

139.《邓小平文选》第 1、2 卷,人民出版社 1994 年版。

140.《江泽民文选》第 1、2、3 卷,人民出版社 2006 年版。

141. 王伟光:《科学发展观的研究与实践》,中共中央党校出版社 2006 年版。

142. 王伟光:《科学发展观研究》,中共中央党校出版社 2004 年版。

143. 王伟光:《关于统筹经济与社会发展》,载《树立和落实科学发展观——中央和中央部委领导 2004 年 2 月在省部级主要领导干部"树立和落实科学发展观"专题研究班上的报告》,中共中央党校出版社 2004 年版。

144. 王伟光:《关于新形势下人民内部矛盾问题》,载《中共中央党校讲稿选——关于马克思主义基本问题》,中共中央党校出版社 2002 年版。

145. 王伟光:《利益论》,人民出版社 2001 年版。

146. 王伟光:《王伟光自选集》,学习出版社 2007 年版。

147. 杨春贵:《马克思主义哲学发展史教程》,中共中央党校出版社 2003 年版。

148. 张雄:《经济哲学》,云南人民出版社 2002 年版。

149. 余源培、金顺尧:《时代精神的精华——马克思主义哲学原著选读》(上、下),复旦大学出版社 1992 年版。

150. 厉以宁:《非均衡的中国经济》,经济日报出版社 1990 年版。

151. 厉以宁:《转型发展理论》,同心出版社 1996 年版。

152. 厉以宁主编:《区域发展新思路》,经济日报出版社 2000 年版。

153. 王梦奎:《中国的全面协调可持续发展》,人民出版社 2004 年版。

154. 于今:《统筹区域协调发展:领导干部学习读本》,党建读物出版社 2004 年版。

155.〔美〕约翰·M. 利维:《现代城市规划》,孙景秋等译,中国人民大学出版社 2003 年版。

156. 崔功豪:《区域分析与规划》,高等教育出版社 1999 年版。

157. 陆大道:《中国区域发展的理论与实践》,科学出版社 2003 年版。

158. 刘卫东:《中国西部开发重点区域规划前期研究》,商务印书馆 2003 年版。

159. 陈传康:《区域综合开发的理论与案例》,科学出版社 1998 年版。

160. 武廷海:《纽约大都市地区规划的历史与现状》,《国外城市规划》2002 年第 2 期。

161. D. Shaw:《大伦敦战略规划的演变与最新发展》,《国外城市规划》2001 年第 5 期。

162. A. Saito:《城市规划对全球经济变化的回应:以东京为例》,《国外城市规划》2001 年第 6 期。

163. 顾朝林等:《大都市伸展区:全球化时代中国大都市地区发展新特征》,《规划师》2002 年第 2 期。

164. 冯兴元:《欧盟与德国——解决区域不平衡问题的方法和思路》,中国劳动社会保障出版社 2002 年版。

165.〔美〕彼得·尼茨坎普等:《区域经济学手册》,安虎森等译,经济科学出版社 2001 年版。

166.〔美〕埃德温·S. 米尔斯等:《城市经济学手册》,郝寿义等译,经济科学出版社 2001 年版。

167.〔英〕保罗·切希尔、〔美〕埃德温·S. 米尔斯等:《应用城市经济学手册》,安虎森等译,经济科学出版社 2001 年版。

168. 尹继佐等:《建设世界城市——对上海新一轮发展的思考》,上海社会科学院出版社 2003 年版。

169. 上海证大研究所:《长江边的中国——大上海国际都市圈建设与国家发展战略》,

学林出版社 2003 年版。

170. 洪银兴:《长江三角洲地区经济发展的模式和机制》,清华大学出版社 2003 年版。

171. 陈才:《区域经济地理学》,科学出版社 2001 年版。

172. 陈秀山:《区域经济理论》,商务印书馆 2003 年版。

173. 刘应杰:《中国城乡关系与中国农民工人》,中国社会科学出版社 2000 年版。

174. 陈爱民:《中国城市化:田野研究与省例分析》,经济科学出版社 2003 年版。

175. 辜胜阻、刘传江:《人口流动与农村城镇化战略管理》,华中理工大学出版社 2000 年版。

176. 张善余:《中国人口地理》,科学出版社 2003 年版。

177. 郑功成:《变革中的就业环境与社会保障》,中国劳动社会保障出版社 2003 年版。

后 记

感谢中共中央党校的有关教授和同志们，他们为本书的研究提供了各种各样的支持、帮助以及宝贵的学术意见。他们是：科研局副局长郝永平教授，哲学教研部原主任庞元正教授，马列部副主任韩庆祥教授，研究生院副院长刘春教授，研究生院培养处孙宝升同志，哲学教研部陈中浙副教授，原校领导秘书谢煜桐博士、王卫东博士。

感谢在海内外经济金融界和学术界的有关同志和朋友，他们对本研究的数以万计的统计数据收集与处理提供了各种各样的帮助，付出了辛勤的劳动。他们是：国泰基金管理公司陈一含同志，法国国家通信学院王蕾博士，上海信息投资公司段秉乾博士，中国建设银行郑靖洲同志、李晓伟同志、李锦波同志，国家开发银行李文斌同志。

感谢复旦大学的有关教师和研究生，他们为本书的研究与写作提供了重要的帮助。他们是：公共经济系副主任、青年女经济学家杜莉教授；潘春阳博士，李小龙博士；硕士研究生许凤丽、张坤、张苏予、张丹、金中祎、彭先红。

感谢在金融业界和实业界的挚友多年来对我从事学术研究的重要支持、鼓励和帮助。他们是：上海海际大和证券公司投资银行部总经理、首席 IPO 专家计静波，上海宾美公司董事长兼总裁吕水兴，海富产业投资基金公司总裁吕厚军博士，东方基金管理公司督察长孙晔伟博士。

在此我衷心地祝愿上面提及的各位专家教授、同志、朋友，在工作事业上不断取得新的进步和发展，身体健康、生活愉快，共同为祖国富强和各区域共同繁荣事业不断做出新的更大的贡献！

郑木清

2009 年 6 月 6 日于中共中央党校

策划编辑:李春生　吴焰东

责任编辑:吴焰东　万　琪

封面设计:肖　辉

图书在版编目(CIP)数据

论区域共同繁荣/郑木清 著. -北京:人民出版社,2009.9

ISBN 978-7-01-008190-8

Ⅰ.论…　Ⅱ.郑…　Ⅲ.区域发展-研究-中国　Ⅳ.F127

中国版本图书馆 CIP 数据核字(2009)第 158154 号

论区域共同繁荣

LUN QUYU GONGTONG FANRONG

郑木清　著

人民出版社 出版发行

(100706　北京朝阳门内大街166号)

北京集惠印刷有限责任公司印刷　新华书店经销

2009 年 9 月第 1 版　2009 年 9 月北京第 1 次印刷

开本:710 毫米×1000 毫米 1/16　印张:28

字数:452 千字　印数:0,001-3,000 册

ISBN 978-7-01-008190-8　定价:64.00 元

邮购地址 100706　北京朝阳门内大街 166 号

人民东方图书销售中心　电话(010)65250042　65289539